WILLIAM

LE PRINCE QUI VOULAIT ÊTRE ROI

KÉVIN GUILLOT

City
Biographie

À mes grands-parents, André et Ginette
À Christophe
À Julien

Retrouvez tous les titres City Editions :
www.city-editions.com

Photo de couverture : © Paul Grover - WPA Pool/Getty Images
ISBN : 978-2-8246-2262-0
Code Hachette : 77 8186 5
Collection dirigée par Christian English et Frédéric Thibaud
Catalogues et manuscrits : city-editions.com

Dépôt légal : Septembre 2023

Sommaire

DUC DE CAMBRIDGE

PRINCE DE GALLES

Préface

Par Philippe Séguy

Avant tout, un sourire, charmant, charmeur, parfois même un peu timide, réservé souvent et puis des yeux, plutôt un regard, une inclinaison de son visage qui, irrésistiblement, évoque celui de sa mère, Diana, princesse de Galles. Au-delà de la séparation, de la tragédie, voilà bien une manière de transmission qui défie une fois pour toutes les injustices de la vie et assure cette victoire certaine sur la mort. À ce prince, dont le destin fera sans doute un futur roi d'Angleterre, d'Écosse et d'Irlande du Nord, sacré à son tour selon les mêmes rites séculaires, il fallait une biographie solide et belle, nourrie d'idéal autant que de faits charpentés et d'anecdotes savoureuses. Avec talent et panache, Kévin Guillot a relevé le défi. Chapitre après chapitre, ce passionné d'histoire, ce fervent enthousiaste des causes royales, spécialiste reconnu de la monarchie britannique, nous offre un portrait loyal et puissant de ce garçon mystérieux et qui se livre à son bon plaisir. Car enfin que sait-on réellement de lui et des ressorts qui composent un être ? Habitué dès son plus âge à l'obsession des paparazzi, objet de milliers et de milliers d'articles et de photographies, William de Galles semble pourtant se diluer comme une vapeur d'eau. Toutefois, chacun de ses faits, de ses gestes, depuis sa naissance à Londres, est épié, commenté, disséqué, analysé parfois avec ce mélange de cruauté et d'excès de zèle que l'on réserve aux étoiles ou aux puissants du monde. Kévin Guillot dénoue les fils, cherche la vérité dans la pluie de documents et d'archives. Plus rien ne manque à ce livre, et dans son écriture souple et élégante, Kévin consacre quatre parties et trente chapitres à William. Je le répète, rien ne manque au portrait de cet ancien de Sandhurst, officier de la Royal Air Force, qui fut plus que le symbole d'une génération, célèbre dans le monde entier, idolâtré des groupies, témoin impuissant des déchirements entre ses parents, formé avec méthode à son métier de roi, protégé autant qu'exposé. Son mariage avec une jeune femme née hors du sérail royal ou aristocratique, événement planétaire, ses trois enfants qui assurent une dynastie… Car il est terrible pour un homme de comprendre très tôt qu'il se réalisera pleinement à son tour uniquement à la mort d'un père aimé, lorsqu'après un deuil si peu estompé, il montera sur un trône.

Une vie s'écoule ici jusqu'à ce « divorce fraternel » décrit par Kévin Guillot avec précision et pudeur. Duc de Cambridge, de Cornouailles et de Rothesay, prince de Galles, William Mountbatten-Windsor appartient déjà à l'avenir.

Philippe Séguy

Introduction

Ce 23 juin 2022, deux jours seulement après son quarantième anniversaire, le prince William se rend dans le Cambridgeshire. Avec son épouse Catherine, il visite une nouvelle exposition organisée au Fitzwilliam Museum, le musée d'art et d'antiquités de l'université de Cambridge. Dans cette ville au nom attaché à leur titre, William et Kate sont accueillis avec cette ferveur populaire qui leur est coutumière.

Les visiteurs du musée se rassemblent autour du couple guidé par le directeur de l'établissement. Ils entrent dans l'une des pièces d'exposition où leur est dévoilée une imposante toile de plus de deux mètres de hauteur. Le couple contemple avec une certaine émotion son premier portrait pictural officiel commun. Pour marquer le dixième anniversaire de leur mariage, le Cambridgeshire Royal Portrait Fund avait commandé cette toile l'année précédente à l'artiste britannique Jamie Coreth.

William est représenté cintré dans son costume noir, main gauche dans la poche, un léger sourire charmeur se dessinant sur son visage. Kate le tient par la taille, portant une robe verte pailletée de la marque The Vampire's Wife, dans laquelle elle avait déjà été aperçue en 2020 lors d'un voyage à Dublin. Ensemble, ils prennent une pose décontractée à l'image de leur simplicité, tout en regardant dans la même direction. Le monde découvre ce jour-là la représentation élégante et prophétique d'un futur couple royal.

Jamie Coreth n'en est pas à son premier portrait princier puisqu'il est aussi l'auteur d'un tableau représentant la princesse Anne dans son uniforme de la Royal Navy. En découvrant l'œuvre, William la juge « plutôt grande », tout en lançant son commentaire élogieux, la décrivant comme « incroyable ». La surprise du prince est à la hauteur de la beauté de cette œuvre extrêmement symbolique. Il est pourtant loin de se douter qu'il s'agit du dernier portrait le représentant en tant que duc de Cambridge.

Après l'effervescence du jubilé de Platine, célébrant avec faste une reine vénérée, une vague de tristesse s'abat sur l'ensemble du Commonwealth. Il est 15 h 10 (heure britannique) ce 8 septembre 2022 lorsqu'Elizabeth II s'éteint paisiblement dans sa chambre de Balmoral, mettant un terme à une existence tout entière dévouée à la Couronne. La mort de la reine du siècle annonce l'avènement de Charles III mais aussi celui de William, prince de Galles.

Pendant quarante ans, il a tenu sa place de second dans l'ordre de succession avec brio. Grandissant au sein d'une famille en proie aux crises structurelles, il s'est forgé un caractère entier et une personnalité complexe. La mort de l'iconique Diana est le grand traumatisme de sa vie. Porté par un père aimant et une grand-mère dévouée, il a su surmonter sa peine avec courage pour prendre en main ses études. Tombé sous le charme d'une élégante jeune femme venue du Berkshire, il a imposé son amour au monde pour son bonheur personnel, et celui de son futur peuple.

Car désormais, William et Catherine forment ce duo princier glamour, dynamique et charismatique dont a besoin la monarchie britannique. En 2022, une génération s'est éteinte quand une nouvelle s'est révélée pour incarner un nouvel avenir prometteur. William galvanise ainsi la popularité de l'institution d'outre-Manche.

Le site www.monarchiebritannique.com a révélé en mai 2023 un sondage le concernant auprès d'une population majoritairement française. À la question : « Que représente pour vous le prince William ? », 89 % des cinq cents sondés ont exprimé une opinion favorable. La France apprécie le prince de Galles, comme elle a aimé sa grand-mère francophile. Il a l'image d'un prince populaire, modernisateur et personnifiant l'espoir d'un avenir glorieux pour la monarchie britannique. Entre ses mains de digne héritier d'Elizabeth II repose l'équilibre de la Couronne. Les 11 % d'opinions défavorables sont liées au portrait dressé du prince par son frère ennemi. Dans ses mémoires intitulées *Le Suppléant* – sur lesquelles l'auteur de ce livre reviendra abondamment –, Harry dévoile un homme impulsif, imbu de lui-même et parfois doué d'une certaine violence. Qu'en est-il vraiment ?

Quel portrait dessiner du prince William, nouvel héritier d'un trône neuf fois centenaire ? Que comprendre de sa jeunesse d'abord dorée, puis brisée par la disparition brutale d'une mère tant aimée ? Comment analyser l'influence de ses années étudiantes sur son existence d'adulte accompli ? Avec le prince Charles, forme-t-il vraiment ce duo soudé et inséparable qu'aime tant exalter la presse ? Quelles leçons de vie a-t-il tirées des relations entretenues par ses parents pour sa propre vie amoureuse et familiale ? À quoi s'attendre de la mésentente fraternelle qui gangrène l'unité des Windsor ? En somme, quel roi sera véritablement le futur William V ? Ce livre tente de répondre à ces questions qui habitent légitimement l'esprit de tout aficionado de la famille royale.

Pour se construire, finalement, William a eu besoin de trois femmes dans sa vie. Diana fut la première à bâtir une partie de son incroyable personnalité, lui offrant un goût du contact humain qui ne le quitta jamais. Elizabeth II a fabriqué ce prince qui met le devoir au centre de son existence. Catherine l’accompagne dans ses pas d’héritier engagé en lui apportant le soutien nécessaire. Ainsi, se dévoile le profil de William, un prince à la couronne galloise destinée à devenir royale.

Partie I

WILLIAM DE GALLES, LE PETIT PRINCE

1

It's a boy!

25 décembre 1066. Dans le froid hivernal de l'Angleterre médiévale se joue l'un des événements fondateurs d'une monarchie à la puissance grandissante, qui portera son ambition d'unité territoriale et populaire pendant près d'un millénaire. Guillaume de Normandie, ce duc intrépide aux origines vikings, est couronné roi d'Angleterre dans une abbaye bénédictine londonienne située aux abords de la Tamise, du nom de Westminster. Deux mois plus tôt, il avait réussi l'exploit de conquérir ces îles au nord du Vieux Continent lors de la bataille décisive d'Hasting, faisant basculer son destin à jamais. Guillaume – William, pour les plus anglophiles d'entre nous – devient le Conquérant.

Monarque redouté, il dut s'imposer pour régner. Ce royaume, qui n'est pas encore la Perfide Albion que les Français révolutionnaires du XVIIIe siècle aimaient à désigner, a bien l'intention de résister à son roi normand. Tels des phares dans la tempête des révoltes, se dressent des forteresses à mottes castrales destinées à faire régner la paix. Le château de Windsor est l'une d'entre elles. Unissant les royaumes anglo-saxons sous sa couronne, Guillaume le Conquérant développa ses terres anglaises pour devenir l'un des plus puissants souverains d'Occident. Avec lui, naît une dynastie de monarques aux projets politiques et royaux ambitieux.

Windsor, Westminster, William… Ces trois « W » forment le triumvirat qui va forger le destin d'un prince près de mille ans après la conquête normande des îles britanniques. Au terme du XXe siècle, un autre William voit le jour, projetant dans son regard bleu toute l'histoire de la Grande-Bretagne.

St Mary's Hospital

Ce 21 juin 1982, le Royaume-Uni retient son souffle depuis que la princesse de Galles a été admise, à l'aube, au St Mary's Hospital de Londres. Les journalistes britanniques se bousculent devant l'entrée de la Lindo Wing, l'aile privée de ce centre hospitalier réputé, inauguré en 1845. Une foule de curieux se rassemble derrière les barrières qui sécurisent la rue où se dresse ce bâtiment londonien en briques rouges de l'ère victorienne.

Devant la célèbre et imposante façade classique du palais de Buckingham, les Britanniques patientent avec enthousiasme et fébrilité. Ce palais aux allures de Versailles à l'anglaise est, à bien des égards, le cœur battant de l'institution depuis 1837. L'histoire guette cette foule de fidèles à la monarchie. Pour tout événement, qu'il soit heureux ou funeste, Buckingham a toujours été le point de rassemblement d'un peuple loyal à sa famille régnante. Son célèbre balcon en est la scène centrale. Chaque Britannique le scrute avec admiration au moment des mariages princiers, des Trooping the Colour – le défilé militaire annuel, en guise de fête nationale, qui célèbre l'anniversaire officiel du souverain – ou encore des grands événements historiques, tels que les jubilés ou les victoires militaires. Ainsi se mesure la popularité des Windsor. Tous ont encore en mémoire l'apparition au balcon de George VI et les siens, le jour de la Victoire de 1945, aux côtés du Vieux Lion, Winston Churchill. Mais ce jour-là, seule la majestueuse grille en fer doré, qui délimite l'esplanade du palais depuis le règne d'Edward VII, intéresse les Londoniens.

Dans la soirée de ce premier jour de l'été, deux pages en uniforme apparaissent devant le palais et accrochent sur la grille centrale un très protocolaire communiqué encadré. « Son Altesse royale la princesse de Galles a donné naissance à un fils à 21 h 03, aujourd'hui. Son Altesse royale et son enfant se portent bien[1]. » Par deux phrases, d'une simplicité limpide, la Couronne britannique annonce la naissance d'un héritier. L'avenir de la maison Windsor est assuré.

Comme le veut la tradition non officielle, un crieur public à l'uniforme rouge flamboyant et au tricorne emplumé vient annoncer la nouvelle. La joie est à son comble dans les rues de Londres. À coups d'Union Jack, de *God Save the Queen* et de bouteilles de champagne, la foule laisse s'exprimer le bonheur ressenti au moment de la naissance du futur roi. Dès le lendemain, les gros titres, célébrant le *Royal Baby*, envahissent le quotidien des Britanniques. Tel le divin enfant, la plupart des journaux du pays titrent bibliquement : « Un enfant est né ! » Une frénésie nationale s'empare des sujets de Sa Majesté, et pour cause, l'enfant est le premier né d'un prince et d'une princesse de Galles depuis la naissance, en 1905, du prince John, le fils cadet du futur couple royal George V et Mary[2]. Quarante et un coups de canon sont tirés depuis Hyde Park. Quarante et un autres le sont depuis la tour de Londres. Les carillons de l'abbaye de Westminster sonnent à tout-va. Le peuple est prévenu : un héritier est né.

Quand elle apprend qu'elle est enceinte, Diana n'a pas l'intention de respecter à la lettre les traditions ancestrales de la Couronne. Jusqu'ici, tous les bébés royaux ont vu le jour entre les murs dorés des propriétés de la famille royale. Le prince Charles a lui-même poussé son premier cri dans la suite belge du palais de Buckingham, le 14 novembre 1948. Mais à la veille du XXIe siècle, Diana ne veut pas

1. Franck Guillory, *William fils de Diana. La vie d'un prince*, Paris, Jacob Duvernet, 2011.

2. Tout au long du récit, les noms des monarques britanniques seront écrits dans leur langue maternelle. Vous les verrez donc tous rédigés en anglais. Ainsi, Georges devient George, Élisabeth devient Elizabeth, alors que Guillaume devient William.

risquer sa vie et celle de son enfant en se privant du matériel médical moderne que peut offrir une maternité. Elle a peur, et veut avant tout être certaine qu'elle pourra accoucher en étant bien entourée. Elle demande à la reine l'autorisation de donner naissance à son fils dans une clinique spécialisée. Après tout, elle n'est pas à l'origine de cette nouveauté au sein de la famille royale. Entre 1974 et 1977, la duchesse de Gloucester, épouse du cousin germain de la reine, Richard, avait mis au monde ses trois bambins au St Mary's Hospital. La princesse Anne, fille unique d'Elizabeth II et du prince Philip, avait fait de même pour ses deux petites têtes blondes. La fille cadette du prince Michael de Kent, Gabriella, était aussi née entre les murs de cet hôpital privé. Pour Diana, c'est décidé, elle accouchera dans cet établissement à naissances royales.

La reine accepte la requête de sa belle-fille, mais à une seule condition : elle impose le choix du gynécologue. Le Dr George Pinker, un chirurgien de cinquante-huit ans, est un familier d'Elizabeth II. En 1974, il succède à Sir John Peel, en tant que gynécologue royal. Il a toute la confiance de la souveraine pour permettre à son nouvel héritier de naître sans aucun problème. Il n'est d'ailleurs pas à sa première naissance princière. Avant ce jour de juin 1982, il a donné naissance à sept membres de la nouvelle génération des Windsor.

Charles est aux côtés de sa jeune épouse tout au long des seize longues et douloureuses heures de travail. Il tient à être présent pour la soutenir, tout en étant le témoin privilégié de l'arrivée de son fils dans ce monde. Il prend délicatement sa main, lui caresse les cheveux, l'aide à respirer et lui humidifie doucement le front à l'aide d'un gant. Lady Di est angoissée. À ce moment précis, elle sait que toute l'attention du monde se tourne vers le St Mary's Hospital. Treize ans plus tard, au cours de la si célèbre émission *Panorama*, elle se souvient : « J'avais l'impression que tout le pays était avec moi dans la salle de travail[1]. » Finalement, la jeune maman est libérée de ses efforts à 21 h 03. La mignonnerie de ce bébé de 3,217 kg, aux yeux bleus et aux cheveux blonds et fins conquiert le cœur de ses parents soulagés. « J'ai été malade comme un chien tout au long de l'accouchement, qui a été très difficile, se remémore la princesse. Ils ont même pensé procéder à une césarienne. Sur le moment, personne ne me l'a dit, je ne l'ai su qu'après. J'ai ressenti un très grand bonheur lorsque mon bébé est arrivé[2]. »

Épuisée, Diana doit se reposer de cet accouchement pénible, arrivé dix jours avant le terme. Les infirmières l'installent dans une chambre quelque peu spartiate de seulement treize mètres carrés, sans salle de bains et meublée d'une simple penderie, accompagnée d'un fauteuil et d'une table. C'est dans cette chambre – qui n'a rien de royal – que l'héritier de la plus importante monarchie d'Europe vit ses premières heures.

Depuis la fenêtre de la chambre, le couple entend la joie populaire qui s'est emparée de la capitale britannique. « Nous voulons Charlie[3] ! » scandent à l'unisson les curieux qui attendent la présentation de l'enfant. Charles est si heureux de son statut de jeune père qu'il ne peut s'empêcher d'aller à leur rencontre. Vers 22 heures, il se laisse aller à un bain de foule, recevant d'une jeune femme un baiser sur la joue gauche, et de nombreuses félicitations. Il se dit volontiers « émerveillé et ravi, absolument ravi[4] ». Les journalistes en profitent pour lui demander s'il lui ressemble : « Non, heureusement pour lui ! » L'émotion se lit sur le visage de cet homme de trente-trois ans, à qui l'on a toujours demandé de garder secrets ses sentiments personnels.

---

1. Robert Lacey, *Guerre royale, mensonges et trahisons*, Paris, Albin Michel, 2021.
2. Katie Nicholl, *William in Love*, Paris, Lattès, 2011.
3. Philip Kyle, *Charles III*, Paris, Perrin, 2022.
4. Isabelle Rivère, *William d'Angleterre. Les défis d'un héritier*, Paris, L'Archipel, 2001.

Le prince Charles passe la nuit dans leur appartement du palais de Kensington avant de retourner auprès de sa femme et de son bébé, dès 9 heures le lendemain matin. Il franchit la porte de l'aile Lindo avec Frances Shand Kydd et Lady Jane Fellowes, respectivement la mère et l'une des sœurs de Diana. Elizabeth II poursuit le bal des visites familiales en allant personnellement à la rencontre de son petit-fils deux heures plus tard. Toute de rose vêtue, elle se penche au-dessus du landau et s'exclame, d'un ton presque moqueur : « Au moins, il n'a pas les oreilles de son père[1] ! » Le père de Diana, Edward Spencer, s'empresse de se diriger vers l'hôpital. Une fois sa visite terminée, le flamboyant et médiatique huitième comte Spencer se laisse interroger par les journalistes. « Charmant bébé, commente-t-il. Charmant petit garçon, magnifique. Ils sont tous très heureux, c'est une très bonne nouvelle[2]. » Une très bonne nouvelle, surtout pour lui ! Il a du mal à cacher sa fierté de voir couler son sang dans les veines du futur roi du Royaume-Uni.

En fin de journée, Diana est autorisée par ses médecins à rentrer chez elle. Elle fait venir sa maquilleuse, sa coiffeuse et son habilleuse, qui lui apporte une large robe verte à pois blancs. Il est 18 heures quand enfin le royaume peut apercevoir le visage de son prince héritier. Tenant fermement dans ses bras son bébé auréolé d'une couverture d'un blanc immaculé, elle sort avec Charles à ses côtés, tandis que les flashs des photographes saisissent l'instant. La foule crie son nom et la félicite à plein poumons. Le couple reste quelques minutes sur le perron de l'hôpital avant de prendre place dans une voiture, direction le palais de Kensington.

Le bonheur de Charles d'être devenu père ne s'estompe pas avec le temps. Quelques jours plus tard, il envoie une lettre à sa chère cousine Lady Patricia Brabourne.

1. Jean des Cars, *La Saga des Windsor*, Paris, Perrin, 2021.

2. Franck Guillory, *William fils de Diana, op. cit.*

« L'arrivée de notre fils a été une expérience incroyable qui a signifié bien plus pour moi que je ne l'aurais pensé. Je suis tellement heureux d'être resté aux côtés de Diana sans interruption, raconte-t-il, parce qu'à la fin, j'ai vraiment eu le sentiment d'avoir complètement partagé le processus de la naissance, et je me suis retrouvé avec ce petit être vraiment à nous – même si l'on a parfois l'impression qu'il appartient à tout le pays[1]. » Charles couche sans filtre ses impressions dans des lettres spontanées, étonnantes de sincérité. Il écrit à ses amis Hugh et Emilie van Cutsem : « Vous n'imaginez pas à quel point je suis enthousiaste et fier. Je suis surpris de le trouver aussi mignon. Il a les doigts en saucisse, tout comme moi[2]. » Le prince de Galles sait qu'il a, ce jour-là, rempli son premier devoir en tant qu'héritier de la Couronne : assurer la descendance de sa lignée et la pérennité de la monarchie.

Si Elizabeth II fut la première à ne pas accoucher en présence du ministre de l'Intérieur – une coutume remontant au XVIIe siècle, qui permettait au gouvernement de ne pas suspecter une quelconque illégitimité à l'enfant –, cette naissance est un autre tournant pour la monarchie britannique. En accouchant dans une maternité, Diana permet à cette vieille institution enfermée dans ses traditions de mettre un pas de plus dans la modernité. Pour perdurer, elle doit s'adapter aux changements de son temps. Sans s'en rendre compte, la princesse de Galles lui a permis un incroyable regain de popularité. Les figures phares de la famille régnante deviennent des femmes qui abandonnent la mise au monde à domicile d'un enfant pour confier leur vie à une équipe médicale compétente dans un établissement dédié. Mais ce n'est pas la seule innovation de cette naissance royale. Charles est le premier homme à participer personnellement à l'épreuve vécue par son épouse,

---

1. Jonathan Dimbleby, *The Prince of Wales: A Biography*, Londres, William Morrow & Cie, 1994.
2. Pierrick Geais, *Prince William. La vraie vie d'un futur roi*, Monaco, Rocher, 2022.

un moment fui par la gent masculine au cours des siècles précédents. Le prince Philip, virilité incarnée, ne comprendra jamais l'entêtement de son fils à ne pas laisser ces affaires aux mains du sexe opposé. Avec la présentation publique de leur nouveau-né, le prince et la princesse de Galles renouvellent la communication du Palais par l'instigation d'un moment partagé avec les Britanniques, qui fera loi pour les prochains héritiers de la Couronne.

L'Angleterre de Thatcher applaudit la naissance princière

« Je suis très enthousiaste et consciente de mes responsabilités. » Ainsi s'exclame cette fille d'épicier et de couturière du Lincolnshire qui franchit, ce 4 mai 1979, le seuil de l'une des plus célèbres adresses du monde, 10 Downing Street. Margaret Thatcher revient du palais de Buckingham où la reine lui a demandé de former un gouvernement en son nom, devenant ainsi la première femme de l'histoire britannique à occuper la fonction de Premier ministre. Très vite, elle impose son style, tout en étant fidèle, envers et contre tous, à la feuille de route qu'elle s'est fixée pour redresser un pays en crise économique et sociale. Conservatrice et libérale, elle impose des réformes radicales qui lui vaudront le surnom clivant de Dame de fer. Ennemie des syndicats, elle réduit leur influence, tout en faisant fermer les dernières mines de charbon du royaume. L'Angleterre industrielle est définitivement morte, au prix du sacrifice de nombreux emplois.

En ce qui concerne la question religieuse, l'Angleterre de Margaret Thatcher est en proie à une réconciliation inédite avec l'Église de Rome. Voilà quatre cent cinquante ans, le schisme anglican a permis à Henry VIII de divorcer de Catherine d'Aragon pour épouser sa maîtresse du moment, Anne Boleyn. Depuis cette date, les relations entre le Saint-Siège et le chef suprême de l'Église d'Angleterre sont restées d'une froideur glaciale. Le pape Jean-Paul II est favorable au dialogue interreligieux et à la paix entre toutes les confessions chrétiennes. Elizabeth II, monarque pieuse de son état, s'est toujours montrée tolérante vis-à-vis des autres religions. Après seulement quatre années de pontificat, le pape polonais entre dans l'histoire en devenant le premier souverain pontife à fouler le sol anglais. Le 29 mai 1982, il est reçu officiellement par la reine qui l'accueille, tout sourire, sur le perron du palais de Buckingham. Le chef spirituel et la reine se sont déjà rencontrés en la cité du Vatican deux ans auparavant. Mais cette visite officielle, quel que soit son degré de réussite, est obscurcie par la guerre des Malouines. Les Britanniques ne parleront jamais de guerre des Malouines, mais bien de *Falklands War* – l'archipel étant nommé, en Grande-Bretagne, *Falkland Islands*. Les Argentins, quant à eux, nommeront toujours le conflit *Guerra de las Malvinas* en espagnol, une dénomination reprise dans la langue de Molière.

Nous sommes le 2 avril 1982 lorsque l'armée argentine débarque sur les îles Malouines, un archipel à l'extrémité de l'Amérique du Sud contrôlé par le Royaume-Uni depuis 1833. La dictature militaire argentine est déterminée à faire valoir sa souveraineté sur ces îles par la force. Cette invasion est intolérable aux yeux de la Dame de fer. Dès le 21 mai, des troupes britanniques débarquent sur l'archipel avec pour ambition, une reconquête rapide. L'inquiétude règne en maître dans de nombreux foyers britanniques, celui de la famille royale n'étant pas épargné. Le prince Andrew, deuxième fils du couple royal, part lui aussi servir sa reine et son pays à bord du porte-avions HMS *Invicible*. Copilote d'hélicoptère, Andrew force le respect des siens par son courage, risquant sa vie pour la cause britannique. Le conflit se termine par un cessez-le-feu le 14 juin 1982. La souveraineté britannique sur ces îles est restaurée alors que la dictature argentine tombe quelques mois plus tard. La fin des hostilités est officiellement signée le 20 juin. C'est dans un pays victorieux que naît le fils du prince Charles et de la princesse Diana. Aucun adjectif ne peut décrire précisément l'euphorie qui habite le cœur des Britanniques ce jour-là, soulagés de voir s'achever un conflit qui a coûté la vie à deux cent cinquante-cinq soldats, et excités face à un avenir royal prometteur porté par un nourrisson. Andrew est encore engagé sur son navire qui sécurise les lieux avant de retourner en Angleterre au moment de la naissance de son neveu.

Mais la mise au monde de l'héritier, en second dans l'ordre de succession, est ternie par deux événements qui traumatisent l'Angleterre royale.

Il est 7 h 15, ce matin du 9 juillet 1982, quand la reine ouvre les yeux, réveillée par la lumière du jour. Elle est d'abord décontenancée, pensant qu'il s'agit de sa femme de chambre venue la réveiller avec un quart d'heure d'avance. Elle n'entend pas le si écossais son de la cornemuse, jouée depuis les jardins du palais, qui la réveille en douceur chaque matin. Elle surprend un homme, à l'allure négligée et à la main ensanglantée, au pied de son lit, Michael Fagan, un Londonien au chômage, séparé de son épouse et craignant de perdre la garde de ses quatre enfants.

La reine appuie sur la sonnette qui alarme un garde de nuit, mais personne ne répond. L'individu a déjoué le système de sécurité du palais en escaladant le mur d'enceinte haut de 4,3 mètres, avant de monter par un tuyau de canalisation jusqu'au toit, où il s'est introduit en profitant d'une fenêtre ouverte. Les alarmes se sont déclenchées, mais ont immédiatement été éteintes par les agents de sécurité, pensant à une farce. Il a erré à travers les corridors et salons d'apparat avant de trouver par hasard la chambre de la reine. Désespéré par sa situation personnelle, il veut se suicider devant les yeux d'Elizabeth II. Il entame finalement une discussion avec la monarque, dont seuls les murs de la chambre à coucher sont les témoins. C'est alors que la femme de chambre fait irruption pour réveiller Sa Majesté. Effrayée, elle garde néanmoins son calme et fait mine de partir chercher des cigarettes, pour répondre à la demande de Michael Fagan. Elle alerte enfin Paul Whybrew – le fidèle sergent d'armes de la reine – qui, accompagné de deux policiers, court appréhender l'individu dérangé.

Il est ensuite incarcéré pour le vol de bouteilles de vin plutôt que pour son intrusion dans le palais, car aux yeux de la justice britannique de l'époque, cette intrusion est considérée comme une infraction civile qui ne vaut pas une lourde peine. Les charges contre lui sont finalement abandonnées lorsqu'il est déclaré schizophrène. Il passe trois mois dans un hôpital psychiatrique, avant d'être libéré en janvier 1983.

Cet épisode montre au gouvernement conservateur les nombreuses faiblesses du système de sécurité qui vise à protéger la cheffe de l'État. Scandalisés, les Britanniques crient au crime de lèse-majesté ! Le gouvernement de Margaret Thatcher n'a d'autre option que de revoir à la hausse le budget alloué à la sécurité des palais.

Onze jours seulement après l'incident Fagan, le Royaume-Uni est endeuillé par un attentat meurtrier. Les Horse Guards ont l'habitude de mener leurs cérémonies de relève quotidiennes sur Hyde Park, poumon vert de Londres. Il est 10 h 40, ce 20 juillet 1982, lorsqu'une bombe à clous explose dans le coffre d'une Morris Marina, au moment où passent les cavaliers. Quatre soldats sont tués et plusieurs civils sont blessés. À 12 h 55, une seconde bombe explose sur Regent's Park quand les musiciens des Royal Green Jackets jouent devant une centaine de spectateurs. Sept musiciens sont tués et une vingtaine de blessés gisent sur le sol.

Il faut peu de temps pour que l'Armée républicaine irlandaise revendique ce double attentat. L'organisation paramilitaire milite, à coups d'actes terroristes meurtriers, pour l'indépendance de l'Irlande du Nord vis-à-vis de la Couronne britannique. Elle n'en est pas à son premier coup criminel et médiatique. En août 1979, elle a revendiqué l'attentat à la bombe, dans la baie de Donegal en Irlande, qui a fait exploser un petit bateau de pêche où Lord Louis Mountbatten et sa famille passaient du bon temps. L'oncle du prince Philip, son petit-fils Nicholas de quatorze ans et un garçon membre de l'équipage âgé de quinze ans sont tués sur le coup. Avec cet assassinat, l'IRA voulait toucher en plein cœur les membres de la famille royale.

La politique étrangère de Maggie, ce surnom familier dont est affublé Margaret Thatcher, n'est pas en reste. Farouchement opposée à l'URSS, elle se rapproche de Ronald Reagan et promeut l'alliance entre les pays adjacents à l'océan Atlantique nord. Pour permettre une union politique de toutes ces nations, Elizabeth II est réquisitionnée par le gouvernement aux ambitions décriées. C'est ainsi que le président américain et son épouse Nancy reçoivent une invitation personnelle de la reine Elizabeth au début de l'année 1982. Les 7 et 8 juin, elle les reçoit en son château favori de Windsor. La souveraine connaît la passion équestre de l'ancien acteur hollywoodien, un point commun qui les rapproche aisément. En dehors de la politique, ce séjour donne naissance à une amitié indéfectible entre les deux chefs d'État, qui ne s'achèvera qu'avec la disparition de Ronald Reagan en 2004. Pour marquer leur visite, Elizabeth II tient à honorer ses hôtes. Ils sont les invités d'honneur d'un fastueux banquet organisé sous les voûtes gothiques du St George Hall. La famille royale s'est rassemblée pour l'occasion, mais une absence est remarquée. Diana, au terme de sa grossesse, est trop malade pour dîner et converser plusieurs heures avec les invités de sa royale belle-mère.

Le calvaire de Diana

Londres subit le froid de l'hiver quand un communiqué est publié par le Palais, le cinquième jour du mois de novembre 1981. Il annonce que le prince et la princesse de Galles attendent leur premier enfant. La reine, comme ses sujets, est particulièrement enthousiaste face à cette nouvelle qu'elle espérait avec une certaine impatience. Pour Diana, elle annonce plutôt une longue période difficile…

« La nouvelle de ma grossesse m'a enchantée, s'explique-t-elle dans l'un des enregistrements qu'elle envoie à Andrew Morton pour écrire sa biographie sensation en 1992, puis nous sommes partis trois jours pour le pays de Galles, afin d'effectuer notre visite de prince et de princesse de Galles. […] Je n'arrivais pas à dormir, je n'arrivais pas à manger, le monde entier s'effondrait autour de moi. Une grossesse très, très difficile à dire vrai[1]. » Diana tombe malade dès les premiers jours. Les nausées chroniques quotidiennes lui font vivre un enfer. Souffrant constamment, elle a du mal à quitter le lit et à se montrer disponible pour ses obligations officielles qui lui laissent peu de répit. Dans l'idéal, elle limite ses apparitions publiques à une seule journée par semaine. Au moment des dîners en famille, les allers-retours de la princesse vers les toilettes sont coutumiers. Mais ses nausées ne sont pas les seuls maux qui rongent la santé de Diana au cours de ces neuf mois décisifs dans sa vie de femme.

Charles et Diana sont mariés depuis quatre mois seulement lorsqu'elle tombe enceinte. Devenue l'épouse du premier dans l'ordre de succession au trône, elle doit se montrer digne de son rang. Mais avant même de dire « oui » à son prince, Diana a du mal à s'accoutumer aux règles protocolaires qui dictent le quotidien des Windsor. À qui doit-elle faire la révérence ? À qui parler en premier lors des

1. Andrew Morton, *Diana. Racontée par elle-même*, Paris, Archipoche, 2017.

banquets officiels ? Quelle conversation aborder ? Comment se vêtir convenablement ? Autant de questions qui hantent l'esprit de la jeune femme de vingt ans. Pour lui apprendre ces règles, elle peut compter sur sa grand-mère maternelle, Lady Ruth Burke-Roche, baronne Fermoy. Dame d'honneur et confidente de la reine mère, elle connaît tous les secrets de l'étiquette britannique. Fière que sa petite-fille soit choisie pour épouser le prince de Galles, Lady Fermoy n'a pas l'intention de lui laisser une quelconque possibilité de ridiculiser son nom. Au cours des mois qui précèdent le mariage, elle lui raconte tout ce qu'elle sait de l'histoire de la famille royale, des habitudes de chacun, des devoirs qui lui incombent en tant que future épouse du prince Charles. Tous ces détails, s'ils ne lui sont pas familiers, ne sont pas inconnus à Diana. Depuis son plus jeune âge, elle fréquente en effet les membres de la famille royale. Son père n'a-t-il pas été l'écuyer du roi George VI au cours des deux dernières années de sa vie ? Elle est née en 1961 à Park House, un fabuleux domaine appartenant à la famille royale, situé à Sandringham, dans le Norfolk. La proximité de la maison avec la résidence d'hiver des Windsor lui a permis de les côtoyer dès ses premières années. Elle jouait d'ailleurs souvent avec les princes Andrew et Edward dans l'immense parc du domaine.

Le 29 juillet 1981, Diana unit son destin à celui du prince Charles sous les majestueuses voûtes de la cathédrale St Paul de Londres. Un mariage unique, dont nous verrons les nombreux détails. « Moi, Diana Frances, je te reçois comme époux, Philip Charles Arthur George. » Le premier faux pas de la princesse est engagé… Charles enrage : « Vous venez d'épouser mon père ! »

Jeune, Diana l'est assurément. Et cet état de fait lui donne des envies de personne de son âge. Oublier le protocole pour partir s'amuser avec ses amies au travers des rues huppées de la capitale, voilà le rêve secret de cette nouvelle princesse. Rapidement, elle vit à Buckingham comme un détenu erre dans la prison de Wandsworth. Elle s'ennuie ouvertement en attendant le retour de son époux, pris chaque jour par ses obligations, et commence à s'en plaindre auprès de lui. Charles ne comprend pas ses sentiments. À ses yeux, Diana doit se contenter de faire ce qu'on lui demande, tout en lui laissant la pleine possibilité d'assurer ses devoirs royaux. Les précédentes princesses de Galles avaient fait de même avec leurs époux. Pour quelles raisons, en cette fin de XXe siècle, en serait-il autrement ? Elle ne se sent pas à sa place et rêve de toujours plus de libertés. D'autant que Charles se veut distant. Diana n'oublie jamais les quelques mots qu'il prononce au moment de l'annonce de leurs fiançailles le 24 février 1981. À la question du journaliste qui mène leur interview : « Êtes-vous amoureux ? », Diana répond immédiatement, les joues rougies par la gêne : « Oui, bien sûr ! » La réponse de Charles est plus… philosophique : « Tout dépend de ce que signifie l'amour. »

Quelques jours avant le mariage, Diana découvre, posé sur le bureau de son futur époux, un bracelet en or dévoilant les initiales « G & F ». Furieuse, elle part demander des explications à son fiancé. Elle sait que ces initiales correspondent aux prénoms Gladys et Fred, les surnoms que se donnent Charles et une certaine Camilla Shand. Il lui explique avoir commandé ce bijou pour l'offrir à Camilla, son ancienne petite amie, en guise de cadeau d'adieu. Diana ne croit pas un seul mot qui sort de sa bouche. Elle tente d'en parler à sa belle-mère, qui ne souhaite en aucun cas la recevoir. Elizabeth II s'est toujours fait un devoir de ne pas s'immiscer dans l'intimité de sa progéniture. Après tout, chacun a le droit à son jardin privé, voire secret.

Se sentant délaissée et incomprise, la princesse commence à souffrir de dépression et de boulimie. Elle se lève la nuit, ouvre le réfrigérateur de la cuisine de Buckingham, et avale tout ce qu'elle trouve sur les rayonnages, avant de se faire vomir. La nouvelle de sa grossesse lui octroie quelques jours de bonheur, mais de courte durée. Cinq semaines seulement après la nouvelle inscrite sur un carnet rose, le couple de Galles séjourne auprès de la reine à Sandringham. Désespérée par sa situation, ne voyant aucune issue, elle se jette dans l'escalier pour atterrir aux pieds de Charles. Elle lui raconte son mal-être, mais l'esprit aristocratique du prince l'associe à d'insupportables jérémiades. Il est scandalisé d'être le témoin d'une nouvelle tentative de sa femme pour attirer l'attention sur elle-même. Exaspéré par son comportement, il part, comme il en avait initialement l'intention, monter son cheval favori à travers les terres forestières du domaine. En entendant le vacarme de cette chute, la reine accourt, « complètement horrifiée, tremblant de tous ses membres[1] ».

Cette tentative de suicide, alors qu'elle porte son futur bébé, est racontée par Diana elle-même au travers les pages du livre d'Andrew Morton publié en 1992. Que retenir de cette histoire ? Quelle est la part de vérité ? S'agit-il d'une tentative de la princesse de décrire ses malheurs en s'appuyant sur une anecdote imaginée ? À la lumière du contexte de la sortie de ce livre – publié au moment de la séparation du couple, en pleine guerre médiatique des Galles –, ce récit n'est-il pas une arme utilisée par Diana pour attaquer l'image publique de son mari, le décrivant comme un homme dénué de toute empathie, capable de la laisser souffrir au pied d'un escalier, sans faire aucune entorse au programme de sa journée ? Les questions demeurent, ne laissant, aujourd'hui encore, aucune réponse concrète qui confirmerait la véracité de ces dires. Quoi qu'il en soit, les souffrances de Diana sont réelles et vont se faire ressentir jusqu'au baptême de son fils.

1. Andrew Morton, *Diana. Racontée par elle-même*, Paris, Archipoche, 2017..

William Arthur Philip Louis

Celle que les Britanniques nomment affectueusement *Queen Mum* – reine mère – a marqué l'histoire en incarnant avec son époux un symbole d'héroïsme au cours de la Seconde Guerre mondiale. Aux dires d'Adolf Hitler, elle était « la femme la plus dangereuse du monde ». Et pour cause, alors que les bombes pleuvent sur la capitale anglaise en 1941, le gouvernement propose à George VI et à son épouse de traverser l'Atlantique pour se réfugier au Canada. La réponse cinglante de la souveraine restera inscrite dans les livres d'histoire : « Mes enfants n'iront nulle part sans moi, je ne partirai pas sans le roi, et le roi ne partira jamais ! » Le palais de Buckingham est même touché par plusieurs bombes, soufflant plusieurs vitres, alors que le couple royal s'y trouvait. Quand George VI et Elizabeth Bowes-Lyon se rendent compte des destructions occasionnées, la reine se réjouit : « Je suis fière de constater que nous avons été bombardés : je peux maintenant regarder l'East End – l'un des quartiers londoniens les plus touchés par le *Blitz* – dans les yeux. » Le couple royal s'impose alors de remonter le moral de son peuple pour faire perdurer la lutte. Elizabeth Bowes-Lyon traverse ensuite les décennies, auréolée de son aura victorieuse de la barbarie nazie.

Le 4 août 1982, la vieille dame admirée à travers tout le Royaume-Uni fête ses quatre-vingt-deux ans. Quoi de mieux pour fêter l'anniversaire de *Queen Mum*, illustre représentante du conservatisme des Windsor, que la célébration du baptême du plus jeune représentant de sa lignée ?

L'entrée dans l'Église d'Angleterre du petit prince a lieu dans la salle de musique du palais de Buckingham. Au centre de cette salle lumineuse, cerclée de colonnes bleues en stuc imitation marbre, se tient l'archevêque de Canterbury, Robert Runcie, qui attend la famille royale devant les fonts baptismaux installés pour l'occasion. Par quelques gouttes d'eau du Jourdain, il baptise l'enfant tenu par son père. « Je te baptise, William, Arthur, Philip, Louis. »

Les prénoms du nourrisson sont officiellement dévoilés un peu plus d'une semaine après sa naissance. Comme une évidence *so british*, pendant la grossesse de Diana, les traditionnels paris sont allés bon train. On note qu'Edward était donné gagnant à sept contre un, James, à sept contre deux, et Louis, à douze contre un. Aucun prénom choisi par le couple de Galles n'est le fruit du hasard, mais ils sont à l'origine de bien des disputes. Charles était favorable à de vieux prénoms aux consonances royales, tels qu'Arthur ou George. Mais Diana voulait un prénom plus moderne. Après des heures de négociations, Charles accepte de laisser son épouse choisir le premier prénom. En échange, il se réserve le choix de ses trois autres. Il y va d'une importance constitutionnelle. Au moment de son accession au trône, un monarque britannique a en effet la possibilité de choisir son nom de règne parmi ses prénoms de baptême. George VI, le propre père d'Elizabeth II, en est le parfait exemple. Le 11 décembre 1936, le prince Albert est devenu le roi George. Alors que l'orage guerrier venu d'Allemagne s'approchait dangereusement, il a ainsi fait oublier son propre prénom aux consonances trop germaniques. De cette manière, il tenait aussi à rendre hommage à son père, le défunt roi George V.

Bien qu'il paraisse moderne, William est un vieux prénom porté par bien des monarques par le passé. Nous avons déjà cité le quasi légendaire *William the Conqueror* – Guillaume le Conquérant pour ses compatriotes normands – qui fut le dénominateur commun de toutes les dynasties qui se sont succédé sur le trône britannique après 1066. S'ils n'ont pas autant marqué l'histoire que William premier du nom, plusieurs monarques ont ensuite porté fièrement ce prénom aux origines allemandes « Wilhelm », composé des mots *wil* pour « volonté » et *helm* pour « casque ». Son propre fils,

William II, dit le Roux, règne entre 1087 et 1100. N'ayant pu hériter de la Normandie, qui échoue aux mains de son jeune frère Robert Courteheuse, il consacre la majeure partie de son règne à tenter de récupérer le territoire ancestral. À sa mort, le prénom est oublié des souverains anglais pendant plus de cinq siècles ; jusqu'à ce qu'un roi, venu des Provinces-Unies, fasse son apparition.

William III d'Orange-Nassau fut d'abord Stathouder de Hollande pendant dix-sept ans avant de devenir roi d'Angleterre, d'Écosse et d'Irlande en 1689. Marié à Mary Stuart, fille aînée du roi James II – Jacques II pour les Français –, il part avec son épouse à la conquête de l'Angleterre en novembre 1688. Les protestants anglais souhaitent se débarrasser du trop catholique James II Stuart, qui vient d'avoir un fils baptisé selon les rites de l'Église romaine, et qui promet le retour d'une dynastie catholique sur le trône anglais. Apprenant le débarquement de la flotte de William de Hollande et de sa fille, James II fuit avec son épouse et son enfant vers la France. Le Parlement considère que cette fuite équivaut à une abdication. Il appelle alors William et Mary pour monter conjointement sur le trône. C'en est fini de la Glorieuse Révolution, glorieuse par le peu de sang versé. Le règne qui commence à ce moment précis est unique dans l'histoire britannique. William III et Mary II règnent conjointement sur l'Angleterre. Mais dans les faits, l'essentiel des pouvoirs est exercé par William, qui sera toute sa vie un grand ennemi de la France de Louis XIV. Sans enfant, ils laisseront le trône à la sœur de Mary II, la reine Anne.

William IV ceint la couronne de saint Edward en 1830. Successeur de son frère George IV, son règne est principalement marqué par l'abolition de l'esclavage dans la plupart des territoires britanniques. Prince outrancier, il est un roi bourgeois, moins attaché à la politique que ses prédécesseurs, laissant la Chambre des Communes supplanter celle des Lords. Mais si le souvenir de William IV perdure, c'est surtout pour sa place de prédécesseur de la puissante reine Victoria. Si William IV avait eu des enfants légitimes, sa nièce Victoria n'aurait pu en effet monter sur le trône et imposer son nom à une ère qui continue d'influencer le Royaume-Uni actuel.

Le prénom William convient donc à Charles pour ses antécédents royaux. À ses yeux, il a aussi – et surtout – une valeur sentimentale. Il lui permet de rendre un hommage émouvant à l'un des cousins de la reine, le prince William de Gloucester. Ce dernier était le fils d'Henry, duc de Gloucester et frère de George VI. Séduisant prince voué à une formidable carrière diplomatique, il est très vite populaire auprès des Britanniques. Il finit par consacrer sa vie à représenter la Couronne dans les années 1960. Si parfait qu'il puisse paraître, William a une faille : son cœur. Il tombe amoureux d'une hôtesse de l'air hongroise, juive, doublement divorcée, de cinq ans son aînée et déjà mère de famille. Il fait part très rapidement de son souhait de l'épouser. Mais l'Angleterre de ce moment n'est pas encore celle qui permettra à la monarchie de s'ouvrir aux roturières. Ses projets matrimoniaux choquent, et son père s'y oppose farouchement.

Néanmoins, le jeune Charles voit en lui un modèle qu'il espère suivre, une fois devenu adulte. William de Gloucester est un passionné d'aviation, au point qu'il est l'heureux propriétaire de plusieurs avions. Il tient donc tout naturellement à participer à un meeting aérien à l'aéroport de Wolverhampton en août 1972. Très enthousiaste à l'idée de gagner le prix, il monte dans son appareil avec son copilote, Vyrell Mitchell, mais ils perdent le contrôle de l'avion quand l'aile droite percute le sol quelques minutes après le décollage. L'appareil explose instantanément, donnant lieu à un incendie incontrôlable nécessitant plusieurs heures pour en venir à bout. Cet accident si spectaculaire coûte la vie aux deux hommes, devant les yeux sidérés de milliers de spectateurs impuissants. Cette tragédie est vécue comme un véritable drame familial chez les Windsor et marquera durablement le jeune prince de Galles.

Charles opte, en deuxième prénom, pour Arthur, frustré de ne pas pouvoir appeler son fils ainsi, en référence au légendaire roi Arthur. Particulièrement attaché à l'histoire du pays de Galles, Charles n'a pas abandonné son idée pour autant. Quoi de plus anglais qu'Arthur ? Pour légitimer leur pouvoir, les Tudor se sont servis de la légende de ce roi breton, qui aurait défendu les îles britanniques contre les envahisseurs germaniques au ve siècle. Les récits héroïques de ce personnage attaché à Lancelot du Lac, Merlin l'Enchanteur, la quête du Saint-Graal ou encore aux chevaliers et leur table ronde restent populaires jusqu'à nos jours.

Les deux derniers prénoms du prince sont, sans aucun doute possible, des hommages poignants au prince Philip et à Lord Louis Mountbatten. Charles et Philip n'ont pas toujours été en très bons termes au cours de leur existence. Pendant la jeunesse de son fils, le duc d'Édimbourg se montre particulièrement autoritaire, incapable de comprendre sa personnalité délicate, son tempérament poétique, et son esprit académique. Il insiste d'ailleurs pour que le prince Charles entre en avril 1962 à Gordonstoun, un pensionnat écossais dirigé par le pédagogue allemand Kurt Hahn, qui met en exergue la rigueur pour forger des esprits sains. Philip y entre en 1934 et participe même à la construction de l'établissement. À Gordonstoun naissent son tempérament fougueux, sa force de caractère et son amour pour le sport et la discipline. Il pense véritablement que cette école aura la même influence sur son jeune garçon.

Mais Charles n'est pas Philip. Prince rêveur et bizuté, il ne supporte pas ce cadre spartiate où les douches froides, les dortoirs non chauffés ouverts à tout vent et les travaux de ménage sont monnaie courante. Il ne se sent pas à sa place dans cet univers trop dur pour lui et demande désespérément l'aide de son oncle Dickie. Les lettres de Charles suppliant Louis Mountbatten de le sortir de cet enfer sont nombreuses. À cette période, le dernier vice-roi des Indes, qui a négocié l'indépendance du joyau de l'empire britannique et la création du Pakistan en 1947, devient le mentor du prince de Galles. Il sait l'écouter, le comprendre et le conseiller. En somme, il devient le père que Charles n'a jamais eu à ses côtés. Le prince apprécie particulièrement de mener ses devoirs officiels en sa compagnie, rendant son assurance plus visible. Lorsque Louis Mountbatten est assassiné par l'IRA le 27 août 1979, Charles est dévasté. La perte de cet homme si cher à son cœur va toute sa vie le hanter. En devenant père, il se fait un devoir d'honorer sa mémoire. En appelant son fils aîné Philip, l'héritier de la Couronne semble aussi tirer un trait sur son passé difficile avec cette figure paternelle, ouvrant la voie à la réconciliation.

La cérémonie de baptême du prince William se déroule en privé. Seuls les membres de la famille royale, le personnel du St Mary's Hospital et les parrains et marraines du bébé sont présents. Comme le veut la tradition, il porte la robe blanche qui a permis à tous les enfants royaux de faire leur entrée dans l'Église d'Angleterre depuis le milieu du XIXe siècle. Cette pièce en soie et dentelle exceptionnelle est un véritable trésor national. La reine Victoria l'a commandée en 1840 à sa couturière personnelle, Janet Sutherland. Elle lui a demandé de réaliser une robe qui se rapproche le plus possible de celle qu'elle a portée lors de son mariage, et celle-ci a été utilisée pour la première fois en 1841, alors que la fille aînée de la souveraine a été baptisée.

La coutume suggère que l'identité des parrains et des marraines de l'enfant soit dévoilée. Les Britanniques aiment savoir qui sont les guides spirituels du futur chef suprême de leur Église. Charles choisit six membres de son entourage qu'il affectionne particulièrement, tels que l'ancien roi Constantin II de Grèce, la princesse Alexandra de Kent, ou encore la dame de compagnie de la reine, Lady Susan Hussey. À l'étonnement général, la princesse Anne, pourtant si proche de son frère aîné, n'est pas choisie parmi les marraines de l'enfant. Elle le vit comme un véritable affront, tournant toutes ses espérances vers le prochain nouveau-né.

Pour ce jour si particulier, Elizabeth II s'efface et préfère laisser sa place à sa mère devant le photographe officiel. En guise de cadeau d'anniversaire, elle la laisse poser fièrement devant l'objectif de Tim Graham avec le bébé dans ses bras, au milieu des dorures du salon blanc du palais de Buckingham. Mais le bébé est dissipé, il ne cesse de pleurer sans aucune raison apparente, gâchant les portraits destinés à figurer dans tous les journaux du pays. Seule Diana réussit à calmer ses ardeurs en le laissant téter son auriculaire. L'esprit de la princesse est pourtant ailleurs. Deux mois après son accouchement, elle souffre d'une dépression post-partum qu'elle appellera sa « période sombre ». L'épouse du prince héritier imagine bien vite qu'elle est totalement délaissée pour organiser cette importante journée, avant tout une cérémonie protocolaire décidée par le cabinet de la reine. « Ce jour-là, j'étais totalement exclue, se justifie-t-elle. J'étais désespérée, parce que je venais juste de donner la vie – William n'avait que six semaines – et que tout se décidait sans moi. D'où ma tête horrible sur les photos[1]. » Elle va même jusqu'à mettre la mauvaise humeur de son fils sur le compte de cette prétendue exclusion à cause de laquelle elle a rongé son frein toute la sainte journée.

1. *Ibid.*

2

Un jour, il sera roi !

L'année 1830 est un tournant dans l'histoire européenne. En France, les Trois Glorieuses mettent fin au règne trop autoritaire et conservateur des Bourbon, en chassant hors du royaume Charles X. Le 2 août, son cousin Louis-Philippe d'Orléans prête serment sur une charte révisée qui lui octroie le titre de « roi des Français ». La Monarchie de Juillet est née, et avec elle s'impose un régime plus libéral et bourgeois. Suite à une révolte contre le roi des Pays-Bas, le royaume de Belgique voit le jour cette année-là et porte sur son trône un prince germanique du nom de Léopold de Saxe-Cobourg-Gotha. De l'autre côté de la Manche, la nièce du nouveau roi des Belges vit recluse au palais de Kensington.

La sœur de Léopold Ier de Belgique, veuve du duc de Kent, est une mère possessive à l'extrême qui met tout en œuvre pour que sa fille soit dépendante de sa personne. Elle lui interdit de descendre un escalier sans la présence d'un adulte ; ne lui permet pas de côtoyer autant qu'elle le souhaite les jeunes de son âge, comme la cour du roi William IV ; ne lui donne pas non plus le droit d'avoir sa propre chambre. Avec l'aide de son conseiller – et probablement amant – John Conroy, la duchesse de Kent couve sa fille comme une lionne protège ses lionceaux. À ses yeux, elle a de bonnes raisons de la protéger par une méthode éducative abusive du nom de « système Kensington ». Et pour cause, la douce enfant n'est pas n'importe qui, puisque cette princesse britannique porte le prénom de Victoria.

« Je vois que je suis bien plus près du trône que je ne le pensais. Il y a tellement de gloire, mais aussi tellement de responsabilité[1]. » En cette année 1830, Victoria célèbre ses onze ans. Jusqu'ici, elle subissait l'autoritarisme exacerbé de sa mère et de son confident avec une impassibilité remarquable. Désormais, sa mère juge qu'il est temps de faire comprendre à la princesse son véritable statut. Victoria avait bien saisi qu'elle faisait l'objet d'une attention particulière de la part de tous les adultes qui peuplaient son quotidien. Mais elle ne comprenait pas encore la raison des soins qui étaient apportés à ce qu'elle ne se blesse pas, à ce qu'elle ne soit enlevée, bref, à ce qu'elle reste en vie. Un arbre généalogique est glissé dans son livre d'histoire par sa nourrice, Louise Lehzen. Tout s'éclaire dans l'esprit de l'enfant. Victoria le sait désormais. Un jour, elle sera reine.

Plus de cent cinquante ans plus tard, le prince William est lui aussi confronté à son illustre ascendance. Quelle que soit la manière dont ses parents lui ont expliqué le lourd héritage qui repose sur ses épaules, il finit lui aussi par se rendre compte de sa position unique. Pour comprendre le rôle tenu par ce prince, né un jour d'été 1982, la présentation des personnages qui composent son existence s'impose.

Windsor, ascendance royale

« À dater du jour de notre proclamation royale, notre maison et notre famille seront appelées et connues sous le nom de maison et de famille Windsor [...]. Pour nous-même et tous nos descendants, l'usage des grades, titres, dignités et honneurs de duc et duchesse de Saxe, de prince et de princesse de Saxe-Cobourg-Gotha et autres dénominations

1. Philippe Chassaigne, *La Reine Victoria*, Paris, Gallimard, 2017.

allemandes ne nous appartiennent plus[1]. » Ainsi naît, ce 17 juillet 1917, une dynastie qui va marquer durablement le cœur des Britanniques. Le communiqué publié par le roi George V *via* le *Court Circular*, journal officiel de la cour, est repris par tous les grands quotidiens du royaume. La maison Saxe-Cobourg-Gotha n'est plus et laisse place à celle de Windsor. C'est une première dans l'histoire du Royaume-Uni, qui est perçue par bien des monarchies européennes comme un tsunami royal. La décision courageuse de George V choque autant qu'elle interroge.

Voilà trois ans que les tranchées françaises et belges structurent le paysage de l'Europe enfermée dans une guerre à l'ampleur inédite. La violence des combats et le nombre des victimes sont si impressionnants qu'ils vont marquer durablement toute une génération. Rien ne semble mettre un terme à cette lutte entre les forces de l'Axe et celles des Alliés. Les batailles de Verdun et de la Somme – respectivement commencées en février et juillet 1916, et qui firent plus de 300 000 et 440 000 morts – semblent prouver le niveau de monstruosité qu'est capable d'atteindre l'espèce humaine. L'Europe est traumatisée. Après des années d'incertitude, les États-Unis décident de rentrer en guerre en avril 1917. La Première Guerre mondiale est née. Aux yeux des poilus, comme de leurs homologues britanniques, l'entrée en guerre du pays du président américain Woodrow Wilson semble présager un conflit interminable. La Grande-Bretagne lutte corps et âme pour venir à bout de l'ennemi. Mais les armées alliées commencent à s'épuiser. Le moral n'y est plus, au point que des mutineries voient le jour à l'été 1917. Pour les Britanniques, comme pour les peuples alliés, l'Allemagne du *Kaiser* Guillaume II est la grande responsable de cette boucherie inhumaine. Depuis le début du conflit, l'armée allemande inflige à ses ennemis

1. Jean des Cars, *Le Sceptre et le Sang*, Paris, Perrin, 2014.

plusieurs défaites militaires qui font naître, en l'esprit de tout un peuple, un fort sentiment antigermanique. Le torpillage par un sous-marin allemand du paquebot *Lusitania* en 1915 est l'un de ces traumatismes qui conforte la haine du « Boche » – du « Hun » pour les Anglo-Saxons. George V doit agir, il le sait. Mais son intervention se fait attendre.

Le roi est un homme prudent et réfléchi, qui pèse chaque mot et chaque action. L'urgence de la situation ne fait désormais aucun doute, d'autant que les membres de la famille royale sont régulièrement victimes d'agressions dues à leur nom. Son propre cousin, le prince Louis de Battenberg, est même forcé de quitter ses fonctions de *First Sea Lord* – Premier Lord de la Mer – dès octobre 1914, en raison du sentiment anti-allemand qui règne dans ses rangs. La pérennité même du système monarchique est mise en cause dans ces années troublées par des tensions sociales et politiques extrêmes. Le tsar Nicolas II de Russie, cousin germain de George V, est forcé d'abdiquer sous la pression de ses généraux et de représentants de la Douma – la chambre basse du Parlement russe – le 15 mars 1917. C'en est fini du règne trois fois centenaire de la dynastie Romanov. Avec son épouse et ses cinq enfants, l'empereur déchu devient le prisonnier malheureux d'un gouvernement bolchevique assoiffé de victoire sur la famille impériale.

Le danger guette George V et les siens. Le 17 juillet 1917, le communiqué est rendu public. La décision du souverain, de faire oublier son nom trop allemand de Saxe-Cobourg-Gotha au profit de celui de Windsor, est radicale mais permet de mettre définitivement un terme à ces années de contestation envers la famille régnante. L'idée de ce patronyme vient du secrétaire particulier du roi, Lord Stamfordham. Scrutant l'horizon depuis son bureau du château de Windsor, il réfléchit à des idées de noms possibles pour la dynastie. Il pense d'abord à Tudor-Stuart, mais, bien que ce nom composé soit un hommage évident à deux anciennes maisons régnantes d'Angleterre, il est trop authentique pour être accepté par les Britanniques. Depuis son bureau, il voit la célèbre et imposante tour ronde de la forteresse ; et là, comme une évidence : Windsor. Quoi de plus parfait que ce nom destiné à angliciser la première des familles britanniques ? C'est dans cette petite ville aux abords de la Tamise du comté de Berkshire, à seulement une quarantaine de kilomètres de Londres, que Guillaume le Conquérant a fait construire une forteresse destinée à protéger la capitale de son nouveau royaume d'éventuelles contestations contre son autorité. Le passé militaire du château, représenté par son donjon cylindrique juché au sommet d'une motte castrale typique de l'architecture militaire normande, ne fait aucun doute. Rapidement, dès les années 1100, le château devient une résidence royale confortable pour les souverains anglais. Chaque monarque apporte sa marque au fil des siècles qui suivent, pour en faire, finalement, le plus vaste et le plus ancien domaine royal encore habité. Windsor est un symbole puissant. Par cet unique nom, où château royal et petite ville de campagne se côtoient, toute l'histoire de la monarchie britannique est rappelée à la mémoire des sujets de Sa Majesté. Berceau de l'institution quasi millénaire, Windsor gagne ce jour-là une puissante aura dynastique.

La décision de George V ne se cantonne pas à son nom de famille. Il renonce à tous ses titres allemands tels que duc de Saxe. Il supprime également ceux qui appartiennent à l'aristocratie de son pays. L'anglicisation de la classe dirigeante de Grande-Bretagne est poussée à un degré jamais atteint jusqu'à présent. De nouveau, ce même cousin du roi, le prince Louis de Battenberg, est le parfait exemple de ces victimes patronales. Il troque son nom, bien peu anglais aux oreilles du peuple, pour Mountbatten. Il abandonne aussi son titre de prince de Battenberg. En échange, George V le fait marquis de Milford Haven, comte de Medina et vicomte d'Aurigny dans la pairie du Royaume-Uni. Louis de Battenberg n'est pas le seul Anglais aux origines allemandes. La propre épouse de George V, la reine Mary de Teck, avait pour patronyme Wurtemberg. Les membres britanniques de cette ancienne famille régnante d'une principauté germanique abandonnent aussi leur nom pour Cambridge.

Mais alors, comment expliquer qu'une famille venue de l'autre côté du Rhin vienne à régner sur le Royaume-Uni ? Il faut, pour cela, remonter au XVIIIe siècle. Mars 1714, la reine Anne Stuart est souffrante. La souveraine fut toute sa vie accablée d'une santé chancelante, au point qu'à partir de Noël 1713, elle est incapable de marcher. Elle tente malgré tout de continuer à diriger son royaume. Son règne a été marqué par bien des tumultes. En 1707, elle signe les Actes d'Union qui font de l'Angleterre et de l'Écosse un royaume unique dirigé par un seul et même Parlement. La guerre de Succession d'Espagne voit quant à elle s'affronter pendant treize longues années la Grande-Bretagne et la France, soutenues par leurs alliés respectifs. La mort sans descendance du roi d'Espagne, Charles II de Habsbourg, en 1701, avait créé une crise successorale dont chaque camp va promouvoir les droits de son prétendant. Finalement, le conflit s'achève en 1714 par la reconnaissance du duc d'Anjou, petit-fils de Louis XIV, comme nouveau roi d'Espagne, Philippe V. Ces tensions politiques, diplomatiques et militaires rongent la santé fragile de la reine Anne. Épuisée, elle est victime d'une crise cardiaque le 30 juillet 1714. Le lendemain matin, elle meurt sans descendance vivante. Pour lui succéder, un prince de Hanovre est désigné. La succession à la couronne de St Edward va elle aussi faire l'objet de disputes qui vont rythmer les premières années de la toute nouvelle famille régnante d'Angleterre : les Hanovre.

La Glorieuse Révolution de 1688 avait chassé du trône le roi catholique James II, mettant en place le règne conjoint de William III et de Mary II. La reine meurt en 1694. Quant au roi, il rend son dernier souffle en 1702. Tous deux n'ont jamais eu d'enfants. Pour leur succéder, ils peuvent compter sur Anne, la sœur cadette de Mary II. Mais avant de trépasser, William III fait un dernier coup politique qui change le destin dynastique de la monarchie britannique à jamais. En 1701, James II vit ses derniers mois au château de Saint-Germain-en-Laye, après avoir tenté à plusieurs reprises de récupérer sa couronne. Voyant la mort de son beau-père approcher, William III s'assure que sa descendance ne puisse s'auréoler de quelconques prétentions sur le trône anglais. En juin, il signe l'Acte d'Établissement qui exclut les catholiques de la succession de sa couronne. Cette loi est incorporée aux textes fondamentaux de l'institution monarchique, restant en vigueur de nos jours.

Quand il est assuré que la reine Anne n'aura jamais d'enfant viable pour lui succéder, le Parlement londonien sait que les droits de l'héritière du trône des Stuart, Sophie de Hanovre, sont confirmés. La princesse-électrice de Hanovre est, par sa mère, la petite-fille du roi James Ier. Protestante calviniste, la cousine de la reine Anne a le profil parfait pour devenir reine de Grande-Bretagne, d'autant qu'elle a donné naissance à deux potentiels héritiers. Mais Sophie expire le 8 juin 1714, soit deux mois avant qu'Anne ne quitte à son tour ce bas monde. Pour succéder à la souveraine sur le trône anglais et écossais, reste donc le fils de Sophie.

George Ier de Hanovre, comme son fils George II, demeure un monarque quasi absent pour les Britanniques. Élevé dans sa principauté germanique natale, il parle uniquement l'allemand, vit essentiellement dans le Hanovre, et se préoccupe surtout de le gouverner. Les deux premiers rois George d'Angleterre se désintéressent de la politique, laissant libre cours au Parlement d'augmenter ses pouvoirs, au détriment de l'autorité royale. Mais George II souhaite donner naissance à une génération plus britannique que la sienne et celle de ses enfants. Son petit-fils George, fils du prince Frederick de Galles et de la princesse Augusta, est le premier héritier Hanovre à naître sur le territoire anglais en 1738. Il y va de la pérennité de la dynastie régnante de s'octroyer les faveurs d'un peuple qui lui reproche déjà ses origines allemandes. La menace jacobite – les prétentions des héritiers catholiques de James II Stuart soutenues par une majeure partie des clans écossais – plane sur le trône protestant des Hanovre. Son père étant mort depuis neuf ans, George III succède à son grand-père en 1760. Son règne de près de soixante ans est déterminant pour le Royaume-Uni. Il règne lorsque la guerre d'indépendance des États-Unis éclate en 1775, l'obligeant à être dépossédé de ses colonies américaines. Toute sa vie, il tente de restaurer l'autorité royale au détriment de l'influence du Parlement. Il est également la figure qui représente les îles britanniques lorsqu'éclate la Révolution française en 1789 qui crie : « À mort le roi ! » Il dirige aussi le royaume quand il doit affronter les fougues conquérantes du « Petit Caporal », et empereur autoproclamé des Français : Napoléon Bonaparte. Mais dès 1788, George III montre des signes de sérieux troubles mentaux, fragilisant en toute évidence la puissance de la Couronne. Une régence du prince de Galles est même actée au début de l'année 1811 pour pallier l'incapacité du souverain à régner. George III est rappelé à Dieu le 29 janvier 1820. Une semaine plus tôt, son fils cadet Edward, duc de Kent, a succombé d'une pneumonie. Ce prince violent, amoureux de la chose militaire, a eu une fille avec son épouse Victoire de Saxe-Cobourg-Saalfeld un an auparavant : la princesse Victoria.

Quand son oncle William IV s'éteint en son château de Windsor en 1837, Victoria n'a que dix-huit ans et elle hérite d'un trône fragilisé par la réputation outrancière de ses prédécesseurs de Hanovre. George IV et William IV ont eu une vie faite d'opulence et de plaisir, loin des préoccupations de leur peuple. La jeune reine a désormais la lourde obligation de se trouver un époux convenable capable de l'épauler à chaque étape de son règne. En 1836, elle a déjà rencontré son cousin Albert de Saxe-Cobourg-Gotha par l'intermédiaire de son oncle Léopold Ier de Belgique. Le roi ambitionne d'unir les destins de ses deux neveux pour augmenter l'influence de sa maison au sein des monarchies européennes. Victoria et Albert se plaisent et les sentiments amoureux ne tardent pas à envahir leurs jeunes cœurs. Leur mariage est célébré en la chapelle royale du palais Saint-James le 10 février 1840. Ensemble, ils donnent naissance à une monarchie familiale, portée par leurs neuf enfants, à qui ils demandent un comportement exemplaire. « Une famille sur le trône a encore son utilité, en ce sens qu'elle sert à porter les rayons de la souveraineté jusqu'aux profondeurs de la vie commune[1]. » Victoria et Albert ont bien compris le principe de l'écrivain britannique Walter Bagehot, et ont bien l'intention de l'appliquer dans une Angleterre puritaine qu'ils sont en train de forger. L'industrialisation du royaume se fait sous l'égide du prince Albert, passionné de nouvelles technologies et de sciences. Sous le règne de la reine « albertine », voit le jour une monarchie spectacle, qui se montre à ses sujets pour gagner en popularité. Devenue veuve en 1860, Victoria porte son éternel habit noir pour endosser une figure quasi mystique, symbole d'une ère qui portera son nom. La mère du plus grand empire colonial au monde devient la grand-mère de l'Europe en projetant sa toile de petits-enfants à travers toutes les monarchies du Vieux Continent.

En épousant le prince Albert, Victoria donne naissance à une nouvelle dynastie qui porte un patronyme plus que jamais attaché aux principautés allemandes. Le fils

1. Philippe Chassaigne, *La Reine Victoria*, *op. cit.*

aîné du couple, Edward VII, est le premier monarque Saxe-Cobourg-Gotha. Avec une mère Hanovre et un père Saxe-Cobourg-Gotha, le roi est le pur fruit des alliances aristocratiques allemandes opérées au cours du XIXe siècle. Quand George V lui succède en 1910, il hérite de ce nom qui devient trop encombrant dès 1914.

En créant sa propre maison en 1917, George V a bien l'intention de la faire perdurer. Avec son Premier ministre libéral David Lloyd George, il a toutes les peines du monde à faire accepter ce nouveau nom à ses sujets, oubliant douloureusement son ascendance venue du pays de *Germania*. Mais sa décision irrévocable va permettre à la monarchie de demeurer une évidence pour l'avenir de la nation de *Britannia*. À une époque où le souffle révolutionnaire emporte les monarchies européennes, celle du Royaume-Uni s'impose telle une exception à la règle. Pour éviter que la vague antimonarchiste ne déferle sur les îles britanniques, George V refuse l'asile demandé par le tsar Nicolas II de Russie. Sa décision a de lourdes conséquences sur le destin des Romanov. Gardés sous haute surveillance par les bolcheviques à la maison Ipatiev d'Ekaterinbourg, ils sont maltraités avant d'être assassinés dans les sous-sols de la maison, une nuit de juillet 1918. Au prix de la vie de son cousin russe dont il était si proche, George V réussit à protéger son pays et sa couronne. Le roi applique aussi une politique familiale portée à son paroxysme qui érige son clan en exemple pour les Britanniques, en reprenant la méthode entreprise par la reine Victoria en son temps.

Quand la petite-fille de George V, Elizabeth, devient reine en 1952, son héritage perdure pour former la monarchie britannique moderne. Elle a épousé en 1947 le prince Philip de Grèce et de Danemark. Philip est le neveu de Lord Louis Mountbatten dont il a pris le nom au moment de son mariage. Le couple a dans un premier temps deux enfants. La joie de l'ancien vice-roi des Indes est bien trop visible au moment de l'accession au trône de la jeune Elizabeth II. Dans son château de Classiebawn, il ose sabrer le champagne à l'avènement prochain de la « maison Mountbatten ». Scandale ! La cour Saint-James, comme Downing Street, est outrée. Winston Churchill, appuyé par la vieille reine Mary, n'entend pas satisfaire les ambitions dynastiques trop importantes de l'aristocrate dandy. Pour ces deux illustres représentants du conservatisme anglais, le nom de Windsor doit rester celui de la famille régnante. Sa symbolique unificatrice est trop importante au lendemain de la Seconde Guerre mondiale. Aussi jeune qu'elle soit, Elizabeth II se range du côté de l'avis de son si respecté Premier ministre. La réaction de Philip restera dans le répertoire de ses plus célèbres répliques, placées sous le signe du politiquement incorrect : « Je ne suis qu'une fichue amibe, le seul homme qui n'ait pas le droit de donner son nom à ses enfants[1] ! » Les plaintes de l'époux de la reine ne cessent pas avec le temps. Philip vit mal cette situation qu'il n'a pas souhaitée. Comprenant le mal-être qui ronge l'esprit de son mari, Elizabeth II publie un communiqué le 8 février 1960 : « Maintenant et dorénavant, je déclare ma volonté et mon plaisir, tandis que moi-même et mes enfants continuerons d'être identifiés et connus sous le nom de maison et famille de Windsor, mes descendants, autres que ceux bénéficiant de l'identité, du titre ou des privilèges d'Altesses royales et la dignité titulaire de prince ou princesse ainsi que les descendantes féminines qui se marieront et leurs descendants, porteront le nom Mountbatten-Windsor[2]. »

En d'autres termes, tous les descendants du couple, en ligne masculine, qui disposent de la qualité princière et du prédicat d'Altesse royale, sont dispensés d'utiliser le nom Windsor. Mais tous les autres, ne disposant d'aucun titre,

---

1. Philippe Delorme, *Philippe d'Édimbourg. Une vie au service de Sa Majesté*, Paris, Tallandier, 2017.
2. Jean des Cars, *La Saga des Windsor*, *op. cit.*

sont désignés par le nom de Mountbatten-Windsor aux yeux de la loi britannique. Cette déclaration d'amour d'Elizabeth à Philip, aussi révolutionnaire soit-elle, permet de réparer définitivement l'humiliation dont il estimait être l'injuste victime. Ainsi peut commencer ce règne d'exception, porté par le charisme de sa souveraine, au sein duquel naîtra le prince William Arthur Philip Louis de la maison Windsor.

Spencer, un sang anglais ancestral

L'aristocratie britannique compte bien des familles qui servent leur roi par les armes, la diplomatie ou encore la courtisanerie. La maison Spencer est l'une d'entre elles. Son importance aristocratique et financière s'est constituée à partir de son élevage ovin lucratif au début du XVIe siècle. John Spencer (v. 1460-1522) devient alors si riche qu'il est capable d'acheter en 1506 et 1508 les domaines d'Althorp, dans le Northamptonshire, et de Wormleighton, dans le Warwickshire. Sa richesse attire l'attention du roi Henry VIII qui le fait chevalier en 1519. Les fondements de la puissance de la famille Spencer sont nés. Althorp devient le berceau auquel va se rattacher chacun des membres de cette famille estimée par ses pairs et son souverain. Après John, trois générations de chevaliers Spencer vont se succéder avant que leur rang aristocratique ne soit élevé.

Il faut attendre 1603 pour voir Robert Spencer (1570-1627) devenir le premier baron Spencer de Wormleighton. Tout comme ses ancêtres, Robert occupe le poste tant convoité de shérif du Northamptonshire. À ce titre, il représente le monarque dans ce comté et a le pouvoir de diriger la police pour maintenir l'ordre et rendre la justice. Robert est même le premier Spencer à faire son entrée au Parlement en 1597, en sa qualité de député de Brackley. Pour service rendu à la Couronne, la reine Elizabeth Ire l'a fait chevalier de l'ordre de la Jarretière – le plus noble ordre de chevalerie d'Angleterre – en 1601, avant que James Ier lui ait octroyé une baronnie. La noblesse du sang Spencer voit le jour en ce début de XVIIe siècle.

En 1642, éclate la première guerre civile anglaise, dans le cadre de la première révolution d'Angleterre, où royalistes et parlementaires s'affrontent lors de combats rangés. Le roi Charles Ier s'est opposé à son Parlement à de nombreuses reprises depuis son accession au trône en 1625, notamment sur la question des impôts. Charles a un besoin régulier d'argent, demandant constamment la levée d'impôts, mais il doit faire face à une opposition incessante de son Parlement. En réponse, il se dispense de le convoquer pendant dix longues années. Pour les Britanniques, son pouvoir tend à l'absolutisme. Le Parlement profite de toutes les occasions pour tenter de réduire ses prérogatives et de diminuer ses ressources financières, espérant l'instigation d'une monarchie parlementaire. La politique religieuse du roi, suspectée d'être trop proche du catholicisme, est elle aussi impopulaire. Le Parlement finit par lever une armée qu'il dirige contre les troupes de son roi. Dans cette Angleterre divisée en deux, Henry Spencer (1620-1643), troisième baron Spencer de Wormleighton, doit choisir son camp. Il se rallie à la cause royale dès le début du conflit, participant à la bataille d'Edgehill. Charles Ier est reconnaissant envers ce baron dévoué et volontaire de vingt-deux ans. Pour le récompenser, il le fait comte de Sunderland le 8 juin 1643. Galvanisé par cette nouvelle distinction, Henry enfile son armure pour participer avec fougue au siège de Gloucester en août. Le mois suivant, le comte intrépide met une nouvelle fois son esprit guerrier à l'épreuve lors de la bataille de Newbury. Il est sur le champ de bataille quand un boulet de canon vient lui arracher la vie. Le titre de comte de Sunderland est alors hérité de père en fils jusqu'en 1729. À cette date, le quatrième comte, Robert Spencer

(1701-1729), meurt sans descendance. Le titre revient alors à son frère Charles Spencer (1706-1758).

En 1733, Charles hérite de sa tante Henrietta Godolphin de l'important duché de Marlborough. Ce dernier a été créé par la reine Anne pour l'ambitieux John Churchill (1650-1722) en récompense de sa fidélité à la maison Stuart et de ses victoires sur l'armée française en pleine guerre de Succession d'Espagne. Politicien hors pair, John Churchill est un homme de cour influent qui se hisse aux plus hauts rangs, malgré quelques périodes de disgrâce. Winston Churchill aimait à décrire l'éclat « du génie et du héros, sage, vaillant, et sans tache, ne cherchant que le meilleur pour l'Angleterre et le meilleur pour tous[1] ». Mais lorsqu'il meurt en 1722, il n'a aucun fils pour hériter de son duché. La loi anglaise veut que seuls les garçons puissent hériter d'un titre de noblesse. Le duché de Marlborough est voué à disparaître. Le Parlement se réunit et décide finalement, qu'en reconnaissance des hauts faits de John Churchill, sa fille Henrietta peut porter *suo jure* – « de son propre droit » – le titre de duchesse de Marlborough. Sa mort venue, elle n'a plus de descendance vivante et lègue son duché à son neveu Charles Spencer.

Avec les ducs de Marlborough, la branche aînée des Spencer vient de naître, tandis que sa cadette entame elle aussi son ascension sociale. Charles a un frère cadet, John Spencer (1708-1746), qui engendre sa propre descendance. Son fils aîné du même nom est un homme politique engagé qui finit par devenir député whig de Warwick en 1756. Neuf ans plus tard, en reconnaissance de ses faits politiques, le roi George III le fait comte Spencer.

La descendance de John va se perpétuer jusqu'à nos jours en comptant, parmi ses membres, quelques éminents

1. Clément Oury, *Le Duc de Marlborough, John Churchill. Le plus redoutable ennemi de Louis XIV*, Paris, Perrin, 2022.

personnages. Le deuxième comte Spencer, proche du célèbre Premier ministre William Pitt le Jeune, est le premier à recevoir l'ordre de la Jarretière. Ce dernier a neuf enfants dont un certain George (1799-1864) qui se convertit au catholicisme et devient le père Ignace de Saint-Paul. Toute sa vie, ce prêtre évangélisateur travaillera à la conversion de l'Angleterre. En 2016, il est même reconnu Vénérable par le pape François, dernière étape avant une potentielle canonisation. Un Spencer saint ! Les aristocrates d'Althorp pourraient bien se comparer aux Capétiens et à leur Saint Louis.

John (1782-1845), élu député libéral, dirige la Chambre des Communes avant de devenir chancelier de l'Échiquier en 1830. Son fils Frederick (1798-1857) devient un familier de la reine Victoria. D'abord écuyer de la duchesse de Kent, il est finalement membre du Conseil privé, tout en suivant une carrière politique exemplaire. Officier de marine aux nombreuses qualités, il a pris exemple sur son aïeul, et défend de toute son âme son roi en combattant l'empire de Napoléon Ier. Il est ensuite remarqué lors de l'expédition de Morée (1828-1833) en étant récompensé par la France et la Russie. Il donne naissance aux deux prochains comtes Spencer qui, comme la figure paternelle l'impose, ont une carrière politique bien remplie. Le premier, John (1835-1910), est nommé par deux fois Lord Lieutenant d'Irlande – représentant de Sa Majesté sur l'île – en 1868 et 1882. Au cours de ses deux mandats, il renforce la mainmise britannique sur le pays au trèfle à quatre feuilles. Le second, Charles (1857-1922), est fait page de la reine Victoria mais reste d'un naturel discret, se contentant de jouir de son rang et de ses privilèges dans sa somptueuse propriété du Northamptonshire.

En parallèle de la réussite sociale signée comte Spencer, les ducs de Marlborough vont faire de leur fortune considérable, représentée par le splendide palais de Blenheim, une arme pour se hisser aux plus hautes instances du royaume. Ils s'imposent comme devoir de rappeler l'héritage visible du premier d'entre eux, John Churchill. Ils poussent leur hommage à un tel degré qu'ils vont jusqu'à changer leur patronyme en 1817 pour devenir les Spencer-Churchill. De cette manière, ils font une référence constante à leur illustre prédécesseur, comme si une quelconque légitimité était nécessaire à ces pairs d'Angleterre.

Dernier acte de la gloire de la branche cadette de la famille, Edward (1924-1992) devient en 1975 le scandaleux huitième comte Spencer. Avant son accession au titre comtal, il avait servi le roi George VI en tant qu'écuyer dès 1950. Il soutient alors sans hésitation son ami malade jusqu'à ses derniers jours. La nouvelle reine Elizabeth II apprécie cet homme, qui avait la confiance de son regretté père, et le garde à ses côtés en tant qu'écuyer. Il épouse Frances Burke-Roche en 1954. Ensemble, ils ont cinq bambins dont l'un se prépare à une destinée royale des plus tragiques.

Féerie théâtrale de St Paul

« Quand Charles est venu séjourner à Althorp, ma première réaction a été : "Mon Dieu, comme il est triste[1] !" » Le prince de Galles est un célibataire en quête des plaisirs que peut lui offrir sa jeunesse. Dans les années 1970, Charles est un habitué du domaine ancestral des Spencer. Cet aristocrate aux allures de gentleman *so british* cumule sans vergogne les conquêtes féminines. Le Don Juan des Windsor laisse volontiers s'exprimer ses talents séducteurs qu'il sait plaisants au sexe opposé. « Je crois, dans un cas comme le vôtre, écrivit Lord Louis Mountbatten à Charles en 1974, qu'un homme doit faire les quatre cents coups et batifoler autant qu'il le peut avant de se ranger. Mais, quand il s'agit de prendre femme, il doit choisir une jeune fille convenable, jolie et douce avant qu'elle ait pu rencontrer quelqu'un

1. Andrew Morton, *Diana*, *op. cit.*

d'autre dont elle risquerait de s'éprendre[1]. » Les conseils de son oncle chéri sont appliqués à la lettre. En 1978, il jette son dévolu sur Sarah Spencer. La fille aînée du huitième comte Spencer est une jolie jeune femme aux traits fins et à la crinière brune et légèrement bouclée. Pendant deux années, le couple se fréquente, laissant s'exprimer leur relation en public sur les terrains de polo ou les pistes de ski suisses de Klosters, et entre les murs d'Althorp qui gardent leurs moments privés.

Diana est la digne spectatrice de cette idylle aux accents de liaison sans lendemain. Charles croise bien entendu la sœur cadette de Sarah sur ce domaine du Northamptonshire mais reste d'abord impassible devant la beauté juvénile de celle qui porte le nom d'une déesse chasseresse. D'autres plans qui concernent la raison du cœur du prince héritier sont d'ailleurs dessinés pour lui. En 1960, Lord Louis Mountbatten a gagné une bataille patronale en apprenant avec joie la création du nom Windsor-Mountbatten pour une partie de la descendance de la reine Elizabeth et du prince Philip. Ses ambitions royales n'ont pas pris fin pour autant avec cette décision surprise de la souveraine. L'ancien vice-roi des Indes présente à Charles sa propre petite-fille, Amanda Knatchbull. Il invite souvent son petit-neveu à passer du temps en compagnie des siens sur ses terres irlandaises. Charles semble même apprécier Amanda. Mais les idées de mariage n'habitent pas encore l'esprit du jeune homme. Avant de s'engager, il a bien l'intention de profiter de la fougue de sa jeunesse. Après Sarah Spencer, le prince s'intéresse à Anna Wallace, l'héritière d'une grande famille écossaise qui ne mâche pas ses mots. Cette liberté de ton le séduit tellement que le bruit court rapidement dans les couloirs de Buckingham : le fils d'Elizabeth II serait capable de s'engager à

1. Robert Lacey, *Guerre royale, mensonges et trahisons*, *op. cit.*

son bras. Mais finalement, sans qu'aucune raison officielle ne soit donnée, le couple se sépare en 1980.

De nouveau célibataire, Charles se noie dans les mondanités pour oublier. Sa rupture avec Anna Wallace ne l'a pas touché outre mesure. La raison de la morosité princière est ailleurs. L'année précédente, Lord Louis Mountbatten a été assassiné. Charles perd ce jour-là ce mentor au doux surnom de Dickie qui l'a soutenu toute sa vie quand son père le dénigrait et sa mère ne s'en souciait guère. En ce mois de juillet 1980, Charles est invité par son ami Philip Robert de Pass à un barbecue dans le parc de Petworth House, une imposante résidence à l'ouest du Sussex. Philip sait le prince en proie à la mélancolie. Pour le distraire, il invite aussi Diana dont il connaît le tempérament espiègle. « "Voulez-vous venir passer deux nuits à Petworth, le prince de Galles sera là ? Votre jeunesse le distraira." J'ai accepté[1]. »

Dès son arrivée, Charles montre des intentions claires qui lui font perdre toute réserve, selon les dires de Diana. La jeune femme l'aurait repoussé instamment. Mais aurait-il été capable d'un tel comportement aussi détestable ? Les manières délicates et l'éducation de ce prince nous permettent d'en douter. Diana voit la tristesse qui se dégage de son regard et se doute de sa raison. Elle lui parle des funérailles de Dickie dont elle a, comme tout Britannique patriote qui se respecte, suivi la retransmission en direct à la télévision. « Mon cœur saignait pour vous[2]. » Elle trouve les mots qui savent réconforter le cœur meurtri de l'héritier. Sous un soleil de plomb, le regard de Charles sur Diana change. Il commence à songer à une relation plus qu'amicale avec cette Lady qu'il connaît depuis sa tendre enfance.

Nous l'avons vu, Diana n'est pas n'importe quelle

1. Andrew Morton, *Diana*, *op. cit.*

2. *Ibid.*

aristocrate. Issue de l'une des plus vieilles et importantes familles d'Angleterre, Diana Frances Spencer naît à Park House le 1er juillet 1961. La magnifique propriété est louée à la reine par son père, alors titré vicomte Althorp. Cette splendide maison située sur le domaine de Sandringham dans le Norfolk a été allouée à la famille, en reconnaissance du service rendu par le futur comte Spencer en tant qu'écuyer.

Au moment où Frances Burke-Roche donne naissance à cette jolie petite tête blonde, la déception se lit sur le visage de John Spencer. Un an auparavant, le couple avait perdu un fils. La mise au monde d'un garçon a une véritable importance dynastique pour le jeune père. Il y va de la pérennité du titre ancestral de sa famille. Quand son épouse tombe à nouveau enceinte, toute son espérance se porte sur le sexe de l'enfant à naître. La petite fille qui pousse ses premiers cris à l'été 1961 n'est pas l'enfant souhaité. John est désespéré et rejette souvent sa fille qui espère toujours une tendre attention de sa part. Ce désamour apparent exprimé par la figure paternelle sera toute la vie de Diana ressenti comme un cruel manque dans son existence. Elle ne cesse, pendant de longues années, de tenter d'attirer les faveurs de son père. L'apparence de l'enfant est même touchée par ce sentiment d'abandon et de déception. Diana sera très longtemps considérée comme un garçon manqué, optant pour des coupes courtes et délaissant la féminité de son look. Finalement, un héritier Spencer naît en 1964. Prénommé Charles, le petit dernier sera constamment choyé par ses parents et protégé par ses sœurs aînées. Avec Diana, il noue des liens fraternels puissants qui dicteront leur relation toute leur vie.

Dans cette famille d'aristocrates proche de la famille royale, les traumatismes ne manquent pas. Nous sommes en 1967 lorsque Frances décide de quitter la demeure familiale, abandonnant ses enfants à son caractériel de mari. Diana avait été témoin des nombreuses disputes qui rythmaient le quotidien du couple. Elle aurait même vu son père gifler violemment Frances. Quoi qu'il en soit, le couple ne s'entend plus après treize années de mariage. La mère de famille se console dans les bras de Peter Shand Kydd, héritier d'une fortune de l'industrie du papier peint. Ce jour de 1967, elle prend l'une des plus importantes décisions de sa vie en partant le rejoindre, au prix de la destruction du foyer Spencer. Au départ, Diana et son jeune frère partent rejoindre leur mère dans son appartement londonien. Mais quand viennent les fêtes de Noël, ils retournent à Park House aux côtés de leur père. John refuse alors de laisser ses enfants retourner auprès de la femme qui a osé le quitter. Il entame une procédure de divorce et obtient la garde exclusive de ses enfants en 1969. Diana n'oubliera jamais ce fameux jour où elle voit sa mère quitter la maison, une valise dans chaque main. Son quotidien est à jamais bouleversé.

Son père devient le nouveau comte Spencer en juin 1975. Devenue Lady, Diana fait aussi la connaissance de la nouvelle compagne de John. Raine McCorquodale n'est autre que la fille unique de la romancière excentrique qui voit la vie en rose Barbara Cartland. Le couple s'unit l'année suivante. Pour sa belle-mère, Diana n'aura jamais eu de mots tendres. Elle ne s'entend pas avec cette femme qu'elle juge à l'origine de la destruction du mariage de ses parents et du bonheur familial qui régnait au cours de ses jeunes années. Fuir à tout prix l'ambiance pesante qui règne dans l'immense maison d'Althorp où s'est installé le nouveau comte Spencer : voilà le projet tendancieux de la jeune fille déjà habitée par un profond mal-être.

En 1978, elle part en Suisse fréquenter l'institut alpin Videmanette pendant un trimestre. Ces trois mois sont cruciaux pour Diana. Ils font naître en elle un amour et une passion débordants pour les enfants. Elle s'était occupée jusqu'ici de son jeune frère. Désormais, elle souhaite mettre toutes ses compétences au service des chérubins d'autres familles. Une fois revenue de Suisse à Pâques, elle s'installe dans l'appartement londonien de sa mère qu'elle lui laisse pour vivre une collocation joyeuse avec deux amies. Pour ses dix-huit ans, Frances lui offre finalement un appartement à Coleherne Court où elle peut vivre pleinement sa nouvelle vie de colocataire. Aidée par la fortune de ses parents, la jeune femme n'est pas pour autant oisive. Elle cumule les petits boulots mal rémunérés qui forgent son caractère indépendant. Tantôt professeure de danse pour petites filles, tantôt femme de ménage pour sa sœur Sarah, l'aristocrate apprend à gagner sa vie par ses propres moyens. Elle finit par devenir assistante puéricultrice dans le jardin d'enfants Young England de Pimlico. C'est à ce moment-là qu'elle reçoit l'invitation d'un ami pour séjourner à Petworth House le temps d'un week-end de 1980.

Diana est très rapidement éprise de son prince charmant. Les deux jeunes gens se plaisent. Charles l'invite régulièrement à passer le week-end en sa compagnie. Ce grand admirateur de musique classique l'invite à l'opéra, puis à une réception donnée par le prince Philip sur le yacht royal *Britannia* au large de l'île de Wight. Après la réception, ils se retrouvent seuls sur le pont du navire, et échangent leur premier baiser, bien que très discrets en public. Le bruit court soudainement dans les rues de la capitale qu'une nouvelle *girl friend* parade au bras du prince de Galles. La presse découvre l'identité de l'heureuse élue. Belle, charmante, charismatique, au regard ravageur typiquement Spencer… Les atouts de la jeune femme attirent les paparazzis qui commencent à camper devant la porte de son appartement. Ils en sont certains : Diana est une candidate sérieuse au poste de future princesse de Galles. Après tout, le prince Charles a déjà trente-deux ans. Il est grand temps pour lui d'envisager la perspective d'une union. Que Diana marche dans la rue ou qu'elle soit au volant de sa vieille Austin Mini, les journalistes n'hésitent pas à l'aborder en l'assommant de questions indiscrètes. Mais elle tient bon et ne laisse s'échapper aucune information.

Néanmoins, en cette fin d'année 1980, Charles n'accorde guère d'importance à sa liaison avec Diana. Il n'est pas certain de ses attentes vis-à-vis de cette situation, d'autant qu'il est secrètement amoureux d'une autre femme. Dans cette monarchie aux traditions immuables, le devoir l'emporte sur les sentiments personnels. Charles connaît son rôle dynastique et monarchique. « Le mariage est une affaire bien plus importante que l'amour, dit-il dès 1979[1]. » Il est parfaitement conscient du poids qui pèse sur ses épaules de prince de Galles. Jusqu'ici, presque tous les héritiers de la Couronne avaient dû se marier par devoir, réservant leurs sentiments pour une vie secrète parallèle. En cette fin de XXe siècle, pour quelles raisons en serait-il autrement ?

Diana fait figure de parfaite future reine-consort : elle a du sang aristocratique anglais ; elle est anglicane ; plus jeune que son époux – de treize ans sa cadette ; et elle est vierge. Autant de qualités demandées à toutes les épouses de futurs rois qui l'ont précédé. Lady Fermoy, la grand-mère maternelle de Diana et confidente de la reine mère a bien compris le potentiel de sa petite-fille. Elle défend sa candidature avec fougue auprès de la grand-mère du prince Charles. *Queen Mum* la connaît depuis ses premières années. Elle se réjouit devant la perspective d'un mariage avec ce petit-fils qu'elle aime et admire tant. L'ancienne reine devient le messager qui transmet les propositions de sa dame d'honneur à sa fille. Quand Elizabeth II apprend que Diana est présentée comme sa future bru, elle est curieuse de faire plus ample connaissance avec la jeune femme qu'elle a

1. Robert Lacey, *Guerre royale, mensonges et trahisons*, *op. cit.*

très peu fréquentée jusqu'à présent. Elle l'invite donc à séjourner, le temps d'un week-end, à Balmoral. Dans cette propriété royale écossaise aux terres giboyeuses, Diana part volontiers chasser avec le prince Philip. Elle connaît parfaitement les codes du sport aristocratique. Elizabeth II et Philip sont conquis par ses bonnes manières, son charme ravageur et sa grâce.

La couverture médiatique de Diana s'intensifie, au point que le prince Philip s'inquiète pour elle. Il écrit une lettre aux termes autoritaires à son fils, demandant à Charles de se décider quant à son avenir avec la fille du comte Spencer. Pour préserver la réputation de la prétendante, son fils doit choisir entre la demande en mariage et la prise de distances immédiate. Charles interprète cette lettre comme un ordre paternel.

Le 6 février 1981, jour des vingt-neuf ans de règne d'Elizabeth II, il convoque Diana au château de Windsor, et après lui avoir avoué qu'elle lui avait manqué, il se lance : « “Te rends-tu compte que tu seras un jour reine ?” et une voix à l'intérieur de moi me dit : “Tu ne seras pas reine mais tu auras un rôle difficile”, alors je me suis dit : “OK” et j'ai donc dit “oui”[1] ». Il aura fallu seulement treize rencontres pour voir l'arrivée de la demande en mariage du fils de la reine. Les deux jeunes gens se connaissent peu, et pourtant, ils s'apprêtent à lier leurs destins pour incarner un jour la plus prestigieuse monarchie européenne.

Le jour même de la demande en mariage, Charles informe ses parents de la réponse de Diana. Il n'y a plus de temps à perdre. Les journalistes sont conviés au palais de Buckingham dix-huit jours plus tard. Au bras de son prince, Diana pose, tout sourire, devant les objectifs. Les yeux du monde se tournent rapidement sur un détail fièrement arboré par la fiancée : une bague composée de quatorze diamants,

---

1. Andrew Morton, *Diana*, *op. cit.*

entourant un saphir bleu ovale, assorti à son tailleur bleu cobalt. La beauté du bijou commandé par le prince Charles fait sensation.

Diana quitte alors son poste d'assistante puéricultrice et s'installe dans un appartement du palais de Buckingham, initialement réservé aux gouvernantes. Pendant que Lady Di prend part aux préparatifs du mariage, la frénésie populaire et médiatique s'empare du Royaume-Uni. L'attention des Britanniques ne cesse de s'intensifier au fil des jours qui précédèrent le grand rendez-vous princier de la décennie. Pour l'un des moments les plus importants de sa vie, Charles impose son choix quant au lieu de la cérémonie. Ce sera l'immensité de la cathédrale St Paul de Londres.

Il est 11 h 20, ce 29 juillet 1981, quand la future princesse de Galles sort du carrosse qui l'a conduite à la cathédrale avec son père à ses côtés. Les caméras scrutent cette fameuse sortie qui laisse apparaître la robe de mariée la plus attendue du moment, conçue par Elizabeth et David Emanuel. Les détails de sa création étaient dignes d'un secret d'État. Avec sa traîne de 7,6 mètres en taffetas ivoire et en dentelle, cette robe impose au monde la stature de celle qui s'apprête à devenir princesse. Au bras du comte Spencer, elle remonte la nef de la cathédrale, encadrée par plus de deux mille cinq cents invités. Avec Charles, Diana incarne désormais le glamour espéré pour une famille royale toujours en quête de popularité. Ce jour-là, l'une des plus anciennes maisons aristocratiques s'unit à l'une des plus importantes dynasties royales au monde. Bientôt, leurs sangs vont se confondre en donnant naissance à un petit garçon qui portera sur ses frêles épaules le poids important d'une double histoire familiale exceptionnelle.

3
Wombat

En 1982, Elizabeth II règne depuis trente ans quand vient au monde son héritier en second. L'aura de la souveraine ne se limite pas à la frontière de ses îles. À cette époque, elle est à la tête de pas moins de dix-sept royaumes indépendants tels que le Canada, l'Australie, la Nouvelle-Zélande ou encore la Papouasie-Nouvelle-Guinée. Autant de territoires membres du Commonwealth dont elle est devenue la cheffe, au moment de son accession au trône. Cette organisation intergouvernementale a vu le jour en 1949 lorsque le roi George VI a signé la Déclaration de Londres. Il a alors abandonné sa couronne impériale pour prendre la gouvernance de cette nouvelle structure politique et diplomatique. Alors que l'empire britannique était en déclin, le Commonwealth a permis de déclencher un processus de décolonisation progressif, tout en sauvegardant des liens étroits entre ces anciennes colonies britanniques. Pour Elizabeth II, le développement du Commonwealth est l'une de ses priorités. Elle incarne le ciment qui unit toutes ces nations aux valeurs et à l'histoire communes. Ses nombreux voyages à l'étranger sont justement destinés à renforcer l'importance de l'institution. Au début des années 1980, en plus des dix-sept royaumes élisabéthains, une trentaine de républiques sont d'ailleurs membres du Commonwealth.

Malgré tout le respect dont bénéficie la reine, sa popularité s'affaiblit. Quand les jupes courtes et les coupes mulets envahissent les rues de Londres, les membres de la famille royale semblent enfermés dans une bulle au style classique hérité des années d'après-guerre. Plus que jamais, les Windsor représentent les traditions d'une Angleterre passée. En ce début de décennie, l'intérêt des Britanniques pour leur famille régnante est finalement galvanisé par deux événements : le glamour de la nouvelle princesse de Galles et l'enthousiasme que procure la naissance princière. Profiter de cet amour grandissant des sujets de Sa Majesté pour les membres de sa famille : voilà le credo qui va propulser le jeune William sur le devant de la scène.

Un nourrisson pas comme les autres

Avec la naissance de William, la femme dépressive qu'était Diana s'efface pour laisser s'épanouir une mère aimante et attentionnée. Ses actions et pensées sont entièrement dédiées à ce fils qui lui ressemble tant. Dès ses premiers mois de vie, William montre des ressemblances physiques avec sa mère. Ses grands yeux bleus, sa chevelure blonde et ses traits fins n'ont pas échappé aux plus observateurs. Diana le sait, son chérubin sera l'ange qui saura la défendre et l'aider, d'une manière ou d'une autre, à affronter ses difficultés de princesse.

Héritière d'une famille aristocratique respectée, épouse du futur roi du Royaume-Uni, Diana n'en reste pas moins une mère de son siècle. Elle insiste pour le nourrir au sein dès sa naissance. L'allaitement n'est pas pour autant une première chez les Windsor. Avant elle, Elizabeth II avait ouvert la voie à cette pointe de modernité appréciée chez les Britanniques. La reine n'a fait aucune exception en nourrissant ses quatre enfants de la même manière. Diana forme aussi le projet non conventionnel de prendre en charge seule son fils. La majorité des mères britanniques s'occupent de leurs enfants sans l'aide de personne. Alors, pourquoi pas l'une des plus célèbres d'entre elles ? Aussi attachée à son fils qu'elle puisse l'être, la princesse de Galles ne peut déroger aux règles qui dictent le quotidien d'exception de la famille royale. Elle se doit de confier son fils à la responsabilité d'une nourrice. Sans cette aide indispensable, son travail de membre à part entière des Windsor – et donc, de représentante de la Couronne à travers le pays et le monde – se verrait entaché. Or, il va de soi que si son rôle de mère ne doit pas être négligé, sa place au sein de l'institution monarchique doit être davantage considérée.

Une *nanny*, oui, mais laquelle ? Aussi courte qu'elle soit, cette question va occuper l'esprit de Diana pendant de longues semaines. Trouver une gouvernante digne du petit prince n'est pas chose aisée. Pour Charles, le doute n'est pas permis. Mabel Anderson est la candidate idéale. Cette Écossaise au sang roturier est entrée au service des Windsor à la fin des années 1950. Devenue la nouvelle nourrice des petits Charles et Anne, elle va se rapprocher bien vite de la souveraine. Mabel et Elizabeth II ont plus d'un point commun. En premier lieu, elles ont le même âge. Et c'est bien ce détail, loin d'être anodin, qui va heurter la sensibilité de la princesse de Galles. Diana veut une femme de son époque qui offrira une éducation moderne à son fils. Embaucher une femme de cinquante-six ans, dont les principes éducatifs conservateurs ont fait leurs preuves trente ans plus tôt, est inenvisageable à ses yeux. Mais Charles apprécie la simplicité de son ancienne *nanny* qui fait partie des intimes de sa royale maman. Diana refuse d'en découdre : Mabel Anderson ne s'occupera pas de son fils, telle est sa décision.

Lady Anne Tennant, baronne Glenconner, connaît les difficultés auxquelles la princesse est confrontée à ce moment-là. Cette aristocrate mondaine et dame de compagnie de la princesse Margaret – sœur cadette de la reine – vient la voir et lui offre des conseils qui s'avéreront précieux. Elle lui recommande une certaine Barbara Barnes. Cette célibataire endurcie de quarante-deux ans s'était occupée de ses cinq enfants avec une tendresse infinie. Elle la pense tout à fait en mesure de prendre en charge l'éducation de l'enfant le plus important de Grande-Bretagne. Elle n'est pas la jeune et pimpante nourrice qu'espérait Diana. Pour autant, la princesse de Galles se laisse finalement convaincre, et décide de lui laisser sa chance.

En guise de cadeau de mariage, la reine a autorisé le prince Charles et son épouse à élire domicile au palais de Kensington. Cette immense demeure, où est née la reine Victoria plus de cent cinquante ans plus tôt, est utilisée par la souveraine pour loger certains membres de sa famille et membres dévoués de son personnel. La princesse Margaret, la duchesse douairière de Kent ou encore Sir Alan Lascelles – ancien secrétaire particulier d'Elizabeth II – vivent déjà entre les murs de ce palais du XVIIe siècle. Avant que le couple n'emménage, des travaux de rénovation ont été opérés. Les appartements huit et neuf ont été joints, créant ainsi le lieu idéal pour fonder une famille. Charles et Diana s'installent dans ce vaste logement doré en 1981 où, un an plus tard, ils accueillent leur enfant.

À Kensington, le couple de Galles met en scène sa nouvelle vie de famille. Le bébé n'a que cinq semaines lorsqu'Anthony Armstrong-Jones, comte de Snowdon, franchit la porte de l'appartement, équipé d'un appareil photo. Cet homme est loin d'être un inconnu. Depuis 1960, il est l'époux de la mondaine sœur cadette de la reine. En tant que photographe de formation, le beau-frère de Sa Majesté aime mettre son talent au service des portraits officiels de la famille royale. C'est donc lui qui est chargé de réaliser les premières photographies du prince William, destinées à le présenter au monde. Les clichés sont dévoilés le 26 juillet 1982. Le blanc immaculé qui règne en maître dessus leur confère une ambiance biblique, somptueuse de simplicité.

Ces photographies mettent en avant la beauté et la jeunesse des heureux et comblés parents.

Mais Kensington n'est pas le seul lieu qui abrite le bonheur de la famille de Galles. Avant même son mariage, Charles a acheté Highgrove en 1980. Cette propriété du Gloucestershire a été pensée par le prince telle une future maison de famille. Il engage des travaux importants pour aménager sa résidence de campagne et commence déjà à imaginer un jardin qui fera l'admiration du monde. À Highgrove, les convictions écologiques de l'héritier d'Elizabeth II s'expriment à cœur ouvert. C'est dans ce cadre enchanteur que Charles aime passer ses week-ends avec son épouse et son fils chéri. Quoi de mieux que la quiétude de la campagne anglaise pour permettre à l'enfant de Galles de grandir et de s'épanouir ?

Dans les deux résidences des princes de Galles, une nursery se tient prête à accueillir le petit William. Un étage est même dédié aux besoins de l'enfant au palais londonien. À Highgrove, William dort dans un berceau à baldaquin en pin, emmitouflé dans un linge en vichy bleu et rose, entouré de ses animaux en peluche favoris. Ses appartements disposent d'une vaste salle de séjour avec une cheminée, des commodes aux tiroirs remplis de jouets meublent la pièce, tandis qu'une télévision et un magnétoscope attendent de divertir l'enfant dans un coin. Une petite cuisine a aussi été installée pour permettre à la nourrice de préparer les repas sur place. La chambre de William jouxte cette cuisine, juste au-dessus du bureau du prince de Galles. Barbara Barnes prend ses quartiers. Elle fait de ces pièces réservées à l'enfant son royaume qu'elle « garde comme le Vatican, comme le confie un membre du personnel à Ingrid Seward[1] ». Chaque entrée est filtrée par cette nounou qui se dévoue corps et âme au bébé William.

1. Ingrid Seward, *William & Harry*, New York, Arcade Publishing, 2003.

Chacun doit lui montrer toute sa légitimité à passer la porte qui clôt l'univers qu'elle a mis en place autour de cet enfant. Diana n'est d'ailleurs pas épargnée.

Si elle a été contrainte à prendre une nourrice, la princesse de Galles a bien l'intention de rester maîtresse de l'éducation de son fils. À ses yeux, William doit être considéré avant toute chose comme un enfant normal. Une éducation normale doit donc lui être administrée. Mais comment évaluer le degré de normalité des principes éducatifs de Diana ? L'ancienne puéricultrice a à cœur d'assumer la simplicité de l'éducation parfaite qu'elle a imaginée pour son petit. Les privilèges n'ont pas leur place dans cette manière de transformer l'enfant en prince. Il doit avoir la possibilité de grandir tranquillement, sans être contraint par des obligations royales qui n'ont pas leur place dans le quotidien d'un bébé. Diana est devenue maman, et à ce titre, elle a bien l'intention d'être très présente à ses côtés. C'en est fini de l'unique heure quotidienne consacrée par les anciennes mères Windsor à leurs bambins. Abandonner son fils à la nourrice pour laisser libre cours à ses responsabilités publiques ? Très peu pour la princesse de vingt et un ans !

Barbara Barnes a du mal à comprendre les manières de sa patronne. Jusqu'ici, chaque *nanny* royale a eu la possibilité d'éduquer comme elle l'entendait les héritiers de la Couronne. La seule demande du couple royal a été d'avoir des princes responsables, calmes, et dignes de leur rang. Mais Diana met sa position de mère en priorité. Elle est jugée trop présente aux yeux de cette *nanny* très vite surnommée affectueusement « Baba ». « Il a besoin d'être traité différemment parce qu'il est différent. Diana a tort de faire comme s'il pouvait mener une vie normale, parce que c'est impossible[1]. » Les plaintes de Baba à l'un des employés des princes de Galles expliquent ouvertement

1. Christopher Andersen, *Diana et ses fils*, Paris, Lattès, 2001.

ses sentiments. Pourtant, elle met en place quelques règles chères au cœur de Lady Di. La liberté est le fondement de l'éducation transmise par Baba. Ce thème est lui aussi le principal souhait de la princesse. La liberté d'action et de parole, telle est la discipline libérale et permissive dont jouit le petit prince William dès ses premiers moments de vie. Pour Diana, cette liberté est nécessaire pour lui donner l'impression qu'il est un petit Britannique comme les autres. Pour Baba, elle est assimilée à un privilège qui lui permet de prendre conscience de sa position. Deux visions pour un seul principe d'éducation princière. Mais pour Barnes, la liberté n'échappe pas à l'autorité. *Nanny* est une femme de poigne qui, par cet autoritarisme inné, permet de former des personnalités saines d'esprit. Son ancien employeur la baronne Glenconner ne s'était-elle pas souvenue d'une anecdote lorsqu'elle fit ses louanges à Diana ? Un jour, Baba surprend Lord Glenconner debout sur une table, dansant et chantant à pleine voix. « Lord Glenconner ! l'interpelle-t-elle fermement. Voulez-vous bien descendre de là et vous taire ? Vous allez faire peur aux enfants. Et il descendait. Tout simplement[1]. » Barnes a l'audace de s'opposer à la princesse de Galles.

Mais qui est véritablement cette Barbara Barnes ? Née en 1940, elle est la fille d'un forestier du Norfolk. Dans l'unique interview qu'elle a accordée au cours de ses années de service, Barnes se décrit ainsi : « Je n'ai aucune formation officielle de nourrice. Je tire mes connaissances de mes nombreuses années d'expérience. Je traite tous les enfants comme des individus. Je suis là pour aider la princesse, pas pour la remplacer[2]. » Une vision des choses qui finit naturellement de convaincre la princesse Diana de sa présence nécessaire dans la vie de son fils. Cette drôle de *nanny* fait une entrée fracassante dans la vie des Windsor.

1. Robert Lacey, *Guerre royale, mensonges et trahisons*, *op. cit.*

2. *Ibid.*

Le tempérament de feu de Baba ne permet pas de lui imposer quoi que ce soit. Hors de question pour elle de porter un quelconque uniforme. Elle est une nourrice moderne, et le revendique. En public, elle se noie dans la masse des employés, se démarquant simplement par la présence de William à ses côtés. Cet état de fait est bien visible sur le tarmac d'un aéroport australien, un jour de mars 1983.

Au pays des kangourous

20 mars 1983. Le prince et la princesse de Galles sont au cœur des préoccupations du monde. Voilà seulement huit semaines que Diana a donné naissance à William. Vêtue d'une robe bleu azur, la princesse descend d'un avion aux côtés de son époux. Ensemble, ils posent les pieds sur le sol australien. Elizabeth II leur offre la possibilité de la représenter à l'étranger avec un voyage de choix. Pour eux, il s'agit de leur plus important engagement public depuis leur mariage, deux ans plus tôt. La reine leur fait confiance. Avec cette visite officielle, le couple va pouvoir redorer le blason de la monarchie dans ce pays dirigé par le souverain britannique. L'Australie est régulièrement habitée par un sentiment républicain qui effraie la Couronne. Le Premier ministre australien Bob Hawke, fraîchement élu, est justement un antimonarchiste convaincu qui scande quelques jours avant leur arrivée : « Je ne crois pas que nous parlerons encore longtemps des rois d'Australie[1]. » La popularité du couple est grandissante, et le gouvernement britannique a bien l'intention d'en profiter. Quelques minutes après leur descente de l'avion, apparaît Barbara Barnes, portant dans ses bras le petit William. Un bébé royal hors des îles britanniques ? L'euphorie habite instantanément le cœur des Australiens et des téléspectateurs qui découvrent, peu après, les images du préambule d'un véritable succès diplomatique.

---

1. Pierrick Geais, *Prince William*, *op. cit.*

À la fin de l'année 1982, Elizabeth II informe son fils et son épouse qu'ils seront bientôt à bord d'un avion en direction de l'Australie puis de la Nouvelle-Zélande. Les préparatifs vont bon train pour ce voyage qui s'annonce grandiose. Un voyage officiel ne permet pas la présence d'un enfant aux côtés du couple princier. Diana va l'apprendre bien vite. Depuis l'utilisation de l'avion pour les voyages officiels, la tradition royale impose aux deux plus importants successeurs du trône britannique de ne pas voyager ensemble. La raison est purement dynastique : il ne faudrait pas voir disparaître les deux premiers héritiers de la reine si, toutefois, un quelconque problème viendrait se produire au cours du vol. Elizabeth II et le prince Philip n'ont jamais dérogé à cette coutume. Ainsi, qu'ils partent pour une tournée de six mois à travers les pays du Commonwealth en 1953, ou qu'ils se dirigent vers la France pendant quatre jours en 1957, jamais Charles et Anne n'ont eu l'autorisation de suivre leurs parents.

La princesse de Galles ne comprend pas ce choix de la Couronne. Encore une fois, maman Diana supplante la princesse de Galles. Voyager à l'autre bout du monde pendant six longues semaines sans voir un instant son fils ? Ce projet est tout bonnement inconcevable. Elle s'en plaint ouvertement, défendant bec et ongles ses positions. Charles juge son comportement agaçant. L'homme de trente-quatre ans a été éduqué de cette manière : quand papa et maman voyagent, les enfants restent dans le confort des palais royaux. Finalement, après plusieurs semaines d'obstination, de pleurs et de jérémiades, Diana obtient gain de cause. C'est une première chez les Windsor. Cette innovation va révolutionner durablement la conception initiale des obligations officielles de la famille royale, obligeant la cohabitation entre l'amour parental et la représentation de la Couronne. La question de la présence du prince William lors de ce voyage s'ajoute aux nombreux sujets qui divisent le couple.

En cette année 1983, le monde se souvient encore de la magnificence du mariage princier qui l'a tenu en émoi durant l'été 1981. En privé, la féerie du « mariage du siècle » trouve lettre morte. Les tensions au sein du couple sont déjà présentes, et ne cessent d'aggraver leur entente qui se veut de moins en moins cordiale. La principale raison de ces disputes incessantes porte un nom : Camilla.

Diana n'oublie pas ce fameux bracelet doré frappé des initiales « G & F » qu'elle a trouvé sur le bureau de son fiancé quelques jours avant qu'elle ne lui dise « oui ». Un autre détail vient également lui obscurcir le moral. La propriété de Highgrove est très appréciée de son époux. Or, elle n'est située qu'à quinze minutes en voiture de Ray Mill House, la demeure des Parker Bowles. Charles ne cesse pourtant de répéter à sa femme qu'il a mis un terme à sa relation avec cette fille de major anglais. Mais les doutes persistent dans son esprit. Des doutes qui vont noircir ses relations avec le prince de Galles dès leur voyage de noces. Ensemble, ils embarquent sur le yacht royal *Britannia* pour une croisière de deux semaines sur la Méditerranée, avant qu'ils ne rentrent à Balmoral en Écosse. Diana n'arrive pas à passer outre cette découverte faite la veille du mariage. Les reproches ne cessent de rythmer le séjour.

Charles a rencontré Camilla Shand en 1970. La légende veut qu'elle l'ait abordé au sortir d'un match de polo par une réplique tendancieuse : « Mon arrière-grand-mère avait été la maîtresse de votre arrière-arrière-grand-père. Qu'est-ce que vous dites de cela[1] ? » Charles apprécie tout particulièrement ces femmes qui lui parlent en faisant abstraction de son statut princier. Avec Camilla, une idylle d'abord secrète commence. Finalement, l'aristocratie britannique sait rapidement qu'une jeune femme permet à l'héritier de la Couronne de passer du bon temps. Leur relation devient

1. Isabelle Rivère, *William d'Angleterre*, *op. cit.*

si sérieuse que Camilla décide de le présenter à sa famille. Mais Charles ne peut mettre de côté ses obligations. Au début de l'année 1973, il s'engage dans la Royal Navy, mettant fin à son histoire d'amour. Les raisons de cette séparation sont obscures. Pour l'historien britannique Robert Lacey, Charles est conscient de la jeunesse de leur idylle. Partant pour plusieurs mois, il n'aurait donc pas demandé à sa petite amie de l'attendre. Pour l'écrivaine Sarah Bradford, Lord Louis Mountbatten aurait poussé son petit-neveu à mettre fin à cette relation afin d'avantager sa petite-fille Amanda. Une dernière raison pourrait expliquer la décision du prince Charles. Sa grand-mère, *Queen Mum*, aurait mis son véto à cette histoire de cœur pour le pousser dans les bras d'une fille Spencer, comme le lui a suggéré sa dame de compagnie Lady Fermoy. Quelle qu'en soit la raison, cette séparation a conduit Camilla à se consoler dans les bras d'Andrew Parker-Bowles, fringant officier des Horse Guards et ancien amant de la princesse Anne. Le 4 juillet 1973, le couple s'unit lors d'une cérémonie catholique considérée comme le rendez-vous mondain de l'année. Pour preuve, la reine mère et la princesse Anne comptent parmi les huit cents invités. Charles a même été convié, mais a dû décliner, étant pris par d'autres obligations. Devenue Camilla Parker-Bowles, Camilla donne naissance à deux enfants. Pendant ce temps, Charles cumule les conquêtes avant d'épouser Lady Diana Spencer.

Camilla est-elle toujours cette maîtresse détestée par l'épouse légitime ? De toutes les façons, Diana en est persuadée. C'est dans ce contexte de fortes tensions que le prince et la princesse de Galles partent pour l'Australie et la Nouvelle-Zélande au début du printemps 1983.

Pour son premier voyage à l'étranger, William fait sensation. On ne compte pas les couvertures de journaux qui mettent en avant le *royal baby*. Baba l'emmène dans une ferme de Woomargama en Nouvelle-Galles du Sud, où il attend ses parents qui suivent un programme officiel chargé. Les visites d'Uluru, symbole des terres arides australiennes, et d'une école d'Alice Springs permettent à ce voyage de commencer sous de merveilleux auspices. Et pour cause, les Australiens sont au rendez-vous. Jamais, depuis la première visite d'État de la reine au pays des kangourous en 1953, les foules n'ont été si grandes pour accueillir un membre de la famille royale. Mais une photographie vient ternir la réussite de ces premiers jours australiens. Alors qu'ils profitent d'un bain de foule à bord d'une décapotable face au célèbre opéra de Sydney, Diana est surprise en train de pleurer. Quelques années plus tard, la princesse ne résistera pas à justifier son état par son incapacité à s'acclimater. « Il faisait une chaleur torride, je souffrais du décalage horaire, j'avais des nausées. J'étais trop maigre[1]. »

Pour le petit William, rien n'est trop beau. Pour permettre à l'enfant de s'occuper, tout en participant à quelques événements publics, une multitude de vêtements et d'accessoires l'accompagnent. Charles, en digne écologiste, tient à ce que son fils ne mange que de la nourriture bio. À l'autre bout du monde, ce quotidien ne doit en rien être dérangé. Le fils de Charles et Diana se donne aussi en spectacle. Pour mettre un point final à ce déplacement, une conférence de presse est organisée dans la résidence pour la petite famille à Auckland, en Nouvelle-Zélande. Sur un tapis de pique-nique, le prince et la princesse de Galles jouent volontiers avec leur fils qui montre aux photographes ses progrès. Vêtu d'une combinaison orange pastel, il fait ses premiers pas devant l'enthousiasme des journalistes. Diana est aux anges. Elle se laisse même aller à quelques confessions auprès des Australiens qui se massent sur son passage. Elle raconte à un anonyme qu'il aime jouer avec « Jamie, son

---

1. Andrew Morton, *Diana*, *op. cit.*

koala en peluche. Mais, il n'a pas de jouet préféré. Il aime surtout tout ce qui fait un peu de bruit[1] ». Avec son fils à ses côtés, Diana se sent capable d'affronter toutes les tempêtes. « Nous ne l'avons pas beaucoup vu, mais au moins, nous étions sous les mêmes cieux, si l'on peut dire[2]. » De ce voyage, William repart affublé d'un adorable surnom : Wombat. Si le kangourou est la mascotte des Australiens, un autre animal natif de l'État continent est tout aussi mignon. Le wombat est un mammifère herbivore qui vit dans les montagnes australiennes. Avec ses airs de petit ours brun, il est digne de l'une des peluches qui accompagnent l'enfant dans son berceau chaque soir. Plus que jamais, ce voyage marque durablement la vie de William.

Mais s'il y a une personne qui va se démarquer au cours de ces six intenses semaines, c'est bien la princesse Diana. Depuis son mariage, l'épouse du prince Charles a fait preuve d'une relative discrétion. Sous un soleil de plomb, se réveille la star qui sommeillait en elle. La sensibilité et la délicatesse de la jeune femme s'expriment ouvertement auprès d'Australiens et de Néo-Zélandais émerveillés. L'humanité de la princesse de Galles se dévoile et conquiert les sujets de Sa Très Gracieuse Majesté. Elle serre des mains sans porter de gants, s'intéresse à la vie de chacun, et laisse s'exprimer son naturel glamour. Chaque jour est un nouveau défilé de mode pour cette nouvelle princesse qui impose progressivement son style. Colorées, ses tenues sont audacieuses et attirent tous les regards. « J'étais à la Une de tous les journaux. J'ai trouvé cela épouvantable. Je n'avais rien fait de magnifique[3]. » La Dianamania est née et perdurera bien au-delà d'un soir d'été 1997.

Charles comprend vite l'intérêt que suscite son épouse. Dans les journaux qui couvrent leur visite, il s'en rend

1. Franck Guillory, *William fils de Diana*, *op. cit.*

2. Andrew Morton, *Diana*, *op. cit.*

3. *Ibid.*

rapidement compte. Les photographies représentant sa magnifique épouse occupent la majeure partie des pages qui leur sont consacrées. La colère princière monte d'un cran. En public, leur complicité et leur bonheur semblent inébranlables. En privé, Charles enrage. Il n'a aucune envie de devenir « le mari de Diana ». Depuis sa naissance, il a toujours été le premier en toute chose. L'héritier de la Couronne ne compte plus les couvertures de magazines à son effigie. Il ne peut devenir le second après son épouse. La pression médiatique fait partie de son quotidien. Il y est habitué et la sait nécessaire pour promouvoir la monarchie aux quatre coins de la planète. Seulement, cette année-là, seule Diana semble trouver grâce aux yeux des médias. L'image publique d'un couple uni va bientôt être compromise par une désillusion privée.

Happy birthday Will

Le bal des obligations ne fait que commencer pour Charles et Diana. Dès le mois de juin 1983, ils traversent l'Atlantique pour aller au Canada. Cette fois, William n'est pas du voyage. Pour l'enfant, le séjour australien et néo-zélandais a été éreintant. Tandis qu'ils partent pour Halifax, la princesse de Galles a du mal à dissimuler sa peine quand elle doit laisser son bébé à Londres. Leur visite officielle au pays de la feuille d'érable dure dix-huit jours. Deux semaines durant laquelle la Dianamania, qui a vu le jour peu de temps avant, va se confirmer. Comme leurs homologues australiens, les Canadiens sont régulièrement sujets à des envies républicaines. Là encore, le charme ravageur signé Diana va opérer sur toute une nation d'ordinaire si divisée sur la question. La Couronne a bien conscience que le couple héritier est une arme idéale pour promouvoir ses intérêts à travers le Commonwealth, et plus largement le monde. Charles se laisse même aller à quelques compliments envers son épouse. À un photographe de la Press Association, il dit juger Diana « incroyablement belle », se sentant « très fier d'elle »[1]. Le voyage s'achève le 1er juillet par un émouvant *Happy birthday* chanté à pleins poumons par tout un stade, le jour du vingt-deuxième anniversaire de la jeune femme.

« Joyeux anniversaire », c'est bien ce dont il est question cette année-là. Le 21 juin, William fête son tout premier anniversaire. Ce jour-là, le couple est encore au Canada. Pour la mère attentionnée et le père dévoué, cette situation est un crève-cœur. Seule Barbara Barnes est présente pour l'embrasser, le gâter et le chouchouter. Charles et Diana téléphonent de leur chambre, dès les premières heures de la journée. Séparé de ses parents par quelque six heures de vol, le petit William les entend chanter à l'unisson *Happy Birthday*, tandis que Baba lui offre les cadeaux qu'ils lui ont laissés avant de partir. Il leur tarde de retrouver ce petit prince qui grandit si vite.

De retour à Londres, les déboires du couple reprennent. Ces voyages officiels ont été des parenthèses enchantées, couronnées par des succès populaires presque inégalés. La violence des difficultés quotidiennes s'impose à eux, bon gré mal gré. Rien ne va plus chez les Galles. Les murs de Kensington et de Highgrove sont les témoins du fracas des portes claquées, signe d'une mésentente difficilement camouflable.

Plus que jamais, Diana ressent d'immenses difficultés à s'acclimater au protocole exigeant des Windsor. La pompe et l'apparat forment le quotidien de l'une des familles régnantes les plus respectées du monde. La cour Saint-James n'est définitivement pas le lieu idéal pour laisser s'exprimer sa personnalité extravertie qui s'est dévoilée au cours de ces fabuleux voyages. Sans grande volonté pour occuper son rang comme il se doit, elle ne se plie en

1. Isabelle Rivère, *William d'Angleterre*, *op. cit.*

aucun cas aux exigences protocolaires. Ne faisant confiance à aucun employé de la Couronne, Diana a bien l'intention d'évoluer seule, en totale opposition avec ce qu'elle nomme déjà « le système ». Son comportement dérange davantage qu'il ne révolutionne les manières d'une cour attachée à des traditions qui remontent, pour la plupart, au XIXe siècle.

Charles aime s'entourer de proches qui forment sa propre cour. Chacun gravite autour de sa personne, le conseillant et l'influençant souvent. Ces hommes et ces femmes partagent les mêmes centres d'intérêt que le prince de Galles. La musique classique, l'art pictural et le goût des belles choses sont autant de passions qui forment la personnalité de ces chefs d'entreprise et autres aristocrates richissimes. Ils sont l'incarnation de la rigueur et de la distance qu'apprécie l'héritier du trône. Ayant le même âge que lui, ils constituent une garde rapprochée prête à le défendre à chaque instant. Charles les invite souvent à déjeuner en sa résidence de Highgrove. Mais pour Diana, ces individus sont d'un ennui mortel. Rien ne l'intéresse chez eux. La princesse de Galles ne les apprécie pas et le fait savoir par ses absences répétées aux déjeuners. Préférant la simplicité d'un plateau-repas dans son lit, devant un feuilleton à l'eau de rose, elle s'enferme dans sa chambre quand son époux reçoit.

Pour le prince de Galles, c'en est trop. En public, la princesse sourit. En privé, les pleurs et les plaintes sont devenus quotidiens. Diana joue là son plus grand rôle pour ne jamais laisser s'exprimer la dépression qui a de nouveau envahi son cœur. Charles se veut d'abord compréhensif. Il pense son épouse fatiguée par sa grossesse récente et les obligations publiques régulières auxquelles elle a été confrontée. Il lui conseille de partir se reposer seule quelques jours à Balmoral, mais elle refuse, n'envisageant pas de laisser son fils sans elle. Les crises de Diana s'enchaînent. Charles se sent tout bonnement impuissant. Il finit par mettre la mélancolie apparente de sa femme sur le compte de sa difficile adaptation à la vie de princesse qu'elle mène désormais. Totalement dépassé, il lui propose de patienter, tout en lui offrant des conseils avisés sur la meilleure façon de vivre au sein de la firme Windsor. Le prince croit dur comme fer aux bienfaits du temps qui passe.

Une sorte de paranoïa envahit l'esprit de la princesse. Camilla est un nom qui ne cesse de résonner en elle comme l'appellation de ses malheurs. La jalousie l'emporte sur le bon sens. Charles ne cesse de la rassurer. L'amitié qui le lie avec son ancienne *girl friend* ne franchit pas la porte de sa chambre. Le comportement de Diana choque la cour et les membres de la famille royale. Chacun sait que depuis 1973, les deux jeunes gens ont rompu. Et puis, après tout, si Camilla est véritablement la maîtresse de Charles, quel mal y a-t-il à voir un membre masculin des Windsor entretenir une vie parallèle ? Le prince de Galles ne serait pas le premier. C'est tout du moins le ressenti des aristocrates qui gravitent autour de la famille régnante. Décidément, tout oppose ces individus qui hériteront un jour de la couronne.

D'autant qu'ils doivent faire face à un scandale imprévu qui va éclabousser le capital sympathie de la princesse de Galles. Au sein de leur maison, une suite de démissions, de licenciements et mises à la retraite est constatée. Diana se débarrasse de tous ces individus auxquels le prince Charles est attaché et qu'elle n'estime guère. Le premier d'entre eux n'est autre que le propre valet de pied de son époux. Stephen Barry servait son prince depuis plus de douze ans quand il reçoit sa lettre de licenciement. Pensant que son secrétaire particulier Edward Adeane est en faveur de Diana, Charles le renvoie. Diana fait de même avec son secrétaire particulier Oliver Everett qu'elle n'apprécie pas. Elizabeth II ne comprend pas cette décision pour cet homme qu'elle estime tout particulièrement et qu'elle a, elle-même, nommé à ce poste d'influence auprès de sa belle-fille. La reine lui offre alors en retour le poste de bibliothécaire royal à Windsor. Tous ceux qui incommodent Diana sont renvoyés. Harvey ne fait pas exception. Le fidèle labrador du prince Charles est jugé vieux et sale par la princesse. L'impartialité de l'épouse de l'héritier se dévoile au grand jour. Diana ne sait pas vraiment ce qu'elle veut pour faire disparaître sa dépression, mais elle est parfaitement consciente de ce qu'elle ne désire pas. En retour, Charles suit ses demandes, souhaitant avant tout qu'elle se sente bien dans leur foyer.

Un compagnon de jeu

Le 16 septembre 1984, le prince William arrive devant la façade de l'aile Lindo du St Mary's Hospital en tenant la main de son père. Il se présente devant les photographes qui, comme deux ans auparavant, sont à l'affût des moindres faits et gestes. Les appareils photo crépitent à son passage et immortalisent une petite tête blonde qui a bien grandi. Portant un bel ensemble rouge et blanc, William salue d'un geste quasi royal les journalistes, faisant fondre les cœurs des sujets de Sa Majesté. Charles l'emmène rejoindre sa mère, impatiente de le retrouver.

Père et fils montent l'escalier jusqu'au quatrième étage où se trouve la chambre. Du bout du couloir, William perçoit sa mère qui l'attend en l'appelant d'une voix douce. Il court pour la rejoindre et se blottir dans ses bras réconfortants. Il n'a pas vu sa mère depuis vingt-quatre heures. Diana lui prend la main avant de le porter au-dessus d'un petit berceau. Se penchant sur ce dernier, il découvre la bouille gracieuse d'un nouveau-né au duvet roux et lui fait un baiser sur le front en guise de bienvenue. Le prince Henry Charles Albert David a vu le jour la veille, devenant le troisième héritier de la Couronne britannique. Dès ses premiers jours de vie, le nourrisson est surnommé Harry par son entourage. La monarchie ne s'est jamais aussi bien portée depuis plus de deux décennies. L'annonce de la grossesse de Diana a été faite le 13 février. Comme pour son fils aîné, elle a souffert de nausées. Moins intenses qu'au moment de sa première grossesse, elles l'ont contrainte à se retirer un temps de la vie publique.

Comme pour la naissance de William, Charles a tenu à être présent aux côtés de son épouse au cours des neuf heures de l'accouchement. Quand arrive l'enfant, il s'exclame : « Oh ! C'est un garçon et il a les cheveux roux[1]. » La princesse de Galles a été informée du sexe de son futur bébé lors d'une précédente échographie, mais elle a décidé de ne pas informer son époux. Dès l'annonce de la grossesse de son épouse, le prince n'a jamais caché son désir d'avoir une fille. Un héritier mâle pour la nation, une fille chérie pour le bonheur familial : voilà la combinaison parfaite imaginée par le fils d'Elizabeth II. Depuis sa tendre enfance, il s'est toujours montré extrêmement proche de sa sœur Anne, de deux ans sa cadette. Cette complicité lui a permis d'affronter plus facilement sa position exceptionnelle, et parfois compliquée, au sein de l'institution. Anne s'est toujours montrée telle une alliée indispensable pour ce prince timide et mal à l'aise avec son statut dans sa jeunesse. Il espérait pouvoir recréer cet amour fraternel au sein de son foyer. Aux dires de Diana, son époux s'est montré extrêmement déçu d'avoir un second fils, roux qui plus est. Cette caractéristique, Harry l'a héritée des Spencer. Au sein de cette famille aristocratique, on ne compte plus le nombre de chevelures rousses. Aujourd'hui, nous sommes en droit de douter des aveux de la princesse, qu'elle exprime en 1992. Dès le jour de la naissance de son fils, Charles est allé à la rencontre des journalistes qui campaient devant l'hôpital, exprimant avec un large sourire toute la fierté qu'il ressentit à ce moment précis. Surpris, le prince l'a été ; déçu, en aucune façon.

---

1. Katie Nicholl, *William in Love*, *op. cit.*

Pour Diana, le nourrisson est l'enfant du miracle. La mésentente qui règne au sein du couple est si intense qu'elle laisse l'impression qu'il est le fruit d'un accident de parcours. Mais dès sa naissance, Harry est choyé. Noyé dans un amour infini, l'enfant s'épanouit dans un foyer aimant. Sa naissance semble rapprocher, le temps de quelques mois, le prince et la princesse de Galles. William va instantanément exprimer tout l'attachement qu'il ressent envers son petit frère. « William passe son temps à couvrir Harry de câlins et de baisers, et nous, on peut à peine l'approcher[1]. » Le comte Spencer va même ajouter au micro des journalistes qui attendent la présentation devant l'entrée de l'hôpital : « Ce sera une très bonne chose pour William d'avoir un compagnon, un camarade de jeu et quelqu'un avec qui se battre[2]. » Nouveau compagnon de jeu pour William, Harry est aussi un nouveau prince pour l'Angleterre. Ses parents espèrent, qu'à l'image de la princesse Anne, il saura épauler son frère aîné dans la lourde tâche qui l'attend. « On ne peut imaginer "soutien" plus adorable que Harry. William occupera sa position beaucoup plus vite que les gens ne le pensent aujourd'hui[3]. » Pour cette mère de famille, le temps passe bien trop vite. Elle sait que William et Harry auront peu de temps pour profiter de leur jeunesse. Elle espère néanmoins qu'ils pourront à loisir profiter d'une enfance presque normale pour des princes britanniques. Quelques jours après sa sortie de la maternité, Diana écrit à des amis : « William s'est entiché immédiatement du nouveau bébé. Il est fasciné et cela vaut son pesant d'or de l'observer en train de le regarder. Il passe son temps à grimper sur le berceau de Harry[4]. »

1. Pierrick Geais, *Prince William*, *op. cit.*

2. *Ibid.*

3. Andrew Morton, *Diana*, *op. cit.*

4. Franck Guillory, *William fils de Diana*, *op. cit.*

Le dernier né de la famille régnante est baptisé par l'archevêque de Canterbury Robert Runcie le 21 décembre. Sous les arches gothiques de la chapelle Saint-George du château de Windsor, le bébé devient anglican en portant la délicate robe de baptême héritée de l'ère victorienne. Contrairement à son frère deux ans plus tôt, Harry est calme et paisible. Les familles Windsor et Spencer posent fièrement autour de lui, devant l'objectif de Lord Snowdon. Si grandiose et protocolaire que soit cette journée, elle n'impressionne pas le petit Will. L'enfant de deux ans montre volontiers son excitation. Se faufilant à travers les invités rassemblés dans les salons d'apparat du palais, William crie, rit et court à s'en essouffler. Pour les portraits officiels, il refuse de s'asseoir auprès de sa grand-mère. Tirant sur la dentelle centenaire, il manque de déchirer la précieuse robe de baptême que porte son frère. Une fois assis sur le sofa vert et doré où posent la reine et la princesse de Galles avec Harry sur les genoux, les grimaces princières ne cessent de gâcher les clichés pris par l'ex-époux de la princesse Margaret. Les réprimandes du prince Charles n'ont aucun effet sur son fils qui répond sans vergogne en levant les yeux au ciel. Les pitreries de l'enfant amusent la galerie, tout en laissant s'exprimer une forme d'espièglerie qui va bientôt user la patience de bien des Windsor.

4
William la terreur

« Son éducation doit avoir pour but de le rendre capable de s'acquitter de tous les devoirs auxquels sa condition l'engage, et de le préparer à tous les dangers auxquels cette condition l'expose[1]. » Pierre Nicole – théologien et moraliste français du XVIIe siècle – définit avec précision ce que doit être l'éducation d'un prince à la cour de France. Aussi machiavélique qu'il soit, ce principe va être appliqué à tous les princes de la maison de Bourbon qui grandissent sous les dorures de Versailles. En somme, un prince sera amené à endosser d'importantes responsabilités au cours de sa vie, auxquelles il doit être préparé dès son plus jeune âge. Cette théorie ne s'est pas appliquée seulement à la cour du Roi-Soleil. Bien au contraire, de l'autre côté de la Manche, la cour Saint-James met un point d'honneur à préparer mentalement et physiquement ses princes à servir, par tous les moyens possibles, la Couronne de Grande-Bretagne. Éduqué à exercer son « métier de roi », ainsi soit la règle qui va forger les enfants de toutes les dynasties qui vont se succéder sur le trône britannique depuis la période Tudor. Pierre Nicole va même plus loin en affirmant : « Un prince n'est pas à luy : il est à l'Estat[2]. » Dès sa naissance, l'existence même de l'enfant royal est dévolue à la monarchie. Cette conception justifie

1. Pierre Nicole, *De l'éducation d'un prince. Divisée en trois parties, dont la dernière contient divers traittez utiles à tout le monde*, Paris, Chez la veuve Charles Sevreux, Libraire Juré, au pied de la Tour Notre-Dame, 1670.

2. *Ibid.*

les principes éducatifs qui lui sont administrés jusqu'à ce qu'il soit en âge de représenter publiquement le monarque.

Cette idée trois fois centenaire au moment de la naissance du prince William vient expliciter la théorie forgée par un certain Nicolas Machiavel dans son si célèbre ouvrage publié au début du XVIe siècle : *Le Prince*. Véritable best-seller en son temps, ce livre dessine le portrait du prince humaniste idéal auquel se rallient tous les grands dirigeants qui se succèdent au cours des siècles suivants. Au moment de la naissance du second héritier de la reine Elizabeth II, ces théories s'avèrent incroyablement d'actualité. Ainsi se justifie l'éducation traditionnelle d'un prince d'Angleterre, auquel s'ajoute une pointe de modernité si chère aux Windsor. Un credo hérité du passé dont le prince William devient le digne héritier.

« Il est ma mini-tornade »

La naissance du prince Harry laisse peu de répit au couple de Galles. Charles et Diana doivent rapidement reprendre leurs obligations de princes du Royaume-Uni en représentant la souveraine à l'étranger. En mai 1985, ils embarquent sur le *Britannia* en direction de l'Italie. Sous un magnifique soleil printanier, ils laissent s'exprimer leur récente influence à Rome puis entre les murs du Vatican. Le pape Jean-Paul II se fait une joie de retrouver les princes qu'il n'avait pas revus depuis sa visite d'État trois ans plus tôt. Si les premiers jours du programme princier se déroulent sans les enfants, William et Harry finissent par retrouver leurs parents à Venise, se laissant photographier à bord du yacht royal qui a jeté l'ancre face à la magnifique place Saint-Marc. Premier voyage à l'étranger du prince Harry, l'Italie est aussi la destination de la première visite officielle du quatuor de Galles.

Tiare, glamour et beauté sont les trois principes qui forment l'icône Diana, en devenir. En cette année 1985, la princesse de Galles jouit d'une popularité exceptionnelle qui frôle l'insubordination aux yeux de son époux. Un soir de novembre à la Maison-Blanche, sa danse digne d'un film romantique avec l'acteur fétiche d'Hollywood John Travolta assied davantage son charisme et son rang de star du gotha. Plus que jamais, les médias internationaux focalisent leurs objectifs en direction de la jeune femme. Une nouvelle fois, l'attention qu'elle suscite n'échappe pas à son époux qui s'est déjà jalousement emporté contre elle, au sortir de leur voyage australien et néo-zélandais. « Je crois que ce serait plus simple si j'avais deux femmes pour aller avec elles des deux côtés de la rue. » La phrase prononcée par le fils de la reine lors de son discours au dîner d'État américain restera dans les annales des frustrations princières. Charles ne comprend pas que seul le nom de son épouse soit scandé par la foule à chacune de leurs sorties publiques. Après tout, le futur roi, c'est lui. Célèbre, la princesse Diana l'est assurément. Mais elle demeure une femme, une épouse, et surtout, une mère.

Malgré son impressionnante célébrité, Diana continue de prendre en charge l'éducation de ses fils. La règle qu'elle s'est fixée au moment de la naissance de William reste inchangée. La normalité fait loi au sein du foyer de Galles. En premier lieu, la différence n'a pas sa place dans ses principes éducatifs. En aucune circonstance, elle n'a l'intention de mettre William sur un piédestal vis-à-vis de son frère cadet. Quels que soient leur rang et leur position au sein de l'ordre de succession au trône, Willy et Harry sont éduqués de la même manière par leur mère.

« Ils doivent avoir une vie stable et, lorsqu'on parcourt le monde, c'est difficile. À la maison, ils ont tout ce qu'il leur faut, tout le monde prend soin d'eux. Ils nous manquent terriblement mais, à chaque fois, nous savons que nous allons revenir, et nous revenons les retrouver[1]. » Chaque éloigne-

1. Franck Guillory, *William fils de Diana*, *op. cit.*

ment est un crève-cœur pour la mère de famille. Elle fait de son mieux pour se mettre à disposition de sa progéniture, tout en répondant aux attentes portées par sa belle-mère à son attention. La présence de Baba aux côtés des princes ne change en rien sa position. Elle est leur mère et entend bien diriger un maximum leur éducation. « Je désire les élever en leur inculquant un sentiment de sécurité, et leur apprendre à ne pas attendre les choses pour ne pas éprouver de déception, explique-t-elle à Andrew Morton. [...] Je les entoure constamment d'amour et d'affection. C'est tellement important[1]. » Diana se mue en une mère débordant d'amour et de fierté pour ses enfants. Elle les aime, au point de développer un sentiment de possessivité abusif dont vont savoir profiter les deux bambins.

La princesse aime glorifier l'image de son fils aîné. « Parfois, William me fait l'effet d'un véritable poison. Il n'y a qu'à le regarder nager ou plonger pour comprendre que l'eau est son élément[2]. » Chaque exploit de l'enfant est applaudi, commenté et rapporté par cette mère attentionnée qui sait l'encourager. Elle rit souvent aux amusements de ses fils au quotidien. William aime Harry qu'il considère comme « son jouet préféré[3] ». Mais Diana remarque déjà des différences de caractère entre eux. « William a un goût pour l'organisation qui lui servira sans doute beaucoup à l'avenir [...]. Harry reste plus en retrait. Il a une personnalité complètement différente[4]. » L'extraverti Will prend bien du temps et de l'énergie à son entourage, laissant libre cours à « William la Terreur ».

William est loin d'être l'enfant sage qu'imaginent les Britanniques depuis sa naissance. Véritable mini-tornade, il

1. Andrew Morton, *Diana*, *op. cit.*

2. *Ibid.*

3. Robert Lacey, *Guerre royale, mensonges et trahisons*, *op. cit.*

4. Katie Nicholl, *William in Love*, *op. cit.*

dévaste tout ce qui a la malchance de se trouver sur son passage. Du haut de ses deux ans, Will aime faire parler de lui quel que soit le lieu où il se trouve. Garçon curieux et enthousiaste, il est aussi à l'aise en privé qu'en public. À chacune de ses apparitions aux côtés de ses parents, il aime saluer les photographes qui le mitraillent à coups de flashs aveuglants. Dans les couloirs des résidences royales, le diablotin terrifie ses proches à chacun de ses coups espiègles.

À Birkhall, la résidence écossaise de *Queen Mum*, il fonce dans les meubles, fait tomber de la porcelaine centenaire et déchire un portrait de son aïeule la reine Victoria. Le regard autoritaire de la souveraine vêtue de noir n'a pas eu le moindre effet sur le garçonnet. Avec les domestiques de ses parents, son insolence n'a jamais été aussi visible. Il est très tôt conscient de sa position royale, la rappelant volontiers au moindre valet qui tente de le raisonner. « C'est moi qui vous donne des ordres, pas vous ! Allez-vous-en[1] ! » Face au comportement odieux de William, ses parents sont totalement désemparés. Diana semble dénuée de toute autorité sur son fils.

Il aime particulièrement traverser à toute vitesse les couloirs de Craigowan Lodge – le refuge de Charles et Diana lorsqu'ils se rendent sur le domaine de Balmoral – à bord d'un camion de couleur jaune vive avant de heurter violemment les meubles inestimables de la maison. Avec un petit cri de satisfaction, William se retourne à chaque fois pour recommencer aussitôt. Bien entendu, Harry imite volontiers les sottises de son frère. Quand Diana les surprend, elle les embrasse puis les prévient : « Que va dire votre grand-mère ? » Une autre fois, du haut de ses cinq ans, il extrait d'un tas de compost le cadavre d'un lapin qu'il fait tournoyer au-dessus de sa tête en courant. Diana l'arrête, mais il lui intime l'ordre de ne pas l'approcher, la menaçant d'envoyer dans sa figure le corps en partie décomposé de

1. Robert Lacey, *Guerre royale, mensonges et trahisons*, *op. cit.*

l'animal. Pour le dissuader, sa mère ne trouve rien d'autre que de lui rétorquer : « Si tu fais ça, je le raconterai à ton père[1] ! » L'enfance agitée de William connaît cependant une parenthèse marquée par un semblant d'autoritarisme maternel. Il s'en prend à une petite fille de son âge et la fait tomber au sol. C'en est trop pour Diana qui lui donne une fessée et lui ordonne d'aller s'excuser. Dans l'action, la princesse n'a pas aperçu les photographes qui guettaient la scène. Des photos paraissent dans la presse dès le lendemain, dévoilant des méthodes éducatives peu recommandables. Critiquée, Diana est avant tout frustrée de voir la presse se retourner pour la première fois contre elle.

L'autorité du prince Charles n'est pas non plus à la hauteur des bêtises de son fils. À ses amis Hugh et Emilie van Cutsem, il raconte son émerveillement devant la rapidité dont William fait preuve pour se déplacer, mais il déplore les « épouvantables dégâts[2] » perpétrés par ses caprices enfantins. La complaisance du père n'aide pas à remettre le garçon sur le droit chemin.

Comme chaque année, William et les siens se rassemblent autour de la reine pour quelques jours d'été passés à Balmoral. Diana s'ennuie très vite dans ce qu'elle considère comme un séjour forcé rythmé par les barbecues du prince Philip, les parties de chasse dans les Highlands et les soirées de jeux de société appréciées par la reine. Elle fuit très vite le château, au grand dam d'Elizabeth II, pour s'installer à quelques kilomètres à Craigowan Lodge. Leurs séjours écossais sont désormais divisés entre ces deux résidences. Les membres de la famille royale dorment à poings fermés quand soudain, l'alarme de sécurité se déclenche. Le poste de police voisin d'Aberdeen est immédiatement contacté. Les forces de l'ordre investissent le domaine. Branle-bas de combat, Balmoral est attaqué ! Au bout de quelques heures

1. Isabelle Rivère, *William d'Angleterre*, *op. cit.*

2. *Ibid.*

de recherche, ils finissent par comprendre que l'origine du problème s'appelle William. Le petit diable s'est amusé à actionner l'alarme qui a déclenché tout le système de sécurité mis au point par Scotland Yard.

Charles aime ses enfants. Lui, qui a souffert de la poigne de fer de son père, ne souhaite en aucun cas l'imiter. À ses yeux, les plus grandes erreurs du prince Philip reposent sur la complexité de leur relation qui trouve ses origines dans son incapacité à le comprendre. Le duc d'Édimbourg fut un père autoritaire et rigide ; Charles est une figure paternelle douce et compréhensive pour ses fils. Depuis les premiers mois de vie de William, le prince de Galles s'est intéressé à ses engagements envers le nourrisson. Hors de question pour lui d'être un père absent et distant. Un proche du prince confesse qu'il « a lu tous les livres de puériculture. C'était un vrai expert en la matière[1] ».

Parmi les Windsor, Charles est bien l'un des pères les plus expressifs de sa génération. En raison de son éducation, il est incapable de laisser s'exprimer librement la moindre émotion publiquement. Mais en privé, le prince de Galles est un homme attentionné, qui fait tout ce qui est en son pouvoir pour participer à l'éducation de ses fils. Diana avoue elle-même qu'il « aimait beaucoup l'atmosphère qui régnait dans la nursery et semblait toujours très impatient d'y retourner, d'y donner le biberon[2] ». L'héritier de la Couronne s'adonne volontiers aux tâches de son quotidien de père, allant même jusqu'à donner le bain à ses enfants. Véritable révolution en soi, les habitudes paternelles de Charles forcent l'admiration des Britanniques qui voient en lui un futur roi moderne. Une nouvelle fois, le prince Philip est incapable de comprendre les envies de son fils, et s'écrie : « Le prince de Galles n'a pas mieux à faire

1. Colin Campbell, *Lady Diana. L'intrigante*, Paris, Éditions n° 1, 1993.

2. Andrew Morton, *Diana*, *op. cit.*

que de baigner ses fils. Sans doute trouve-t-il la tâche trop importante pour être confiée à la nurse[1]. » Highgrove est bien la résidence dans laquelle il s'épanouit le plus. Ses jardins sont sa création qu'il peaufine avec le temps en laissant ses garçons y participer régulièrement. Les domestiques du domaine ont l'habitude de voir William et Harry chausser leurs bottes en caoutchouc pour venir l'aider à planter quelques nouveaux pieds ou nourrir les poules de sa ferme biologique.

À Highgrove, la journée type des enfants est rythmée comme du papier à musique. Réveillés à 7 heures du matin, ils prennent le petit déjeuner préparé la veille par Baba avant d'enfiler une robe de chambre par-dessus leurs pyjamas pour aller saluer leurs parents. Après s'être habillés, ils partent monter leurs poneys Shetland répondant aux noms de Smokey et Tigger. Ils ont ensuite le choix entre du jardinage avec papa et une promenade à Cirencester avec maman. Après le déjeuner pris dans la nursery, ils accompagnent leur père qui profite du grand air, ou restent tranquillement avec leur mère à regarder la télévision ou à écouter de la musique pop. Le soir, avant que l'un de leurs parents ne leur donne le bain, ils dînent une nouvelle fois dans la nursery. Charles, Diana ou nounou leur lit une histoire puis la lumière s'éteint avant qu'une nouvelle journée ne commence.

Dans les jardins de Highgrove où la famille passe presque chaque week-end, les garçons laissent s'exprimer leur furie. Ils se chamaillent souvent mais passent toujours du bon temps. D'autant que leur père a fait construire par un architecte une petite cabane en bois nichée dans les arbres du domaine. Le repaire des joyeux bambins est un cadeau du prince Charles à son fils aîné lors de son septième anniversaire. Les week-ends à Highgrove sont, de toute évidence, toujours très attendus par les petits-fils d'Elizabeth II.

---

1. Isabelle Rivère, *William d'Angleterre*, *op. cit.*

Jusqu'ici, Will l'intrépide demeurait caché du public. Son espièglerie s'est brutalement dévoilée au moment du baptême du prince Harry sans que soit devinée l'étendue de son insupportable comportement. Le 23 juillet 1986, le prince Andrew épouse en l'abbaye de Westminster la flamboyante Sarah Ferguson. William fait partie des enfants d'honneur. À ce titre, il est régulièrement sur le devant de la scène alors que l'union est retransmise en direct sur les télévisions du monde entier. Charles et Diana craignent le comportement de leur fils. Ils font coudre les poches de son pantalon, lui évitant d'y cacher des munitions à jeter sur tout invité se trouvant dans sa ligne de mire. Mais ces précautions n'ont pas suffi. Le petit prince est intenable, il n'hésite pas à grimacer et à rouler son livre de messe pour l'utiliser en guise de trompette. Quand vient le moment pour les mariés de quitter le palais de Buckingham pour leur lune de miel, les membres de la famille royale se rassemblent pour les saluer. William se tient au-devant de l'assemblée des Windsor auprès de sa grand-mère, quand soudain lui vient l'idée de poursuivre le carrosse. Du haut de ses soixante ans, Elizabeth II se met à courir pour le rattraper avant qu'il ne se blesse. Il est véritablement temps de laisser le garçon côtoyer d'autres enfants de son âge. Charles, comme Diana, espère ainsi voir disparaître la fougue du petit démon de Galles.

« Ma grand-mère à moi, c'est la vraie reine ! »

Quel établissement est digne d'accueillir entre ses murs ce petit prince à l'importante vivacité ? Diana se fait un devoir de choisir personnellement le jardin d'enfants idéal qui verra grandir son ingérable fils. Après tout, avant d'épouser le prince Charles, elle a travaillé en tant qu'assistante puéricultrice dans l'un des plus importants jardins d'enfants de la capitale anglaise. Au cours de l'année 1985, elle visite une dizaine d'établissements. Elle juge leurs méthodes éducatives, leur environnement et leur fréquentation. Envoyer un prince du Royaume-Uni dans une école maternelle est une initiative nouvelle pour les Windsor. Nouvelle révolution de Palais, pour la première fois de l'histoire britannique un héritier n'est pas formé entre les murs des domaines royaux par de vieux précepteurs à la chevelure grisonnante. Charles a été le premier de la famille royale à bénéficier d'un enseignement scolaire, mais il a fait sa première rentrée à l'âge de huit ans. Finalement, le choix de Diana se porte sur la Mrs Mynors Nursery School.

William a trois ans lorsqu'il entame son cursus scolaire. Le 24 septembre 1985, il fait sa première rentrée dans cette école maternelle située à seulement quinze minutes à pied du palais de Kensington. C'est bien cet avantage qui a fini de convaincre la princesse de Galles. En envoyant Will à seulement un kilomètre de leur résidence principale, elle se veut rassurée. Pour son premier jour d'école, les journalistes sont bien évidemment conviés. Face à l'entrée principale, ils immortalisent l'arrivée de l'enfant vêtu d'un pull tricolore, tenant fermement la main de sa mère. Tel un petit Britannique quelconque, il arrive, les bras chargés du goûter préparé avec soin par *nanny*. Le couple princier est réuni pour confier son fils à la fondatrice de l'établissement Jane Mynors. L'humeur du petit n'est pas au beau fixe. Il a du mal à cacher son envie de rentrer à la maison pour continuer à jouer avec son petit frère et ses jouets favoris. Mais les journalistes présents savent qu'ils doivent profiter de cette journée exceptionnelle. Charles et Diana ont expressément demandé à la presse de laisser leur fils vivre en toute tranquillité ses journées d'école. En contrepartie, ils sont autorisés à immortaliser certains événements organisés par le jardin d'enfants, comme des spectacles auxquels prendra part William.

La directrice, Jane Mynors, le présente personnellement à ses camarades. Elle veut rassurer l'enfant le plus important de son école. Après tout, pour pouvoir offrir au prince un cadre idyllique pour ses premiers pas d'écolier, elle a dû faire des aménagements de taille. Les jours qui ont précédé l'arrivée du prince William, elle a été contrainte de laisser ses locaux aux mains d'une équipe d'agents de sécurité. Inspectant chaque recoin, ils se sont assurés que rien ne viendrait mettre en danger la sécurité du futur roi. Plusieurs travaux ont été accomplis. En plus d'un système d'alarme dernier cri, des vitres pare-balles et des portes blindées ont été installées, modifiant ainsi le quotidien paisible de cette école renommée.

Car la Mrs Mynors Nursery School n'est pas n'importe quel établissement. Fondée en 1975 par Jane Mynors, cette école ne compte qu'une quarantaine d'élèves. Ces effectifs réduits permettent au personnel enseignant de se dévouer totalement au bon développement de chacun d'entre eux. Le nombre de petits écoliers étant limité, leurs dossiers font l'objet d'une sélection drastique. Les enfants sont classés par tranche d'âge au sein de trois groupes aux délicieux noms : les cygneaux, les petits cygnes et les grands cygnes. Jane Mynors est une fille d'évêque anglican. La religion a donc une grande place dans sa vision du monde. Très attachée à la monarchie, elle voit l'arrivée de William dans son école comme une bénédiction divine. Quand elle l'accueille ce jour de septembre 1985, elle lui fait une gracieuse révérence, avant de lui serrer la main.

Un mois plus tard, Charles et Diana donnent leur première interview conjointe depuis le début de la scolarisation de William. À la question du journaliste Alastair Burnet lui demandant si elle était triste le jour de la rentrée de son fils, Diana répond : « Bien sûr que j'étais triste, et William aussi. C'est un nouveau chapitre dans ma vie. Mais il est totalement prêt pour cela. C'est un enfant très indépendant.

Il est entouré d'un très grand nombre d'adultes et donc sa conversation est très précise. Comme vous avez pu voir, il était très heureux de descendre l'escalier et de rejoindre les autres enfants[1]. » Ce tournant dans la vie du prince a un but bien précis : le sociabiliser. Il est grand temps pour le petit garnement de revoir ses actes pour correspondre aux attentes de ses proches royaux. Diana va même jusqu'à justifier le comportement incontrôlable de William. « Il a des qualités innées d'organisateur – ce qui pourrait se révéler utile dans le futur[2]. » L'heure n'est pourtant pas au pardon et à la compréhension. Le prince doit changer, pour mieux grandir et s'épanouir.

Mais la vigueur de l'enfant ne s'efface pas dès son arrivée à l'école maternelle. Entouré d'enfants du quartier de Kensington, William impose ses propres règles. Véritable mini-dictateur de la cour de récréation, le prince ne supporte pas la moindre contrariété. À coups de répliques cinglantes, il montre une repartie étonnante pour son jeune âge. À un garçonnet, il justifie son rôle autoproclamé de meneur par son illustre ascendance : « Ma grand-mère à moi, c'est la vraie reine[3]. » Il menace un autre de faire envoyer à ses trousses les chevaliers de sa grand-mère pour le punir. Méprisant, Will agace ses camarades, les parents d'élèves et son institutrice. Mais officiellement, le comportement du prince est camouflé par des appréciations élogieuses sur son carnet de notes. « Le prince William est très populaire auprès des autres élèves ; il est réputé pour sa gentillesse, son humour et ses capacités de réflexion[4]. » Les parents des malheureuses victimes de l'autoritarisme exacerbé du petit-fils d'Elizabeth II restent eux aussi discrets sur son

1. Franck Guillory, *William fils de Diana*, *op. cit.*

2. *Ibid.*

3. Pierrick Geais, *Prince William*, *op. cit.*

4. Katie Nicholl, *William in Love*, *op. cit.*

comportement. Avant sa première rentrée, Diana a pris le temps de les rencontrer, leur demandant de ne jamais répondre aux questions des journalistes. Les deux premiers mois de sa scolarité, William se rend à l'école uniquement deux matinées par semaine. À partir de novembre 1985, il commence à franchir la porte de sa salle de classe quotidiennement.

De l'aveu même de sa mère, William est un « cogneur, comme le prince Philip et son autre grand-père[1] ». Bagarreur avec ses camarades, il est loin d'être plus calme dans le cadre privé des palais royaux. À Balmoral, il entraîne son frère dans une ribambelle de bêtises planifiées. Se cachant dans les écuries, jouant avec des pistolets à eau ou des armes en plastique de cow-boy, l'enfant chéri des Windsor ne craint ni les réprimandes, ni les bosses. N'obéissant à personne, William est l'enfant-roi qui règne sur les résidences royales. Pourtant, dans le calme de la classe, il est un très bon élève, aussi intelligent que précoce. Quand le prince Harry le rejoint à la Mrs Mynors Nursery School en 1987, il a bien l'intention de lui montrer l'exemple, autant sur le plan scolaire que sur ses capacités à gouverner sur la cour de récréation.

La reine Elizabeth n'est pas dupe, elle voit bien l'irritation que procure son petit-fils en privé. Mais comment se comporte-t-il à l'école ? La souveraine mène sa petite enquête auprès de Jane Mynors et des parents d'élèves. Avec le plus grand étonnement, elle découvre que William est loin d'être l'élève idéal. Le sentiment partagé par chacun des témoins interrogés fait l'unanimité : Will est un prince roi, un enfant à qui rien n'est refusé. Stupéfaite, la reine ordonne à son fils de sévir. « Peut-être est-il temps de songer à changer de nourrice », lui suggère-t-elle[2].

---

1. Isabelle Rivère, *William d'Angleterre*, *op. cit.*

2. Christopher Andersen, *Diana et ses fils*, *op. cit.*

Goodbye Nanny

Nous l'avons vu, l'éducation *made in* Baba est fondée sur la liberté. Ce principe permet aux princes William et Harry de s'épanouir dans leurs premiers instants de vie, malgré le poids qui leur incombe en tant que membres de la famille royale. Barbara Barnes leur apprend à marcher, parler et même lire. C'est elle aussi qui, les jours ordinaires, choisit leurs vêtements et leurs chaussures. Pour les sorties publiques, leur mère choisit pour eux leurs tenues qui sont bien souvent identiques. Faisant abstraction des deux années qui les séparent, la princesse aime voir en Harry, William, et inversement. Barnes n'hésite pas à favoriser l'amour, l'admiration et l'attachement fraternels.

Quand les princes se réveillent le matin, ils pensent d'abord à leur nourrice. Ils courent volontiers jusqu'à sa chambre pour lui demander un câlin avant que ne commence leur journée. Au quotidien, Baba leur est dévouée. Elle prépare leurs repas, soigne leurs bobos, et les encourage au moment opportun. Mais elle ne manque pas pour autant de fermeté. Elle refuse longtemps que Will et Harry dorment avec des doudous ou tout autre ours en peluche. Elle interdit aussi qu'ils portent des chaussures avant qu'ils n'aient appris à marcher convenablement. En tant que princes, jamais ils ne sont autorisés à porter des chaussures de sport de type baskets. Tolérante, la *nanny* l'est assurément, mais elle sait aussi faire preuve d'intransigeance. « Elle réussit l'exploit, selon Ingrid Seward, de faire se tenir assis bien droit William tout comme Harry avant leur premier anniversaire. Et ils apprirent à dire "s'il vous plaît" et "merci" presque aussitôt qu'ils surent parler[1]. »

William, comme Harry, aime sa nourrice, et il le montre. Extrêmement proche des enfants, elle joue pour eux le rôle de « mère de substitution ». D'autant que leurs parents sont

1. Robert Lacey, *Guerre royale, mensonges et trahisons, op. cit.*

de plus en plus accaparés par leurs obligations. Cet attachement réciproque entre les enfants et Baba a le don d'agacer au plus haut degré Diana. La mère des princes, c'est elle. L'incarnation vivante de l'amour maternel absolu, c'est elle. L'origine de leur monde, c'est elle. Jamais, au grand jamais, elle ne sera remplacée aux yeux de ses fils par une simple nounou.

En parallèle, Barbara Barnes a des fréquentations qui vont finir par lui coûter sa place de gouvernante. Vouant sa vie à l'éducation des princes, elle n'a jamais oublié ses anciens employeurs. Lord et Lady Glenconner sont pour elle de véritables amis. En 1987, l'aristocrate mondain organise une soirée d'anniversaire à la hauteur de celles racontées par Francis Scott Fitzgerald dans son célèbre roman *Gatsby le magnifique*. Dans sa résidence de l'île Moustique, voisine du lieu où ont cours les excès de la princesse Margaret, le baron anglais laisse le champagne couler à flots, tandis que la centaine d'invités profite de la piscine. Parmi eux, Mike Jagger, Jerry Hall et Raquel Welch. Baba boit, danse et s'amuse en leur compagnie. Les paparazzis ont eu vent d'une fête à la hauteur de l'extravagance du baron Glenconner. Ils photographient sans scrupule la nourrice des princes William et Harry en train de passer du bon temps. Jusqu'ici, elle a toujours été un modèle de discrétion. Mais malgré elle, et avant même qu'elle ne retourne à Londres, sa figure se retrouve soudain en couverture de tous les magazines people du Royaume-Uni.

Diana a toujours été une fervente lectrice de ces tabloïds à scandales sur lesquels elle aime laisser quelques commentaires mordants. Shakespeare, Oscar Wilde ou encore Charles Dickens n'ont pas leur place sur le chevet de la princesse. *The Sun*, le *Daily Mirror* ou encore *People* occupent davantage son temps libre. C'est à la Une de ce dernier qu'elle découvre la *nanny* de ses enfants passant un agréable moment. Diana est furieuse. Comment ose-t-elle se montrer telle une starlette dont sont friands bien des sujets de Sa Majesté ? Une nourrice qui préfère passer du bon temps en compagnie de riches aristocrates et célébrités plutôt que de s'occuper des enfants princiers, que vont penser les Britanniques ? Diana est outrée et scandalisée, jamais l'une de ses employées ne lui volera son rang de star. La jalousie et l'incompréhension prennent vite le dessus, laissant s'exprimer la spontanéité d'une princesse en manque de reconnaissance.

Quelle n'est pas sa surprise lorsque Baba découvre dans ses appartements une lettre de licenciement. Ordre lui est donné de disparaître dans les plus brefs délais sans laisser de traces. Avant son retour, Diana a demandé que ses valises soient préparées. Sans même pouvoir saluer une dernière fois les bambins dont elle avait la charge, Barbara Barnes quitte le palais de Kensington. Victime collatérale de l'humeur intransigeante et changeante de la princesse de Galles, Baba ne recevra aucun remerciement pour tout le travail accompli. Trop proche des garçons, trop populaire pour son mode de vie auprès de la jet-set, elle ne survit pas à la colère de sa patronne. Charles appuie la décision de son épouse, mais pour une autre raison. À ses yeux, la tolérance dont elle a fait preuve a donné vie au tempérament intenable de William. La fermeté dont avait besoin son fils ne pouvait donc passer uniquement que par le renvoi de Barnes.

Le 14 janvier 1987, William et Harry arrivent avec leurs parents à Highgrove pour y passer le week-end, surpris par l'absence de leur adorée nourrice. Les larmes et les sanglots minent rapidement leur moral, les rendant inconsolables. Will est d'autant plus touché qu'il l'avait à ses côtés depuis sa naissance, la considérant comme bien plus qu'une *nanny*. C'est bien simple, en dehors de sa mère, elle est la seule femme à avoir été présente à chaque moment de sa jeune vie. Mais il doit vite sécher ses larmes, car demain matin, il devra se rendre dans une nouvelle école.

L'écolier

La tristesse de William se lit sur son visage lorsqu'il se réveille ce matin du jeudi 15 janvier 1987. Pour autant, il n'a pas le choix, il doit faire sa première rentrée à la Wetherby School. Située dans le très chic quartier de Notting Hill, l'école élémentaire accueille les enfants à partir de cinq ans. Avant même de faire sa rentrée dans l'établissement, William sait déjà lire. Baba a façonné en lui un esprit vif et curieux. La précocité de l'enfant émerveille ses parents qui ne cachent pas leur fierté. Portant l'uniforme gris aux liserés rouges de l'école, associé à une élégante cravate, Will sourit aux photographes en tenant la main de sa mère. Il termine sa première journée quelques heures plus tard en rapportant un collage sur papier canson rouge réalisé dans la journée, qu'il montre fièrement aux journalistes.

À la maison, Diana s'occupe seule de ses fils. Le renvoi de Baba a des conséquences directes sur leur quotidien. La princesse de Galles ne peut plus se rendre aussi disponible pour ses obligations d'Altesse royale. Elle n'est pas seule pour autant. Elle peut compter sur l'aide précieuse de sa nounou suppléante Olga Powell, une femme d'une cinquantaine d'années à la discipline de fer. Très proche des enfants qu'elle considère comme ses petits-fils, elle leur apporte l'amour et le réconfort dont ils ont besoin. William n'avait que quinze mois lorsqu'elle est entrée au service de la famille royale. Mais Olga ne peut pas rester seule très longtemps pour s'occuper d'eux. Un mois plus tard, Diana trouve enfin une nouvelle nourrice qu'elle estime à la hauteur de ses nombreuses exigences en la personne de Ruth Wallace.

Cette sympathique Anglaise n'est pas une inconnue dans le cercle très fermé des Windsor. Elle a d'abord gardé les enfants de l'ancien roi Constantin II de Grèce. Le souverain déchu est un cousin de la reine Elizabeth. Proche de la monarque, il trouve asile au Royaume-Uni pour continuer sa vie de famille après qu'un putsch militaire l'a forcé à s'exiler. Personnage clé de l'entourage d'Elizabeth II, Constantin vit dans l'ombre de son ancienne couronne. Pour s'occuper de ses trois enfants, il avait choisi Ruth Wallace. Douce et délicate, la nourrice va rapidement faire connaître ses talents au sein du monde aristocratique anglais. Elle devient ensuite *nanny* des enfants du prince Michael de Kent. Le cousin de la reine est régulièrement invité au palais. C'est donc en fréquentant le prince et sa famille que Diana fait la connaissance de Ruth. Sans aucune gêne, elle réquisitionne la précieuse gouvernante des Kent, sans juger bon de leur demander l'autorisation au préalable. La princesse de Kent est furieuse et en voudra longtemps à l'épouse du prince Charles.

À Wetherby School, William s'épanouit. Il se découvre une passion pour le théâtre. Cet amour des arts de la scène n'a rien d'étonnant. Souvenons-nous des premiers pas d'acteur du prince de Galles, étudiant à l'université de Cambridge, jouant volontiers, et avec un certain talent, dans des pièces créées avec ses camarades. L'une d'elles a même été filmée. On le voit en train de pêcher et se débattre pour remonter un monstre fictif des mers, tombant bruyamment de sa chaise. Pour William, ses talents d'acteur de théâtre se réveillent bien plus tôt. Il incarne un personnage dans la pièce *La Saga d'Erik Nobeard, viking malgré tout*, jouée à la fin de l'année 1990 au cours du spectacle de son école. Il fait aussi résonner sa voix dans la salle de spectacle de l'établissement. Entre 1987 et 1989, il participe à tous les concerts de Noël de Wetherby. Diana va même jusqu'à l'inscrire aux cours d'Ann Rachlin au nom évocateur : « La musique en s'amusant. » Ce programme promet de susciter la créativité musicale de l'enfant. Toutes ces activités, aussi amusantes soient-elles, vont finir par apaiser les ardeurs de William la Terreur.

À son arrivée à Wetherby, Will apporte toute sa fougue de casse-cou. Son leadership continue à s'affirmer dans la cour de récréation. Les rares parents d'élèves qui témoignent de sa scolarité le décrivent comme un « vrai petit chef ». Avec Harry, son caractère autoritaire est renforcé, tout en montrant une douceur et une mignonne conscience protectrice envers lui. Le garçon grandit. Ses activités extrascolaires lui permettent de se mêler aux autres enfants de son âge. Il apprend à respecter les autres, tout en participant activement aux demandes de ses professeurs. Le petit prince a désormais sept ans ; il est transformé. Adieu au prince bagarreur et capricieux, et bonjour au garçonnet sage, sérieux et responsable.

Avec sa mère, il développe une relation de plus en plus fusionnelle qui n'est pas sans réjouir la princesse de Galles. Diana aime tout particulièrement se rendre disponible pour ses fils. Mère protectrice, elle se rend le plus souvent possible à la sortie de l'école. Participer à leur vie d'écoliers est un plaisir non dissimulé. Elle est l'une des premières mamans d'élèves à accepter de participer à une course à pied très spéciale. Pour marquer la fin de l'année scolaire, l'établissement organise chaque été une course de mamans. Diana s'impose chaque jour des activités sportives pour entretenir son corps : natation dans la piscine du palais de Buckingham, course à pied, séances de sport sous les conseils d'un coach. Sous le regard admirateur de son fils, elle donne toutes ses capacités physiques pour terminer à la première place de la course. William découvre à la même époque sa position sociale. En 1989, voyant sa mère souffrir de pression médiatique, il lui annonce vouloir devenir policier pour pouvoir la protéger, mais son frère lui rappelle immédiatement la réalité : « Oh, non, tu ne peux pas. Tu dois être roi. »

Si William s'accommode bien vite de la présence des photographes à chaque moment de sa vie, ce n'est pas le cas de son petit frère. Harry sait déjà qu'il ne sera jamais appelé à régner. À l'image de la princesse Margaret, il demeurera toujours un prince malgré lui. Cette prise de conscience précoce va justifier bien des faits à venir. Les deux princes comprennent ainsi parfaitement qu'ils ne mènent pas tout à fait la vie ordinaire de tout Anglais. La présence constante de gardes du corps dans leur entourage en est la preuve visible. Avec ces hommes en uniforme, chargés de leur sécurité, ils créent une véritable relation de confiance. En dehors des nourrices, ils sont les personnes les plus proches physiquement des princes. Ces officiers surentraînés sont souvent surpris en train de jouer avec les garçons aux soldats ou en train de leur lire une histoire. Plus que jamais, le rapport entre les princes anglais et leurs agents de sécurité a considérablement évolué. À l'époque du prince Charles, les conventions voulaient qu'un garde ne s'immisce pas dans son intimité. Désormais, agents et héritiers de la Couronne partagent le même quotidien, fondant parfois de véritables amitiés.

Avec son frère, William développe une passion dévorante pour la chose militaire. Dans les jardins de Highgrove, il s'imagine bien souvent sur un champ de bataille, armé de son épée ou de son pistolet en plastique. L'enfant soldat rythme son temps libre par ses nombreuses campagnes militaires fictives contre les ennemis de ses parents. Il voit en son père le colonel en chef de ses jeunes années. Quand Charles rentre à Highgrove après une journée d'obligations officielles, William aime l'accueillir sur le pas de la porte par un clinquant salut militaire, entraînant Harry. Le patriotisme des Windsor ne commence jamais assez tôt.

5

La guerre des Galles

Elizabeth et Philip forment un couple soudé qui incarne une nouvelle grandeur du Royaume-Uni. Les Britanniques chantent régulièrement les louanges de l'amour indéfectible qu'ils se portent mutuellement. Véritables icônes, ils sont de nos jours reconnus pour tous les bienfaits qu'ils ont apporté au royaume.

Aussi pudique qu'elle soit, Elizabeth II n'a pourtant pas hésité à glorifier le rôle de son époux tout au long de son règne. Plus d'une fois, elle l'a décrit telle la personne la plus indispensable à sa vie. Pour leur cinquantième anniversaire de mariage en 1997, le jour de leurs noces d'or, Elizabeth II organise une réception au palais de Whitehall à Londres. La reine prononce une phrase qui restera dans les mémoires de chacun ; elle décrit volontiers le prince Philip comme son « roc » et son « soutien », sans qui elle n'aurait jamais eu le courage d'affronter sa destinée. Moins connu, le discours du duc d'Édimbourg est tout aussi touchant. « Cela a été un défi pour nous, mais avec l'expérience, je pense que nous avons trouvé une répartition judicieuse des tâches et un bon équilibre entre nos intérêts personnels et communs, indique-t-il. La principale leçon que nous avons tirée est que la tolérance est l'ingrédient essentiel de tout mariage heureux. Cela peut sembler ne pas être si important quand les choses vont bien, mais c'est crucial en cas de difficultés. Et vous pouvez me croire que la reine possède la qualité de tolérance en abondance. »

Aux yeux du couple royal, la tolérance est donc la clé d'un mariage long et heureux. Pour le mari de la reine, les règles sont d'une extrême simplicité : se comprendre mutuellement, se respecter et ne pas être trop exigeants l'un envers l'autre. Les mots du prince Philip résonnent dans la maison des Banquets du palais de Whitehall comme une leçon destinée à ses enfants en proie aux querelles matrimoniales.

Rien ne va plus chez les Galles !

À son arrivée en 1987, la nourrice Ruth Wallace ne reçoit pas un accueil chaleureux de la part des enfants. William et Harry ont du mal à oublier Baba qu'ils aimaient tant. Ils ne veulent pas de cette nouvelle nounou, aussi agréable soit-elle. Le temps passe, et l'animosité des princes envers la jeune femme s'évanouit. Ils finissent par lui vouer une véritable adoration, comprenant que son rôle est de rendre leur quotidien plus facile. Ils se reposent désormais entièrement sur elle. Harry la surnomme « Roof ». Seulement, Wallace est une femme sensible, elle comprend bien vite que l'ambiance qui règne à Kensington est loin d'être saine pour les enfants et pour elle-même. La guerre des Galles est officiellement déclarée. Elle a du mal à supporter les coups amers auxquels se livrent les parents. Quand elle décrit la situation dans laquelle grandissent les enfants, ses mots sont durs mais d'une incroyable justesse. L'atmosphère « toxique » est « difficile à gérer », bien « trop pénible » pour ses fragiles épaules. *Nanny* a besoin d'une pause. À l'été 1989, elle part se ressourcer en Amérique du Sud pour une croisière le long du fleuve Amazone. Elle prend le temps de réfléchir à son avenir. De retour à Londres, elle est décidée à donner sa démission. Ruth Wallace ne travaille que trois ans au service du prince et de la princesse de Galles. Trois années durant lesquelles William et Harry ont eu le temps de s'attacher à elle, tout en subissant le vacarme du conflit parental. Pour sa propre santé, Roof quitte le navire, embarquant vers un nouvel horizon.

Cherche nourrice désespérément ! Une nouvelle fois, Diana doit partir à la recherche d'une femme capable de supporter le quotidien de sa famille, tout en prenant en charge l'éducation des garçons, âgés respectivement de sept et cinq ans. La princesse jette son dévolu sur Jessie Webb. Dotée d'un franc-parler détonnant dans l'entourage des Windsor, Webb est pragmatique. Elle trouve les enfants trop maigres. « Les garçons sont en pleine croissance. Ils ont besoin de viande et de pommes de terre, pas de pâtes et de légumes. » La franchise de la nourrice amuse les domestiques qui deviennent les spectateurs de son intransigeance. Charles est le premier à en faire les frais. Quand *nanny* le surprend en train de réveiller William et Harry qu'elle vient de coucher, elle n'hésite pas à l'assommer de réprimandes quasi enfantines. Webb critique aussi ouvertement la façon dont les princes sont élevés. Elle découvre qu'à Sandringham et à Balmoral, ils sont gâtés à outrance par les membres de la famille royale et du personnel. À l'un des domestiques de Kensington, elle dit : « Là-bas, ils sont traités comme des petits princes ; ici, ils sont traités comme des garçons ordinaires. » La fantaisie et la droiture de cette nouvelle employée des Galles deviennent de véritables atouts. Et pour cause, elle va s'imposer tel un soutien de poids pour ces garçons victimes d'une mésentente parentale grandissante.

La fin des années 1980 n'est pas de tout repos pour les princes de Galles et leur famille. Diana connaît une évolution publique et privée des plus bouleversante. Dans les couloirs de Buckingham, sa dépression n'est définitivement plus un secret. Lady Elizabeth Shakerley, l'une des nombreuses cousines de la reine, explique à Katie Nicholl la mélancolie chaotique qui habite le cœur de l'épouse du prince Charles. « La vie dans un palais obéit à un emploi du temps bien particulier, auquel Diana ne semblait pas réussir à s'adapter. Il y a de quoi se sentir mal à l'aise quand personne ne vous avertit qu'il faut vous changer entre le petit déjeuner et le déjeuner, le thé et le souper : on finit par l'apprendre soi-même, prévient-elle. La grand-mère de Diana avait été dame de compagnie pendant des années : elle aurait dû mettre sa petite-fille au parfum[1]. » L'incapacité de la princesse à s'adapter aux us et coutumes des Windsor reposerait, aux dires de l'aristocrate, sur la mauvaise préparation administrée par Lady Fermoy.

Diana est en manque d'amour. Souffrant d'une peur chronique de l'abandon, elle a besoin de ressentir une attention constante de la part des membres de sa belle-famille, comme de son public dévoué. La princesse superstar occupe désormais sans partage les devants de la scène monarchique. Elle en est parfaitement consciente et apprécie l'attention publique qui lui est consacrée. Elle devient particulièrement attentive à ses devoirs royaux, optant pour la promotion d'associations caritatives qui défendent des causes chères à son cœur. La princesse s'épanouit, quand la femme s'évanouit. Les Windsor comprennent de moins en moins la frénésie populaire que fait naître chacune de ses sorties publiques. En plus de cela, il n'est pas dans les habitudes de la famille régnante de laisser place au sentimentalisme. Chacun de ses membres évolue indépendamment, tout en participant à la cohésion familiale et à la promotion de l'institution. La fragile jeune mère désapprouve totalement cette mentalité. Elle se reconnaît peu dans ce cadre familial où la distance et la retenue forment une maxime

1. Katie Nicholl, *William in Love*, *op. cit.*

inviolable. La très informée historienne américaine Sally Bedell Smith lui diagnostique des troubles de la personnalité difficilement soignables : « Dépression, peur du rejet et de l'abandon, sautes d'humeur, actes impulsifs et autodestructeurs, sentiment croissant de solitude et de vie[1]. » Lors d'un séjour à Craigowan auprès du prince Charles, Diana aurait même tenté de se blesser à l'aide d'un objet tranchant. Sans que cet acte puisse être avéré, l'état de santé de la mère du prince William devient très préoccupant. « Je pense qu'énormément de gens ont essayé de m'aider parce qu'ils voyaient que quelque chose n'allait pas, mais je ne me suis jamais reposée sur personne, se confie la jeune femme désemparée. Dans ma famille, personne n'a jamais été au courant de rien[2]. »

Diana a besoin de temps pour elle. Leur séjour annuel dans la très select station de ski de Klosters tombe à point nommé. Le couple part pour la Suisse le 9 mars 1988. Avec eux, des proches, tels que le duc et la duchesse d'York, sont venus leur rendre ce séjour agréable. Le lendemain, Charles ne résiste pas à l'envie de skier. Diana préfère quant à elle passer du temps au chalet qu'ils ont loué en compagnie du prince Andrew et de Sarah Ferguson. À la tête d'un groupe de cinq personnes – comprenant un policier suisse, le major Hugh Lindsay, Patti Palmer-Tomkinson et le guide Bruno Sprecher –, Charles part faire du hors-piste sur la montagne du Gotschnagrat. En pleine descente, une avalanche se déclenche. Hugh Lindsay est retrouvé sans vie sous une épaisse couche de neige. Patti Palmer-Tomkinson survit au prix de deux jambes cassées. Si, physiquement, le prince de Galles sort indemne de l'avalanche, son esprit est ailleurs. Hugh était un ami fidèle dont la perte lui occasionne un choc intense. Son épouse Sarah s'entendait à merveille avec la princesse Diana. D'autant que les deux jeunes gens

1. Sally Bedell Smith, *Elizabeth II. La Vie d'un monarque moderne*, Paris, Équateurs, 2018.

2. Andrew Morton, *Diana*, *op. cit.*

venaient d'avoir un enfant. Suite à ce drame, Charles et Diana assistent aux funérailles de l'officier qui se déroulent à Londres sept jours plus tard. Le prince de Galles a besoin de réconfort. Aussitôt rentré à Highgrove, il court exprimer sa peine dans les bras de Camilla.

Camilla Parker-Bowles a toujours été extrêmement proche de sa sœur et de son frère cadets. Annabel Elliot et Mark Shand font partie intégrante de sa vie. Charles veut faire plaisir à sa maîtresse. Il profite d'un week-end à Highgrove pour organiser en janvier 1989 l'anniversaire d'Annabel. Deux années se sont déjà écoulées depuis que le prince Charles a quitté la résidence principale de Kensington pour s'établir définitivement dans sa demeure de campagne chérie. Diana a obtenu toute la liberté de disposer comme elle l'entendait de leur appartement londonien. Elle le crie haut et fort : elle déteste royalement Highgrove. Les venues de la princesse dans le Gloucestershire se sont raréfiées, pour le plus grand plaisir du prince Charles qui peut reprendre sans peine sa liaison secrète avec Camilla. Pour cette soirée d'anniversaire, Charles a bien entendu envoyé un carton d'invitation de principe à son épouse, espérant du plus profond de son être qu'elle y répondrait négativement. Finalement, Diana décide au dernier moment de s'y rendre. Elle roule à toute allure depuis Londres jusqu'au domaine de son mari dans la ferme intention d'en découdre. Depuis près de huit ans, elle en est convaincue : la relation entre Charles et Camilla dépasse l'expression d'une simple amitié.

La princesse de Galles se mêle aux invités et fait mine de passer du bon temps. Soudain, elle s'aperçoit de la disparition de Charles et de Camilla. Sa fureur se réveille. Elle traverse toutes les pièces de la propriété, espérant les prendre en flagrant délit d'adultère. Elle ouvre la porte de la nursery et tombe nez à nez avec les deux fugitifs assis sur un sofa, en train de discuter et de plaisanter tranquillement. Diana ne peut plus se contenir. Enfin confrontée à Camilla, elle s'emporte. Pendant que la dispute tant redoutée éclate, Charles en profite pour sortir de la pièce, laissant les deux femmes régler seules cette déconvenue. Diana lance à sa rivale « Je sais ce qui se passe entre vous et Charles et je veux juste que vous le sachiez[1]. » Dans l'ombre des malheurs de Diana se cache, encore et toujours, la silhouette de l'ancienne petite amie du prince Charles désormais officiellement sa maîtresse.

Cet épisode est déterminant dans la poursuite des relations entre les deux époux. Chaque moment passé ensemble conduit dorénavant à une énième dispute dont l'issue se répète. Diana termine toujours enfermée dans sa salle de bains pour cacher à ses fils sa crise de larmes. William et Harry sont les malheureux spectateurs de ces querelles sans fin. Ils se relaient pour consoler leur mère meurtrie, glissant sous la porte close quelques mouchoirs. Will n'a que huit ans lorsqu'il s'énerve contre son père : « Je te déteste papa ! Pourquoi fais-tu toujours pleurer maman[2] ? » Les deux garçons ne comprennent pas les raisons de ces interminables et violentes disputes. Avec leurs yeux d'enfants, ils perçoivent en la peine de leur mère une méchanceté paternelle. Ils expriment vite leur parti pris, d'autant que Diana n'hésite pas à encourager leur attachement à sa propre personne. « Je leur fais de gros câlins. Je me glisse dans leur lit le soir, je les serre contre moi et je leur dis : "Qui vous aime le plus au monde ?", et ils répondent toujours : "Maman". Je les entoure constamment d'amour et d'affection[3]. » La stratégie de la mère de famille consiste simplement à s'appuyer sur l'amour de ses fils pour renforcer le rejet du père.

---

1. *Ibid.*
2. Katie Nicholl, *William in Love*, *op. cit.*
3. Andrew Morton, *Diana*, *op. cit.*

L'idylle entre Charles et Camilla montre à quel point le mariage princier a fini par exploser. Les révélations ne vont pas tarder à éclabousser l'issue de cette union tragique. Mais pour l'heure, Diana est perçue comme la grande victime de cette mascarade matrimoniale, et elle est déterminée à se positionner ainsi. Elle ne cache plus sa mélancolie, se refusant à jouer un jeu d'actrice qu'elle n'a pas souhaité. Les obligations officielles qui suivent l'épisode de Highgrove sont dramatiquement convaincantes. Les princes de Galles ne se parlent plus et demeurent liés uniquement par leur attachement à leurs fils. Après des années à voir la tension monter progressivement, le couple héritier de la Couronne ne peut plus faire bonne figure. En mai 1989, ils représentent la reine lors d'une visite officielle à Budapest. Pas même un contact, ni même un regard ne viendront tenter de sauver les apparences. La froideur de leur relation est flagrante. Diana va même jusqu'à montrer physiquement son mal-être avec une mine grave à souhait.

Vie d'un pensionnaire

En cette année 1990, William fête ses huit ans. Comme tout enfant de bonne famille, il suit une scolarité stricte dont seuls 7 % des Britanniques ont la chance de profiter. Ils forment ainsi l'élite de demain. Ils sont d'abord envoyés dans une *preparatory school* dès l'âge de huit ans. Ces pensionnats doivent permettre à ces enfants privilégiés de quitter le cocon familial pour s'épanouir dans le cadre rigoureux d'un établissement scolaire. À l'âge de treize ans, ils doivent ensuite faire leur entrée dans une *public school*. En Angleterre, ces écoles ne sont publiques que de nom. Le système éducatif britannique compte bien des différences avec le nôtre. Ces établissements privés sont en fait des lycées extrêmement sélectifs aux codes rigides. Un Britannique est conditionné par sa naissance. En tant que prince du Royaume-Uni, bien qu'il soit le premier à bénéficier d'un tel cursus scolaire, William suit une éducation des plus traditionnelles qui lui permet de grandir, entouré d'enfants de son âge.

Sa dernière année à Wetherby s'achève le 5 juillet 1990. Il est temps pour le garçon de se diriger vers une nouvelle structure scolaire adaptée à son âge, à son niveau et à sa condition sociale. Charles et Diana font face à un choix cornélien. Pour la mère du petit prince, il est inimaginable de penser à une vie loin du foyer pour son fils. En même temps, le couple est conscient des devoirs qui lui incombent. L'éducation d'un futur roi n'est pas chose aisée. Le prince de Galles croit aux bienfaits d'un pensionnat. Il s'accorde, avec Diana, pour conduire son fils aîné à Ludgrove School.

Le 10 septembre 1990, Diana et William arrivent dans le parc de l'école où Charles patiente déjà dans sa Bentley. Le rendez-vous a été donné pour donner l'illusion d'une famille unie. Ensemble, ils s'installent à bord de ce véhicule qui les conduit jusqu'à l'entrée de l'établissement. Le secret est bien gardé quant à la vie séparée du couple le plus célèbre des îles britanniques. Comme à chacune de ses rentrées scolaires, le petit-fils d'Elizabeth II est accueilli par une meute de journalistes dont le crépitement des appareils photo lui est devenu coutumier. À sa sortie de la voiture, les directeurs de l'établissement vont à sa rencontre et lui présentent leurs respects. Gerald Barber est codirecteur de Ludgrove School avec Nichol Marston depuis 1973. Gerald a succédé à son père qui a dirigé l'institution pendant plus de trente ans. Cet homme d'une cinquantaine d'années laisse son épouse Janet influencer la direction de ce pensionnat pour garçons fondé en 1892. Gerald et Nichol répondent à une longue tradition qui veut que cette école soit dirigée par deux directeurs, chacun accompagné de son épouse, pour renforcer un esprit familial apprécié par l'aristocratie britannique. William n'est pas le premier éminent élève à passer le portail du domaine de Ludgrove. L'ancien Premier ministre Alec Douglas-Home, le neuvième duc de Wellington et le prince Edward, duc de Kent, font partie des anciens élèves.

Le prince Charles et la princesse Diana suivent de près leur fils. Ils sont fiers de cet enfant qui tente de trouver sa place dans ce monde à travers la discipline administrée par des établissements scolaires comme Ludgrove. Tout sourire, les parents se présentent tel un couple uni pour l'amour de leur fils. L'illusion est parfaite, elle ne dure pourtant que trente-neuf minutes. Une trêve durant laquelle les princes de Galles vont se côtoyer en mettant leur rancœur de côté. L'effort s'avère grand, puisqu'il faut attendre trente-neuf jours pour les voir une nouvelle fois publiquement réunis.

À son arrivée, William aménage dans un dortoir composé de quatre lits. Aussi prince qu'il soit, le garçon ne reçoit aucun traitement de faveur. Jamais il n'a été envisagé de lui accorder le droit de s'installer dans une chambre individuelle. Comme tous ses camarades, il doit se contenter d'une résidence où la vie en communauté prime. C'est bien cette caractéristique qui a déplu à Diana. La princesse de Galles a longtemps mis son veto sur la vie en pension. La mère aimante et possessive n'envisageait à aucun moment de se séparer de lui. Interrogée quelques jours après la rentrée de William, elle avoue que « ce n'est pas rien de mettre en pension son fils aîné[1] ».

Plusieurs raisons ont poussé le couple héritier de la Couronne à choisir Ludgrove pour envoyer William poursuivre sa scolarité. Située à Wokingham, dans le Berkshire, l'école est à mi-chemin entre le palais de Kensington et le domaine de Highgrove. Charles, comme Diana, pourra ainsi

1. Katie Nicholl, *William in Love*, *op. cit.*

visiter son fils comme il l'entend. La réputation de Ludgrove la précède. Avec son coût annuel de douze mille livres sterling, elle est l'une des *preparatory school* les plus chères et les plus élitistes d'Angleterre. Cinquante-deux hectares de terrain permettent aux garçons de s'y épanouir en suivant des règles strictes.

À Ludgrove, le quotidien de William est réglé à la minute. Les jours se ressemblent pour l'écolier au pantalon de velours et à la veste en tweed. Réveillé à 7 h 15, il prend son petit déjeuner à 8 heures. Les cours commencent à 9 heures le matin, jusqu'à 17 h 30. Ils sont entrecoupés par une pause déjeuner et une partie de l'après-midi est entièrement consacrée au sport. L'exercice physique se mêle à la formation mentale. Après une heure d'étude obligatoire, le dîner est servi à 18 h 30 précises. Il est 20 heures lorsque les surveillants ordonnent l'extinction de toutes les lumières. Tel un monastère, Ludgrove protège ses élèves. La télévision et la radio sont proscrites. Les appels téléphoniques parentaux ne font pas exception aux interdits scolaires. Si l'envoi de lettres est autorisé, celui de colis ne l'est pas. Si leur comportement est jugé acceptable, les élèves sont autorisés à manger une friandise le dimanche. École de l'élite anglaise, Ludgrove n'est pas pour autant l'un de ces hôtels de luxe auxquels sont habitués ses pensionnaires. Aucune femme de ménage ne travaille dans les chambres, les élèves sont chargés de tenir leurs dortoirs propres et rangés.

Les premiers jours de William à Ludgrove sont difficiles. Ses parents lui manquent, et il a du mal à s'adapter à ces règles si différentes de son quotidien. Mais finalement, ce cadre autoritaire sera bénéfique pour son développement personnel. L'enfant bagarreur de jadis laisse place à un élève attentif, faisant preuve d'une humilité exceptionnelle. Il commence à créer de véritables liens d'amitié qui vont lui permettre d'accepter sa condition de pensionnaire. Guy Pelly et Tom Van Straubenzee, ses camarades de chambre, deviennent des amis extrêmement proches qui vont le suivre dans toutes les étapes de sa vie. William devient un très bon élève. Capitaine de son équipe de rugby, il est aussi un éminent membre du groupe de théâtre scolaire. Il joue aussi au hockey sur gazon, au football, au cross-country et au basketball. Comme pour sa mère, la natation demeure cependant son sport favori. Il devient rapidement l'un des meilleurs nageurs de sa promotion. Diana et Charles aiment le soutenir pendant ses matchs, le visiter souvent et participer aux activités extrascolaires. En 1995, le prince de Galles remporte notamment un concours scolaire de tirs de pigeons d'argile sous les yeux admiratifs de son fils.

William s'épanouit dans cet univers qui semble fait pour lui. Il finit par dominer ses peines d'enfant pour être à l'écoute de son prochain. Il montre de plus en plus de capacités à trouver les mots réconfortants que ses camarades ont besoin d'entendre. Humain, humble et conscient de son rang, le véritable prince qu'attendait la reine naît à Ludgrove. Particulièrement reconnaissant envers ses parents, suite à son inscription dans cette école qu'il apprécie tant, il aurait même réservé une table au San Lorenzo, leur restaurant préféré, pour les en remercier. En mars 1991, il fait d'ailleurs sa première obligation officielle aux côtés de ses parents. Il les accompagne à la cathédrale de Llandaff au pays de Galles et fait sensation auprès des Gallois rassemblés en nombre. Will serre des mains, sourit aux photographes et suit gentiment ses parents sans une once de timidité ou d'orgueil. Un détail se révèle d'ailleurs ce jour-là lorsqu'il signe le registre officiel du monument : le prince William est gaucher. S'il n'est pas privilégié dans son quotidien d'écolier, il n'en demeure pas moins un prince du Royaume-Uni qui doit répondre à certaines obligations. Il est ainsi autorisé à manquer l'école en mai 1995 pour assister à la finale de football de la coupe d'Angleterre. Sa position sociale a parfois des bons côtés, surtout lorsqu'il peut gagner l'admiration de ses camarades en rentrant vêtu d'un tee-shirt dédicacé par les membres de l'équipe victorieuse.

À l'été 1991, le jeune prince profite d'un après-midi ensoleillé pour jouer au golf avec l'un de ses camarades sur les terrains de l'école. Les deux garçons tirent quelques balles tout en riant de bon cœur. Soudain, l'ami de William lui met accidentellement un coup de club sur la tête. Gerald Barber appelle rapidement ses parents. Charles et Diana accourent. Quand Diana monte dans l'ambulance qui le conduit à l'hôpital du Royal Berkshire, Charles les suit au volant de son Aston Martin. Il est opéré d'urgence d'une légère fracture du crâne. La blessure est minime mais lui vaut quand même vingt-sept points de suture. Son fils blessé, les inquiétudes de maman Diana n'ont jamais été aussi grandes. Alors qu'il est gardé sous observation une nuit, la princesse décide de dormir à son chevet. Diana n'ayant aucun rendez-vous le lendemain, il est tout naturel qu'elle reste auprès de son fils hospitalisé de neuf ans, mais ce n'est pas le cas du prince Charles. Le soir même de l'accident, le prince de Galles doit assister à une représentation de *La Tosca* de Puccini à Covent Garden. Cette soirée est prévue depuis bien longtemps et doit accueillir une douzaine de représentants de la Communauté européenne venus spécialement de Bruxelles. Ne pas honorer son engagement serait très mal perçu ; il songe malgré tout à l'annuler. La santé de son fils est sa priorité, mais quand les médecins lui assurent que William va bien et qu'il est entre de bonnes mains, il décide de partir pour Londres.

Les journalistes font rapidement écho de l'accident. Les employés de l'hôpital leur racontent leur propre vision de la « fuite du prince Charles ». La presse se scandalise : « Comment un père peut-il abandonner son fils à l'hôpital ? » Pourtant, le prince de Galles n'a rien à se reprocher. Il a automatiquement placé son rôle de père avant toute obligation officielle. La princesse Diana se réjouit de cette critique qui pèse sur l'image publique de son mari. Patrick Jephson, le secrétaire particulier de la princesse, va même jusqu'à l'accuser publiquement de n'avoir rien fait pour arranger les choses.

Pour William, cet accident, aussi futile qu'il soit, lui fait prendre conscience de l'importante mésentente de ses parents. Diana et Charles utilisent tous les moyens possibles pour se rabaisser publiquement et mutuellement. Il le sait désormais, ses parents en ont fini avec leur mariage tumultueux. Deux mois avant l'incident, une catastrophe conjugale a d'ailleurs été évitée de justesse, Charles s'étant blessé au coude pendant un match de polo, il a été transporté à l'hôpital, où Diana s'est empressée de le rejoindre. À son arrivée, l'équipe hospitalière était extrêmement embarrassée. Camilla était déjà aux côtés du prince de Galles. Rapidement, l'amante a été exfiltrée par une porte de service avant que Diana n'entre dans le bâtiment. Charles a évité de justesse une nouvelle violente dispute entre la maîtresse et l'épouse.

1992, l'annus horribilis de William

Quelques mois après la blessure aux conséquences familiales dramatiques du prince William, Charles et Diana reprennent leur jeu de rôle du couple princier parfait en s'envolant pour le Canada. Ils représentent Elizabeth II au cours d'un voyage officiel qui met une nouvelle fois en exergue la Dianamania. En octobre 1991, William et Harry montent à bord du HMS *Britannia* pour rejoindre leurs parents de l'autre côté de l'Atlantique. Officieusement nouveaux « ambassadeurs » de la Couronne, les enfants sont officiellement en vacances. Les caméras sont nombreuses à s'être déplacées pour immortaliser leurs retrouvailles. Alors que Charles est occupé à saluer les membres de l'équipage, Diana s'empresse de courir rejoindre ses fils sur le pont du navire. Sa réaction est à la mesure du manque qu'elle a ressenti au cours de ces journées passées loin d'eux. Quelques minutes plus tard, Charles les rejoint et leur fait un tendre sourire avant de déposer sur leurs joues un baiser. L'expression à outrance des sentiments de la princesse s'oppose à la réserve paternelle du prince. La guerre de l'image des Galles est officiellement déclarée. Cette première bataille est largement gagnée par Diana qui voit la presse s'émouvoir devant cette tendresse publique qu'elle met de bon cœur en exergue. Pourtant, en privé, les gestes de tendresse du prince Charles ne manquent pas. Le 17 septembre précédent, les camarades du prince Harry sont conviés à un goûter d'anniversaire dans les jardins de Kensington. Sitôt ses engagements terminés, le père de famille se précipite auprès de ses enfants, de son épouse et de sa belle-sœur, la duchesse d'York, venue prêter main-forte. Il participe volontiers aux jeux et goûte avec joie au gâteau préparé pour l'occasion.

William reste cependant un pensionnaire de Ludgrove. Son frère cadet le rejoint en septembre 1992. Il se fait un devoir d'aider Harry à prendre ses marques. Lui qui a dû s'adapter seul aux règles drastiques de l'établissement aurait aimé bénéficier de l'aide d'un grand frère. Harry se sent rapidement à l'aise et commence à exprimer un caractère tapageur. Quelques mois après son arrivée, il lance un challenge à quatre camarades : montrer leurs postérieurs aux photographes qui campent devant l'entrée de l'école. Réussi haut la main, le défi va cependant valoir quelques réprimandes au quatuor blagueur. William ne reste pas moins un enfant comme les autres. Première « génération informatique » des Windsor, le petit prince apprécie tout particulièrement les jeux vidéo, jouissant d'une Game Boy à chaque retour à la maison.

Au cours de ses semaines à Ludgrove, William se sent responsable de Harry. Ils évoluent ensemble, entourés constamment de deux agents de sécurité. Reg Spinney et Graham Craker les protègent, tout en les laissant vivre leurs expériences d'écoliers. Quand vient le week-end de permission de sortie, les deux garçons rentrent à Highgrove ou à Kensington. Charles et Diana se retrouvent le temps du séjour de leurs fils. Les disputes reprennent toujours, entretenant cette atmosphère pesante qui incommode les garçons. Le dimanche soir, William a du mal à laisser sa mère apeurée ; Harry trépigne d'impatience à l'idée de rejoindre sa bande de copains casse-cou. Sur ses frêles épaules, Will porte une responsabilité de protecteur de son frère cadet et de sa mère à la fragilité exacerbée.

L'entente entre Charles et Diana est loin d'être cordiale. Après dix ans de mariage, les deux représentants de la Couronne voient leur couple se briser parfois violemment. L'exhibition d'une complicité de façade n'est plus de mise. En février 1992, les princes de Galles partent sans les enfants en visite officielle en Inde. Avant d'atterrir sur les terres de l'ancien diamant de l'empire britannique, Diana a expressément demandé une visite du Taj Mahal. Ce symbole universel de l'amour correspond parfaitement au romantisme et à la vision du mariage de la princesse. Seulement, au dernier moment, le prince Charles fait annuler sa venue, préférant se rendre à New Delhi. Hors de question pour lui de poser devant un symbole si puissant alors qu'aucun sentiment amoureux ne remplit désormais son cœur vis-à-vis de son épouse. Il n'est nullement question pour lui de jouer à nouveau le rôle du mari aimant pour le bonheur du monde. Cette décision lui sera fatale en termes d'image publique. Quand Charles se désiste, Diana insiste. Qu'à cela ne tienne, elle confirme sa venue malgré l'absence de son époux. C'est donc seule qu'elle pose avec une joie toute dissimulée devant la beauté majestueuse de ce mausolée de marbre blanc construit au XVIIe siècle par un empereur moghol en mémoire de sa défunte épouse et de l'amour incommensurable qu'il lui portait. Elle laisse transparaître une tristesse de façade destinée à nourrir le conflit ouvert qu'elle mène contre son époux. Les clichés de la princesse entrent dans la légende. À eux seuls, ils symbolisent une femme victime de l'abandon conjugal infligé par un époux épris d'une autre. En une seule séance photo, Diana tient sa revanche sur ce passé difficile au sein de la famille royale. Le monde n'a aucunement de mal à comprendre son message : SOS princesse délaissée !

Un mois plus tard, le père de Diana rend son dernier souffle à l'hôpital londonien Humana Wellington. L'homme de soixante-huit ans a été admis dans l'unité médicale le 21 mars, étant atteint d'une pneumonie. Finalement, il meurt d'une crise cardiaque huit jours plus tard. Charles, Diana et les enfants profitent d'un séjour dans la luxueuse station de sports d'hiver de Lech en Autriche quand ils apprennent la funeste nouvelle. William est peu attristé, ayant très peu côtoyé son grand-père maternel. Diana s'est éloignée de son père peu de temps après la naissance du prince Harry, au point qu'elle a cessé de le voir les six derniers mois de sa vie. Les funérailles du comte Spencer ont lieu le 1er avril. Si le couple arrive ensemble à l'église, Diana refuse que Charles l'accompagne au sortir de la cérémonie. Aucun événement n'est épargné par la guerre des Galles, pas même la tragédie que représente la perte d'un être cher. Chacun des époux y va de sa propre gerbe accompagnée d'un message personnel. La séparation florale de Charles et Diana laisse présager un sombre avenir conjugal.

7 juin 1992, un employé du palais de Buckingham frappe à la porte du bureau de Robert Fellowes, secrétaire privé de la reine. Il lui présente les journaux fraîchement imprimés du jour avant qu'ils ne soient transmis à la reine. Parmi eux, figure le *Sunday Times*. Il dévoile des extraits d'un livre à paraître qui promet bien des sueurs froides à la monarchie. En quelques lignes, le journal dépeint la substantifique moelle d'une nouvelle biographie de la princesse de Galles, signée Andrew Morton. Sa boulimie, son anorexie, ses tentatives de suicide, sa relation conflictuelle avec Charles, la présence de Camilla dans leur vie… Rien n'est épargné, tout y est raconté. Robert Fellowes enrage. Il n'a pas le choix, il va devoir présenter l'article à Sa Majesté. Mais avant cela, il est bien décidé à demander des explications à Diana. La princesse n'est d'ailleurs pas une inconnue pour lui. Cette dernière n'est autre que sa belle-sœur. Il a épousé sa sœur aînée Jane en 1978. Fellowes n'entretient pour autant aucune complicité avec l'épouse du prince Charles. À ses yeux, son service royal supplante ses liens familiaux. Diana reste sur ses positions et lui assure ne pas être à l'origine de ces choquantes révélations. Ce livre va avoir des conséquences désastreuses sur l'institution, le secrétaire d'Elizabeth II en est parfaitement conscient. Le scandale qui se profile est d'envergure, il y va de la popularité et de la pérennité du régime.

Malgré la publication des extraits, Elizabeth II maintient ses obligations. Avec le prince Philip, elle traverse la Manche le 10 juin pour une visite d'État en France, qui les conduit de Paris à Bordeaux, en passant par Blois. La souveraine est préoccupée mais sauve les apparences. Ces journées françaises lui permettent de réfléchir à l'étendue du problème qui l'attend à son retour. Plus que jamais, elle est décidée à sauver ce mariage. L'avenir de la Couronne et le bonheur de ses petits-fils priment. Charles et Diana sont convoqués de toute urgence par le couple souverain. Pour

Charles, son épouse a dépassé les limites qu'impose son titre. Elizabeth II et le prince Philip tentent de les raisonner. Avec son franc-parler légendaire, le duc d'Édimbourg met un point final à cette discussion en insistant sur le mauvais choix que serait un divorce : « Pour le bien de la Couronne, ou du moins, pour celui de vos enfants[1]. » Mais rien ne peut empêcher la publication du livre de Morton.

Le 16 juin, les Britanniques découvrent dans leurs librairies *Diana, Her True Story*. L'onde de choc est totale, à la hauteur de la gravité de ces confessions. Jamais un membre de la famille royale n'a jusqu'ici raconté avec des mots si durs, sans le moindre filtre, ses déboires sentimentaux, sa relation avec la reine, l'état de sa vie maritale ou bien encore son mal-être croissant. Jusqu'à ce jour de 1992, la maxime victorienne *Never explain never complain* – « Ne jamais se plaindre, ne jamais s'expliquer » – a régné sur les Windsor telle une loi inviolable. Contrairement à ce que veut faire croire Diana, elle est loin d'être innocente face à cet étalage impudique qui met en colère Elizabeth II et les siens.

La vérité finit toujours par exploser au grand jour. Diana n'a jamais rencontré Andrew Morton. Pour ne pas éveiller de soupçons sur la trahison envers la Couronne qu'elle s'apprêtait à accomplir, elle enregistrait ses confidences sulfureuses sur des cassettes audio envoyées par la suite à Morton. Le journaliste lui transmettait au préalable sa liste de questions sous le pseudonyme de « Noah ». Ce livre était de toute évidence une initiative de Diana, désireuse de mettre fin définitivement à sa relation avec le prince Charles, et plus largement avec la famille royale. Morton raconte avoir écouté pour la première fois les cassettes dans un relais routier. « Autour de moi, les gens mangeaient des œufs au bacon en bavardant. J'ai mis mon casque, enclenché le magnétophone et j'ai écouté Diana parler de sa boulimie, dont je ne savais

1. Pierrick Geais, *Prince William*, *op. cit.*

rien, de ses tentatives de suicide, d'une certaine Camilla Parker Bowles… C'était comme si j'entrais dans un univers parallèle, raconte-t-il. Je suis ressorti en pensant : "Ouah, qu'est-ce que je viens d'entendre là ?" […] C'était un flot incroyable de souffrance intime. De rage, de frustration, de colère… Ça vous submergeait[1]. »

Au moment de la sortie du livre, William est à Ludgrove. Depuis son pensionnat, il ne soupçonne rien des manigances de sa mère. Les révélations de la princesse sont reprises par tous les médias du pays. Gerald et Janet Barber souhaitent avant tout protéger le petit prince. Ils font interdire les magazines et journaux dans l'enceinte de l'établissement. Mais les élèves réussissent à faire entrer quelques exemplaires du *Sunday Times*. Les bruits de couloir sonnent tel un tapage assourdissant que le prince William ne peut éviter. Il perçoit ce livre comme une véritable trahison qu'il aura bien du mal à pardonner.

Le prince Philip va néanmoins tenter de sauver le couple formé par Charles et Diana. Le patriarche et son épouse se sont toujours interdit de s'immiscer dans la vie privée de leurs enfants, mais l'heure est grave, et cette mésentente a des conséquences constitutionnelles d'envergure. Le duc d'Édimbourg envoie à sa bru cinq lettres, entre juin et septembre 1992, qui vont toutes recevoir une réponse de la part de Diana. Les mots choisis par le prince piquent à vif le cœur blessé de la princesse. Il reconnaît parfaitement les torts de la famille régnante. Il admet, en tant qu'époux d'un Windsor, que l'adaptation au système peut paraître impossible. Les conseils princiers ne suffisent pas. Diana juge les lettres de son beau-père offensantes, son langage, piquant et insultant. L'intervention de Philip a finalement eu l'effet inverse de celui escompté, renforçant la conviction de Diana d'être une princesse mal comprise et mal-aimée.

1. Robert Lacey, *Guerre royale, mensonges et trahisons*, *op. cit.*

Ce livre est un coup de poignard à cette union princière qui avait tant fait rêver. L'inévitable finit par arriver. Le 9 décembre 1992, le Premier ministre John Major annonce aux députés de la Chambre des Communes la séparation officielle du couple héritier au trône britannique. « Le Palais de Buckingham annonce, avec regret, que le prince et la princesse de Galles ont décidé de se séparer. Leurs Altesses royales n'ont pas l'intention de divorcer et leurs positions constitutionnelles ne sont pas affectées. Cette décision a été prise à l'amiable et ils continueront tous deux à participer pleinement à l'éducation de leurs enfants. » La monarchie britannique se trouve confrontée à un véritable casse-tête. Comment un couple marié destiné à régner peut-il se séparer sans aucune conséquence constitutionnelle ? La situation est aussi inédite que burlesque.

Avant que ne soit rendue publique sa séparation avec le prince Charles, Diana se rend à Ludgrove. Voilà seulement trois mois que le prince Harry a fait ses premiers pas dans l'établissement. Elle demande aux deux frères de la rejoindre dans le bureau de Gerald Barber. En larmes, elle leur annonce la nouvelle qui chamboule l'esprit des garçons. William a déjà dix ans. Il est assez grand pour se rendre compte de la gravité de la situation. Si Harry éclate en sanglots, William reste stoïque, laissant simplement échapper : « J'espère que vous serez tous les deux heureux, maintenant[1]. » Lui d'ordinaire si studieux, l'annonce de sa mère a des conséquences sur ses résultats scolaires. Il cumule les mauvaises notes et cache sa dépression à ses camarades en s'enfermant dans une longue solitude. *Queen Mum* se rend compte de la mélancolie de son arrière-petit-fils. Elle l'accueille souvent avec son frère dans ses résidences de Birkhall en Écosse, ou de Royal Lodge à Windsor. Auprès de la vieille dame,

1. Katie Nicholl, *William in Love*, *op. cit.*

William et Harry se changent les idées. 1992 aura vraiment été l'*annus horribilis* du prince William, selon les propres mots de sa grand-mère, utilisés pour qualifier cette année charnière de son existence. Le couple de Galles n'est pas le seul à mettre fin à sa relation cette année-là. Le prince Andrew et Fergie sont également sujets à de vives polémiques qui ont raison de leur mariage. La duchesse d'York est photographiée en train de se faire sucer les orteils par son amant du moment au bord d'une piscine. Les clichés envahissent les bureaux de presse avant que les ducs d'York se séparent, en mars. Le mois suivant, la princesse Anne divorce de Mark Phillips suite à des infidélités réciproques. En décembre, l'incendie dévastateur du château de Windsor met un point final à cette année pour la souveraine de soixante-six ans.

1992 achevée, l'année qui commence ne s'annonce pas reluisante. Le 17 janvier 1993, William et Harry rentrent de Ludgrove pour passer le week-end à Highgrove. Deux semaines se sont écoulées depuis la rentrée de Noël. Comme à leur habitude, ils feuillettent les pages des magazines du jour. Parmi les titres, William s'arrête sur le *Sun*. Stupéfait, il découvre les détails d'une conversation houleuse tenue quelques années plus tôt par son père et sa maîtresse. Après le tsunami Diana, le Camillagate ravage le paysage médiatique de la monarchie.

Six minutes d'enregistrements retranscrits en mille cinq cent soixante-quatorze mots sont à découvrir d'abord parmi les pages du magazine australien *New Idea*, avant que toute la presse de Grande-Bretagne ne les reprenne. Le choc est total lorsque les Britanniques découvrent que leur futur roi aimerait vivre dans le pantalon de sa maîtresse, quitte à se transformer en tampon hygiénique. Les moqueries vont bon train. Charles est publiquement humilié, faisant ouvertement honte à ses parents.

Cette conversation téléphonique a été enregistrée illégalement en 1989. Les tabloïds britanniques n'hésitent pas un seul instant à comparer cette écoute au scandale du Watergate. En 1973, les écoutes téléphoniques clandestines de l'administration Nixon ont fini par lui coûter sa place à la Maison-Blanche. Mais qu'en est-il du statut de prince de Galles de Charles ? Doit-il lui aussi abandonner sa position suite à ce scandale sans précédent ? C'est en tout cas l'avis d'un grand nombre de Britanniques. La presse lance des appels outranciers qui visent à inciter Charles à abandonner ses droits à l'hérédité du trône au profit de son fils aîné. Si une régence doit être proclamée, la princesse Anne serait en position de l'assurer. Le nom de William est même avancé comme nouveau prince de Galles à la place de son père. Ce scandale décrédibilise le prince Charles et réjouit la princesse Diana. Après tout, n'a-t-elle pas prophétisé quelques mois plus tôt : « William régnera bien plus tôt que les gens ne le pensent[1] » ?

Père des champs, mère des villes

Dans ce cahot infernal, Charles garde la tête haute et se concentre sur ses fils. Malgré tout, il n'a aucunement l'intention de quitter ses fonctions. William et Harry souffrent de cette situation. S'ils passent la semaine au pensionnat, ils se rendent un week-end sur deux auprès de leur père ou de leur mère. Les princes enfants ont besoin de douceur, ce que la vie tumultueuse de leurs parents ne permet plus. Pour les accompagner dans leurs expériences de préadolescents, Charles choisit une nouvelle gouvernante. Alexandra Legge-Bourke, dite Tiggy, est une amie proche du prince de Galles. Ils partagent une passion pour la chasse et la pêche, un véritable amour de la campagne anglaise et un goût prononcé pour un style de vie *so british.* Tiggy n'est pas une

1. Andrew Morton, *Diana*, *op. cit.*

inconnue des Windsor. Sa mère a été dame d'honneur de la princesse Anne. Avant de fonder sa propre école maternelle, elle a suivi une formation d'institutrice à l'école Montessori de Londres. Ce détail n'échappe pas à Charles qui croit en cette méthode pédagogique novatrice basée sur la volonté d'aider l'enfant à se construire, à devenir autonome et gagner confiance en lui. Face aux difficultés, William a l'habitude de se renfermer sur lui-même, se réfugiant dans une coquille invisible censée le protéger des horreurs du monde. La présence de Tiggy le rassure, et grâce à elle, il réussit à sortir de cette introversion inhabituelle.

Particulièrement aimante et attentive, Tiggy devient très vite indispensable à William et Harry. Elle comprend ces enfants en manque de stabilité. « Je leur donne ce dont ils ont le plus besoin à ce stade, dit-elle, de l'air pur, un fusil et un cheval[1]. » Elle leur donne une raquette de tennis et du pop-corn au cinéma. Face à l'épreuve de la séparation, Tiggy est une épaule sur laquelle les frères peuvent s'appuyer, une oreille à qui se confier, et une main tendue pour les plaisirs simples. Elle n'hésite pas à visiter les garçons dans leur pensionnat sans en avertir le prince Charles. Seize ans séparent William et sa jeune *nanny*. Le prince la considère comme une grande sœur présente, attentionnée et dévouée. Quels que soient leurs besoins, William et Harry savent qu'ils peuvent compter sur cette *nanny* au grand cœur. Une nouvelle fois, la jalousie excessive de la princesse Diana ne tarde pas à s'abattre sur la jeune femme.

Diana ne tolère toujours pas qu'une autre femme bénéficie de la confiance entière de ses fils. À peine engagée, Tiggy est victime de la méchanceté d'une princesse mal dans sa peau. Un jour d'octobre 1993, elle l'invite à une soirée de fin d'année donnée en l'honneur des employés de la maison. Cette invitation a un goût amer de vengeance.

1. Joanny Moulin, *Elizabeth II. Une reine dans l'histoire*, Paris, Flammarion, 2012.

Diana l'accuse publiquement d'être la maîtresse du prince Charles. Pire encore, elle lui glisse subtilement cette réplique : « Je suis désolée que vous ayez perdu le bébé. » La princesse jure devant la centaine d'invités qu'elle a avorté d'un enfant, fruit de cet adultère. Effondrée, Tiggy quitte précipitamment les lieux et envoie rapidement par le biais de son avocat une lettre à Diana qui exprime le dégoût qu'elle ressent face à son horrible comportement. Cette lettre remplie de colère atterrit sur le bureau de la reine. Elizabeth II découvre la perversité des actes dont est capable sa belle-fille. L'objectif de Diana est, comme toujours, d'atteindre le cœur de son époux tout en ternissant son image publique. La séparation n'arrange pas leur situation. Elle ouvre aussi la porte à une nouvelle vie pour les Galles.

Ne pouvant vivre avec leurs parents réunis sans conflit, William et Harry s'habituent à un mode de vie où chaque week-end n'est que mascarade. Charles et Diana se réunissent seulement pour sauver les apparences aux yeux innocents de leurs enfants. Highgrove et Kensington, papa et maman, deux camps se forment pour s'affronter à coups de provocations. Les deux parents présentent bien des différences. Tout les oppose, ou presque. Seuls ces deux êtres chers à leurs cœurs les lient à jamais, quelle que soit l'issue de cette situation devenue invivable. Le fils d'Elizabeth II est un homme réfléchi, philosophe et délicat. Diana est une jeune aristocrate énergique, citadine et sybarite. Quand Charles se veut passionné par les œuvres de Richard Wagner, Diana préfère écouter les derniers tubes du groupe Queen ou du chanteur Elton John. L'opéra, et plus largement la musique classique, transporte l'âme du prince. La musique pop a quant à elle toute l'attention de la princesse. La lecture des grands philosophes permet au prince de Galles de penser le monde de demain. Diana préfère incontestablement occuper son temps libre à la lecture des romans à l'eau de rose de Barbara Cartland ou des derniers scoops des tabloïds. Charles adore laisser son esprit s'échapper en jardinant ou en peignant l'une de ses sublimes aquarelles. Diana passe davantage de temps dans le bruit infernal de la capitale. Shopping et soirées festives en compagnie des plus grandes stars de l'époque sont les principales occupations londoniennes de la princesse.

Face à des parents si différents, William et Harry sont perdus. Chacun s'adonne à des activités permettant à leurs fils de découvrir leurs propres univers. Les deux frères sont désormais des adolescents. Dans un premier temps, le jardinage, la pêche et la chasse proposés par leur père les ennuient bien vite. Ils montrent un plus grand intérêt à suivre leur mère dans la frénésie de la ville. Diana veut contenter tous les désirs de ses fils. Elle les emmène déguster un burger dans un restaurant McDonald's proche du palais de Buckingham. Elle les conduit dans les plus grands parcs d'attractions du monde comme Thorpe Park dans le Surrey. Elle les accompagne au théâtre, à des concerts ou au cinéma. La stratégie de Diana semble fonctionner. Le prince Harry lui-même, à travers les pages de ses mémoires, se souvient : « Willy et moi nous sommes joints à elle lors d'une conversation avec Christy Turlington, Claudia Schiffer et Cindy Crawford. Très perturbant. Surtout pour deux garçons timides aux portes de la puberté[1]. » La mère des deux garçons exauce leur souhait de rencontrer les mannequins stars du moment dont les posters s'affichent indubitablement sur les murs de leurs chambres. Au bras de Lady Di, tout n'est qu'amusement, mais pas seulement.

Mal à l'aise dans sa peau d'Altesse royale, Diana se crée sa propre identité. Elle met toute son énergie au service des plus démunis. Princesse de Galles, Lady Di

1. Prince Harry, *Le Suppléant*, Paris, Fayard, 2023.

devient aussi la princesse des enfants, des malades, des victimes d'abus et des sans-abri. Visiter les hôpitaux, les centres d'accueil pour sans domicile fixe et les orphelinats lui permet de s'épanouir humainement. Elle devient l'incarnation vivante de la femme généreuse, libre de ses pensées et de ses actes, utile à la société et tournée vers son prochain. L'empathie et la compassion dont elle fait preuve lui valent l'admiration du monde. En 1987, elle a d'ailleurs été l'une des premières personnalités à s'engager dans la lutte contre le sida. « Les malades du sida ont besoin d'être embrassés, comme tout le monde », s'exclame-t-elle. Grâce à un simple toucher, elle réussit à changer l'image de ces victimes d'un nouveau virus mortel et effrayant. Diana est une princesse engagée qui souhaite transmettre son amour pour l'Homme à ses enfants.

En 1995, Diana emmène William et Harry dans un centre pour sans-abri. Le Passage est l'une des plus importantes structures londoniennes dédiées aux plus pauvres. Les princes découvrent la fragilité et la précarité de ces individus en écoutant leurs malheurs et en leur offrant des paroles réconfortantes. L'année suivante, ils sont conduits par leur mère à l'hôpital de Berwick Street où ils discutent de leurs chanteurs et de leurs sports favoris avec quelques pensionnaires. À seulement neuf ans, accompagné de sa mère, Will rend visite au gouverneur du Royal Ballet atteint du sida. Jamais il n'oubliera la manière dont Diana a réconforté cette célébrité de l'opéra mourante. William se forme pour affronter la noirceur de notre monde. En accompagnant la princesse Diana dans ses engagements sociaux, il se voit dorénavant doté d'une profonde humanité qui va faire partie intégrante de sa personnalité.

D'une certaine manière, Charles partage l'avis de Diana sur l'éveil de son fils aîné quant aux difficultés de notre société. Écologiste convaincu, il familiarise son fils à la beauté de la nature. L'importance de la sauvegarde de la faune et de la flore n'a pas de prix à ses yeux. Lui qui se bat depuis quasiment deux décennies contre le réchauffement climatique met aussi toute son énergie pour sauvegarder certaines espèces en voie d'extinction. Entre les murs de son domaine de Highgrove, il laisse s'exprimer sa propre personnalité. En restant lui-même, Charles s'attire toute l'admiration de son fils aîné. Davantage que Harry, William se montre particulièrement sensible à ces questions. Les garçons finissent par apprécier davantage la quiétude de Highgrove à la frénésie de la vie de leur mère. « Le prince fait vraiment tout ce qu'il peut pour ne pas entrer dans le jeu de sa femme. Il estime que ses enfants sentent l'amour qu'il leur porte, et que c'est de paix et de stabilité qu'ils ont le plus besoin[1]. »

Le prince de Galles est particulièrement proche de ses fils. « Ils sont toujours ensemble, tous les trois, quand ils viennent ici, et Charles est vraiment bien avec les enfants, se confie l'un des proches du prince au journaliste James Whitaker. Plus comme un grand frère que comme un père. On l'entend sans arrêt leur apprendre des choses… Il leur apprend à connaître la nature, leur décrit et leur explique tout ce qui les entoure. Il est d'une patience incroyable[2]. » Le fils d'Elizabeth II fait souvent preuve d'humour et sait faire rire ses deux bambins. L'autodérision est certainement l'une de ses plus grandes qualités. Avec William et Harry, il met ses talents à profit pour leur permettre de passer un temps agréable en sa compagnie.

Le vaste domaine de Highgrove est propice aux parties de cache-cache dans les écuries, les promenades à dos de poney ou encore les courses de minikart. Les nombreux animaux qui peuplent la ferme biologique de Charles ravissent leur curiosité. Lapins, cochons d'Inde et autres

---

1. Colin Campbell, *Lady Diana*, *op. cit.*

2. James Whitaker, *Diana contre Charles. La fin d'un conte de fées*, Paris, Oliver Orban, 1993.

vaches sont régulièrement nourris de leurs petites mains délicates. William se sent bien dans cet univers réconfortant de simplicité. À Highgrove, Balmoral et Sandringham, le jeune homme s'épanouit dans un monde où la campagne est reine. Pour les fêtes de Noël 1993, Diana leur propose de la rejoindre dans les Caraïbes. Au plus grand étonnement maternel, Will et Harry refusent. Ils préfèrent passer cette fête familiale auprès de leur père. Le prince William est un vrai Windsor. Il en est conscient, les palais royaux et la campagne britannique forment un cadre parfait pour grandir en toute sécurité. La sérénité du mode de vie bourgeois de la famille royale est propice à l'épanouissement d'un futur monarque.

Charles, la reconquête ratée

Une équipe de télévision a rendez-vous à Highgrove un matin du mois de mai 1994. Le prince Charles doit être à l'aise. La sécurité qu'offre sa propriété du Gloucestershire est jugée parfaitement adéquate. Il s'apprête à se livrer au micro d'un journaliste pour une interview confession, particulièrement inhabituelle pour cet homme pudique et réservé. Il s'est toujours juré de ne pas entrer dans le jeu des provocations médiatiques auxquelles s'est livrée son épouse. Seulement, après la publication du livre d'Andrew Morton et le scandale du Camillagate, Charles pense qu'il est grand temps pour lui de contre-attaquer. En tant que futur roi, il ne peut demeurer longtemps un Windsor abhorré et incompris. Pour cette opération de communication inédite pour un membre de la famille royale, il accorde toute sa confiance à Jonathan Dimbleby.

Ce journaliste n'est pas un inconnu du grand public. Présentateur vedette de la télévision anglaise, il travaille pour la BBC et ITV. Reporter politique pour l'une des chaînes les plus loyales à la monarchie, Dimbleby est un choix logique pour le prince Charles. L'interview qu'il lui accorde est préparée plusieurs semaines à l'avance. L'époux de Diana hésite longtemps. Pour redorer son blason, doit-il faire preuve d'une profonde sincérité, ou taire certains détails de sa vie conjugale ? Le désaccord sur cette question règne même au sein de son équipe de conseillers. Finalement, Charles choisit la première option.

L'interview fait partie d'un documentaire intitulé *Charles: The Private Man, the Public Role*. Diffusé le 29 juin 1994 sur ITV, il est particulièrement suivi par des Britanniques avides de détails sur la vie privée du fils d'Elizabeth II. Aussi inédite que soit cette interview confession, l'arrivée de caméras dans le quotidien des Windsor n'est pas une première. Sobrement intitulé *Royal Family*, le documentaire diffusé en 1969 levait le voile sur la vie, la personnalité et les habitudes de la reine. Chaque membre de la famille régnante a participé à ce projet au but bien précis. Au prix de la désacralisation de sa personne, Elizabeth II avait accepté l'impensable pour moderniser l'institution qu'elle représentait, tout en espérant galvaniser sa popularité. Médusés, les Britanniques garderont longtemps le souvenir de leur reine dînant avec son époux et ses deux aînés, emmenant ses deux cadets chercher des bonbons dans une boutique ou riant pendant que Philip et Anne font cuire des saucisses sur un barbecue. Finalement, la souveraine n'est plus certaine du bien-fondé de ce documentaire. Elle a pris conscience qu'une partie du mythe qui l'entoure s'est effritée cette année-là, permettant ainsi aux Sex Pistols de se moquer ouvertement de sa personne en 1977 avec une reprise rock de *God Save the Queen*. Elizabeth II fait finalement interdire la diffusion du film, condamnant ses bobines à la poussière des archives.

Assis confortablement dans un fauteuil de velours rouge, Charles répond aux questions de Jonathan Dimbleby. Avec cette initiative télévisuelle, il souhaite avant tout raconter sa propre histoire. Face aux caméras, le prince est tantôt nerveux et agité, tantôt détendu et rieur, tantôt sérieux. Il évoque de nombreux sujets : l'architecture, la médecine naturelle, l'écologie, ses habitudes, son inquiétude quant à la pression médiatique que subissent ses fils... Tout y passe, sans oublier ses secrets les mieux gardés.

— Avez-vous essayé d'être fidèle et honorable envers votre femme lorsque vous avez prononcé vos vœux de mariage ? demande Dimbleby.

— Oui, absolument.

— Et vous l'avez été ?

— Oui, jusqu'à ce que le mariage soit irrémédiablement rompu, après avoir tous deux essayé de le faire fonctionner, répond finalement Charles[1].

Les rumeurs répandues depuis de nombreuses années par les médias étaient donc vraies. Charles et Camilla sont officiellement amants du point de vue des Anglais. Cette courte réplique provoque la colère des téléspectateurs. La diffusion de ce documentaire retourne l'opinion contre le prince de Galles. L'interview est un véritable échec. Diana est une nouvelle fois triomphante. L'image d'une épouse trompée et délaissée, victime d'un système qu'elle n'a pas souhaité, lui colle désormais à la peau.

La biographie publiée en octobre n'arrange en rien la vision qu'ont les Britanniques du prince Charles. *The Prince of Wales: A Biography* est aussi l'œuvre de Jonathan Dimbleby. Elle reste à ce jour la seule biographie autorisée de l'héritier du trône. Dans les pages de cet épais ouvrage, Charles admet qu'il a recommencé à fréquenter Camilla à partir de 1986. Cette année-là, les princes de Galles étaient certains que leur mariage n'était aucunement viable. Avant cette date, il est demeuré fidèle à sa belle épouse, avouant avoir été amoureux de Diana les premières années de leur

1. Retranscription par l'auteur d'une partie de l'interview du prince Charles à Jonathan Dimbleby.

mariage. De cet amour des premiers jours, Lady Di n'a jamais douté. Elle est consciente qu'elle ne peut l'attaquer sur ce point. « Charles m'aimait lui aussi, je n'en ai jamais douté, confie-t-elle à Ingrid Seward. Et cela fait beaucoup de mal à nos garçons d'entendre certaines personnes dire que mon époux et moi n'avons jamais éprouvé d'amour l'un pour l'autre. Le problème, c'était justement tous ces gens autour de nous. Ils ne nous ont pas laissé la moindre chance de réussir notre mariage[1]. »

Le présentateur auteur britannique va plus loin dans sa biographie. Il dévoile les manipulations de Diana pour guerroyer contre Charles. Les Britanniques découvrent ainsi que la princesse n'hésitait pas à organiser des activités importantes, dont l'ajournement était impossible, lorsque les enfants auraient dû être auprès de leur père. L'exemple le plus flagrant est raconté par Isabelle Rivère. La première visite officielle du prince William au pays de Galles en 1991 a été organisée par Diana, sans en avertir le prince Charles. Le père de famille ne voulait pas rater ce moment important dans la vie de son fils. Pour pouvoir l'accompagner, il s'est retrouvé dans l'obligation d'annuler des engagements prévus ce même jour. Diana a mis toutes les chances de son côté pour attirer la lumière des projecteurs sur ses qualités de mère dévouée et responsable, capable d'initier seule son fils à ses obligations. Pour l'heure, William est un adolescent qui doit se préparer à entrer dans l'une des plus prestigieuses Public School.

1. Ingrid Seward, *The Queen & Di*, Londres, HarperCollins Publishers, 2000.

6

Eton, refuge d'un adolescent

21 juin 1995, le prince William fête son treizième anniversaire. L'adolescent est en âge de quitter Ludgrove pour poursuivre sa scolarité ailleurs. Voilà cinq ans que le fils du prince Charles a fait son entrée dans cet établissement qui lui a permis d'éveiller en lui une véritable prise de conscience. Le jeune homme est devenu un prince épanoui, attentif et droit. En cette veille de rentrée scolaire, quelle *public school* aura le privilège de compter dans ses rangs l'héritier en second au trône britannique ? Se pose encore cette éternelle question du choix idéal quant à une école convenable, capable de lui inculquer les valeurs indispensables à son statut, et de bénéficier d'une éducation quasi « normale » chère à la princesse Diana.

Pour être accepté dans l'une de ces écoles extrêmement sélectives, William doit passer des examens d'entrée. Véritables concours, ils permettent de sélectionner les meilleurs. Avoir les poches bien pleines ne suffit pas à être accepté. L'intelligence est la meilleure des vertus pour ces jeunes hommes promis à un brillant avenir. Nous sommes le 2 juillet 1995 lorsque Will reçoit ses résultats : il est accepté au collège d'Eton. Commence alors pour lui une nouvelle étape de sa vie de prince en formation qu'il a bien l'intention de réussir, tout en profitant des plaisirs qu'elle peut offrir.

Fabrique à gentlemen

La famille de Galles est réunie ce 6 septembre 1995 pour accompagner un prince William, tout sourire, jusqu'à l'entrée principale d'Eton. Portant des vestes de costume rayées, Will et Harry posent fièrement devant les photographes venus en nombre immortaliser la rentrée scolaire de l'aîné dans l'un des meilleurs collèges du royaume. Bien qu'officiellement séparés depuis trois ans, Charles et Diana mettent leur rancœur de côté pour le plus grand bonheur de leur fils. Il n'imaginait pas cette journée importante dans sa vie sans la présence de ses deux parents. La joie de William se lit sur son visage. Heureux de pouvoir réunir publiquement ses parents, le prince est aussi fier de son parcours scolaire sans fausse note.

La sécurité du petit-fils d'Elizabeth II a été la priorité du Palais. Il est nécessaire de lui permettre de suivre pleinement sa scolarité sans craindre pour sa vie. Comme dans les précédents établissements qu'il a fréquentés, quelques travaux ont été effectués avant son arrivée. Fenêtres blindées et système d'alarme performant assurent qu'aucune malveillance ne puisse passer le portail d'entrée d'Eton. Par-dessus tout, pour permettre à William de profiter pleinement de sa vie de collégien, Buckingham s'est assuré qu'il ne sera pas pourchassé par les paparazzis avides des moindres faits et gestes des Windsor. Dès le mois d'août, Lord Wakeham, président de la Press Complaints Commission – organe de régulation des médias britanniques –, ordonne aux médias de laisser le prince William vivre paisiblement son existence d'etonien. Les médias font mine de ne pas considérer ces exigences. Dès le lendemain de sa rentrée, la chaîne de télévision Sky diffuse un documentaire intitulé *William. La formation d'un roi*. L'émission dévoile aux téléspectateurs les raisons qui ont poussé le prince et la princesse de Galles à choisir Eton, tout en détaillant ses futures journées et le cursus qu'il suivra. Cette entorse à la règle restera cependant une exception.

Le choix d'Eton n'était pourtant pas une évidence pour un membre de la famille royale. Le prince Philip avait instauré chez les Windsor une tradition qu'il espérait perpétuer avec la nouvelle génération. Le mari de la reine avait été l'un des premiers élèves de Gordonstoun. Ce pensionnat écossais mettait en application des principes éducatifs rigides où la discipline se mêlait à un mode de vie spartiate. Philip vouait un véritable culte à cette école qui lui avait permis de construire son imposante personnalité. Il y avait ensuite envoyé ses trois fils pour leur permettre d'être imprégnés de ces valeurs qui lui sont chères. Charles était sorti de son expérience à Gordonstoun traumatisé. Les douches froides, les activités physiques, les dortoirs ouverts aux quatre vents formaient un quotidien trop dur pour ce prince rêveur et mélancolique. Pour le prince de Galles, cet établissement a été une « prison » dont il rêvait de pouvoir s'échapper. Désormais père de famille, Charles ne souhaite pas projeter ses expériences douloureuses sur les jeunes années de son fils. Pourtant, Peter et Zara Phillips, les enfants de la princesse Anne, poursuivent l'héritage familial en entrant dans l'établissement, respectivement en 1990 et 1994. Contre l'avis du duc d'Édimbourg, le prince Charles décide de ne pas envoyer William rejoindre ses cousins à Gordonstoun.

Du côté des Spencer, le pensionnat écossais est inconnu. Une autre école a gagné les faveurs de cette famille aristocratique illustre. Le père et le frère cadet de la princesse Diana, John et Charles Spencer, ont tous deux été scolarisés au sein du collège d'Eton. Situé face à la petite ville de Windsor, à deux pas du château royal tant apprécié de la reine Elizabeth, Eton a bien des avantages pour permettre au prince William de s'épanouir en son sein. Avant Gordonstoun, plusieurs Windsor ont aussi foulé le sol de l'établissement. Les cousins de Gloucester et de Kent d'Elizabeth II ont été formés entre ces murs anciens. Frederick Windsor, fils du prince Michael de Kent, a fait son entrée dans ce collège réputé trois ans avant l'arrivée du prince William. Il va rapidement s'imposer comme un guide de choix pour ce jeune homme qui doit s'accoutumer au fonctionnement unique de l'école.

Fondé en 1440 par le roi Henry VI, Eton est avant tout l'école de l'aristocratie. Entre ses murs, ont été formés bien des rejetons affublés de titres de noblesse destinés à servir la Couronne. Henry VI était un monarque particulièrement attentif à l'éducation. Il a poursuivi la politique de mécénat architectural lancée par son père Henry V. Sous son règne, certaines des institutions éducatives les plus remarquables d'Angleterre sont sorties de terre. Le King's College de l'université de Cambridge, All Souls College de l'université d'Oxford et Eton College font figure de joyaux de l'architecture et du système social anglais. Plusieurs éminents personnages de l'histoire britannique ont poussé la porte d'Eton, fleuron des *public schools*. Une vingtaine de Premiers ministres comptent parmi les anciens élèves, tels que Robert Walpole et William Gladstone, ou plus récemment Boris Johnson et David Cameron. Des écrivains comme George Orwell et Ian Fleming et d'importants aristocrates tels que le premier duc de Wellington et le comte de Snowdon ont également précédé le prince William sur les bancs d'Eton. Enfin, quelques membres de familles royales européennes comme le roi Léopold III de Belgique et le prince héritier Alexandre de Yougoslavie ont choisi cette prestigieuse institution pour leurs études à l'étranger. Au moment de l'arrivée de William, la réputation d'Eton n'est plus à faire.

Au prix de 35 000 livres sterling l'année scolaire, Eton est un établissement qui s'adresse à une certaine catégorie de la population britannique. Sa réputation est telle qu'il est indispensable d'inscrire son enfant dès sa naissance sur la liste des potentiels futurs élèves, bien qu'il faille passer des examens d'entrée par la suite. Aussi grotesque cette inscription puisse-t-elle être, elle augmente les chances d'un garçon d'entrer à

Eton. À son arrivée, Will découvre un univers particulier, ponctué de traditions ancestrales qui font la différence dans le système éducatif de Grande-Bretagne. En arrivant dans la cour centrale, le prince apprend bien vite qu'il est strictement interdit de contourner par la droite la statue d'Henry VI qui trône majestueusement en son centre. Lorsqu'ils croisent des responsables de l'internat, les élèves ont l'obligation de les saluer par un index levé à hauteur d'un couvre-chef invisible. L'uniforme des élèves a évolué avec le temps mais il demeure une véritable institution, constitué d'un frac dont la queue-de-pie ne laisse personne indifférent, d'un pantalon noir ou gris en fonction des années, et d'un gilet. Auparavant, le célèbre col Eton était de rigueur. Il s'agissait d'un col large et très rigide qui rendait le costume inconfortable. Les seules évolutions possibles sont cadrées par l'expérience et le rôle de chacun.

Véritable microcosme, le collège dispose de son propre jargon que seul un véritable etonien peut comprendre. Si les mille trois cents élèves sont nommés les *boys* – garçons –, les professeurs sont affublés du sobriquet *beaks* – becs. Les nouveaux élèves disposent du ridicule surnom « F-tit ». Si le sport a une grande place dans le quotidien des élèves, il en est un qui se distingue particulièrement. Eton peut se targuer de disposer de ses propres sports. Le *field game* mêle le football au rugby ; quant au *wall game*, ses règles ne sont connues uniquement que des etoniens. Avec un brin d'arrogance, chaque collégien montre son appartenance à l'école. Par un dialecte particulier, des sports uniques et des traditions symboliques, l'établissement affiche sa différence comme une véritable fierté nationale. Discipline, camaraderie et respect dictent le comportement de chacun.

« Nous décidons ensemble de la façon dont nos enfants doivent être élevés, confie le prince Charles lors de son interview filmée pour le documentaire *Charles: The Private*

Man, the Public Role. Et je prête une attention toute particulière à leur adolescence. J'attends de mes fils qu'ils soient sensibles à autrui. » Pour le prince de Galles, Eton est l'endroit idéal pour achever l'éducation de l'adolescent en respectant les principes qu'il s'est fixés. En arrivant dans l'enceinte du temple de la bonne société britannique, William s'installe à Manor House, l'une des vingt-quatre maisons qui hébergent les pensionnaires.

Dans cette résidence située le long de Common Lane, le jeune homme occupe une chambre de dix mètres carrés composée d'un lit en fer, d'une armoire, d'une table et d'une lampe, le tout agrémenté de quelques plantes vertes et d'un ordinateur. Si chaque etonien dispose de sa propre chambre, tous les élèves doivent partager quelques parties communes. La cuisine et la salle de bains sont utilisées par les onze élèves qui partagent le même étage que William. Privilège princier, seul le petit-fils de la reine dispose de son propre cabinet de toilette. À Manor House, il reste sous bonne garde. Au bout de son couloir, s'installent Trevor Bettles et Graham Crackers, ses deux gardes du corps, qui le suivent discrètement mais constamment. Il sait que, quel que soit le problème auquel il fera face, il peut compter sur ces soldats d'élite qui ont toute sa confiance depuis ses années à Ludgrove. Les onze étudiants sont sous l'autorité d'Andrew Gailey. Miss Heathcote est quant à elle chargée de la bonne tenue de l'étage et des chambres. Bénéficiant de ses propres quartiers, William est autorisé à les décorer comme bon lui semble. Les figures de Cindy Crawford ou encore de Naomi Campbell le surveillent sur d'imposants posters accrochés au-dessus de son lit. Les idoles du prince sont celles d'un adolescent en pleine liberté. Quelques jours avant sa rentrée, il a d'ailleurs eu la chance de les rencontrer lors d'un thé organisé par sa mère au palais de Kensington.

Les premiers jours à Eton sont difficiles pour William. Au cours des trois premières semaines, la télévision et la radio sont proscrites. Seules les revues sont autorisées pour permettre aux collégiens de rester informés de l'actualité. William doit surtout s'adapter aux nombreuses règles qui régissent le quotidien de chacun. Si son statut ne l'exempte pas du respect de ces codes de bonne conduite, il n'en reste pas moins un prince aux habitudes royales.

Un etonien discret mais populaire

À Manor House, aucun privilège n'est accordé aux pensionnaires. Chaque résident est prié de garder sa chambre propre. Les frais de scolarité ne comprennent pas un service de ménage. Pour William, ce détail est un grand changement. Habitué à la vie de palais, il enfile pourtant ses gants en caoutchouc et frotte ses sanitaires, fait la poussière, passe la serpillière. Miss Heathcote frappe chaque jour à sa porte et vérifie, comme pour n'importe quel élève, la propreté de ses quartiers. Un etonien se doit d'être impeccablement vêtu, il en va de la réputation de l'école, et chaque élève doit repasser ses vêtements. Malgré ces tâches ménagères qu'il partage avec ses camarades, William demeure un prince célèbre qui ne passe pas inaperçu dans les couloirs d'Eton.

Les premières semaines, Will n'a qu'une chose en tête : se fondre dans la masse pour se consacrer à ses études. L'établissement permet de choisir plusieurs options pour élargir les connaissances de chacun. Comme matières principales, le jeune homme suit des cours d'anglais, de latin, de français, d'espagnol, de géographie, d'histoire, de religion, de mathématiques, de chimie, de biologie et de physique. Il est désormais en âge de commencer à se former quant à son futur statut de chef de l'Église d'Angleterre. Loin de se contenter de ces matières, il opte aussi pour des cours de musique, d'art, de design, de gymnastique, de cuisine et de mécanique. William veut-il reprendre le flambeau de sa grand-mère qui fut mécanicienne pendant la Seconde Guerre mondiale et qui ne rechigne jamais à préparer elle-même les pique-niques organisés à Balmoral ? En tout cas, le fils de la citadine Diana montre des aptitudes étonnantes pour un prince amoureux de la vie bourgeoise.

Le prince veut mener une vie étudiante normale qui fait fi de sa position exceptionnelle dans la société britannique. Mais les Unes des tabloïds viennent lui rappeler régulièrement la vie désastreuse qui l'attend à chaque retour au palais de Kensington ou dans le domaine paternel de Highgrove. Les frasques parentales font la joie de ses camarades friands, comme tous Britanniques de cette époque, des moindres détails de la guerre des Galles. Les moqueries à son encontre vont bon train. William se renferme, marchant tête baissée et rasant les murs des corridors de l'école. Le collégien est heureux malgré tout. En faisant abstraction des railleries de ses confrères etoniens, il réussit à échapper à l'enfer des disputes incessantes entre ses parents. Eton ne permet à ses pensionnaires de rentrer à la maison qu'une fois par trimestre. Cette distance avec les batailles signées Charles ou Diana sont bénéfiques pour sa santé mentale.

William grandit. À Eton naît une confiance en lui-même qui ne le quittera plus. Son entourage lui permet de se forger sa propre personnalité. Son meilleur ami, Guy Pelly, qui le suit depuis ses années à Ludgrove, est à ses côtés à Eton. Les visages familiers rassurent le jeune homme. Il finit par se créer une nouvelle bande d'amis qui le comprennent et oublient bien souvent sa condition de petit-fils de la reine. À leurs côtés, il s'épanouit et quitte progressivement sa bulle protectrice.

S'éveille alors un élève populaire, à la hauteur de l'estime dont a bénéficié son grand-père sur les bancs de Gordonstoun soixante ans plus tôt. Être prince ne suffit pas à se faire aimer de ses camarades. *A contrario*, l'humanité du jeune homme y est pour beaucoup. William dispose d'une étonnante capacité à aller à la rencontre de son prochain, s'intéressant à la vie de chacun. Aussi réservé qu'il soit, il aime aussi s'amuser en étant bien entouré. Rieur, travailleur et sportif, William semble être le prince parfait que la Couronne attendait. Sa popularité grandit avec le temps, au point qu'il rafle les distinctions briguées par bon nombre d'étudiants.

En juin 1999, William est d'abord fait préfet par ses camarades après une séance de bizutage dont les etoniens ont le secret. Pantalon arraché, aspersion de mousse à raser… Le ridicule amuse ces adolescents qui ont fait de ces plaisanteries un rite de passage. Devenu préfet, Will est officiellement reconnu comme l'un des élèves les plus mûrs, les plus populaires et les plus responsables de sa promotion. Être intronisé préfet permet de gagner son ticket d'entrée à la prestigieuse Eton Society. Surnommée Pop, elle fait figure de club pour les vingt plus importants élèves de l'établissement. Depuis 1811, date de sa création, un grand nombre d'étudiants se sont succédé en son sein. Mais devenir Popper n'apporte pas uniquement la renommée. Ces collégiens doivent aussi maintenir la discipline et l'obéissance au sein de l'école. En plus de cela, ils obtiennent le privilège de personnaliser le sacro-saint uniforme d'Eton. Chaque membre du club a la possibilité de choisir un gilet aux couleurs flamboyantes. William en choisit un flanqué de l'Union Jack et agrémenté de l'expression « *Groovy Baby* » – « Bébé génial » –, tirée des films déjantés d'Austin Powers. Parmi les membres éminents de l'Eton Society, un nom demeure célèbre. Eddie Redmayne est aujourd'hui un acteur multirécompensé, connu pour son rôle de magicien dans la saga des *Animaux fantastiques* ou encore pour son interprétation de Stephen Hawkins dans *Une merveilleuse histoire du temps*. Mais avant de devenir l'une des stars du septième art, Redmayne a été l'un des disciples de l'Eton Society, au moment même où William y a fait son entrée. Quelques années plus tard, il s'est souvenu de son ancienne amitié avec le prince dans une interview accordée au *Daily Mail*. « Je me suis toujours senti un peu désolé pour lui parce que tout le monde voulait plaquer le futur roi d'Angleterre. Il prenait tous les coups, raconte-t-il alors qu'ils jouaient tous deux dans l'équipe de rugby locale des Colts B. »

La même année, le prince reçoit l'épée d'honneur d'Eton. William est extrêmement fier de cette distinction qui lui permet d'opter pour un service volontaire communautaire et social. Aux yeux du fils de Diana, l'aide octroyée à son prochain a bien plus de valeur qu'une appartenance à un groupe de privilégiés au sein d'une école élitiste. Humble, Will n'apprécie pas les distinctions qui le hissent encore plus haut que son statut ne le permet déjà. Mais avec cette épée, il peut rendre visite à des personnes âgées ou handicapées, ou encore aider des élèves en difficulté. Bref, William aime se rendre utile à sa communauté. Avec cet honneur, il peut également entrer au service de l'armée. Le prince amoureux de la chose militaire s'en fait une immense joie. Il ne tarde pas à opter pour un entraînement une fois par semaine au maniement d'armes à feu de faible calibre au sein du centre de tirs de l'établissement. C'est à cette époque qu'il se rend compte du mode de vie des soldats entre les murs des camps militaires. Deux semaines par an, ces élèves munis de la fameuse épée sont envoyés dans l'un de ces camps pour recevoir un entraînement plus intensif.

Les dimanches avec Granny

Un dimanche de 1996, William reçoit un appel dans sa chambre d'Eton. Étonné, il décroche et entend la voix rassurante de « Gan-Gan », comme il aimait la surnommer, enfant. Après avoir assisté à l'office dans l'imposante chapelle gothique de l'établissement, il traverse la Tamise et part rejoindre sa royale grand-maman au château de Windsor. La reine lui a proposé de venir déjeuner auprès d'elle et du prince Philip. Elizabeth II ne déroge jamais aux règles qui forment son quotidien. Lors des semaines ordinaires, elle aime passer ses week-ends dans sa résidence favorite qui l'a protégée des bombardements nazis dans les années 1940. Depuis la fenêtre de son bureau, elle profite d'une incroyable vue sur son domaine qui donne aussi sur le collège d'Eton. Fière de la scolarité exemplaire de son petit-fils, elle souhaite aussi créer avec lui une relation de confiance. Ce dimanche-là, Elizabeth donne naissance aux après-midi formateurs de William.

À quatorze ans, le second héritier de la Couronne doit prendre conscience de ses futures responsabilités. Il le sait, un jour, il sera roi. Son destin est tout tracé. Pour autant, avant d'embrasser cet avenir royal, il est temps pour lui de commencer une réelle formation auprès de la plus illustre représentante de la plus prestigieuse institution du pays.

Elizabeth II a été une mère peu présente. Devenue reine à seulement vingt-cinq ans, elle a dû mettre de côté ses obligations de maman pour consacrer son existence à ses devoirs de souveraine. Cette absence, bien que compréhensible et justifiée, a eu des conséquences sur les jeunes années du prince Charles. Manquant cruellement d'affection, il ne comprenait pas cette vie menée loin d'une mère devenue le symbole d'une nation. Elle qui devait terminer sa formation de monarque auprès de ses Premiers ministres tels que Winston Churchill a très peu consacré son temps à former son premier héritier. Elizabeth a fini par comprendre ses erreurs maternelles. Dorénavant âgée de soixante-dix ans, elle n'a pas l'intention d'abandonner sa dernière chance de voir lui succéder un roi à la hauteur de ses attentes. Au cours du temps, Charles est devenu un prince influent qui travaille corps et âme en soutenant les causes lui tenant à cœur. Il a fini par échapper à sa mère en se forgeant sa propre vision de son rôle à jouer dans l'institution. La reine en est convaincue, Charles ne sera jamais un monarque qui se contentera de représenter son royaume en respectant à la lettre les règles constitutionnelles qui font de la monarchie britannique une exception européenne. Avec William,

Elizabeth II souhaite tenter à nouveau sa chance de donner vie au parfait héritier que le trône attend.

Avant toute chose, la reine veut connaître son petit-fils. Quelles sont ses envies, ses passions, ses habitudes, ses aptitudes ? Autant de questions qui taraudent son esprit et lui permettront de le cerner avant de commencer toute leçon. Chaque dimanche, elle l'invite à déjeuner avec le duc d'Édimbourg. Eton n'est pas un cloître qui enferme des moines élèves. Les etoniens ont la possibilité de sortir de l'établissement le dimanche après-midi. Elizabeth a connaissance de cette règle. Elle connaît bien les traditions de cette école. En 1938, elle a reçu des cours d'histoire constitutionnelle par Sir Henry Marten, vice-proviseur de l'établissement. Une fois le repas terminé, le prince Philip s'éclipse. Il laisse son épouse seule avec William, qui la conduit dans la *oak room* pour boire un thé accompagné de sandwichs. Le prince lui raconte avec enthousiasme ses péripéties de la semaine. L'adolescent est une porte ouverte vers la modernité pour cette souveraine née en 1926. Il l'initie aux nouveautés technologiques et lui confie ses difficultés de jeune homme. Elizabeth est attentive à son petit-fils. Plus qu'une oreille, elle est une voix perspicace, tolérante et compréhensive pour ce garçon. Les déjeuners et thés du dimanche laissent émerger un guide royal pour un prince au devenir dicté par sa naissance. Ces rendez-vous sont précieux. La reine raconte à son descendant ses journées rythmées par de nombreuses obligations. Elle lui dévoile aussi le programme de sa semaine à venir. Autant de détails qui lui permettent de lui glisser de temps à autre quelques conseils bienvenus. Il est évident que le prince William ne trouvera pas une infinie tendresse en se tournant vers la reine septuagénaire. Elizabeth II a été élevée en partie par son austère grand-mère, la reine Mary de Teck, qui lui a inculqué la retenue en toutes circonstances. C'est de ses manières rigides et sévères qu'elle s'inspire pour ces rendez-vous aussi symboliques qu'essentiels.

Les deux complices se trouvent finalement de nombreux points communs. Chacun est parfaitement conscient du rôle qu'il a à jouer dans l'institution monarchique, ainsi que des devoirs qui lui incombent. Chacun est aussi particulièrement admiratif de la chose militaire. Elizabeth II est cheffe des armées et apprécie le rythme du tambour militaire qui dicte les marches de ses soldats. Les uniformes de ses régiments ont bien entendu toute son attention. William souhaite très tôt servir sa reine par les armes. En bref, ils sont tous deux habités par un patriotisme aigu. Ils sont également de grands amoureux de la chose équestre. William boit les paroles de sa grand-mère qui lui transmet ses nombreuses connaissances sur ce sujet. L'amour de la campagne et l'humilité sont autant d'avantages pour leur permettre de mener une vie saine de corps et d'esprit. Leur tempérament économe va de pair avec le mode de vie campagnard qu'ils aiment mener. En somme, leurs personnalités stables et consciencieuses, leurs goûts des choses simples de l'existence et leur attachement aux traditions du Royaume-Uni en font des individus parfaitement programmés pour régner.

Tous ces points communs sont le fruit d'un long travail d'Elizabeth II, mené au cours de ces rendez-vous hebdomadaires pour réussir à faire de son petit-fils son digne héritier. Les lettres WC – pour Windsor Castle – font désormais partie de l'agenda du prince. En pleine tempête familiale, ces *sunday Granny* sauvent l'existence et la santé de William. La souveraine souhaite qu'il s'épanouisse et profite de ses jeunes années. Sous l'impulsion des princes de Galles, elle lui accorde le droit de représenter la Couronne périodiquement jusqu'à ce qu'il fête ses vingt-quatre ans. Cette grande première vient en totale opposition avec la tradition qui veut que les princes du Royaume-Uni occupent quotidiennement leur rang dès leur majorité. Elizabeth et

William deviennent rapidement complices, au point qu'on voit la reine traverser la Tamise en février 1998 pour se rendre à Eton assister à une représentation de *La Tempête* de Shakespeare, où le prince tient un rôle. À Eton, William a trouvé sa place. Il se sent à son aise, tout en étant en mesure d'accueillir son jeune frère dans cet univers si particulier.

Un allier pour Harry

En 1997, Harry est un enfant traumatisé par des années de conflits conjugaux entre ses parents. William a eu la chance de fuir le plus souvent possible l'atmosphère toxique qui régnait au sein du foyer familial. Les pensionnats ont été de parfaites échappatoires à la discorde parentale pour lui permettre de grandir un peu plus sereinement. Le fils cadet des Galles n'a pas eu cette opportunité. La mélancolie de ce garçon se fait ressentir dans ses résultats scolaires. Contrairement à son frère aîné, Harry présente bien des difficultés à suivre les cours qui lui sont enseignés. Ses résultats scolaires ne sont pas bons. Il faut sauver les apparences. « S'il ne va pas là-bas, tout le monde pensera qu'il est idiot[1]. » Diana connaît les difficultés de son fils cadet. Charles s'est lui aussi résigné à oublier Eton pour Harry. Pour une fois, les deux parents tombent d'accord sur ce point. Mais William insiste : il est certain qu'avoir son frère à ses côtés lui permettra de se développer paisiblement. Pour éviter à Harry un retard au sein de cet établissement exigeant, ses parents lui font redoubler sa dernière année à Ludgrove.

Marchant sur les pas de son frère, Harry fait sa rentrée à Eton à l'automne 1998. William se serait fait un devoir de l'aider à s'intégrer dans cette société scolaire, l'invitant à se joindre à son groupe d'amis fidèles et loyaux. Mais très vite, les deux frères évoluent séparément. Ce constat est ouvertement confirmé par le prince Harry dans ses mémoires, et bien plus encore. « Willy m'avait donné pour instruction de

1. Robert Lacey, *Guerre royale, mensonges et trahisons*, *op. cit.*

faire comme si on ne se connaissait pas, explique-t-il. [...] Ces deux dernières années, Eton avait été son sanctuaire. Pas de petit frère pour lui coller aux basques, le harceler de questions, s'incruster dans son entourage. Il était en train de forger sa propre vie, et il n'était pas disposé à y renoncer[1]. » Le deuxième fils de Charles et Diana botte en touche. Il réfute sans état d'âme toute aide apportée par son frère. Après tout, William s'est construit son propre univers loin du chaos familial. L'arrivée de son frère pourrait être perçue comme une attaque contre la quiétude d'Eton, cet établissement qui a reconnu en lui un véritable leader, capable d'influencer ses camarades. William est très attaché à Eton et n'a pas l'intention de réduire à néant ce monde qui paraît créé pour lui. Face aux difficultés de son frère, William fait constamment bloc avec lui. Protéger l'image de son frère, la sienne et celle de la famille régnante a toujours été le principal but de l'adolescent.

Quoi qu'il en soit, Harry n'est pas William. Extraverti, il souhaite avant toute chose profiter de tous les plaisirs que sa vie d'étudiant peut lui offrir. Les cours ? Très peu pour lui. Harry est un sportif qui excelle au cricket, au rugby, au ski, en équitation et au Wall Game. Le prince Charles finit par apprendre que son fils a fumé et a consommé de la marijuana. Il n'est pas non plus le dernier à vider les bouteilles de whisky lors de rassemblements clandestins avec sa bande de fêtards. Passant de bar en bar à travers les rues de la ville d'Eton, Harry goûte à une vie étudiante précoce. Aussi prématurée que soit cette consommation d'alcool pour un garçon de quinze ans, elle peut être excusée par la figure paternelle. Mais la consommation de drogue l'est beaucoup moins. Charles l'aurait conduit en unité de désintoxication pour qu'il y fasse la connaissance de vrais toxicomanes. L'objectif est de lui faire ouvrir les yeux sur les dangers de cette substance désastreuse. L'intimidation ne fonctionne pas

1. Prince Harry, *Le Suppléant*, *op. cit.*

sur « Hash Harry » – surnom octroyé par ses camarades et gagné grâce aux épais nuages qui émanent de sa chambre. Le prince va faire porter le chapeau de sa consommation de drogues à ses camarades de l'époque, décrivant un comportement mécanique à la hauteur de l'inconscience de ses amis. Les rumeurs sur « Harry le junkie » commencent à circuler dans la presse à scandale du royaume, notamment parmi les pages du *Sunday Times* et de *News of the World*.

La provocation devient la signature favorite de ce prince en manque de popularité qui a oublié volontiers que son frère peut être un allié dans sa scolarité. Pour se faire aimer, suivons les plus mauvais élèves : telle est la règle que s'impose le jeune Harry. Il va jusqu'à se faire raser la tête par l'un de ses camarades. Finissant par se rendre compte de la monumentale bêtise qu'il vient d'accomplir, il court jusqu'à la chambre de William pour lui présenter sa dernière lubie, tout en espérant du réconfort avant de subir les foudres paternelles. « Au lieu de quoi il a rigolé comme les autres. Je le revois, assis à son bureau, plongé dans un manuel, ricanant tandis que je palpais les reliefs de mon crâne à moitié chauve[1]. » Mais qu'attend-il de ce grand frère qui doit éviter tout débordement pour ne pas entacher l'image de la monarchie qu'il sera amené à diriger ? Quelle aurait dû être sa réaction, si ce n'est lui confirmer la stupidité de ses actes ? William savait que le sort en était jeté pour Harry : il sera dorénavant perçu comme « l'idiot de la famille ».

Harry partage bien des points communs avec la personnalité de sa mère. Déjà en manque de reconnaissance, il a entendu les plaintes de sa mère tout au long de sa jeune vie. Désormais adolescent, il se les est appropriés pour devenir le nouvel enfant rebelle des Windsor. Mais l'explication de son désastreux comportement ne réside pas uniquement sur un héritage maternel caché. Les heures sombres de la famille de Galles sont sur le point de sonner.

---

1. Prince Harry, *Le Suppléant*, *op. cit.*

7
La colère d'un prince

« Comme beaucoup d'autres familles, nous avons vécu des jours difficiles cette année, annonce la reine dans son discours de Noël 1992 qui prend fin. Les prières, la compréhension et la sympathie que tant d'entre vous nous ont témoignées, dans les bons comme dans les mauvais moments, nous ont apporté un grand soutien et nous ont encouragés. J'ai été profondément touchée par le fait que la plupart de ces témoignages provenaient de ceux d'entre vous qui ont eux-mêmes connu des difficultés. [...] 1993 apportera certainement de nouveaux défis, mais décidons de les relever avec un nouvel espoir dans nos cœurs. Il n'existe pas de formule magique pour transformer le chagrin en bonheur, l'intolérance en compassion ou la guerre en paix, mais l'inspiration peut changer le comportement humain. [...] Ma famille et moi-même, à l'approche d'une nouvelle année, puiserons dans cette foi la force de nous engager à votre service dans les années à venir. »

Comme chaque année, les fêtes de Noël sont propices à un discours royal qui fait figure d'exception. Son originalité se place dans le caractère personnel de ce discours radiodiffusé jusqu'en 1957, avant d'être retransmis en direct sur les télévisions de tout le Commonwealth. La reine n'a jamais manqué à cette tradition née sous le règne de son grand-père, George V. Les mots prononcés par la souveraine à l'intention de tous ses peuples sont les seuls à ne pas passer sous le contrôle du gouvernement. Elizabeth II est libre de délivrer le message qu'elle souhaite. En cette année 1992, l'émotion est particulièrement présente durant les cinq minutes de discours.

Elizabeth II met un point final à une année catastrophique pour la monarchie. En plus des séparations de trois de ses enfants, son si cher château de Windsor a été victime d'un incendie spectaculaire en novembre. Une grande partie des appartements d'État a été détruite. La reine a toujours été particulièrement attachée à cette splendide résidence royale considérée aujourd'hui comme le plus grand château habité au monde. On l'a vue déambuler, personnellement touchée, dans les cendres encore fumantes de son palais, les œuvres inestimables posées à même les pelouses, le visage fermé. L'émotion de la reine était à la hauteur de l'effroyable constat des destructions occasionnées par l'incendie. La reine a ensuite été confrontée au désamour rare et brutal de son peuple. La question du financement des réparations de ce château dévasté appartenant à la Couronne a fait débat. Les Britanniques se sont opposés à payer la restauration d'un monument dont seuls les membres de la famille royale peuvent jouir. Elizabeth II a mis fin à la polémique en acceptant de payer des impôts sur le revenu ainsi qu'une grande partie des travaux sur sa cassette personnelle. Elle a même accepté d'ouvrir au public chaque été le palais de Buckingham et le château de Windsor pour aider à leur financement.

Après une telle année, la reine est dévastée et place son espoir, en ces fêtes de Noël, en un avenir plus radieux. Sa famille, comme elle-même, ne sort pas indemne de l'*annus horribilis*. Mais 1992 ouvre le chapitre d'une décennie noire pour le règne élisabéthain. Trois ans plus tard, les Windsor vivront un nouveau rebondissement aux terribles conséquences.

Amour, déception et trahison

Dimanche 19 novembre 1995, une BMW de couleur bleu marine se gare devant Manor House. Une jeune femme à la silhouette élancée et à la chevelure blonde descend du véhicule avant de passer la porte d'entrée principale de la résidence. La princesse Diana rend visite à son fils. Le visage fermé, elle se dirige vers le jeune homme qui l'attend de pied ferme sur le trottoir. Depuis le début de la matinée, la BBC ne cesse de diffuser une bande-annonce qui préfigure la diffusion d'une interview choc. Andrew Gailey, écrivain et responsable de la maison, a été mis au courant de la diffusion de cet entretien la veille. Par deux fois, il a tenté de joindre la princesse pour la convaincre de venir parler à William. Gailey veut éviter tout désagrément à son protégé. Lors de leur première conversation, Diana a refusé la proposition de l'homme de lettres. Elle redoutait d'être confrontée au désespoir de William, mais elle n'avait pas le choix. Pour éviter tout malentendu et tenter de se justifier avant l'heure fatidique de la diffusion, elle devait se rendre auprès de lui et le préparer à l'inéluctable. L'épouse du prince Charles s'apprête à dévoiler au monde sa propre vérité sur sa position d'Altesse royale. Elle affirme à son fils que cette interview le rendra fier. William n'a pas la même vision des choses. Il a déjà compris le tsunami médiatique qui l'attend avec cet entretien à l'ampleur inédite. Pointant son objectif en direction de la maison, le photographe Mark Saunders surprend la scène : « Il avait l'air au bord des larmes. Finalement, il est parti sans lui dire au revoir, ni l'embrasser. Elle est remontée dans sa voiture et a démarré[1]. » La princesse de Galles est bouleversée. William a déjà refusé de l'embrasser en public par le passé. Comme tout adolescent de son âge, la présence maternelle peut paraître envahissante voire gênante. Mais cette fois-ci, la rancœur du prince est déjà visible. Il appréhende cette journée dont il pressent la pénibilité.

Le lendemain soir, Andrew Gailey met à sa disposition son bureau. Il le laisse s'isoler de ses camarades, échappant

1. Pierrick Geais, *Prince William*, *op. cit.*

ainsi aux railleries. Les télévisions étant interdites dans les chambres, les seuls postes disponibles sont celui du réfectoire et celui du bureau du responsable de Manor House. Il est 21 heures lorsque le générique de l'émission *Panorama* est lancé. Anxieux, William s'enfonce dans un sofa. Il écoute avec attention sa mère dévoiler au grand jour des détails qui d'ordinaire auraient dû être gardés secrets. Quand vient la fin de l'émission, Andrew Gailey retourne dans son bureau. Il découvre William sur le sofa, en larmes et recroquevillé sur lui-même. Calmé par les paroles réconfortantes de Gailey, le garçon retrouve ses esprits avant de monter le plus vite possible dans sa chambre. Il veut à tout prix éviter les regards de ses camarades rassemblés dans un salon pour regarder l'interview, comme des supporters aspirés par la frénésie d'un match. Le cœur de ces fils d'aristocrates et de riches hommes d'affaires va plutôt à la monarchie. William entend depuis sa chambre un lot d'insultes crié à la volée contre sa mère, coupable de crime de Lèse-Majesté aux yeux des etoniens.

Couché sur son lit, William se morfond. Son téléphone personnel ne cesse de sonner. Sa mère tente désespérément de le joindre. Elle connaît trop bien son fils. La réaction de William est à la hauteur des inquiétudes de sa mère. Elle tente de se justifier, de se faire pardonner, mais il est trop tôt pour l'enfant blessé. Il refuse tout contact avec Diana pendant une semaine. La mère possessive, aimante et dévouée est touchée au plus profond de son cœur. Aucune punition n'aurait été plus douloureuse que le silence de son enfant. Will avait fait sa rentrée à Eton deux mois plus tôt. L'événement est des plus dramatiques pour introduire le jeune homme dans un nouveau milieu scolaire.

Ce lundi 20 novembre, vingt millions de téléspectateurs regardent dans un silence quasi religieux le déballage impudique de la colère d'une princesse. Face à elle, se tient assis confortablement dans une chaise le journaliste

Martin Bashir. L'interview n'est pas diffusée en direct. Elle a été enregistrée quelques jours plus tôt dans l'un des salons de l'appartement du palais de Kensington qu'occupe la princesse de Galles. L'entretien a été organisé dans un secret absolu. Ni son secrétaire particulier ni même son attaché de presse n'ont été mis au parfum. Quand les domestiques remarquent le matériel installé, Diana évoque la préparation d'un shooting photo. Elle se maquille elle-même et choisit seule la tenue qu'elle porte devant les caméras. Moteur, ça tourne, action ! La communication autour de la détresse de Diana n'a jamais été aussi puissante qu'en cette fin d'automne 1995.

La tête penchée sur le côté et légèrement inclinée vers le bas, les yeux grands ouverts et levés en direction de son interlocuteur, le visage triste et mélancolique, Diana donne le la d'une chanson dramatique. La princesse affiche une mine comparable à celle d'un chien apeuré qui se sait coupable de bêtises et doit faire face aux réprimandes de son maître. Le message dévoilé par l'attitude de l'épouse du prince Charles est celui d'une femme blessée, sacrifiée sur l'autel de la monarchie. Pendant plus d'une heure, Diana confesse ses peines, ses états d'âme, la réalité de son mariage et de ses espérances pour l'avenir de ses enfants. Elle confirme rapidement les dires d'Andrew Morton trois ans plus tard : elle souffre d'anorexie et de boulimie. La dépression ronge sa santé depuis ce fameux jour de 1981 où elle a uni son destin à celui de l'héritier d'une institution quasi millénaire.

Camilla est l'un de ses sujets favoris. Pour attirer la compassion de son public, elle insiste sur la présence quotidienne de la maîtresse de son mari. « Nous étions trois dans ce mariage, il y avait un peu trop de monde. » La phrase est courte mais cinglante. L'attaque de la princesse contre sa rivale et son époux est lancée. Diana a de très grandes facultés pour trouver les mots pertinents, capables d'attirer instantanément les regards sur elle. Elle use amplement de ce don au cours de l'entretien. Cette réplique que le monde a retenue n'est pas celle qui a le plus dérangé William. Il n'a jamais rencontré Camilla, mais depuis la séparation de ses parents, il est au courant de la double vie menée par son père.

En octobre 1994, un livre sulfureux est paru sous la plume d'Anna Pasternak. *Princess in Love* raconte l'histoire d'amour supposée de Diana avec un certain James Hewitt. Quelques mois après sa retraite de capitaine des Life Guards, le fringant jeune homme révèle tous ses secrets à l'auteure. Il a rencontré la princesse lors d'une réception dans le quartier londonien de Mayfair en 1986. Il est alors devenu son professeur d'équitation ayant pour mission de faire disparaître la peur des chevaux de Diana. Au micro de Martin Bashir, la princesse de Galles n'hésite pas à confirmer les allégations de son ancien amant. « Oui, je l'adorais. Oui, j'étais amoureuse de lui. » William bondit de colère en entendant ces révélations. Le garçon a toujours été très proche du capitaine Hewitt. Pour lui, c'est l'homme qui lui a appris à monter à dos de poney et passait souvent du temps avec lui dans la nursery. Will se souvient de ces moments passés à jouer aux petits soldats ou à regarder un dessin animé de son choix. Hewitt était un ami, un confident, un adulte de confiance. Il se rend compte que pendant ces cinq années à fréquenter cet officier, l'homme a aussi et surtout été l'amant de maman. Le garçon est dévasté. Il vit cette confession comme une véritable trahison personnelle.

Diana est loin d'imaginer une telle réaction de son fils. Elle est persuadée, tout au long de l'interview, qu'il va la féliciter pour son courage. Et pour cause, elle a promu ouvertement son accession au trône après la mort de la reine. Elle a insinué une incapacité à régner de la part du prince Charles qui pousserait inévitablement à l'avènement du roi William V. « Je connais sa personnalité. Je pense qu'être roi lui apporterait d'énormes contraintes et je ne sais pas s'il pourrait s'y adapter. Mon souhait est que mon époux puisse trouver la tranquillité d'esprit, et de là découlent beaucoup d'autres choses. » William est stupéfait. Parfaitement conscient de sa position et des règles qui régissent la continuité de la monarchie, il n'envisage pas un seul instant de prendre la place de son père. Les mois suivants, il ne cesse d'affirmer à qui veut l'entendre qu'il ne veut pas devenir roi, un refus qui découle forcément des allégations d'une mère qui veut un avenir glorieux et rapide pour son fils. Aux yeux d'Elizabeth II, cette partie de l'interview est la goutte de trop dans le poison anti-Charles que propage sa belle-fille. La réaction royale ne va pas se faire attendre très longtemps.

La date de diffusion ne correspond pas à n'importe quel jour. Le 20 novembre 1948, Elizabeth a épousé le lieutenant Philip Mountbatten, né prince de Grèce et de Danemark. Quel merveilleux cadeau d'anniversaire de mariage offert par leur bru que cette interview… Pour ce jour si important dans leur vie, Elizabeth et Philip encaissent les provocations de Diana. La reine a été informée de sa diffusion le matin même. Comme lors de la parution de la biographie signée Andrew Morton, elle refuse d'apporter un quelconque changement à son agenda. Le midi, elle déjeune avec le roi Hussein de Jordanie. Le soir, elle assiste à un spectacle de variétés donné au *Dominion Theatre*. Son secrétaire Robert Fellowes attend, fébrile, son retour devant l'entrée du palais de Buckingham. Il lui fait un rapport détaillé des propos tenus par Diana dans l'émission *Panorama*. Elizabeth II reste stoïque, ne laissant deviner aucun sentiment de mécontentement ou de stupeur.

William retourne au palais de Kensington le soir du vendredi 24 novembre après avoir refusé de répondre aux appels incessants de sa mère une semaine durant. Furieux, il laisse s'exprimer sa colère envers cette mère capable de dévoiler tous les détails de ses sentiments et de leur vie privée pour sa satisfaction personnelle. Comment a-t-elle pu critiquer à ce point son père et mentionner sa relation avec Hewitt ? Dans l'esprit de William, l'incompréhension s'ajoute à la furie. Diana éclate en sanglots et tente de le prendre dans ses bras. Après l'avoir repoussée, il part dans sa chambre et refuse de la voir jusqu'au lendemain matin. La nuit est salvatrice pour le garçon meurtri. Il avait besoin d'exprimer la rage qu'il laissait bouillir en lui depuis plusieurs jours. L'amour l'emporte sur toute chose ; la tristesse de Diana l'emporte sur la colère princière. Dès son réveil, William part chez un fleuriste et revient, un bouquet à la main. Cadeau pour une réconciliation, ce bouquet enterre ce déplorable épisode. Plus jamais ils ne parleront ensemble de cette interview donnée à Martin Bashir.

De telles allégations publiques de la part d'une future reine consort ne sont pas sans conséquence. Elizabeth II prend son téléphone et demande conseil à son Premier ministre, John Major, et à l'archevêque de Canterbury, George Carey. La crise de l'interview à *Panorama* devient une affaire d'État qui doit être réglée au plus vite. C'en est fini des attaques médiatiques constantes des deux époux. En décembre 1995, la reine prend sa plume et écrit une lettre à chacun d'eux.

« Ma très chère Diana,

Ayant consulté le Premier ministre et l'archevêque de Canterbury, je suis arrivée à la conclusion que l'intérêt du pays serait le mieux servi s'il était mis fin à l'incertitude actuelle. Il est temps pour vous et mon fils d'entamer une procédure de divorce.

Avec toute mon affection,

Maman[1]. »

Pour la première fois de l'histoire, un futur roi entame des négociations en vue de divorcer de son épouse.

---

1. Sarah Bradford, *Diana*, Londres, Penguin-Vikings, 2006.

De nombreuses questions doivent être résolues avant que le divorce ne soit prononcé. La position constitutionnelle de la princesse, la question de la garde des enfants, les modalités financières, les titres et droits de Diana… Autant de problématiques qui rongent l'esprit des membres du conseil privé de la reine et du gouvernement. Le 15 février 1996, Charles et Diana sont convoqués par la reine pour discuter des modalités du divorce. Les conclusions sont particulièrement clémentes pour la princesse. Elle perd son prédicat d'Altesse royale mais conserve son titre de princesse de Galles. Elle peut aussi continuer à vivre dans son appartement du palais de Kensington. Elle reçoit des indemnités d'une valeur de dix-sept millions de livres sterling ainsi qu'une pension de quatre cent mille livres par an en tant que mère du futur roi. La garde des enfants est quant à elle partagée. William part aussitôt rassurer sa mère : « Ne t'inquiète pas, maman, je te rendrai un jour ton titre quand je serai roi. »

Le divorce de Charles et Diana est officiellement acté le 28 août 1996. Trois mois auparavant, le prince Andrew et son épouse Sarah ont eux aussi mis fin à leur mariage. Depuis leur séparation, les ducs d'York n'ont pas su raviver la flamme qui les animait, s'adonnant chacun à de multiples liaisons. La reine semble vivre au beau milieu d'une série télévisée dont scandales et trahisons rythment le cours de chaque épisode.

Diana part pour une virée aux États-Unis au début de l'année 1997. Le bruit court qu'elle aurait visité des appartements new-yorkais, notamment dans la Trump Tower. Va-t-elle s'installer de l'autre côté de l'Atlantique pour commencer une toute nouvelle vie ? La princesse veut changer de vie et en informe son fils. William lui suggère, au cours d'une discussion avec le chanteur Elton John au palais de Kensington, de vendre aux enchères certaines de ses plus belles robes pour reverser l'argent récolté à six associations caritatives qu'elle parraine et apprécie particulièrement. La vente a lieu à New York le 25 juin 1997. Soixante-dix-neuf robes, sélectionnées personnellement par Diana et William sont vendues et la princesse récolte plus de trois millions de dollars. Parmi ces pièces uniques, la robe noire dite « Travolta » qu'elle porta lors de sa danse mythique avec l'acteur à la Maison-Blanche dix ans plus tôt, part pour deux cent cinquante mille dollars. L'aplomb et la maturité de William étonnent plus d'un proche de la famille régnante.

Diana n'entend pas se retirer de la scène publique. Désormais divorcée, elle se pense affublée d'une liberté de ton et d'action nouvelle. Sa position d'épouse de l'héritier de la Couronne l'a empêchée d'agir à sa convenance. Qu'à cela ne tienne, la princesse libérée use de son influence médiatique pour soutenir et mettre en lumière des causes humanitaires qui lui sont chères. Le sida et la pauvreté la préoccupent particulièrement. En tant qu'ambassadrice de la Croix-Rouge, elle fait de l'Afrique sa terre de cœur. Elle se rend en Afrique du Sud en janvier 1997, où elle rencontre Nelson Mandela, puis en Angola. Dans ce pays ravagé par le fléau des mines antipersonnel, elle s'engage en risquant sa vie. Les journalistes sont présents en nombre pour immortaliser la marche de la princesse casquée et portant un gilet pare-balles sur un champ de mines. Les images font le tour du monde et glorifient le courage d'une princesse obstinée à donner vie à un monde meilleur. La princesse superstar devient un modèle de conduite qui écorne encore davantage l'image passive des Windsor face aux problèmes de notre société.

William ne supporte plus cette guerre de l'image que mènent ses parents depuis plus de trois ans. Le divorce officialisé, les critiques publiques de Charles et Diana n'en finissent pas. Ils mettent néanmoins de côté leur haine par amour pour leur fils le temps d'une journée. Le 9 mars 1997, il fait sa confirmation au château de Windsor. L'événement est le dernier à faire poser ensemble Charles et

Diana devant un photographe officiel. Will a bientôt quinze ans et décide d'intervenir pour mettre un point final à ce quotidien conflictuel. Le 4 juin, une fête de fin d'année est organisée à Eton. Plutôt que d'inviter ses parents, William préfère demander la présence réconfortante de sa *nanny* Tiggy. Le message est passé auprès de Charles et Diana. Si leurs insupportables conflits ne s'achèvent pas, aucun d'entre eux ne pourra être le témoin des grands rendez-vous de la vie de leur enfant. Quand il rentre à Kensington, Will trouve une nouvelle fois sa mère en pleurs. Elle connaît les cordes sensibles de son fils et use de chantage affectif pour le faire plier. Quant à Charles le pragmatique, il pense sa réaction adaptée à son âge. Quel adolescent digne de ce nom aimerait passer une soirée de fin d'année aux côtés de ses parents ? Pour l'heure, William n'en a pas fini avec les crises de larmes de sa mère.

Confidences maternelles pour adolescent malgré lui

Une fois divorcée, Diana est libre de mener sa vie sentimentale comme elle l'entend. Terminé les liaisons secrètes comme celle qu'elle a entreprise jusqu'en 1991 avec James Hewitt. La princesse de Galles se sent plus indépendante que jamais et accumule les liaisons sans lendemain.

Ils sont nombreux, les hommes qui bénéficient de l'attention et du désir de Diana depuis sa séparation du prince Charles. Will Carling est l'un d'entre eux. Cet athlète haut perché n'est autre que le capitaine de l'équipe d'Angleterre de rugby. Diana fréquentait le club de sport Harbour Club de Chelsea quand elle a rencontré le rugbyman de renom. Ce dernier est marié à la présentatrice Julia Carling. La star des plateaux de télévision finit par apprendre la liaison de son mari avec l'ex-épouse du prince Charles. Habitée par un esprit de vengeance, elle donne des interviews à *News of the World* et *Tatler*, le magazine mondain préféré de l'aristocratie britannique. Toute la bonne société anglaise se voit soudainement au courant de l'idylle entretenue par la princesse de Galles et le joueur de rugby. Diana accourt vers son téléphone pour s'en plaindre à son fils. Pour protéger la réputation de sa mère, il avoue à Piers Morgan, directeur du *Daily Mirror* : « J'ai une photo de Julia Carling comme cible de fléchettes[1]. » En quelques heures, toute la presse britannique reprend les mots du jeune prince. La messe est dite, Will le pitbull est là pour protéger sa mère de toute attaque.

Will Carling n'est pas le seul homme à convoler au bras de Diana. Elle tombe aussi amoureuse d'Oliver Hoare. Ce marchand d'art réputé de la capitale anglaise est marié à Diane de Waldner, une élégante aristocrate française. Le couple fait partie des intimes de la famille royale. Oliver fréquente de plus en plus la princesse. Cette assiduité donne naissance au doute dans l'esprit de Diane, d'autant qu'elle n'apprécie pas la princesse dont la réputation d'intenable séductrice la précède. La liaison entre Oliver et Diana est finalement avérée. Pour le faire venir en toute discrétion à Kensington, Diana lui faisait envoyer une voiture conduite par son maître d'hôtel Paul Burrell à l'arrière de laquelle il se dissimulait sous une couverture. L'aventure est aussi rocambolesque que comique. Quand son épouse a connaissance de son infidélité, Oliver prend peur et rompt avec la princesse pour sauver son mariage.

La réputation de Diana, mangeuse d'hommes, est faite. Le footballeur Gary Lineker va même jusqu'à avouer à la BBC : « Elle m'a invité à déjeuner, moi aussi. Mais pas question que j'y aille ! Cette femme, c'est les ennuis assurés[2]. » L'humiliation est publique. William ne peut rien cette

1. Anne-Élisabeth Moutet, *William et Harry. Dernière chance pour la Couronne*, Paris, Télémaque, 2017.

2. *Ibid.*

fois-ci pour sauver sa mère, mais reste présent pour elle. À chaque peine de cœur, Diana appelle son fils qui demeure pensionnaire d'Eton et lui raconte, les larmes aux yeux, à quel point les hommes sont décevants. Confident malgré lui, William a parfois du mal à écouter les jérémiades d'une mère qui se trouve une nouvelle fougue séductrice. Souvent gêné et préférant passer du temps avec ses amis, il coupe court aux conversations pour éviter tout détail dérangeant.

Son divorce a fait d'elle un véritable électron libre impossible à arrêter. Les Windsor craignent ses actes. Au sein de la famille royale, elle était quelque peu maîtrisable. Désormais détachée de toute obligation envers la Couronne, elle se sent investie d'une totale liberté qui lui permet d'agir à sa convenance. Et si Diana dévoilait à nouveau quelques détails croustillants qu'aime entendre la presse à scandale, qu'ils soient avérés ou non ? Elizabeth II et son clan n'osent songer à cette idée.

Le 27 août 1995, elle vient visiter l'époux d'une amie en convalescence au Royal Brompton Hospital. L'homme en question a subi une opération à cœur ouvert la veille. Alors qu'elle discute avec ses amis, un individu en blouse blanche entre dans la chambre. Il s'agit de Hasnat Khan, le chirurgien à l'origine de cette opération risquée mais réussie. Diana tombe instantanément sous le charme de ce grand Pakistanais moustachu. À première vue, leur histoire d'amour a de quoi étonner. Khan est loin d'être le type d'hommes auxquels est habituée la princesse. Sur le plan social, il n'est pas l'un des aristocrates mondains qui font partie de son entourage. Il n'est pas non plus un sportif accompli aux muscles saillants. Il est loin de ces officiers à la carrière brillante qui gravitent autour des Windsor. Sur le plan physique, Khan n'est ni musclé ni doté d'une incroyable beauté. Mais l'éternelle déçue du sexe fort a besoin de changement pour espérer voir naître une histoire d'amour durable. Ce médecin dégage un charme qui ne la laisse pas insensible. Surtout, il est un homme entièrement dévoué à son travail et à ses patients. Célibataire endurci, il vit dans un simple deux-pièces de Chelsea, consacrant quatre-vingts heures par semaine à soigner ses malades. Khan a le sens du devoir. En tant que médecin, il est aussi parfaitement capable de garder un secret enfermé dans les tiroirs de ses pensées. Ces deux qualités plaisent tout particulièrement à Diana qui voit en lui l'homme idéal.

Pas intéressé par une quelconque liaison dangereuse, Khan résiste d'abord aux avances de la princesse. Passent trois semaines durant lesquelles Diana cumule les visites inopinées à l'hôpital. À force de persistance, le chirurgien cède et l'invite à dîner un soir alors qu'elle l'attendait, accoudée sur la portière de sa voiture. Les premiers temps de leur relation se déroulent dans l'intimité de l'appartement de Hasnat Khan. « Je crois que j'ai rencontré mon M. Merveilleux. » Diana est profondément éprise de son nouveau *boyfriend*. Leur histoire est si sérieuse que le chirurgien l'emmène à deux reprises au Pakistan pour la présenter aux membres de sa famille. Diana se sent bien dans cet univers serein où l'amour familial règne en maître. La princesse n'imagine plus son existence sans son adorable médecin à ses côtés. Tous ses amis connaissent le secret de leur idylle et approuvent son choix. Elle est si apaisée à ses côtés qu'elle va même jusqu'à renouer un temps avec Charles. Les deux ex-époux trouvent enfin un terrain d'entente après avoir laissé le temps faire son travail réparateur. L'avenir de Diana semble enfin plus ensoleillé.

Sous le soleil de Saint-Tropez

La passion populaire pour la princesse trentenaire ne cesse de progresser avec le temps. Les tabloïds sont conscients du potentiel attractif de Diana. Quel que soit le sujet, la moindre couverture à l'effigie de Lady Di pousse les chiffres de vente à des hauteurs pharaoniques. La Dianamania est plus que jamais d'actualité depuis son divorce. « Je me suis souvenu de maman nous emmenant en voiture à un cours de tennis, raconte le prince Harry dans ses mémoires. Elle était au volant, Willy et moi sur la banquette arrière. Subitement, elle a pressé l'accélérateur. On fonçait dans les rues étroites, on grillait les feux rouges, on dérapait dans les virages. Comme Willy et moi étions sanglés sur nos sièges, on ne pouvait pas regarder par la vitre arrière, mais on se doutait bien de qui nous poursuivait. Des paparazzis sur des motos et des scooters. [...] Je me suis rappelé les larmes qui coulaient sous ses grosses lunettes de soleil, et je me suis souvenu de Willy, pétrifié comme une statue, et je me suis rappelé les paparazzis qui continuaient de nous mitrailler, encore et encore[1]. » La vie de Diana devient progressivement un enfer. Seule ou accompagnée de ses enfants, la moindre sortie est prétexte à une chasse à la princesse dont seuls les paparazzis ont le secret. Diana perd de plus en plus souvent patience devant l'infernal harcèlement des photographes. En février 1996, elle emmène ses fils skier dans la station de Lech en Autriche. Toute la matinée, les journalistes ne cessent de scander leurs noms pour attirer leur attention en faisant crépiter leurs appareils. La colère de Diana finit par s'abattre sur eux. Alors que William et Harry profitent d'un déjeuner sur la terrasse d'un restaurant, elle part à leur rencontre, met sa main devant une caméra et leur demande d'arrêter de les poursuivre à chaque instant. Diana est victime de ce système de traçage médiatique outrancier, mais pas seulement... Toute sa vie de princesse, elle n'a cessé de jouer avec les photographes avides de son image glamour et magnétique, convoquant périodiquement cette meute qu'elle aime dénigrer, parfaitement consciente

1. Prince Harry, *Le Suppléant*, *op. cit.*

de l'intérêt qu'elle suscite de la part des médias. Ce jeu de « je t'aime, moi non plus » assure une couverture mondiale favorable à sa notoriété. Les tabloïds ont longtemps été une arme dont elle usa pour détruire l'image de son mari dans cette partie d'échecs qui les a occupés plus de cinq années. Aussi célèbre et adorée qu'elle soit, ce statut de star n'est pas dû au hasard. William et Harry n'ont jamais eu connaissance des manigances de leur mère, constatant seulement le harcèlement dont elle était victime. Mais cette fois, Diana est célibataire et entend qu'on la laisse vivre cette nouvelle facette de sa vie en paix. Trop tard, le mal est fait. Elle ne peut plus échapper à ces paparazzis qui gravitent autour d'elle comme des mouches tournent autour des yeux d'un cheval.

Hasnat Khan n'est pas dupe. Il sait vers quelle jeune femme ses sentiments se tournent. À la demande de son amant, Diana n'évoque jamais leur relation en public. À l'extérieur de l'appartement du médecin, de l'hôpital ou de Kensington, ils n'affichent en aucun cas la véritable nature de leur relation. Fait rare pour l'une des femmes les plus photographiées au monde, aucun cliché les représentant côte à côte n'existe. Diana veut malgré tout se rendre utile pour son dernier amour. Elle convoque la presse à un hôpital où elle assiste à une opération. Son objectif est d'attirer l'attention sur les conditions de travail éprouvantes qui règnent dans un hôpital. Personne ne sait alors que le chirurgien qui mène l'opération n'est autre que Hasnat Khan. En fonction de l'humeur de la princesse, les paparazzis sont tantôt repoussés voire fuis, tantôt utilisés pour promouvoir la cause qu'elle défend.

Mais Khan est un homme rempli d'humilité qui espère pouvoir jumeler son travail représentant tant pour lui à sa relation amoureuse, sans qu'aucun de ses faits et gestes ne soit la cible de photographes. La vie souhaitée par le chirurgien est un rêve impossible. Au terme de deux années de relation, Diana et Hasnat se séparent sans que personne en connaisse réellement la raison. William ne sait rien de l'histoire d'amour qui a lié sa mère au médecin pakistanais. Jusqu'au bout, Diana a gardé le secret sur cette relation en continuant à respecter les désirs de son cher et tendre.

Quelques semaines après sa rupture avec Hasnat Khan, Diana s'amourache d'un nouveau prétendant. Nous sommes en juillet 1997 lorsqu'elle décide de commencer une nouvelle histoire avec un certain Dodi Al-Fayed. Ce jeune producteur de cinéma fait partie de la jet-set londonienne que Diana aime fréquenter. Élégant, non sans charme, riche, il a tout pour plaire. Ce Don Juan n'est pas à son premier cœur brisé lorsqu'il rompt avec sa fiancée Kelly Fisher, une mannequin américaine à la carrière prometteuse, pour commencer son idylle avec Diana. Dodi est le fils du milliardaire égyptien Mohamed Al-Fayed. L'homme d'affaires a fait fortune dans les années 1960 grâce à sa compagnie maritime avant d'émigrer à Londres en 1974. Ambitieux et prétentieux, Mohamed fait ajouter le suffixe « Al » à son nom pour s'inventer des origines aristocratiques et s'assurer l'ouverture des portes des milieux les plus élitistes de Grande-Bretagne. Après avoir acheté l'hôtel Ritz à Paris en 1979, il devient copropriétaire de la compagnie House of Fraser qui dirige les célèbres magasins londoniens Harrods. Mohamed admire les Windsor. Il va jusqu'à louer la villa parisienne qui a accueilli l'ex-roi Edward VIII et Wallis Simpson pendant leur exil français, s'assurant d'un ameublement identique à celui qu'a connu le couple sulfureux.

Mohamed a du mal à cacher son enthousiasme en voyant son fils aîné au bras de l'une des plus belles et célèbres femmes du monde au pedigree aristocratique et princier. Diana veut rapidement présenter son « nouvel ami[1] » à

1. Prince Harry, *Le Suppléant*, *op. cit.*

ses fils. Dodi organise un voyage qui leur permettra de se retrouver en toute sécurité. William et son frère s'envolent le 11 juillet 1997 à bord du jet privé de Mohamed Al-Fayed pour atterrir à l'aéroport de Nice. Là, les attend une berline noire qui les emmène dans une villa trônant sur les hauteurs de Saint-Tropez. Cette somptueuse demeure aux murs roses éclatants appartient au père de Dodi. Le trio de Galles n'est pas seul entre ces murs. Dodi a également convié ses demi-frères et sœurs Camilla, Jasmine et Omar. Le sémillant producteur est anxieux, il a besoin d'avoir des visages familiers autour de lui. Ce jour-là, il fait la rencontre des enfants de sa dernière conquête.

Rien n'est laissé au hasard. Pour s'assurer l'attachement de Diana, Dodi veut à tout prix s'attacher la sympathie des deux frères. Il n'est pas leur ennemi et veut le leur prouver par tous les moyens. Pour l'aider, son père se veut généreux. En plus de la villa, Mohamed leur prête des jet-skis et son yacht flambant neuf d'une valeur de trente millions de dollars. À bord du *Jonikal*, les garçons plongent de bon cœur dans la mer sous un soleil de plomb. Ils jouissent aussi des sensations fortes qu'offre la vitesse des jet-skis. Ce séjour tropézien n'est que bonheur et volupté. Dodi a gagné son pari. « Il la ramenait un peu, c'est vrai. Mais, de fait, il était plutôt sympa, se souvient le prince Harry. Il avait offert un cadeau à Maman. Un bracelet en diamants. Apparemment, ça lui avait plu. Elle le portait souvent[1]. » Le nouveau *boyfriend* de Diana semble avoir fait bonne impression sur les garçons. « On s'amusait beaucoup, Diana et moi, raconte Camilla Al-Fayed, elle était magnifique, d'une gentillesse incroyable, et nous chouchoutait beaucoup[2]. » Entourée de ses fils et de son nouvel amant, voilà plusieurs années que la princesse ne s'est pas montrée aussi enthousiaste, habitée par une joie non dissimulée.

1. *Ibid.*

2. Katie Nicholl, *William in Love*, *op. cit.*

Mais Diana est à fleur de peau. Son cœur saigne encore suite à sa rupture avec son chirurgien tant aimé. Elle ne supporte plus la présence de ces journalistes qui frôlent l'insubordination et qui ont certainement une part non négligeable dans sa séparation avec Hasnat Khan. William est lui aussi très vite agacé d'être mitraillé au moment de ses sorties de la villa. Alors qu'il s'apprête à monter sur l'un des jet-skis, il est rattrapé par le crépitement des appareils photo. Agacé, il se réfugie sous le pont voisin, un endroit qui échappe à la surveillance des paparazzis. Furieuse, Diana enrage contre l'un d'entre eux, lui demandant de quitter les lieux au plus vite. William n'arrive pas à profiter de ses vacances. Le luxe tapageur du quotidien des Al-Fayed est loin de lui convenir. Il ne se reconnaît pas dans cet univers incompatible avec ses idéaux d'humilité et de simplicité. Diana se rend compte que son fils aîné est doté du caractère Windsor qu'elle réfute tant. Elle sent son fils lui échapper à mesure qu'il grandit. La maturité de l'adolescent lui permet de comprendre que le mode de vie aimé par sa mère n'est pas conforme avec cette normalité qu'elle a tant présentée.

Au terme d'un séjour de neuf jours, les deux frères rentrent en Angleterre retrouver leur père. La famille royale est sur le point de célébrer le quatre-vingt-dix-septième anniversaire de *Queen Mum* à Clarence House. La fête terminée, ils embarquent sur le *Britannia* pour une croisière dans les Hébrides avant de se rendre à Balmoral. Le célèbre yacht royal effectue sa dernière tournée écossaise avant d'être désarmé.

Pendant ce temps, Diana poursuit ses vacances idylliques. Dodi lui prépare une croisière de rêve en Méditerranée. Mais leur séjour est assombri par l'assassinat du styliste italien Gianni Versace le 15 juillet. Diana pleure son grand ami et se rend à Milan pour assister à ses funérailles une semaine plus tard. Aux côtés d'Elton John et de David

Furnish, la princesse a du mal à cacher sa peine. Aussitôt la cérémonie terminée, Diana part rejoindre son compagnon qui l'attend sur le *Jonikal*. Après un court retour à Londres, le couple repart pour la Sardaigne.

Le 10 août, une photo floue fait la pleine couverture du magazine *The Sun*. Les silhouettes de dos laissent deviner un tendre baiser. « The Kiss » dévoile au monde la dernière relation amoureuse de Diana. Quinze ans plus tard, l'auteur du cliché, Jason Fraser, révèle les dessous de cette photographie de mauvaise qualité qui a marqué toute une génération. « Ce qui s'est passé, c'est que Diana m'a appelé pour dire qu'elle allait sur un yacht avec Dodi. Bien qu'elle ait été vue avec lui deux semaines plus tôt, je ne savais pas qu'ils avaient une relation. Personne ne le savait. Elle m'a juste donné le nom du bateau et m'a dit qu'elle serait quelque part en Méditerranée, elle ne savait pas où[1]. » La relation complexe entre Diana et la presse se dévoile. Pour certains, ce cliché qui n'a rien de volé, a été organisé pour attiser la jalousie de Hasnat Khan. Pour d'autres, il s'agit d'une nouvelle polémique orchestrée par la princesse pour lui permettre de continuer à exister médiatiquement. Le buzz est efficace. En quelques heures, le monde entier connaît la nature des relations entre les deux individus.

Le yacht *Jonikal* prend ensuite la direction de Portofino avant de se diriger vers Monaco. Une fois l'ancre jetée dans le port monégasque, le couple monte à bord d'un jet privé qui se pose à l'aéroport parisien du Bourget.

---

1. Pierrick Geais, *Prince William*, *op. cit.*

8

Nuit terrible à Balmoral

Napoléon III fut un empereur en quête de reconnaissance. Pour promouvoir la grandeur de son jeune empire, il ne recula devant rien pour faire grandir le rayonnement culturel de la France. Sous son règne, s'implantèrent les expositions universelles dans l'Hexagone. Il reprit le modèle de ces expositions à grande ampleur initié de l'autre côté de la Manche. Comme invité d'honneur, l'empereur choisit bien évidemment le couple à l'origine de cette idée vouée à perdurer. La reine Victoria et le prince Albert furent reçus en 1855 à Paris. Cette visite d'État était la première à être effectuée par un souverain britannique dans la capitale française. Victoria était accompagnée de ses deux aînés qui participèrent aux plus importantes étapes du programme. Visite de l'Hôtel de Ville, recueillement devant le tombeau de Napoléon Ier, réception aux Tuileries, dîner au château de Versailles… Tout était fait pour émerveiller le couple royal et ses enfants. La capitale n'était pas encore la ville lumière qu'elle est aujourd'hui mais elle tint toutes ses promesses. L'enchantement de la jeune reine galvanisa l'entente franco-britannique. Cette visite fit naître une francophilie durable au sein de la famille régnante de Grande-Bretagne.

Edward VII est le digne successeur de sa mère. Avant de monter sur le trône à soixante ans, il a eu une première vie faite de plaisirs. En tant que prince de Galles, il a fait de Paris l'antre de sa vie mondaine et débridée. Une fois devenu roi, Edward VII s'est démarqué profondément de sa francophilie exacerbée. Il a continué à marcher sur les pas de sa mère Victoria en se rendant également dans le sud de la France. En 1904, il a signé l'Entente cordiale qui a mis un terme à plusieurs siècles de rivalités entre ces deux nations.

Paris compte bien des témoignages de cette amitié franco-anglaise. L'avenue George-V, la place Edward-VII, la villa Windsor, autant de lieux parisiens attachés à des figures royales venues des îles britanniques. La reine Elizabeth II a été reçue à deux reprises avec tous les honneurs par la République avant que Charles et Diana ne la représentent lors d'une visite officielle en 1988. Neuf ans plus tard, c'est une princesse divorcée et libérée de ses devoirs d'Altesse royale qui traverse les rues de la capitale française.

Paris, 31 août 1997

Avant de mettre un terme à leur croisière idyllique, Dodi insiste pour faire une halte parisienne. La plus belle ville du monde est le lieu idéal pour mettre un point final à ce voyage enchanté sur un imposant yacht. Le couple pose ses valises à l'hôtel particulier des Al-Fayed situé rue Arsène-Houssaye le samedi 30 août 1997. L'après-midi est consacré aux boutiques. D'ici deux semaines, Harry va fêter ses treize ans. Diana veut faire plaisir à son fils. Elle profite de cette journée ensoleillée pour partir en quête de la console de jeux qu'il ne cesse de quémander. Ses achats terminés, Diana part rejoindre son compagnon. Ensemble, ils visitent secrètement la villa Windsor. Cette élégante demeure située au cœur du bois de Boulogne a vu les derniers jours des ducs de Windsor. Elle est désormais la propriété de la ville de Paris, à qui Mohamed Al-Fayed a signé un bail. Une heure leur suffit pour faire le tour de cette grande maison à la décoration raffinée. Selon Bertil Scali[1], Mohamed a un projet bien précis. Telle une revanche sur l'histoire, la princesse de Galles et son compagnon doivent s'installer en ces lieux qui ont abrité les dernières excentricités de l'oncle tant décrié d'Elizabeth II. L'hôtel particulier semble plaire à Diana. Pour mieux se projeter, le couple a l'intention de déjeuner dans la salle à manger dès le lendemain. Pour l'heure, ils retournent se reposer rue Arsène-Houssaye.

Arrivée dans ses appartements, Diana se réfugie dans sa chambre. Avant de partir dîner, elle téléphone à ses enfants qui sont à Balmoral en Écosse. La mère aimante veut certainement leur dire à quel point ils lui manquent et combien elle a hâte de les retrouver. « Elle avait appelé en début de soirée [...], mais j'étais en train de chahuter avec Willy et mes cousins, et je n'avais pas envie d'arrêter, raconte le prince Harry. Alors j'avais coupé court à la discussion. Impatient de repartir jouer et courir dans tous les sens, j'avais expédié ce coup de fil avec maman[2]. » Harry passe ensuite le téléphone à son grand frère. Contrairement aux suppositions antérieures décrivant une conversation saine et fluette, la très informée journaliste Anne-Élisabeth Moutet dévoile une dispute dans sa biographie du prince William[3]. Après avoir abordé leurs vacances respectives, Diana et son fils aîné viennent à discuter de Dodi. Will n'est pas favorable à cette relation et entend le lui faire savoir. Il juge le producteur égyptien bien trop superficiel pour la qualité d'âme de sa mère. Ce constat ne plaît pas à la princesse. Comme toutes leurs conversations centrées sur ses affaires de cœur, celle-ci tourne vite à la dispute. L'adolescent comme la mère raccrochent, fâchés. Il ne le sait pas, mais il vient d'entendre pour la dernière fois la voix de sa mère.

---

1. Bertil Scali, *Villa Windsor. Dans la résidence secrète de Lady Diana, Dodi Al-Fayed, Wallis Simpson, Édouard VIII et Charles de Gaulle*, Paris, Michel Lafon, 2016.

2. Prince Harry, *Le Suppléant*, *op. cit.*

3. Anne-Élisabeth Moutet, *William et Harry*, *op. cit.*

Pour le dîner, Diana et Dodi pensent se rendre au très chic restaurant du 4e arrondissement Chez Benoît, mais les paparazzis ont eu vent de leur projet et les attendent, agités, devant la façade de l'établissement. Diana vit un cauchemar éveillé avec ces photographes qu'elle maudit sans cesse. Dodi comprend la détresse de sa compagne. Pour s'assurer d'une sécurité optimale, il décide de l'emmener dîner au Ritz, le luxueux hôtel-restaurant appartenant à papa. Il espère que les équipes sur place seront capables d'éloigner ces journalistes désinvoltes. Il est 21 h 50 lorsqu'ils franchissent une porte de service de l'institution parisienne. Sur la place Vendôme qui lui fait face se masse une nuée de journalistes en délire. Tous scrutent les moindres apparitions du couple. Assise à l'une des tables du restaurant, Diana est préoccupée. Sa dernière conversation avec William ronge son esprit déjà agacé par l'insistance des paparazzis. Finalement, ils décident de déguster leur repas tranquillement dans leur suite. Soudain, sans aucune raison apparente, ils choisissent de ne pas passer la nuit à l'hôtel et demandent à Henri Paul, directeur de la sécurité du Ritz, de les reconduire, probablement vers la rue Arsène-Houssaye. Le responsable est en train de siroter quelques verres quand les plus célèbres clients de l'hôtel l'interpellent. Son état d'ébriété est déjà bien avancé. Qu'à cela ne tienne, il prend les rênes de la fuite de ces célébrités apeurées. Pour échapper à la vigilance des photographes, Henri Paul imagine un stratagème. Il fait simuler le départ de Diana et de Dodi par l'entrée principale en envoyant une voiture circuler à vide. Mais le leurre n'a pas l'effet escompté sur le bataillon de journalistes prêts à dégainer les appareils photo. Il est 0 h 20 lorsque le couple star sort par une porte discrète à l'arrière du bâtiment. Il monte à bord d'une Mercedes-Benz S280 appartenant au Ritz et conduite par Henri Paul, tandis que Trevor Rees-Jones, leur garde du corps, les accompagne en montant sur le siège passager avant. Certains paparazzis les attendaient aussi là, pressentant une probable sortie par cette porte retirée des grands axes parisiens. Aussitôt, la Mercedes accélère. Les quelques journalistes présents s'empressent de monter sur leurs scooters. S'ensuit une course-poursuite aux conséquences tragiques.

Henri Paul file sur la rue Cambon avant de tourner à droite pour descendre les derniers mètres de la rue de Rivoli. Il jette un coup d'œil dans son rétroviseur intérieur, pas de paparazzi. La Mercedes pile à un feu rouge à l'angle de la rue Royale. Les scooters infernaux en profitent pour la rattraper. Diana et Dodi sont effrayés. Ils se sentent attaqués de toutes parts par des flashs aveuglants. Henri Paul perd patience, il grille le feu et tourne son volant à gauche pour arriver sur la sublime place de la Concorde. Remonter les Champs-Élysées, c'est risquer des embouteillages à cette heure de grande affluence en ce samedi soir. Les Parisiens et les touristes profitent généralement de la beauté nocturne de la capitale. Le chauffeur décide de contourner l'avenue en longeant la Seine par le Cour-la-Reine. Cette ligne droite est l'occasion pour lui d'accélérer toujours davantage. Sur cette route limitée à 50 km/h, la voiture file à une vitesse d'environ 120 km/h. À 0 h 23, elle s'engouffre dans le tunnel de l'Alma. Sans doute pour doubler une Fiat blanche qui roule tranquillement face à lui, Henri Paul braque et heurte le pare-chocs arrière de cette petite voiture. Il perd brutalement le contrôle de la Mercedes qui s'écrase contre le treizième pilier central du tunnel.

Le docteur Frédéric Mailliez, médecin urgentiste, passe en voiture au même moment pour rentrer chez lui. Quand il entend le bruit sourd et monstrueux du choc, il prend son sac d'urgence médicale et se précipite vers l'épave de la voiture. En quelques secondes, son analyse est faite. Henri Paul et Dodi Al-Fayed sont déjà morts. Trevor Rees-Jones, grièvement blessé, est inconscient mais vivant. Son airbag a grandement limité ses blessures. À l'arrière, le docteur Mailliez découvre une jeune femme blonde qui présente des difficultés respiratoires. Sans connaître l'identité de la victime, il lui met un masque à oxygène qui la préserve pendant les six minutes nécessaires aux secours pour arriver sur place. Pendant ce temps, les paparazzis continuent leur odieuse et malsaine traque d'images sensationnelles. Les flashs ne cessent qu'à l'arrivée des forces de l'ordre. Une bâche de couleur bleue est tendue sur les lieux pour cacher aux curieux l'opération de sauvetage. Des tronçonneuses sont utilisées pour sortir Diana et son garde du corps coincés dans ce qui reste du véhicule. Consciente, la princesse est transportée sur une civière. « Mon Dieu ! Que s'est-il passé ? » répète-t-elle. Ce sont les derniers mots intelligibles prononcés par Diana.

La princesse blessée perd connaissance dans l'ambulance qui la transporte à l'hôpital de La Pitié-Salpêtrière. Malgré tous les efforts des médecins pour tenter de la sauver, Diana, princesse de Galles, rend son dernier souffle à 3 heures du matin ce dimanche 31 août 1997.

L'épreuve

En cette belle nuit d'été écossaise, un silence assourdissant règne en maître dans les couloirs endormis de Balmoral. Il est un peu plus de 0 h 30 lorsque le prince Charles est informé du terrible accident. Son premier réflexe est de se diriger vers la chambre de la reine puis vers celle de son père. Il les réveille et leur apprend la tragique nouvelle. Diana est-elle blessée ? Si oui, quel est le degré de gravité de son état ? A-t-elle succombé à ce choc effroyable ? Ces questions demeurent sans réponse pendant plusieurs heures. Charles songe rapidement à en informer ses fils mais son élan est vite arrêté par sa mère. En l'absence de précisions,

Elizabeth II lui conseille d'attendre leur réveil. Quoi qu'il arrive, il est préférable de préserver les garçons plongés dans le sommeil. Le trio royal se réfugie dans un salon où il patiente dans un silence qui en dit long sur l'anxiété du moment. La souveraine n'a pas souhaité non plus réveiller sa mère. Elle se contente de déposer un mot sur le bureau de *Queen Mum*, qu'elle trouvera à son réveil. Charles fait les cent pas. Ne supportant plus l'attente, il part s'isoler dans ses appartements. Finalement, l'angoisse prend fin à 3 heures du matin. L'ambassadeur britannique en France annonce à la reine le décès de la princesse par un appel téléphonique aussi court que funeste. Robin Janvrin, secrétaire particulier de Sa Majesté, a la charge de l'annoncer au prince de Galles. Charles laisse s'échapper quelques larmes. Choqué, meurtri, il a du mal à s'imaginer la disparition de Diana. Au cours de leur existence, les deux parents se sont aimés, détestés puis appréciés. Depuis quelques mois, ils ont enfin trouvé un terrain d'entente diminuant peu à peu leur rancœur pour le bien de leurs fils. Comme Diana, Charles est une victime du système. Connaissant la popularité de la princesse, il songe rapidement aux nombreuses critiques dont il devra faire les frais. Les Britanniques verront en lui le mari infidèle responsable des malheurs de Diana. Mais pour l'heure, il doit reprendre ses esprits. Il sait que l'inéluctable réveil des garçons approche. Il devra alors faire la pire annonce qu'un père puisse faire à ses enfants. Pour se donner du courage et prendre le temps de respirer avant ce moment tant redouté, il part errer dans la lande. Le grand air lui a toujours été bénéfique.

Le soir de l'accident, William et Harry mangeaient un plateau-repas devant la télévision. « Mabel, notre gouvernante – et ancienne gouvernante de papa –, nous a rejoints, se souvient le prince Harry. Tandis que nous attaquions notre festin, nous avons entendu papa sortir de la salle de bains et traverser le couloir en chaussons. […] Willy et moi avons fini de dîner, regardé encore un peu la télé, puis avons commencé à chahuter comme nous en avions l'habitude avant d'aller nous coucher. Nous nous sommes postés en haut d'un escalier de service pour épier les adultes à la dérobée, dans l'espoir d'attraper au vol un gros mot ou une anecdote salée. […] À un moment, nous sommes tombés sur le cornemuseur attitré de grand-mère. […] Nous avions déjà vu cet engin auparavant, très souvent, mais ce soir-là, il nous a proposé de le prendre dans nos mains. Et de l'essayer. […] Nous l'avons remercié pour cette petite leçon particulière, lui avons souhaité une bonne soirée, et sommes remontés dans la nursery, où Mabel a supervisé les rituels du soir – brossage des dents, débarbouillage. Puis : au dodo[1]. » C'était un soir comme un autre pour deux adolescents privilégiés aux habitudes simples adaptées à leur âge.

Il est 7 h 15 le lendemain matin quand William ouvre doucement les yeux. Il a mal dormi. L'énième dispute téléphonique qui s'est déroulée la veille au soir avec sa mère lui torture l'esprit jusque dans son sommeil. Il découvre son père assis au pied de son lit, silencieux, la tête serrée entre ses mains. Le jeune prince se lève et ouvre ses rideaux. La lumière du jour dévoile un père meurtri aux yeux rougis par le chagrin. William comprend qu'un terrible malheur vient de se produire. Charles le prend dans ses bras, ne pouvant cesser de pleurer, et lui annonce le décès de sa mère. William reste immobile, sans la moindre émotion. Sa première pensée va à Harry. Retenant ses larmes, il insiste auprès de son père pour l'accompagner lorsqu'il l'annoncera à son frère. Charles et William partent réveiller Harry encore dans les bras de Morphée. Ils s'asseyent sur le lit du garçon pour être au plus près de lui. « Mon cher enfant, Maman a eu un accident de voiture, annonce Charles à son cadet. Ils ont tout essayé, mon

1. Prince Harry, *Le Suppléant*, *op. cit.*

cher enfant. Elle ne s'en est pas sortie, j'en ai bien peur[1]. » Ils restent ensemble quelques minutes, tentant de se réconforter en se serrant le plus fort possible dans leurs bras. Cette chambre se dresse telle une muraille impénétrable contre la noirceur des prochaines heures. Pourtant, ils doivent sortir. Charles les prend par la main et les conduit auprès de leurs grands-parents. Les frères sont dignes malgré le choc. Des années plus tard, William revient sur cette épreuve charnière de sa vie. « Peut-on imaginer pire situation pour un père que de devoir annoncer à ses fils la mort de leur mère ? » Le prince consent aisément à la difficulté de la situation dans laquelle se trouvait son père ce jour-là.

Les Windsor font bloc pour soutenir leurs princes aux cœurs meurtris. Pour surmonter leur chagrin, William et Harry ne veulent que deux personnes à leurs côtés. Ils courent trouver du réconfort dans les bras de leur *nanny* Tiggy. Quand elle apprend la nouvelle, la nourrice si attentionnée a des réflexes dignes d'une mère. Elle fait rapidement sa valise et conduit à toute vitesse de Londres jusqu'à Balmoral. Par le passé, cette gouvernante dévouée a su montrer sa valeur en se montrant indispensable face aux épreuves. C'est elle qui réussit à préserver les enfants lorsque la séparation puis le divorce de Charles et Diana ont été prononcés. En plus de leur gouvernante, William et Harry peuvent compter sur la présence de leur cousin adoré Peter. Le fils aîné de la princesse Anne est proche des deux frères. Depuis leurs premières années, ils forment ensemble des plans pour fomenter la plus belle bêtise. De cinq ans l'aîné du prince William, Peter a désormais vingt ans. Il a la carrure, l'intelligence et la maturité d'un jeune homme capable de trouver les mots justes et les occupations adaptées à cette dramatique situation. Il les emmène marcher dans la lande, chasser, pêcher, s'amuser à bord d'un quad.

1. *Ibid.*

Le couple royal n'est pas en reste. Elizabeth II est particulièrement préoccupée par la santé mentale de ses petits-fils. Elle charge son époux de trouver les méthodes les plus efficaces pour leur faire changer les idées. Il se montre un grand-père attentionné, délicat et aimant. Il les emmène pêcher le saumon et la truite dans la rivière Dee, ou bien chasser le cerf sur le domaine de Balmoral. Dans les épreuves, le prince Philip reste un prince aux occupations aristocratiques traditionnelles. Le soir, il allume son barbecue pour faire griller saucisses et entrecôtes. Le duc d'Édimbourg veut passer du temps avec ses petits-enfants, occuper leur esprit pour leur faire oublier leur immense peine, l'espace d'un instant.

William est un petit garçon attaché aux valeurs spirituelles. Sa mère désormais partie, il a besoin de prier pour s'assurer le repos éternel de son âme. Formé en grande partie par sa grand-mère, il a hérité de la cheffe de l'Église d'Angleterre d'une profonde dévotion. Il lui demande l'autorisation d'assister à la messe du dimanche. Il est 11 h 30 ce matin-là lorsque tous les Windsor se rassemblent, tous de noir vêtus, en l'église de Crathie pour assister à un office célébré par le révérend Robert Sloan, ministre de l'Église d'Écosse. Au premier rang, se trouvent les deux princes entourés de leur père, de leur grand-mère et de *Queen Mum*. Une centaine de fidèles répondent présents. Le révérend commence alors son homélie. « Nous pensons à ceux qui, en ces heures difficiles, éprouvent le besoin de sentir Ta présence. Ceux dont l'existence se trouve assombrie par la tragédie et le chagrin et qui attendent aujourd'hui bien plus que le réconfort et l'amitié que sont en mesure de leur apporter les hommes. Nous prions pour notre reine et sa famille, pour le prince de Galles, le prince William et le prince Harry. Qu'ils soient assurés de Ton amour. Qu'ils soient assurés de notre amour[1]. » Pour ne pas choquer

1. Isabelle Rivère, *William d'Angleterre*, *op. cit.*

davantage les deux princes, la reine a ordonné au pasteur de ne pas évoquer ouvertement la mort de leur mère. Seulement, aux yeux des Britanniques, cette messe ne passe pas. L'image d'une famille sans cœur, incapable d'évoquer la princesse défunte, ni même de bousculer un tant soit peu son programme quotidien, commence à circuler à travers tout le royaume. Ce malentendu n'est que le premier d'une longue liste dévastatrice.

Les pleurs du monde

« Vous regardez BBC Télévision, en direct de Londres. Diana, Princesse de Galles, est décédée des suites d'un accident de la circulation à Paris, annonce le présentateur Martin Lewis lorsqu'il prend l'antenne à 6 heures du matin. Le gouvernement français a annoncé son décès peu après 5 heures du matin. Le palais de Buckingham a, depuis, confirmé l'information. Nos programmes sont suspendus[1]. » Une véritable onde de choc envahit le monde ce dernier jour d'août 1997. Comment la vie d'une princesse, si belle, si populaire, cette mère dévouée, cette femme habitée par un amour infini envers son prochain, a pu être arrachée si brutalement dans la fleur de l'âge ? Un sentiment d'incompréhension voit le jour et se mue en un épais brouillard flottant au-dessus d'une population en pleurs. Les Britanniques sont particulièrement touchés par cette disparition inconcevable.

Dès l'annonce de son décès, des hommages spontanés fleurissent un peu partout dans la capitale anglaise. Ils sont des milliers à se recueillir devant les palais qui ont marqué l'existence de la princesse. Buckingham, Kensington et Balmoral sont noyés sous des océans fleuris. Leur immensité est à la hauteur de la peine ressentie. Des anonymes dévastés déposent des bouquets de fleurs, des dessins et

1. Franck Guillory, *William fils de Diana*, *op. cit.*

messages personnels, allument des bougies. Jamais la mort d'une Altesse royale n'avait à ce point suscité une si importante émotion populaire. Les grands dirigeants internationaux s'expriment tour à tour pour rendre un vibrant hommage à la vie de la star du gotha. Tony Blair a été nommé Premier ministre par la reine trois mois plus tôt. Jeune et populaire, le chef du gouvernement travailliste compatit à la douleur du peuple de Sa Majesté. Le jour même, il se rend à un office religieux célébré en mémoire de la défunte princesse en l'église Sainte-Marie-Madeleine de Trimdon dans le pays de Durham. Avant de passer la porte de l'édifice, Blair s'adresse à la nation par un discours qui paraît improvisé. « Je ressens la même chose que n'importe qui dans ce pays aujourd'hui. Je suis dévasté, confie-t-il d'une voix tremblante. Nous adressons nos pensées et nos prières à la famille de la princesse Diana, en particulier à ses deux fils. Nous sommes de tout cœur avec eux. [...] Nous savons combien les choses ont pu être difficiles pour elle par moments. [...] Mais partout, pas seulement en Grande-Bretagne, les gens ont gardé foi en la princesse Diana. Ils l'appréciaient, ils l'aimaient, ils la considéraient comme une des leurs. Elle était la princesse du peuple et c'est ainsi qu'elle restera, à jamais, dans nos cœurs et dans nos mémoires[1]. » Avec ce discours en rien spontané, Blair marque l'histoire. Le mythe de la « princesse du peuple » est né. Mais le Premier ministre n'est pas le père de cette expression qui semble entièrement fabriquée pour la figure publique de Diana. Sans que personne y prête attention, ou presque, elle avait déjà été utilisée en 1992 pour qualifier la princesse dans un article de la journaliste Julie Burchill pour la *Modern Review*. Tony Blair montre sa proximité avec des Britanniques perdus. Il comprend ce deuil national sans en avoir le titre.

1. Robert Lacey, *Guerre royale, mensonges et trahisons*, *op. cit.*

Enfermés dans leur domaine écossais, les Windsor sont bien loin de l'agitation populaire qui secoue Londres. En réaction à ce drame, le capital familial des proches d'Elizabeth II se renforce. La famille royale se replie sur elle-même pour protéger les fils de Diana. Suivant sa politique protectrice, Elizabeth II fait retirer tous les postes de télévision et de radio que compte la propriété. Seuls ceux présents dans son bureau sont gardés. Elle ordonne aussi que les journaux du jour soient seulement livrés dans cette pièce. Elle veut éviter à ses petits-enfants de subir la tristesse populaire surdimensionnée qui a envahi le pays. Surtout, les garçons n'ont pas besoin d'en savoir davantage sur les circonstances de la mort de leur mère. Les chaînes de télévision passent en boucle les images de la carcasse quasi cubique de la voiture. Le traumatisme est déjà bien assez grand pour être renforcé par de telles images. Les pensées de la reine vont d'abord à William et Harry, mais elle reste informée sur l'état de choc de ses sujets. On lui apprend vite la présence des innombrables bouquets de fleurs devant les grilles des palais. Elizabeth II songe d'abord à les faire retirer, mais finit par s'y résigner. Elle ne peut retirer ce droit d'expression à ses sujets.

Les Windsor ont néanmoins du mal à comprendre la tristesse générale. Dans une lettre à sa nièce Marguerite de Bade, le prince Philip déplore « la vague d'hystérie collective[1] » qui règne sur la capitale britannique. Comment peut-on pleurer la mort d'une personne dont on ne sait rien ? Aucun Britannique n'a connu personnellement la princesse comme les Windsor ont pu la côtoyer. Aucun membre de la famille régnante ne peut comprendre cette réaction jugée disproportionnée. Aux yeux de la reine, ce deuil est une affaire familiale qui doit être vécue dans l'intimité des résidences royales. Après tout, Diana n'était plus une Altesse royale mais seulement la mère

1. Philippe Delorme, *Philippe d'Édimbourg*, *op. cit.*

du futur roi d'Angleterre. Par son divorce, elle avait quitté la famille royale. Le statut dont elle bénéficiait au moment de son accident de la route justifie l'absence d'intervention publique de la part de la reine.

Au sein du clan Windsor, seul Charles semble s'indigner des décisions de sa mère. Il la sait uniquement soucieuse du bien-être de William et Harry, ainsi que de leur sécurité vis-à-vis du tourbillon médiatique qui fait rage. Mais il pense l'intervention officielle de sa mère nécessaire en tant que souveraine. Tony Blair partage l'avis de l'héritier. Il harcèle Elizabeth II, cherchant à la convaincre désespérément d'intervenir au plus vite. La colère gronde dans les rues de Londres. « Parlez, Madame, votre peuple souffre », titre le *Mirror*. Le *Sun* y va de sa propre couverture : « Où est la reine quand le pays a besoin d'elle ? » Le *Daily Express* lance une autre attaque contre Sa Majesté : « Montrez-nous que vous n'êtes pas indifférente. » Elizabeth est jugée sans cœur, incapable de mettre sa détestation de la princesse de côté au moment de sa disparition. Un détail particulier choque l'opinion publique. Aucun drapeau en berne, signe d'un deuil de la nation, ne flotte au-dessus du palais de Buckingham. Cette simple histoire d'étendard met le feu aux poudres. Or, traditionnellement, ce drapeau n'est mis en berne qu'au moment du décès du monarque. L'Union Jack est échangé contre l'étendard personnel du souverain uniquement lorsque ce dernier réside au palais. La crise est d'une gravité inédite depuis l'avènement d'Elizabeth II. Un sondage indique qu'au moment de la mort de la princesse de Galles 66 % des Britanniques pensent la monarchie britannique en déclin. Il y va de la pérennité de l'institution. Après quatre jours de combat incessant, le Premier ministre obtient gain de cause.

Avant de rentrer à Londres, Elizabeth II fait une concession à Tony Blair : elle autorise la publication d'un communiqué le 3 septembre. « Tous les membres de la famille royale, et plus particulièrement le prince de Galles et les princes William et Harry, trouvent aujourd'hui une force et un courage supplémentaires dans le soutien extraordinaire apporté par le public, qui partage leur deuil et leur chagrin. Ils en sont extrêmement touchés et lui font part de leur profonde reconnaissance[1]. » Ces quelques phrases ne suffisent pas à calmer la haine publique des Britanniques pour leur famille royale.

Cette fois-ci, la reine est décidée à se montrer disponible pour réconforter ses sujets affligés. La date du 5 septembre est choisie pour signer le grand retour public des Windsor. Ils commencent leur journée en allant se recueillir devant les quelques fleurs déposées devant les grilles de Balmoral. En fin de matinée, ils prennent place à bord d'un avion avant d'atterrir à Londres. Deux Rolls Royce traversent ensuite les rues de la ville en direction du palais de Buckingham. Elizabeth II est de retour. Initialement, il était prévu que le couple royal rentre directement dans la cour centrale du palais, mais la reine a compris qu'elle devait marquer les esprits pour réparer son erreur. Elle demande à son chauffeur de s'arrêter face aux imposantes grilles du palais. Elizabeth sort de son confort et part à la rencontre de son peuple. Pour la première fois de son règne, les Britanniques la voient marcher sur cette dernière partie du Mall qui fait face à Buckingham. Seule la Victoire de 1945 a permis précédemment à la souveraine de profiter de cette vue sur son palais alors qu'elle n'était encore que princesse. Elizabeth II et le prince Philip observent les bouquets et messages qui rappellent le souvenir de Diana. Ils vont ensuite à la rencontre des anonymes qui se massent derrière les barrières de sécurité. La reine prend exemple sur sa défunte et ex-belle-fille en prêtant attention à la

1. Isabelle Rivère, *William d'Angleterre*, *op. cit.*

tristesse de chacun. La métamorphose de la souveraine a déjà commencé. Avec le prince Philip, elle reprend place dans sa voiture qui la ramène en son palais surmonté par un étendard royal qu'elle a consenti à faire mettre en berne.

Ces apparitions publiques ne suffisent pas à galvaniser l'amour des Britanniques pour leur souveraine. Le soir du 5 septembre, Elizabeth II prononce la deuxième allocution télévisée de son règne. La première avait eu lieu en 1991 pour s'adresser à un peuple inquiet face à la guerre du Golfe. Depuis un salon du palais, la reine prononce un discours qui s'inscrira dans le marbre de ses plus importantes interventions. Les fenêtres demeurant ouvertes, les micros de la BBC captent le bruit confus produit par une foule massée au pied du Victoria Memorial, offrant à l'allocution une ambiance particulière.

« Il n'est pas facile d'exprimer le deuil, car au choc initial fait souvent suite un mélange d'autres sentiments : incrédibilité, incompréhension, colère et tristesse pour ceux qui restent ; nous tous avons ressenti ces émotions ces derniers jours, aussi, ce que je vous dis maintenant, en tant que reine et en tant que grand-mère, je vous le dis du plus profond de mon cœur.

D'abord, je veux rendre hommage à Diana, personnellement : elle était un être humain exceptionnellement doué, dans les bons moments comme dans les mauvais, elle ne perdait jamais sa capacité de sourire et de rire, et d'inspirer aux autres sa chaleur et sa gentillesse. Je l'admirais et la respectais, pour son énergie et son dévouement aux autres, et tout particulièrement pour sa dévotion à ses deux enfants.

Cette semaine, à Balmoral, nous nous sommes tous efforcés d'aider William et Harry à surmonter la perte bouleversante qu'ils ont subie comme nous tous. Tous ceux qui connaissent Diana ne l'oublieront jamais. Des millions d'autres, qui ne l'avaient jamais rencontrée, mais avaient le sentiment de la connaître, se souviendront d'elle. Pour ma part, je crois qu'il y a des leçons à tirer de sa vie et des réactions extraordinaires que sa mort a suscitées[1]. »

Elizabeth II dresse le bilan de ces journées noires pour sa famille, pour la monarchie et pour elle-même. Avant tout, son hommage public à la princesse Diana redonne confiance aux Britanniques. Cet épisode marque à jamais l'esprit de la reine. Jamais elle n'a été l'objet d'une animosité si brutale avant cette date.

William et Harry prennent leurs rôles de princes du Royaume-Uni très à cœur. Dans la tempête, ils montrent une maturité exemplaire, capables de camoufler leur peine pour servir les Britanniques. Avec leur père, ils se rendent au palais de Kensington. Recueilli devant l'impressionnant parterre de fleurs, William a le visage fermé. Harry suit l'exemple de son grand frère. Ils vont ensuite à la rencontre des curieux dévastés qui présentent leurs condoléances. Les Britanniques sont stupéfaits par le courage du fils aîné. Le petit prince envahi par le chagrin, qui aurait tant besoin de mots réconfortants pour faire face à cette épreuve, se met à consoler des inconnus admiratifs du parcours de sa regrettée mère. Les deux frères participent activement à l'opération de reconquête de l'affection populaire dans laquelle se sont engagés les Windsor. Le désamour des sujets d'Elizabeth II définitivement enterré, il est temps cette fois-ci d'organiser des funérailles dignes de la popularité de son ex-belle-fille.

Goodbye England's Rose

Lorsqu'il apprend le décès de son ancienne épouse, Charles pense d'abord à ses fils. Ancienne princesse de Galles, Diana reste aussi la mère des deux princes. Le fils d'Elizabeth II en est parfaitement conscient et c'est d'abord en père bienveillant qu'il entend agir. Dès les heures qui suivent la mort de la princesse, Charles prend son téléphone

1. Joanny Moulin, *Elizabeth II*, *op. cit.*

et contacte ses ex-belles-sœurs Sarah et Jane Spencer. Il leur propose de se rendre ensemble à Paris pour ramener la dépouille à Londres. Ils s'envolent pour la capitale française dès le matin du 31 août. Accueillis par le président Jacques Chirac et son épouse Bernadette, ils se dirigent vers l'hôpital de La Pitié-Salpêtrière. Ils ont la lourde tâche de reconnaître la défunte avant que le père Clochard-Bossuet vienne prononcer quelques prières pour le repos de son âme. Quand il entre dans la chambre, le prince de Galles découvre une magnifique jeune femme au visage apaisé. Il demande à se recueillir seul avant d'éclater en sanglots.

Le cercueil fermé sort de l'hôpital devant une dizaine de caméras. L'étendard personnel de Diana, entouré d'hermine pour signifier la perte de son titre d'Altesse royale, le recouvre. La présence de ce drapeau n'a rien d'anodin. Il symbolise les funérailles nationales qui sont sur le point de se dérouler.

Une fois la famille royale de retour à Londres, l'heure est au recueillement. Le cercueil de Diana est exposé en la chapelle royale du palais Saint-James. Fermé au public, l'édifice permet aux Windsor et aux Spencer de se rassembler dans une totale intimité. Le 5 septembre, les deux orphelins sont conduits entre les murs de cette modeste chapelle. « Je ne me souviens ni de ce que les membres de la famille ont fait à ce moment-là, ni des mots qu'ils ont pu échanger, ou adresser directement au cercueil. Je ne me rappelle pas la moindre conversation entre Willy et moi, déclare le prince Harry dans ses mémoires ; je me souviens en revanche que les gens autour de nous disaient que "les garçons" avaient l'air "pétrifiés" par le choc[1]. » Les enfants font leurs adieux à leur maman chérie. Avant que ne soit scellé le cercueil, le couvercle est retiré. William ne peut retenir ses larmes en voyant le visage paisible de sa mère.

---

1. Prince Harry, *Le Suppléant*, *op. cit.*

Harry n'ose pas s'approcher. Avant de partir, Will pose un bouquet de tulipes blanches à la tête du cercueil refermé. Son jeune frère pose ensuite une gerbe de roses blanches qui contient une lettre écrite de sa main à l'intention de « *Mummy* ». Ils doivent désormais se préparer à l'un des moments les plus émouvants de leur vie.

Comment enterrer une ancienne Altesse royale à la popularité dépassant l'entendement ? La question est d'une complexité extrême. Dans un premier temps, la reine refuse de lui accorder des funérailles royales. Par son divorce, Diana a quitté la maison Windsor. Elizabeth II considère que cette question appartient aux Spencer. Partisane de funérailles privées comme le frère de Diana, la souveraine est à l'opposé des attentes de son peuple. Le prince Charles et Tony Blair comprennent bien vite que l'organisation de funérailles dignes de celles accordées à une Altesse royale est inévitable. Le Premier ministre insiste et obtient la bénédiction de la reine. Des funérailles pour la nation se tiendront dans l'imposante abbaye de Westminster. En organisant cette cérémonie au cœur d'une abbaye si attachée à l'histoire de la monarchie britannique, la famille royale délivre un émouvant message : les ressentiments sont oubliés, Diana peut partir en paix.

Pour mettre sur pied au plus vite une telle cérémonie, le Conseil privé de la reine décide de déclencher le plan initialement prévu au moment du décès de la reine mère. Depuis vingt-deux ans, l'opération *Tray Bridge* est répétée et modulée. Le palais, Downing Street et Scotland Yard organisent les moindres détails de l'événement. Vient justement la question du rôle attribué à William et à son frère. De nombreuses réunions sont tenues jusqu'à ce qu'arrive le jour J. Le prince Philip assiste à certaines d'entre elles. Particulièrement attaché à ses petits-fils, il entend s'exprimer au cours de ces conférences aux propos secrets.

« Je m'en souviens encore, et ça me donne des frissons rien que d'y penser, relate l'une des conseillères de Tony Blair. On était en train de parler et, tout à coup, du haut-parleur du téléphone posé sur la table est sortie la voix du prince Philip, pleine d'angoisse : "Arrêtez de nous dire quoi faire avec les garçons ! Ils ont perdu leur mère ! Vous parlez d'eux comme s'ils étaient des marchandises ! Avez-vous la moindre idée de ce qu'ils traversent ?" Ça nous a remis à tous les idées en place[1]. » Les communicants décident finalement que les garçons devront marcher derrière le cercueil de leur mère. L'image pour la postérité sera parfaite : deux orphelins attristés suivant le chemin ouvert par une mère partie bien trop tôt. Philip s'insurge, tout comme William. Le jeune prince de quinze ans estime manquer de courage pour le faire. Sentir les yeux d'une foule nombreuse et les objectifs d'une centaine de journalistes braqués sur lui pendant un trajet de près de trente minutes, très peu pour lui. Il ne demande qu'une chose : que le monde lui laisse la possibilité de vivre son deuil comme il l'entend. Un million de Londoniens vont se masser dans les rues quand plus de deux milliards de téléspectateurs vont se livrer à une infinie compassion envers le désarroi des orphelins. Le duc d'Édimbourg trouve les mots justes pour permettre à William de faire les bons choix. « Si tu ne le fais pas, tu pourrais le regretter plus tard. Je pense que tu devrais le faire. Si je marche, marcheras-tu avec moi[2] ? »

La cérémonie commence le matin du 6 septembre. Des millions de Britanniques ont investi les rues londoniennes concernées par le cortège funèbre. Derrière le cercueil déposé sur un affût de canon tiré par six chevaux, marchent au pas deux jeunes garçons encravatés dans un costume noir. Les orphelins sont séparés par leur oncle. Le comte Spencer a tenu à être au premier plan pour rendre hommage à sa

1. Robert Lacey, *Guerre royale, mensonges et trahisons*, *op. cit.*

2. Joanny Moulin, *Elizabeth II*, *op. cit.*

sœur. Si Harry est aussi soutenu par son père, William peut compter sur la présence du prince Philip. Avant de prendre place dans le cortège, le grand-père attentionné conseille son petit-fils : « Regarde devant toi, au pire tes pieds si tu ne peux pas faire autrement, mais surtout pas sur les côtés, au risque d'être submergé par l'émotion[1]. » William respecte à la lettre ce conseil bienvenu qui lui permet de faire disparaître une partie de son anxiété. Tout au long du trajet, le fils de Diana est plongé dans ses pensées, le visage fermé, marchant mécaniquement jusqu'à l'abbaye de Westminster. « Je me souviens d'une sensation d'engourdissement, témoigne le prince Harry. Je me souviens de mes poings serrés. Je me rappelle m'être débrouillé pour que Willy soit toujours là, dans un coin de mon champ de vision, et d'avoir puisé beaucoup de force dans sa présence[2]. » Les deux frères s'unissent pour affronter l'un des moments les plus pénibles de leur existence. Will est plus que jamais ce grand frère dont a besoin le prince Harry ce jour-là. Le cortège passe d'abord devant le palais de Buckingham où le reste du clan Windsor s'est rassemblé pour voir passer la dépouille de la princesse de Galles. L'instant est saisissant. Comme un pardon royal, Elizabeth II s'incline devant la dépouille de la défunte.

La cérémonie commence sous les voûtes de Westminster face à un parterre d'invités triés sur le volet. Hommes d'État, membres de familles royales étrangères, stars adorées de la princesse et membres d'associations qu'elle parrainait assistent aux étapes d'une cérémonie qui marque l'histoire. De sa voix chaude, Elton John rend un émouvant hommage à sa tendre amie. Assis derrière son piano à queue, il chante *Candle in the Wind* qu'il a remanié pour l'occasion, une chanson destinée à devenir le tube éternellement associé à la figure d'ange de la princesse. Le comte Spencer monte

1. Pierrick Geais, *Prince William*, *op. cit.*

2. Prince Harry, *Le Suppléant*, *op. cit.*

ensuite sur la chair de l'abbaye et commence son discours. Tous les regards sont braqués sur lui quand il promet à sa défunte sœur : « Je fais le serment que nous, ta famille de sang, nous œuvrerons pour continuer à les élever [William et Harry] à ta façon imaginative et tendre, pour que les âmes ne soient pas simplement immergées dans le devoir et la tradition. » Westminster se mure dans un silence gêné quand la foule extérieure applaudit ces paroles jugées dignes de l'amour maternel de la princesse. Le frère de Diana vient d'attaquer publiquement la famille royale en affirmant prendre seul en main le destin de ses neveux. Elizabeth II et le prince Charles restent stoïques. Le prince de Galles en particulier interprète ce discours comme une attaque personnelle. William entend les paroles de son oncle. Comme son père, il ne comprend pas l'arrogance de cet homme capable de profiter de l'émotion du moment pour laver son linge sale en public. L'adolescent n'est pas non plus favorable à cette idée d'éducation signée Spencer. S'il est orphelin de mère, son père est toujours présent. Et c'est bien sur lui qu'il compte s'appuyer pour affronter son futur.

Vingt ans plus tard, Will s'est souvenu de l'infinie tristesse ressentie au moment des funérailles de sa mère. « Ce n'était pas une décision facile. C'est l'une des choses les plus dures que j'aie jamais faites. Mais on était abasourdis par le nombre de gens qui étaient venus, c'était tout bonnement incroyable. Il y avait un équilibre à trouver entre le devoir et la famille… et finalement, c'était ce qu'il fallait faire. Je crois que le plus dur a été cette marche. C'était une très longue marche, très solitaire. Mais encore une fois, l'équilibre[1]… »

La cérémonie terminée, les princes prennent place à bord du train royal avec leur père et leur oncle pour être conduits à Althorp. Comme tous ses ancêtres, c'est sur

1. Robert Lacey, *Guerre royale, mensonges et trahisons*, *op. cit.*

la propriété ancestrale des Spencer que la princesse va reposer éternellement. Un corbillard remonte les cent vingt-cinq kilomètres qui séparent l'abbaye de la propriété du Northamptonshire. Tout au long du dernier voyage de Diana, des Britanniques se sont rassemblés, jetant quelques fleurs sur le passage du cortège. Le cercueil sorti du véhicule, le comte Spencer se précipite sur l'étendard royal qui recouvre toujours le cercueil et le remplace par celui de la famille Spencer. Il déclare d'une voix forte : « Elle est une Spencer maintenant. »

Windsor et Spencer se font face en suivant silencieusement la dépouille jusqu'à ce qu'ils arrivent sur une petite île située au beau milieu d'un étang. Un pont en fer forgé de couleur verte a été installé par des ingénieurs militaires pour permettre à la cérémonie d'inhumation de se dérouler sur cette terre entourée d'eau. « D'après certains témoins, on avait croisé les mains de maman sur sa poitrine et placé entre elles une photo de Willy et moi, peut-être les deux seuls hommes qu'elle avait vraiment aimés. Ceux qu'elle avait le plus aimés en tout cas, sans le moindre doute[1]. » Le portrait des deux frères n'est pas le seul élément qui accompagne Diana vers les cieux. Dans ses mains, des chapelets offerts par Mère Teresa ont été délicatement déposés. Amoureuse de la vie, Diana le fut assurément, mais elle demeura aussi une anglicane convaincue, partageant les idéaux des femmes de son rang. Le cercueil est descendu doucement dans sa tombe quand William et Harry n'arrivent plus à contenir leurs larmes. Au cœur de l'hiver, l'étang d'Althorp a vu Diana patiner sur ses eaux gelées dans ses jeunes années. Le plan d'eau se dresse aujourd'hui tel le dernier rempart protégeant le repos éternel de cette princesse qui fut, dans la vie comme dans la mort, continuellement habitée par une profonde solitude.

---

1. Prince Harry, *Le Suppléant*, *op. cit.*

Aux yeux du comte Spencer, Diana a été l'une des plus illustres membres de cette famille aristocratique qui a donné bien des vies pour la Couronne. Le pont qui a été placé pour son inhumation est détruit aussitôt la cérémonie terminée. Tout un chacun doit pouvoir rendre hommage à la princesse des cœurs. Son frère fait construire à cet effet un mémorial aux allures de temple romain qui arbore le profil de Diana encerclé par deux plaques de marbre. L'une d'elles dévoile un extrait de l'oraison funèbre prononcée par le comte Spencer sur la chair de Westminster, mettant en exergue « l'extraordinaire et irremplaçable Diana, dont la beauté, aussi bien intérieure qu'extérieure, ne s'effacera jamais de nos esprits[1] ». La seconde grave à jamais certains des derniers mots publics prononcés par la jeune femme quelques semaines avant l'accident fatal. « Rien ne me procure davantage de bonheur que d'essayer d'aider les gens les plus vulnérables de la société. C'est un but et une part essentielle de ma vie, une sorte de destin. Quiconque est en détresse peut faire appel à moi. J'accourrai où qu'il se trouve[2]. »

Ce 6 septembre 1997 marque un tournant dans la vie du prince William. Rien ne sera plus jamais comme avant. Pour l'héritier en second de la reine Elizabeth, le moment est venu de dessiner avec courage son propre chemin jusqu'à son inéluctable destin royal, sans la présence réconfortante et délicate de sa magnifique maman.

---

1. Robert Lacey, *Guerre royale, mensonges et trahisons*, *op. cit.*

2. *Ibid.*

Partie II

UNE VIE APRÈS DIANA

9
Soudés envers et contre tous

Trois mois après ces grandioses funérailles à la hauteur de la vie publique extraordinaire de Diana, William et Harry sont attendus au palais de Kensington. Paul Burell, l'ancien majordome et confident de leur mère, les attend nerveusement. Les petits princes orphelins doivent affronter une nouvelle étape de ce deuil déchirant. Les appartements huit et neuf du palais, occupés jadis par la princesse, doivent être libérés. Bientôt, ils seront alloués à de hauts fonctionnaires de la Couronne. Avant qu'une équipe vienne vider complètement l'endroit, le prince Charles a demandé à ses fils d'indiquer les objets qu'ils pensent dignes d'être gardés, tels des vestiges de leur vie passée avec leur mère. Vider la maison d'un défunt est toujours une épreuve délicate remplie d'émotions. William et Harry ne font pas exception à la règle. Équipés de Post-it, ils vont et viennent d'un côté et de l'autre de chaque pièce. Rouge, à jeter ; vert, à garder. Extrêmement poli, William n'ose pas prendre la moindre des babioles qui décorent la dizaine de pièces que compte ce vaste appartement. « Puis-je prendre ceci ? répète-t-il à Burell. » Le majordome ne cesse de lui confirmer : « William, tout vous appartient ici. Vous pouvez prendre ce que vous voulez. Il n'y a pas besoin de demander ». Le jeune prince sélectionne des tapis, la télévision écran plat que lui avait offerte Diana trois semaines avant sa mort, des tentures murales Kilim qui sont les premiers cadeaux qu'elle lui a offerts.

Après les moments difficiles, William et Harry doivent se confronter aux dures réalités d'une vie qui se poursuit sans la présence de leur mère. Quatre jours seulement après l'inhumation de la princesse, les garçons font leur retour sur les bancs de leurs écoles respectives. William rentre à Eton sous le regard bienveillant du docteur Gailey. Harry revient à Ludgrove retrouver Gerald Barber qui l'aide à affronter la pénibilité de ces affreuses journées. La normalité de leur existence d'adolescents doit très rapidement reprendre pour leur offrir de meilleures conditions de deuil, mais tout leur rappelle Diana. Leur tante maternelle Sarah est très présente ces jours-là. Elle offre à Harry la Playstation que la princesse avait achetée à Paris pour son anniversaire le 15 septembre suivant. Charles les emmène aussi consulter un dentiste le 9 septembre, un rendez-vous pris plusieurs semaines plus tôt par Diana.

« Je veux vous dire combien nous avons été et sommes toujours extraordinairement émus et réconfortés par les réactions manifestées par vous tous après la mort de Diana. [...] Votre chaleur et votre soutien nous ont été d'une aide précieuse, confie le prince Charles le 19 septembre 1997 alors qu'il entame son discours devant des chefs d'entreprise et des représentants d'associations de Manchester. Et je suis incroyablement fier de mes enfants. Ils se sont comportés d'une manière remarquable et ont su affronter ces moments terriblement difficiles de leur existence avec énormément de courage et de dignité. [...] La disparition de Diana a fait naître chez eux un immense sentiment de perte et d'abandon que, pour ma part, je ne cesserai jamais d'éprouver. [...] Nous vous sommes tous trois énormément reconnaissants. Il est difficile de parvenir à vous exprimer ce que nous éprouvons mais j'espère y être, au moins en partie, parvenu ce matin[1]. » Trois semaines seulement séparent ces paroles émouvantes du prince de Galles et les funérailles de son ancienne et défunte épouse. Charles effectue sa première obligation publique depuis le tragique accident qui a chamboulé la vie de ses fils, failli renverser la monarchie et soufflé une onde de choc incomparable sur le monde. Le fils d'Elizabeth II se laisse exceptionnellement aller à quelques paroles profondément personnelles qui en étonnent plus d'un. L'épreuve de la mort de Diana passée, Charles va ensuite s'interdire toute allusion publique à la princesse de Galles. Ce discours, aussi profond soit-il, va passer relativement inaperçu. Le regard du public est ailleurs, seule la détresse des enfants de Diana préoccupe le peuple britannique.

Mes enfants d'abord !

Charles est devenu un père célibataire confronté à une solitude paternelle. La responsabilité de l'éducation de ses fils repose désormais entre ses mains. Le prince de Galles est un homme pudique qui a pourtant démontré plus d'une fois ses capacités de père aimant et dévoué. À sa manière, il inonde ses deux garçons d'un amour véritable sans sentimentalisme ô combien jugé vulgaire. La mère de ses enfants disparue, son importance dans la vie de William et Harry n'échappe pas aux Britanniques.

Les jours qui suivent la mort de Diana sont cruciaux dans la vie de père du prince Charles. Nous l'avons vu, il n'a pas hésité un seul instant à consacrer tout son temps pour aider ses fils à surmonter ce malheur. Voyageant en France, les réconfortant dans l'intimité des domaines royaux, se plaçant constamment à leurs côtés pour les soutenir, le rôle de Charles au plus funeste moment de la vie de ces adolescents de quinze et treize ans est crucial. Cette position de

1. Isabelle Rivère, *William d'Angleterre*, *op. cit.*

solide pilier ne s'écroule pas une fois la cérémonie des funérailles terminée. Charles va bien vite produire l'admiration du monde pour ses capacités à s'adapter en fonction des besoins de ses enfants.

Le prince de Galles annule ses rendez-vous et ses déplacements comme sa participation à la tournée d'adieu galloise du yacht royal *Britannia*. William et Harry sont bien trop fragiles pour être abandonnés le temps d'une croisière. Le père dévoué à ses enfants supplante le prince aux nombreuses obligations. Il les emmène se réfugier dans son bucolique domaine de Highgrove. Comme entre les murs de Balmoral, les télévisions et radios y sont d'abord proscrites. Tel un monastère ressourçant, Highgrove doit être propice à la réflexion et au calme fortifiant. La nanny Tiggy ne peut pas les laisser tomber et accepte la demande de Charles de les suivre dans le Gloucestershire. Désormais seule figure féminine, chérie telle une mère sans ce titre, la nourrice devient indispensable pour ces garçons aux cœurs détruits par le chagrin. Charles met toutes ses chances de son côté pour permettre aux jeunes princes de retrouver leur joie de vivre enfantine. Quelle personne est la mieux placée pour cette mission d'importance nationale ? Leur chère nourrice, bien sûr ! Tiggy les emmène chasser et pêcher. Elle leur prépare leurs déjeuners et les écoute quand l'horloge sonne l'heure des confidences. Charles fait de même. Il leur laisse le temps de se reposer en les guidant dans leurs activités quasi paysannes coutumières. Le jardinage est la meilleure cure réparatrice de l'esprit. Il trouve aussi les mots justes pour apaiser leur peine. Près de vingt ans plus tôt, il a perdu l'un des hommes les plus importants de son existence en la personne de Lord Louis Mountbatten. De son expérience du deuil, Charles a tiré des leçons qu'il transmet à ses fils.

Le prince de Galles fait tout pour contenter ses enfants. Depuis son divorce, Charles a fait de York House, une aile du palais Saint-James de Londres, sa résidence officielle.

Hormis les bureaux de ses équipes, York House est aussi une réelle maison d'habitation située à deux pas du palais de Buckingham. Il y fait aménager une salle de jeux et un salon aux allures de parfait écrin pour installer un écran géant. En plus des consoles de jeux, William et Harry peuvent profiter d'ordinateurs. Endeuillés, ils sont aussi des adolescents de leur temps attachés aux technologies dernier cri. Charles les emmène aussi à une représentation de Dame Edna Everage, un comique travesti dont il apprécie l'humour potache. En décembre 1997, ils se présentent à la première londonienne du film *Spice World* qui revient sur la vie des Spice Girls. Comme tout adolescent britannique, William et Harry sont des admirateurs absolus du groupe pop le plus populaire du moment. Pour leur faire plaisir, Charles va même jusqu'à les inviter à une fête organisée à Highgrove pour les princes et leurs camarades d'Eton en avril 1998. Charles imite l'habitude de Diana d'exaucer les rêves de ses fils pour leur faire oublier la noirceur du monde des adultes.

Charles a toujours été proche de ses enfants. Le personnel se souvient encore de ce prince père adaptant son agenda pour passer du temps à jouer avec ses fils ou pour rater le moins possible le rituel du bain et du coucher. En grandissant, William se rend bien compte de l'importance de son père dans ces journées endeuillées. « On s'entend vraiment bien, Harry, mon père, et moi, déclare-t-il à vingt-deux ans. Nous sommes très liés. Il y a des désaccords, bien entendu, comme dans toute famille, et ce sont parfois de gros désaccords. Mais lorsque nous sommes heureux, nous le sommes vraiment[1]. » Le trio de Galles est né. Ensemble, ils disposent de toutes les ressources nécessaires pour affronter les tempêtes à venir. Le jeune prince continue en évoquant les efforts de son père pour leur offrir une vie plus facile.

---

1. Sally Bedell Smith, *Elizabeth II*, *op. cit.*

« Il fait tellement de choses incroyables, j'aimerais seulement que les gens le voient davantage, parce qu'il a traversé une période très difficile et pourtant il s'est accroché et est toujours resté très positif[1]. » Reconnaissant, admiratif, fier, William a un amour infini pour la figure paternelle qui le guide à travers toutes les épreuves de sa vie. En sa compagnie, il arrive à se détendre. Charles n'est jamais le dernier à faire preuve d'humour. Il a hérité de la reine un don d'imitation qui amuse beaucoup Will.

Père et fils se trouvent même des points communs. Leur passion canine les lie. Depuis les années 1970, le fils d'Elizabeth II a possédé une dizaine de jack russel terriers. Ces petits chiens au poil ras font le bonheur de cet homme amoureux de la nature. La reine a ses corgis, le prince de Galles possède ses jack russel terriers. Dans les années 1990, sa chienne préférée Pooh a même fait tragiquement la Une des journaux britanniques en disparaissant suite à une balade dans la lande de Balmoral. Pour aider William à surmonter la mort de Diana, il lui offre son premier chien à la fin de l'année 1997. Cette femelle Labrador noir nommée Widgeon répare peu à peu le cœur déchiré de l'adolescent en lui apportant cette joie qui manque à son quotidien envahi d'une mélancolie extrême.

À son retour à Eton, William doit faire face à une avalanche de condoléances. Plus de six cents lettres lui sont adressées, de camarades qui, pour la plupart, lui sont totalement inconnus. Le jeune homme reçoit aussi quantité de cadeaux d'anonymes qui se sentent concernés par sa profonde tristesse. L'etonien devient pudique et se renferme un temps sur lui-même. Il oublie un instant sa mélancolie lorsque Harry le rejoint à Eton le 2 septembre 1998, un peu plus d'un an après la mort de la princesse de Galles. Quand vient son seizième anniversaire, il accorde sa première interview

1. Joanny Moulin, *Elizabeth II*, *op. cit.*

depuis la mort de sa mère. Cette parenthèse médiatique n'est pas propice aux confidences. Encore particulièrement traumatisé par la relation tourmentée et dévastatrice de Diana avec les médias, il ne répond à aucune question qui concerne sa vie personnelle.

Quand il rentre à la maison les week-ends de permission, il retrouve son père et son frère et laisse s'épanouir sa nature profonde, celle d'un jeune homme à la personnalité affirmée et amoureux de la vie. Le deuil est nécessaire, mais la mémoire de Diana demeure. Charles fait installer de nombreux portraits de la regrettée princesse à York House, qui rappellent constamment son héritage. Le prince de Galles s'engage ainsi à respecter les règles éducatrices qu'ils ont constituées à deux. Le trio princier passe en fait la majeure partie de son temps dans ce qu'il considère comme sa véritable maison : Highgrove.

La demeure est située non loin de celle de Hugh et Emilie van Cutsem. Parents de quatre fils, dont les deux derniers sont du même âge que le prince William, les fils de Charles passent de nombreux après-midi à leurs côtés. William, Harry, Nicholas van Cutsem et William van Cutsem forment un joyeux quatuor qui ravage les propriétés de leurs parents. De l'aveu même du prince Harry, leur activité favorite consiste à se battre « en donnant à leurs mêlées des noms de batailles historiques. [...] Un ouragan de coups de pied et de coups de poing s'abattait ; je tapais, j'étranglais, j'écartelais l'ennemi à tout-va[1] ». Cet épisode illustre un changement profond dans la relation fraternelle entre les deux orphelins. Précédemment bienveillants l'un envers l'autre, William et Harry deviennent bagarreurs. Toute occasion est propice à l'attaque de l'un et à la riposte de l'autre. Un profond mal-être hérité de cette nuit estivale d'accident mortel habite leurs esprits torturés. « Quand il

1. Prince Harry, *Le Suppléant*, *op. cit.*

n'y avait pas d'autre garçon dans les parages, pas d'ennemi commun contre lequel se liguer, Willy et moi nous en prenions l'un à l'autre, avoue le prince Harry dans ses fameuses mémoires. Ça se produisait la plupart du temps sur la banquette arrière de la voiture, quand papa nous emmenait quelque part. À la campagne, par exemple. Ou à la pêche au saumon [*sic*][1]. » Les princes doivent faire face à la première déchirure abîmant leurs liens fraternels si puissants.

L'aristocrate anglais

4 août 1998. Le Royaume-Uni célèbre une nouvelle fois sa reine mère. Elizabeth Bowes-Lyon fête ses quatre-vingt-dix-huit ans. En cette journée si spéciale, toutes les générations de la famille royale se rassemblent à Clarence House, la résidence officielle de la vieille dame. William ne manque pas ce rendez-vous. Laissant se dessiner sur son visage un large sourire, il accompagne son arrière-grand-mère qui décide de saluer la foule massée devant le portail de la résidence en son honneur. Onze mois se sont écoulés depuis la disparition de la princesse de Galles. Une période au cours de laquelle William n'a pris part à aucune obligation publique. Il a profité d'une relative tranquillité lui permettant de se concentrer sur ses études et de profiter de moments familiaux participant à sa guérison du cœur. Le deuil n'est pas achevé quand il doit effectuer sa première apparition officielle. Les Britanniques sont ravis de retrouver leur jeune prince à la joie de vivre communicative.

Par-dessus tout, la personnalité de cet adolescent en manque de repères maternels s'affine. William renforce petit à petit son attachement à sa famille paternelle. Le prince aime le style de vie simple, attaché à la terre et particulièrement bourgeois des Windsor. S'il ne trouve aucun

1. *Ibid.*

intérêt à se rapprocher des membres instables des Spencer, il se découvre un véritable esprit de famille digne des proches d'Elizabeth II. Contre l'adversité, les membres de la famille régnante ont tendance à resserrer leurs rangs pour l'affronter ensemble, tout en protégeant chacun d'entre eux. Famille, devoir et Couronne, telle est la devise qui dicte chaque action de ces royaux personnages. William s'inscrit parfaitement dans cette logique qui sied à ravir à son tempérament protecteur, discret et modeste.

Will fête ses dix-huit ans le 21 juin 2000. Désormais responsable de ses actes devant la loi, il est très excité à l'idée de célébrer cette majorité nouvellement gagnée. Cependant, la tradition royale privilégie la célébration du vingt et unième anniversaire. À cet âge, les membres de la famille royale voient véritablement le nombre de leurs obligations augmenter. Pour ses dix-huit ans, William doit se contenter d'un dîner en famille. Avec cet anniversaire, il obtient le droit de faire usage de son prédicat d'Altesse royale. Mais l'humilité l'emporte sur une quelconque velléité de supériorité sociale. Les révérences et les distinctions pompeuses ne sont pas en phase avec les idéaux de normalité dont il a hérité de sa mère. Quoi qu'il en soit, l'attention du Palais est ailleurs en cette année qui marque l'avènement du troisième millénaire. Le bal des anniversaires royaux est lancé par le prince Andrew à l'occasion de ses quarante ans. Le 4 août, *Queen Mum* fête ensuite ses cent ans. Un programme de festivités publiques a été imaginé pour célébrer l'événement. Deux semaines plus tard, sont marqués les soixante-dix ans de la princesse Margaret. Entre-temps, la princesse Anne a fêté ses cinquante ans. En ces temps de crise économique, au détriment des dix-huit ans de William, ces anniversaires mémorables sont privilégiés. Néanmoins, le Royaume-Uni n'oublie pas l'entrée dans le monde des adultes de son héritier en second. Le Crown Agents Stramp Bureau publie trente-six timbres retraçant la vie du prince William. Quand les Britanniques découvrent ces magnifiques timbres, un élément n'échappe pas aux plus observateurs d'entre eux : la figure de Diana n'est présente sur aucun des trente-six portraits. L'institution est-elle coupable d'affront à sa mémoire ? Loin de là ! Cette absence doit éviter un quelconque mal-être pour cette journée de fête. Buckingham a souhaité préserver la santé des orphelins. Trois années seulement se sont écoulées depuis l'accident de la route aux conséquences tragiques. Les moindres détails de cet épisode sont encore extrêmement vifs dans l'esprit des deux frères.

Charles perpétue les traditionnelles vacances hivernales en Autriche ou en Suisse. Le prince de Galles aime tout particulièrement passer du temps avec ses fils qui grandissent. Il s'impose tel un guide dans leurs vies d'adolescents tourmentés. Le 30 mars 2002, le trio princier profite donc des pentes enneigées de la station suisse de Klosters. Père et fils apprécient tout particulièrement le ski. Cette passion renforce leurs liens déjà très étroits, leur permettant ainsi de s'armer convenablement contre l'adversité. Ce jour-là, ils apprennent la mort de la reine mère qui était sur le point de fêter ses cent deux ans. Charles est dévasté. Ils mettent aussitôt fin à leur séjour et rentrent en Angleterre. Avant de monter dans l'avion, le prince de Galles avoue : « J'ai toujours cru qu'elle était éternelle. Elle était tellement irrésistible. Je l'adorais depuis mon enfance. C'était la plus merveilleuse grand-mère que l'on puisse avoir[1]. »

Il vient de perdre l'une des personnes les plus importantes de sa vie. *Queen Mum* avait toujours su se montrer présente pour son petit-fils. Elle était la seule à véritablement comprendre sa sensibilité. Soutien de tous les instants, elle l'a défendu au sein d'un clan qui prenait bien souvent parti contre lui. Charles a épaulé ses fils au moment de la

1. Bertrand Meyer-Stabley, *Majesté. Le règne d'Elizabeth II*, Paris, Pygmalion, 2022.

disparition de Diana. Désormais, c'est à William et Harry qu'incombe le devoir de réconforter et soutenir leur père anéanti. Will a été très proche de son arrière-grand-mère. Il aimait ces après-midi passés autour d'une tasse de thé à l'écouter raconter les nombreuses anecdotes attachées à sa longue vie.

Les funérailles d'État se tiennent le 9 avril suivant en l'abbaye de Westminster. Jamais la tristesse du prince Charles n'a été aussi visible. William et son frère marchent à ses côtés, au son de *Nimrod* d'Elgar, derrière le cercueil flanqué de l'étendard personnel de l'ancienne souveraine. Ils n'ont jamais pensé devoir à nouveau marcher au pas derrière un affût de canon en guise de corbillard. Comment ne pas repenser à ce 6 septembre 1997 ? Le trajet du cortège, les regards compatissants des curieux, le claquement des talons des soldats, le martellement des sabots des chevaux… Tout rappelle à William cette si difficile épreuve qu'il a dû affronter avec courage, à une différence près : cette fois-ci, son regard se perd vers l'horizon. Du haut de ses dix-neuf ans, il dispose de la maturité nécessaire pour surmonter ce terrible obstacle émotionnel. Dans une interview hommage à la défunte reine mère, les deux frères y vont de leurs propres anecdotes sur cette vieille dame qui avait « un jeune sens de l'humour ». Il raconte ainsi comment ils lui ont appris à imiter Ali G, ce personnage parfois vulgaire incarné par Sacha Baron Cohen que les adolescents des années 2000 s'arrachent. « Elle a vu Ali G claquer des doigts et dire "*Respec*", et Harry et moi lui avons montré comment faire », raconte William. Harry poursuit en disant : « C'était à la fin d'un repas, elle s'est levée et a dit à la reine : "Chérie, le déjeuner était merveilleux – respect", et a claqué des doigts. » Toute la famille royale se serait laissée aller à un fou rire incontrôlable. William a même tenté de lui apprendre à se familiariser avec la vie moderne. « On m'a donné un téléphone portable pour Noël et je le lui ai montré. Je l'ai invitée à appuyer sur quelques boutons et il n'arrêtait pas de clignoter, jusqu'à ce qu'elle le pose et dise : "Je pense que je ferais mieux de te le laisser." »

Quand Charles et ses fils sont de retour à Klosters trois ans plus tard, ils ne sont plus les mêmes hommes. Ces vacances ont des airs de pèlerinage en mémoire de *Queen Mum*. Le prince de Galles pense à sa si chère grand-mère, tandis que William et Harry ne cessent de se remémorer les moments passés avec leur mère. Leur état d'esprit est fragile, laissant transparaître une irritabilité bien étonnante pour ces hommes habitués à contenir leurs émotions. Pour éviter une quelconque chasse à l'image au cours de leur séjour, les Galles ont pris l'habitude d'accorder une unique séance photo aux journalistes qui campaient aux abords de la station. Charles s'installe entre ses fils et leur confie : « Je déteste faire cela, foutus personnages ! » Sans qu'il ait songé un seul instant que des micros ont enregistré ses propos, sa haine des médias se retrouve à la Une de tous les journaux du pays. La mésentente entre les tabloïds intrusifs et la famille royale perdure encore et toujours. « Papa n'aimait pas le Mur – c'était de notoriété publique –, mais Willy et moi l'avions carrément en horreur[1]. » Le Mur, ce surnom est explicite et correspond bien au traumatisme des frères qui font face à un peloton constitué par des journalistes armés de leurs appareils photo.

L'adolescent William grandit avec une profonde conscience de ses devoirs royaux. Elizabeth II veille au grain. Elle continue à le recevoir chaque dimanche, lui enseignant son propre savoir sur le difficile « métier de roi ». Se concentrer sur son futur rôle de monarque s'avoue être une parfaite échappatoire pour ce prince endeuillé en proie à la mélancolie. William aime la délicatesse d'esprit

1. Prince Harry, *Le Suppléant*, *op. cit.*

dont fait preuve sa grand-mère pour le former patiemment à sa position à venir. « Elle ne va pas forcément vous imposer son opinion, confie-t-il quelques années plus tard à Robert Hardman. Elle va plutôt vous laisser y arriver seul, toujours là pour répondre à une ou deux questions, quel que soit le sujet qui vous préoccupe. Mais, sans doute comme elle a dû le faire elle-même, elle est plutôt d'avis que chacun doit se faire sa propre idée, qu'il n'y a pas de règles établies. C'est à vous de trouver la réponse. De faire ce qui vous semble juste[1]. »

Prince du Royaume-Uni équilibré, William ne demeure pas moins un adolescent attaché aux futilités des gens de son âge. William devient un aristocrate britannique désireux de perpétuer les traditions liées à son statut. Le prince apprécie tout particulièrement la chasse, le sport national de cette catégorie sociale aisée. Will est un jeune homme qui préfère la quiétude des domaines royaux aux séjours hivernaux mouvementés. Surtout, le prince se sent à son aise entre les murs de Highgrove.

Le domaine paternel devient le refuge favori de ces grands enfants en proie aux bêtises plus ou moins graves. Le prince de Galles connaît le manque de repères de ses fils depuis le décès tragique de leur mère. Il leur accorde la création dans les sous-sols de Highgrove d'un lieu unique qui n'appartient maintenant qu'à eux. Les garçons le nomment le « Club H ». Quand les tabloïds apprennent son existence, ils imaginent que la lettre H correspond à la première lettre du prénom Harry. La déduction qui s'ensuit accorde à tort la création de ce club au cadet des princes. En réalité, cet espace de la vieille bâtisse dévoué aux activités des princes est le fruit des exigences de William. « Les gens pensaient souvent que le H signifiait Harry, mais en réalité c'était le H de Highgrove[2]. » Situé dans une cave

1. Robert Lacey, *Guerre royale, mensonges et trahisons*, *op. cit.*

2. Prince Harry, *Le Suppléant*, *op. cit.*

conçue pour être un abri antiaérien sécurisant les lieux, il se divise en deux pièces dévouées aux plaisirs des princes. « Nous avions confortablement aménagé notre repaire avec des éléments de mobilier chipés ici et là dans les diverses résidences royales, nous décrit le prince Harry. Un tapis persan, des canapés rouges du Maroc, une table en bois, un jeu de fléchettes électrique. On avait aussi installé une énorme stéréo. Le son n'était pas génial, mais puissant. Dans un coin, une desserte à bouteilles, bien fournie, là encore grâce à d'astucieux emprunts, de sorte qu'il flottait en permanence une légère odeur de bière et d'autres alcools – qu'un gros ventilateur en bon état de marche compensait toutefois en laissant filtrer de l'extérieur une odeur de fleurs. L'air frais des jardins de papa, aux senteurs de lavande et de chèvrefeuille, était constamment brassé dans la pièce[1]. » Les rejetons d'aristocrates sont nombreux à être conviés dans l'antre des petits-fils d'Elizabeth II où les adultes n'ont pas leur place. Offrant aux lieux des allures de garçonnière et de boîte de nuit privée, William et Harry laissent libre cours à leurs envies débridées de jeunes gens de leur âge. Les morceaux de Bob Marley, Fatboy Slim ou encore DJ Sakin animent les jeunes hommes qui se donnent des airs de garçons branchés. Pour William, le Club H est le lieu idéal pour évoquer ses préoccupations. Le souvenir de maman Diana pèse dans son esprit. Pour achever son deuil, il a besoin de s'exprimer, mais Harry n'a pas sa maturité. Sa jeunesse a créé un traumatisme plus sévère chez ce jeune prince aussi fragile que le fut sa défunte mère. La Couronne leur laisse la possibilité de vivre librement la fin de leur enfance, abandonnant pour le moment toute représentation officielle régulière. Les frères sont des adolescents normaux, et le revendiquent, mais à condition de ne pas franchir une certaine limite.

1. *Ibid.*

Dans l'intimité du Club H, Harry se livre à une vie de mauvais garçon qui s'oppose au sérieux public de son frère. Désormais âgé de dix-sept ans, William boit souvent plus que de raison de sa boisson préférée : le vin rouge. Le bordeaux et les vins australiens – Commonwealth oblige – ont ses faveurs. Dans les bars d'Eton ou accoudé au Rattlebone Inn de Sherston près de Highgrove, il retrouve souvent ses amis, se laissant aller à quelques soirées arrosées gardées secrètes par la sphère privée. La presse respecte son héritier. Ces soirées festives sont aussi régulières que celles de n'importe quel étudiant populaire et studieux. Chez William, l'excès n'a pas sa place. Il est parfaitement conscient de sa position et connaît les conséquences que de tels actes peuvent avoir sur l'image publique de sa famille. Harry n'est pas affublé de la même pression. Le suppléant ne régnera jamais et le fait comprendre par un comportement outrancier. Les tabloïds n'hésitent pas à couvrir les frasques du cadet du prince Charles. Le 13 janvier 2002, *News of the World* révèle l'existence du Club H par un titre qui va durement entacher l'image de petit prince sage dont bénéficiait jusqu'ici Harry. Il est révélateur d'une affaire qui sera réfutée avant d'être confirmée quelques années plus tard. « Harry : le scandale de la drogue. » Le prince s'adonnerait à quelques beuveries et séances de consommation de marijuana dans la discrétion du Club H. Alcoolique et drogué, le prince est loin d'être reluisant. Charles est furieux. Il réagit en conduisant son toxicomane de fils dans un centre de désintoxication le temps d'une journée. Harry discute avec les patients qui lui confient leurs expériences désastreuses avec la drogue. Le père veut effrayer le fils par cette séance ambulatoire choc, en vain. Au côté de ses acolytes, le mauvais garçon continue longtemps sa consommation d'alcool, de marijuana et de cannabis. Il faut attendre la publication de ses mémoires pour voir quelques remords chez ce prince à l'adolescence si tourmentée. Il se souvient du « regard horrifié de Willy[1] » lorsqu'il le prenait en flagrant délit de tirage de joints. Harry avoue finalement ses regrets tout en justifiant son action par la copie mécanique et ridicule du comportement de ses amis. Rien ne pouvait éviter cette consommation illicite à ses yeux.

L'épisode médiatique de Harry le junkie marque finalement l'adolescent. La presse à scandale s'attaquant à ses mauvaises habitudes, le mauvais garçon se positionne en victime et ne comprend pas cet acharnement. Son frère aîné est lui aussi l'organisateur privilégié de soirées arrosées pour une bande d'amis fidèles. Le Club H a vu bien des événements festifs organisés par chacun des frères. Pourtant, bien qu'il n'ait jamais été consommateur de drogues, les tabloïds n'évoquent jamais les beuveries du prince William. Il sermonne son petit frère et se retient de tout soutien public en sa faveur. Le suppléant en veut à l'héritier. S'estimant être une parfaite victime sacrifiée pour protéger l'image du futur roi, Harry ne conçoit pas sa position de vilain petit canard des Windsor. Un silence assourdissant résonne de longues semaines entre les deux frères. Finalement, William fait le premier pas réconciliateur. Cette première grande dispute laisse présager des tensions futures auxquelles les Windsor devront faire face envers et contre toute situation.

Sex-symbol d'une génération

« Il est riche, il est beau et c'est un prince, qu'est-ce que vous voulez de plus ? » Ainsi s'enthousiasme une jeune adolescente au micro de CBC, la BBC canadienne, en cette fin de mois de mars 1998. William est sur le point de fêter ses seize ans lorsqu'il effectue auprès de son père et de son frère son premier voyage officiel depuis la mort de Diana. Pour cet événement majeur dans sa vie publique de prince

1. *Ibid.*

du Royaume-Uni, Will traverse l'Atlantique pour atterrir au Canada. Ce royaume lointain de Sa Majesté oscille entre monarchisme et républicanisme. Régulièrement, la famille royale est dépêchée par le gouvernement pour galvaniser la ferveur de ses sujets indécis. Pour s'assurer l'amour du peuple canadien pour sa monarchie, les ambassadeurs de l'institution sont les membres les plus populaires des Windsor. Dans ce contexte politique tendu, Charles et ses fils se rendent sur ces terres marquées par la douceur d'un printemps canadien. Les dates de ce périple au nom d'Elizabeth II n'ont pas été choisies au hasard. Les frères sont en vacances scolaires. Charles connaît l'importance de l'école dans leur processus de deuil. Il n'a aucunement l'intention de les priver de ces journées de cours, quelle que soit l'obligation officielle qui s'impose à eux.

Sur le sol canadien, une foule immense attend le trio chéri des Windsor. Parmi les milliers de curieux qui se pressent derrière des centaines de barrières de sécurité se trouve un grand nombre de jeunes filles. D'une seule voix, elles scandent le nom du fils aîné de Diana. Le Canada n'a d'yeux que pour ce garçon à la fleur de l'adolescence. Charismatique, élégant, charmant, les qualificatifs ne manquent pas pour décrire les atouts du jeune prince. Face à la ferveur des foules, William se prend au jeu de son rôle public. Il se souvient forcément des manières simples de sa maman princesse. Marchant sur ses pas, il fait preuve d'une humanité, d'une humilité et d'une accessibilité déconcertantes. Will se mêle à la foule, serre des mains, sourit aux inconnus, blague sans retenue avec de jeunes Canadiens, pose devant les photographes. Bref, il devient la star de ces quelques jours canadiens. Un Bombers typique des *high schools* du pays aux couleurs des équipes olympiques canadiennes lui est offert. Il l'enfile gaiement et visse sur sa tête une casquette assortie qu'il porte à l'envers. Relooké, il ne résiste pas à enchaîner quelques pas de hip-hop, démontrant aux jeunes de sa génération son attachement à ce genre musical populaire.

L'une des spectatrices des talents du prince charmant témoigne son admiration. « Il n'est ni snob ni condescendant, comme peuvent l'être certaines vedettes de cinéma, raconte-t-elle à CBC. Il ne porte pas de lunettes de soleil, se comporte normalement. Exactement comme le faisait sa mère. » La Willmania s'est emparée des cœurs canadiens. Ce séjour est formateur pour le fils aîné du prince Charles. Il se rend compte de son sex-appeal auprès de *fan girls* en délire. Comparé régulièrement à sa mère, William se montre digne héritier des pratiques populaires de la princesse. Sa confiance en lui progresse et l'aide à avancer dans ce parcours royal qu'il dessine progressivement.

Idole d'une génération, William fait régulièrement la couverture des magazines pour adolescents populaires à l'instar des plus grandes pop stars de son époque. Le prince est décontenancé face à ce nouveau statut acquis malgré lui. Pour quelles raisons les adolescentes du monde se prennent-elles de passion pour lui ? À ses yeux, le mystère est entier. Il ne décèle en lui aucun charme tapageur digne de Ricky Martin ou de Leonardo DiCaprio. En 1998, il se voit même décerner le prix de l'homme le plus désirable du monde par le magazine *Smash Hits*. Désintéressé par son rang de personnalité préférée des douze-seize ans, Will n'est pas pour autant insensible au charme de la gent féminine.

Du haut de ses seize ans, le prince aime les filles, et le montre. La libido de l'adolescent en pleine puberté se réveille. Il commence à s'afficher au bras de jeunes filles à la beauté resplendissante. Rose Farquhar est l'une des premières à voir son portrait s'afficher dans les tabloïds avec la désignation de « petite amie princière ». Fille du capitaine Ian Farquhar, maître d'équipage à Beaufort, Rose fréquente le petit-fils d'Elizabeth II durant quelques mois de 1999. La même année, Charles emmène ses fils profiter de vacances ensoleillées sur le yacht de son ami, le milliardaire grec John Latsis. Le père de famille autorise ses enfants à inviter quelques amis. Quelle n'est pas sa surprise lorsqu'il découvre au dernier moment une compagnie exclusivement féminine pour William ! Tout en désapprouvant le comportement de plus en plus irritant de son fils, le prince de Galles accueille ces jeunes filles sur le bateau. Will invite aussi régulièrement des amis au palais Saint-James sans prévenir la figure paternelle. Il se plaint souvent de la présence trop importante de gardes du corps dans sa vie. Il refuse aussi de rendre des comptes sur ses sorties. Il insiste auprès de son père pour fêter ses dix-huit ans au Hot Rocks, un modeste restaurant qui a la particularité de laisser ses clients cuire eux-mêmes leur viande. Charles consent malgré tout à lui offrir une moto. « Ma passion pour la moto inquiète mon père, avoue William. Pour autant, il ne souhaite pas m'élever dans un cocon. Puisqu'il faut bien vivre, autant y aller de bon cœur. Là-dessus, rien ne me fera changer d'avis[1]. » Fréquentant les bars londoniens comme le K-Bar sur Fukham Road ou le JaK's sur Lower Street, il rentre parfois éméché après la soirée arrosée qui l'a mené jusqu'au bout de la nuit. Il faut dire que William est bien entouré. Sa bande d'amis se compose d'Edward et de William van Cutsem, ses voisins de Highgrove, Edward Plunkett-Ernle-Erle-Drax, une complice de toujours, Harry Legge-Bourke, frère cadet de nanny Tiggy, Andrew Charlton, fils d'un conseiller juridique auprès d'un grand groupe bancaire, et Johnny Richard qui partage sa passion du rugby. Il est aussi proche de son cousin Peter Phillips qui n'est pas le dernier à s'inviter aux fêtes princières. Aucune once de machisme n'est détectée dans la personnalité du jeune homme. Il accorde bien volontiers sa profonde amitié à quelques jeunes femmes. Lady Iona Douglas-Home ou

1. Katie Nicholl, *William in Love*, *op. cit.*

encore Lady Sybilla Rufus Issacs, fille du marquis de Reading, comptent parmi ses plus fidèles alliées. Il apprécie leur intelligence, leur charme, leur discrétion et surtout leur capacité à trouver en chaque fête le moyen de s'amuser.

Le prince fait sa crise, au grand dam d'un père désemparé. Doit-il sévir au risque de froisser ce garçon qui tente de se construire en l'absence de mère ? Doit-il le laisser vivre son existence sans aucune protestation au risque d'en faire un adolescent capricieux ? La complexité de ce dilemme ne s'arrange pas en l'absence de la si adorée *nanny* Tiggy. En 1999, elle quitte ses fonctions pour se concentrer sur sa propre vie. Elle part épouser Charles Pettifer, un officier des Coldstream Guards. Les garçons sont désormais en âge de grandir sans nourrice. Aidé de ses parents, Charles est quasiment seul pour gérer l'éducation de ses fils.

Quand le devoir s'impose

Ces « écarts » de conduite sont inévitables pour permettre à tout enfant qui s'apprête à faire son entrée dans l'univers des adultes d'évoluer. William est attaché à sa liberté vis-à-vis de l'oppression parentale. Le fils aîné du prince Charles lance un message sans équivoque : que chacun le laisse vivre en paix, sans explications. Ses relations amoureuses et amicales, ses sorties nocturnes, ses habitudes d'adolescent joueur et rieur ne doivent faire aucunement l'objet de commentaires de la part du Palais, de son père, et pas même de sa grand-mère. Elizabeth II et Charles sont tolérants. Ils veulent en faire un héritier à l'esprit stable, au tempérament affirmé et à la conscience tranquille. Ils savent que ce résultat ne peut être atteint sans éviter l'étape de la contestation adolescente. William est libre, mais sans jamais outrepasser les limites de son rang.

Le prince continue à fréquenter sa royale grand-maman qu'il admire et adore. À ses côtés, il prend conscience de l'importance de la monarchie. Sa vie est déjà faite de sacrifices, de devoirs et d'obligations envers la Couronne. Il écoute la reine lui raconter nombre d'anecdotes qui illustrent la complexité de la charge qui l'attend. Le mariage refusé à la princesse Margaret avec Peter Townsend au début des années 1950, le désastre du documentaire *The Royal Family* en 1969, les différentes crises diplomatiques et politiques auxquelles elle a été confrontée au cours de son règne… autant d'exemples qui justifient la dure réalité du « métier de roi ». Le prince William en tire une leçon de conduite : la Couronne ; d'abord et toujours la Couronne.

La maturité du second prince héritier d'un trône ancestral fait la fierté de sa grand-mère. Charles se place néanmoins en rempart. Pour lui permettre de se former et de grandir en toute sérénité, il refuse que lui soient livrés comme à la reine les documents officiels *via* les célèbres *Red Boxes*. Il refuse aussi qu'il s'adonne trop tôt à l'éternel exercice des inaugurations. Pour l'aider dans sa tâche, Charles recrute une assistante personnelle pour son fils en la personne de Ruth Clarke. La jeune femme est chargée de trier les demandes d'obligations publiques, d'organiser son agenda et de rédiger son courrier. Un nouveau garde du corps est également engagé. Mark Dyer est un ancien écuyer du prince Charles. Il crée des liens étroits avec les deux princes au point de devenir leur confident. Lui seul est capable de contenir l'arrogance et l'autoritarisme dont peut parfois faire preuve le jeune William. Mais les rêves du soldat d'élite sont ailleurs. Dès 2000, il entame une carrière inattendue dans le commerce et la restauration. S'il ne travaille plus pour la famille royale, Mark Dyer garde cependant contact avec les deux frères, entretenant cette rare amitié.

Aussi libre, borné et mûr qu'il soit, William ne peut échapper à certaines obligations. Le 15 avril 1999, il se rend seul en la cathédrale de Bayswater à Londres. En sa qualité de parrain du nouveau-né, il est attendu par l'ancienne famille royale de Grèce qui célèbre le baptême du prince Constantin Alexis. Le fils du prince héritier Paul de Grèce s'apprête à faire son entrée dans l'Église orthodoxe. Quelques jours avant la cérémonie, William a subi une opération suite à un doigt cassé au cours d'un match de rugby à Eton. C'est avec l'avant-bras gauche plâtré qu'il pose devant les photographes aux côtés des autres parrains de l'enfant tels que Felipe d'Espagne, Victoria de Suède, Frederik de Danemark, ou encore Dimitri de Yougoslavie. William représente les liens étroits qui unissent les maisons de Grande-Bretagne et de Grèce. L'ancien roi grec Constantin II est lui-même parrain du prince William. Quant au prince Charles, il compte parmi ses innombrables filleuls le prince Paul et la princesse Maria Olympia de Grèce. La tradition est respectée. Will est fier de cette confiance qui lui est attribuée en devenant l'un des guides spirituels du dernier héritier de la Couronne déchue de Grèce. Ce baptême est une étape charnière dans sa vie. Ce jour-là, il assure son premier engagement officiel en solo. L'enfant de Charles et Diana a bien grandi. Il est désormais un jeune homme qui étonne le monde par son assurance en toutes circonstances, dévoilant des épaules suffisamment solides pour soutenir le poids de ses obligations. Faisant honneur à ses devoirs envers la Couronne, le prince William gagne en popularité et entretient l'attachement des Britanniques envers leur monarchie.

10

Un thé de bienvenue

Quand survient l'annonce de la disparition tragique de la princesse de Galles, les premières pensées du prince Charles vont à ses fils, ses secondes s'adressent à Camilla. Elle est l'une des premières personnes à apprendre la funeste nouvelle. Charles prend son téléphone et l'appelle, tout en décompressant par une longue marche dans la lande de Balmoral. Il cherche désespérément des paroles réconfortantes. Depuis leur rencontre en 1970 aux abords d'un terrain de polo, Camilla a toujours su trouver les justes mots capables de soutenir, de comprendre et de guider le prince indécis. La disparition de Diana rendue publique, une vague de tristesse déferle sur le monde.

L'émotion populaire va de pair avec une haine farouche contre « l'autre femme » du prince Charles. Face à l'inimaginable, les Britanniques cherchent un bouc émissaire capable d'endosser un impressionnant déferlement de ressentiments. Camilla craint pour sa réputation et même pour sa vie. Elle se cache à Ray Mill House, sa demeure du Gloucestershire dont elle a gardé la propriété après son divorce de Andrew Parker Bowles en 1995. Charles comprend bien vite l'étiquette dont est affublée la femme qu'il a toujours aimée, mais il ne peut la protéger davantage que par un assourdissant silence public. Le déploiement d'un service de sécurité est purement inconcevable. Les Britanniques n'envisageraient jamais de participer au financement d'une telle opération. Camilla se terre et conseille à son amant de se concentrer sur ses enfants. Déjà mère de Tom et Laura Parker Bowles, Camilla comprend les besoins et les obligations de son cher amour. L'image publique de la « briseuse de ménage » est une autre question qui devra être réglée une fois l'incontournable deuil national terminé.

« J'étais tremblante comme une feuille... »

Le prince Charles est un homme paré à toute épreuve en cette fin de décennie 1990. Enfant introverti, jeune étudiant manquant de confiance en lui, Don Juan des Windsor puis époux malgré lui, sa vie est ponctuée de tempêtes qu'il a affrontées péniblement pour sauvegarder son image d'héritier de la Couronne. De son mariage avec la princesse Diana, il est sorti grand perdant. La série d'attaques médiatiques à laquelle se sont livrés les époux a eu raison de la popularité du fils d'Elizabeth II. La guerre des Galles s'est achevée dans les larmes et la peine. Le dénouement tragique de ce long épisode semé de trahisons, d'accusations et de diffamations de part et d'autre des deux camps marque à jamais les esprits. Charles doit désormais tourner définitivement la page de ce terrible chapitre. Le père de famille pense à protéger ses fils des difficultés de notre monde, mais pas seulement. L'heure est venue aussi de penser à lui.

En juin 1998, William est à Eton. Le jeune garçon pense davantage à passer des moments agréables en compagnie de son groupe d'amis. S'amuser pour éviter de penser. S'occuper pour oublier. Sa méthode fonctionne. Will redevient progressivement ce garçon plein de vie que le monde aime admirer. Nous sommes à une semaine de son seizième anniversaire lorsqu'il prend son téléphone et informe son père qu'il sortira plus tôt d'Eton ce soir-là et qu'il a l'intention de passer très rapidement à York House se changer avant de sortir au cinéma avec ses amis. Charles comprend au plus profond de lui que le grand moment tant redouté depuis toutes ces années est arrivé.

Camilla patiente en silence en attendant que se termine la conversation téléphonique de Charles avec son fils. En entendant la nouvelle de l'arrivée imminente de William, elle panique. Vite, il faut partir. Si William et Harry se doutent bien de la vie parallèle que mène leur père, ils n'ont encore jamais été confrontés à Camilla. Quand les garçons sont à Eton, l'amante du prince Charles vit une partie de la semaine à ses côtés. Les murs de York House et Highgrove sont propices à garder leur relation dans le secret des résidences royales. Elle commence à rassembler ses affaires pour partir le plus rapidement possible. Ce n'est pas la première fois qu'elle est obligée de s'éclipser en toute discrétion quand l'un des membres de la vie officielle du prince de Galles pointe le bout de son nez. Mais Charles met fin à son élan. C'est décidé, la venue inopinée de son fils est le moment idéal pour des présentations officielles. William est assez mûr pour comprendre la situation. Aux portes de la majorité, il est parfaitement capable de donner la bénédiction qu'espère anxieusement son père.

Ce soir du vendredi 12 juin 1998, William arrive au palais Saint-James et passe la porte de l'aile occupée par le prince Charles. Avant sa venue, son père l'a appelé une seconde fois pour lui demander directement s'il peut lui présenter Camilla. La demande est inattendue mais il accepte sans rechigner. L'ancienne maîtresse du prince de Galles est sur le point de faire son entrée dans le monde avec cette rencontre. L'angoisse envahit son âme en attendant que Will se présente à elle. L'adolescent est loin d'être candide. Il lit les tabloïds pour se tenir informé des informations avérées et des rumeurs propagées à propos des membres de sa famille. Camilla a toute sa place dans ces articles acerbes dénués de respect de son intimité. Informé des dires sur celle qui est considérée comme la rivale de sa mère,

William monte les marches de l'escalier menant au salon où l'attend Camilla.

Tout a été parfaitement organisé pour permettre que cette entrevue se déroule dans les meilleures conditions possibles. Charles a demandé à ses domestiques, avant de libérer les lieux, de préparer des sandwichs accompagnant un agréable thé. Le moment est *so british* et à la hauteur des attentes du prince de Galles. Will est parfaitement détendu. Il s'installe sur un sofa faisant face à celui où se tient Camilla. Ses mains crispées dévoilent à peine sa profonde nervosité. Le garçon fait le premier pas et entame la conversation par quelques paroles réconfortantes et amicales. Pendant trente minutes, ils discutent de leurs vies quotidiennes, des chevaux, de la campagne ou encore des chiens. Aussi invraisemblable soit-elle, la conversation est fluide et cordiale. Ils se découvrent des passions communes qui les enchantent. Will est toutefois obligé de mettre un terme à leur rendez-vous, ses amis l'attendent pour une séance de cinéma londonienne. Sa première impression est la bonne. Camilla ne sera pas l'affreuse belle-mère qu'il avait redoutée. Une fois seule, elle souffle un grand coup avant de se servir un verre de gin tonic. L'épreuve s'est finalement déroulée à merveille. Désormais adoubée comme la compagne officielle du prince Charles par son fils aîné, Camilla se réjouit de l'indulgence du garçon.

Charles est aux anges. Il organise un nouveau rendez-vous à l'heure du thé avant un déjeuner à trois. L'épreuve de l'entrevue avec William passée, Camilla doit encore rencontrer Harry. En août 1998, les frères organisent une soirée d'anniversaire à Highgrove pour marquer les cinquante ans de leur père. Les garçons ont vu les choses en grand. Emma Thompson, Stephen Fry et Rowan Atkinson – le célèbre interprète de Mr. Bean – ont été invités à jouer dans une pièce de théâtre écrite pour l'occasion. La fratrie de Charles a fait le déplacement. Camilla n'est pas oubliée. Plus qu'une invitée, elle est placée à la droite du prince fêté. Sa position de compagne du prince de Galles est désormais officielle. Ce grand rendez-vous est l'occasion pour Harry de rencontrer pour la première fois la femme que son père a dû tant cacher par le passé.

Harry raconte ses souvenirs de ce moment crucial de sa vie parmi les sept cents pages de ses mémoires. « Je garde de cette rencontre le vague souvenir d'une Camilla aussi calme (ou assommée d'ennui) que moi. Aucun de nous deux n'accordait beaucoup d'intérêt à ce que l'autre pouvait penser. Elle n'était pas ma mère, et je n'étais pas son principal obstacle. Pour le dire autrement, je n'étais pas l'Héritier. Le bref moment que nous avons passé ensemble était une pure formalité[1]. » Les mots du cadet du prince Charles sont d'une dureté déconcertante. À ses yeux, cette rencontre n'a été qu'une entrevue forcée aussi pénible pour lui que pour elle. En somme, aucun d'eux n'aurait désiré ce moment. Harry se positionne en victime des volontés paternelles. Seul l'avis de William compte pour que Camilla bénéficie de cette bénédiction tant attendue. Tel est le point de vue d'un petit prince à la fragilité mentale perceptible.

Le prince Harry octroie finalement une approbation en demi-teinte. Il reconnaît que son père « méritait d'être heureux. Oui, Camilla avait joué un rôle crucial dans l'échec du mariage de nos parents, et oui, cela voulait dire aussi qu'elle avait joué un rôle dans la disparition de notre mère, mais nous comprenions qu'elle avait été prise au piège, comme tout le monde, emportée par la déferlante des événements[2] ». Dans son esprit, la figure de « l'autre femme[3] » sera à jamais rattachée à cet accident estival d'août 1997.

1. Prince Harry, *Le Suppléant*, *op. cit.*

2. *Ibid.*

3. *Ibid.*

Les détails de la rencontre entre William et Camilla vont finir par fuiter dans la presse. Tout le royaume est informé de ce sommet familial avec des informations précises sur son déroulé. La secrétaire de Camilla, Amanda McManus, a assisté à l'événement. Depuis son bureau, elle a entendu les conversations tenues par les deux protagonistes. Aussitôt rentrée chez elle, elle s'est confiée à son époux qui travaille pour *The Sun*, faisant abstraction de son devoir de confidentialité. La source de cette divulgation identifiée, McManus est renvoyée. Sa disgrâce ne dure que quelques jours. Les deux femmes sont des amies fidèles. Une fois les excuses présentées, McManus retrouve son poste qu'elle occupera avec une loyauté sans faille au cours des vingt-trois années suivantes.

Influencée par les prises de parole d'amis proches de Diana, l'opinion publique se soulève. Ces rencontres n'ont-elles pas un parfum de trahison à la mémoire de la défunte princesse de Galles ? C'est en tout cas l'avis de bien des Britanniques qui la jugent responsable de l'échec du mariage entre Charles et Diana, voire de la mort de cette dernière. William réagit en jeune homme pragmatique qui fait du bonheur de son père sa priorité. Il est lassé des malheurs qui ponctuent le quotidien de sa famille depuis tant d'années. L'adolescent veut s'assurer un avenir heureux qui repose sur la présence officielle de Camilla au cœur de la vie de son père et de la sienne. Peu à peu, il se rapproche de cette nouvelle compagne. Les deux êtres s'apprécient et le montrent. Quand Camilla souffre d'une pneumonie qui l'oblige à garder le lit en décembre 1999, William se rend à son chevet en lui apportant des boissons chaudes. La même année, il organise les premières vacances à six de cette famille recomposée sur le yacht de John Latsis. Camilla est reçue avec ses enfants Tom et Laura pour passer quelques jours idylliques. Jamais elle n'aurait osé imaginer un tel séjour deux ans auparavant. Charles et Camilla sont comblés, mais la bataille de la reconnaissance publique de l'ancienne maîtresse est loin d'être terminée.

La perspective d'un avenir heureux pour un couple longtemps secret

« Depuis la disparition de maman, l'équation penchait fortement en faveur de papa, dévoile le prince Harry dans son livre *Le Suppléant*. Il était libre désormais de voir l'autre femme, ouvertement, aussi souvent qu'il le désirait. Mais la voir ne lui suffisait pas. Papa voulait officialiser la situation. Il voulait être au-dessus de tout reproche. Et la première chose à faire pour atteindre cet objectif, c'était d'impliquer “les garçons”[1]. » Harry ne laisse aucune place au doute sur sa position de dommage collatéral au sein de la campagne orchestrée à la fin des années 1990 par un personnage qu'il ne prend pas la peine de nommer. Quand Mark Bolland est engagé par le prince Charles en tant que secrétaire privé adjoint en 1997, sa mission est claire : réhabiliter l'image du prince de Galles et ouvrir la voie à son mariage avec Camilla.

As de la communication, Bolland met ses talents au service du prince. Il laisse « fuiter » quelques informations personnelles sur la vie du couple pour leur bien public. L'idée est de changer catégoriquement l'image que peuvent avoir les Britanniques de l'héritier de la Couronne et de la femme qui fait battre son cœur. Ces méthodes sont jugées inhabituelles par la vieille garde du palais. Coutumières du plus grand respect de la maxime victorienne « *Never explain, never complain* », les équipes travaillant pour les Windsor s'insurgent. Les membres de la famille royale ne sont pas en reste. Le prince Harry n'hésite pas à se plaindre des manières de ce secrétaire un peu trop dévoué à son goût. Il n'est qu'un adolescent, et pourtant, il se rend bien vite compte de la stratégie de Bolland. Dans ses mémoires, il l'accuse même d'avoir sacrifié son enfance pour le bien de

1. *Ibid.*

son père et de « l'autre femme » en l'obligeant notamment à participer à la divulgation des détails de la rencontre entre Camilla et William. Pourtant, rien ne prouve ces dires. Au contraire, Bolland s'est toujours montré préoccupé par la protection de la vie privée des princes, tout en s'assurant de la réussite de son objectif. La vie publique des fils du prince Charles sert cependant ce dessein secret.

Faisant jouer ses relations, Bolland attire les médias là où il veut qu'ils soient. Une meute de journalistes s'est donc constituée le 28 janvier 1999 face à l'entrée principale du Ritz à Londres. Ce jour-là, la sœur cadette de Camilla, Annabel Elliott, fête ses cinquante ans. Le moment est parfaitement choisi pour permettre à Charles et Camilla de faire ensemble leur première apparition publique. Aveuglés par les milliers de flashs, ils prennent place dans une berline qui les conduit au palais Saint-James. Deux ans plus tard, précisément le 7 février 2001, le couple fait sa première apparition publique aux côtés du prince William à l'occasion de la soirée marquant le dixième anniversaire de la Press Complaints Commission, ou PCC[1].

Bolland n'hésite donc pas à demander aux garçons de participer à son stratagème. En plus de cette soirée d'anniversaire de la PCC, William s'affiche auprès de Camilla au cours des festivités du jubilé d'Or en 2002. La compagne du prince Charles se trouve désormais tolérée par la reine. Elizabeth II s'est longtemps refusée à accepter cette femme dans ses rangs. Elle aussi la pensait à l'origine d'une partie des malheurs des Windsor. Elle s'oppose aussi à ses mœurs jugées légères. Au cours de leurs vingt-deux ans de mariage, Camilla et Andrew Parker-Bowles ont mené une vie de couple libre, s'autorisant mutuellement des infidélités. Andrew a joué de ses charmes auprès d'un grand nombre de jeunes femmes, alors que Camilla est demeurée

1. Un organisme de contrôle des médias britanniques.

fidèle à son prince Charles. Ensemble, ils ont fait partie de la sphère royale. Elizabeth II a ainsi rencontré pour la première fois Camilla à l'automne 1972. Le XXIe siècle commence tout juste que la souveraine refuse toujours de la recevoir officiellement au bras du prince de Galles. Pour le centième anniversaire de la reine mère, Camilla n'est pas invitée. Charles enrage, Philip s'agace. Le duc d'Édimbourg ne comprend pas l'obstination de son épouse. Le prince de Galles n'est pas un veuf. Avant la mort de Diana, le couple avait divorcé. Il devrait donc être libre de vivre publiquement son idylle. Elizabeth Bowes-Lyon apprécie celle qui fait battre le cœur de son petit-fils. Les deux femmes discutent souvent de leurs passions communes pour la campagne anglaise lorsque Charles et Camilla sont invités à séjourner dans l'une des résidences de la vieille dame. L'exaspération du prince Philip et de sa belle-mère a raison de l'opiniâtreté d'Elizabeth II. L'ancien roi de Grèce Constantin donne lui aussi son point de vue sur Camilla. La reine entend les louanges faites par son cousin. Elizabeth II suit enfin le chemin de l'acceptation vis-à-vis de la femme qui a toujours été le seul véritable amour de son fils aîné. Le 3 juin 2000, elle se rend par surprise à Highgrove pour participer à la réception donnée par le prince Charles en l'honneur de l'anniversaire de Constantin II de Grèce. Elle discute quelques minutes avec Camilla avant de retrouver les invités rassemblés dans les jardins. Trois semaines plus tard, le couple confirme sa relation en assistant à un dîner-concert donné par la Prince's Fundation – la fondation créée par le prince Charles en 1973 pour aider les jeunes Britanniques en difficulté.

L'image que se font les Britanniques de Charles et Camilla commence à changer. En 1998, un sondage dévoile que la majorité des sujets de Sa Majesté est favorable au renoncement du trône de la part du prince Charles en faveur de son fils. En 2000, la tendance s'inverse au point que le peuple de Grande-Bretagne songe au remariage de l'héritier de la Couronne. La politique appliquée par Mark Bolland a été formidablement efficace. En seulement cinq ans, Charles est passé d'époux maladroit et insensible à père aimant et homme comblé aspirant au bonheur. Camilla efface quant à elle son image vulgaire de « briseuse de ménage » pour devenir la femme attentionnée envers son bien-aimé et destinée à servir la Couronne. Sa mission accomplie, Mark Bolland est renvoyé en 2002, mais la conquête des cœurs britanniques continue pour Charles et Camilla qui commencent à voir se dessiner leur union.

« Nous sommes, l'un comme l'autre, ravis »

« C'est avec un grand plaisir qu'est annoncé le mariage de SAR le prince de Galles avec Mme Camilla Parker-Bowles. Il se déroulera le vendredi 8 avril 2005 au château de Windsor. Cette cérémonie sera privée et réservée à la famille et aux amis[1]. » Par ces trois courtes phrases publiées le 10 février 2005 est annoncé l'événement qu'ont toujours espéré le prince Charles et Camilla. Le prince lui offre une bague qui a appartenu à sa tant admirée grand-mère. Comme il aurait aimé se marier avec Camilla sous le regard protecteur de *Queen Mum* ! Néanmoins, il est l'heure de planifier l'un des jours les plus importants de sa vie.

Comment remarier le futur chef de l'Église d'Angleterre ? Les autorités religieuses interdisent toujours le remariage de personnes divorcées. Il est pourtant inenvisageable d'organiser un mariage princier sans l'approbation des archevêques. Le clergé accepte finalement de célébrer cette union sous la forme d'une simple bénédiction. L'union sera donc avant tout civile. Comme lieu de leur mariage, les deux futurs époux choisissent le château de Windsor. Berceau de la monarchie britannique, la forteresse

1. Franck Guillory, *William fils de Diana*, *op. cit.*

est idéale pour un tel événement. La chapelle Saint-George du château est aussi plus intimiste que l'abbaye de Westminster. Quant à la cathédrale Saint-Paul, le souvenir de Diana hante encore les lieux. Il est donc d'abord envisagé d'organiser l'union civile dans l'un des salons de l'imposant édifice. Un problème de taille s'impose alors à eux. Pour mener à bien ce projet, Windsor doit bénéficier des habilitations nécessaires pour rendre légal un mariage. Selon la loi britannique, tout citoyen qui le désire pourrait se marier en ces lieux bien que privés. Une telle idée est tout bonnement inconcevable. La mairie de la petite ville de Windsor est alors choisie pour la première partie de ce mariage. « Le couple que formaient papa et Camilla nous inspirait de la compassion, admet le prince Harry. On avait rarement vu histoire d'amour aussi contrariée[1]. » William et Harry donnent leur bénédiction, mettant un terme à trois décennies d'amour interdit. Pour Charles et Camilla, tout est enfin prêt pour que se tienne l'union de leurs vies. Un événement, pour le moins inattendu, va pourtant ajouter une ombre à ce tableau idyllique.

Le pape Jean-Paul II s'éteint le 2 avril 2005 après vingt-six années passées à la tête de l'Église de Rome. Le souverain pontife superstar de la fin du siècle dernier a marqué les esprits. Sa disparition touche bien des cœurs, qu'ils soient catholiques ou non. Deux jours plus tard, Charles et Camilla se rendent à une messe de Requiem organisée en la cathédrale Saint-Paul en mémoire du défunt pape. Les obsèques se tiennent le 8 avril suivant, jour du remariage du prince de Galles. Face à l'inattendu, le Palais réagit rapidement. Les célébrations de l'union sont reportées d'une journée, d'autant que Charles doit se rendre place Saint-Pierre pour représenter la reine à ces funérailles historiques. Harry se moque ouvertement de la situation. Il y voit un

1. Prince Harry, *Le Suppléant*, *op. cit.*

signe de sa mère pour empêcher ce mariage qu'elle n'a jamais souhaité.

L'union civile du couple tant décrié par le passé se tient le lendemain des funérailles pontificales. Charles entre dans la mairie de Windsor aux côtés de ses fils. Comme témoin, il choisit bien évidemment William, tandis que Camilla porte son choix sur son fils Tom. Face à deux cent mille Britanniques qui attendent la sortie des époux, William fait une bise à sa nouvelle belle-mère. Le message est clair : Camilla a l'approbation de son premier beau-fils qui montre sa joie de voir enfin son père heureux. Le couple souverain a choisi de ne pas assister à cette partie considérée comme purement administrative du mariage. En tant que cheffe de l'Église anglicane, Elizabeth II a préféré favoriser la bénédiction nuptiale. Le 10 avril, tous les Windsor se rassemblent pour cette cérémonie présidée par l'archevêque de Canterbury Rowan Williams. Sous les yeux attentifs de sept cents invités et plus de sept cent cinquante millions de téléspectateurs, Charles et Camilla se disent enfin *yes*.

Si William se montre extrêmement favorable à ce mariage, c'est loin d'être le cas de son frère cadet. Harry se plonge dans ses pensées pendant toute la durée de la cérémonie. Il est parfaitement conscient qu'il doit tirer un trait sur le passé et donner son accord au bonheur conjugal de son père, mais il ne peut s'empêcher de penser à sa mère. Pour lui, poser un regard sur cet acte symbolique revient à renier la mémoire de Diana. Pourtant, Harry se fait un plaisir de préparer avec William la voiture qui emmène les époux jusqu'à Birkhall où ils passent leur lune de miel. Les deux frères décorent la Bentley Brooklands de leur père avec l'inscription « *Prince + Duchess* » à l'avant, et « *Just Married* » à l'arrière. Théoriquement, ce jour-là, Camilla devient la nouvelle princesse de Galles, mais ce titre est beaucoup trop attaché à l'image de Diana. Charles n'est pas seulement prince de Galles, il est aussi duc de

Cornouailles en Angleterre et duc de Rothesay en Écosse. Camilla choisit d'être désignée uniquement par son titre de duchesse de Cornouailles. La prudence prévaut. Elle évite de cette manière tout écueil.

William est ravi. Enfin, sa famille peut goûter au bonheur et à l'apaisement dont elle a si longtemps été privée. Quelques jours plus tard, les frères déclarent : « Nous sommes l'un comme l'autre ravis pour notre père et Camilla et leur souhaitons beaucoup de bonheur à l'avenir[1]. » Sans jamais oublier leur mère, ils se tournent vers l'avenir et se rapprochent de cette belle-mère prête à leur offrir l'attention qu'ils espèrent. Camilla s'engage à ne pas interférer dans la vie privée des enfants de son époux. Néanmoins, elle veut se montrer présente pour eux. Will sait qu'il peut parfaitement compter sur elle si le besoin s'en fait sentir. Belle-mère affectueuse, Camilla remplie son rôle avec brio pour accompagner William qui mène dorénavant une vie d'étudiant bien remplie.

---

1. Katie Nicholl, *William in Love*, *op. cit.*

11

L'étudiant

Au printemps 1999, William et Harry s'envolent pour deux semaines de vacances qui s'annoncent des plus réjouissantes. Quoi de mieux qu'un safari africain pour se dépayser et oublier les tracas du quotidien ? Charles prend entièrement à sa charge ce voyage dont la facture s'élève à quelque vingt mille livres sterling. Le père de famille veut leur faire plaisir. William avait exprimé le souhait de participer à un safari. Comme pour sa mère avant lui, l'Afrique est un continent cher à son cœur.

À bord d'un vol commercial de la British Airways, en l'absence de leur père, les deux frères sont accompagnés de leur *nanny* Tiggy, leur garde du corps Mark Dyer et deux amis de William, Edward Plunket-Ernle-Erle-Drax et Frankie Moss. Direction le Botswana ! Des notes émouvantes viennent s'ajouter à l'euphorie du moment. Tiggy effectue là son dernier voyage auprès des princes avant de quitter ses fonctions pour se marier et entamer une nouvelle vie professionnelle.

Au programme : campement dans la réserve naturelle de Moremi, visite du marécage de la rivière Okavanga, observation de gibiers depuis un Land Rover décapotable, soirées en pleine nature et amusement. Les adolescents s'épanouissent dans cet univers où la simplicité et la tranquillité sont rois. C'est au cours de l'une de ces soirées autour d'un feu de camp que le prince Harry aurait fumé du cannabis sous le regard horrifié de son frère. « J'ai tiré une taffe. Je me suis aussitôt mis à tousser, pris de haut-le-cœur. La beuh africaine était beaucoup plus forte que celle d'Eton. Par contre, elle faisait moins d'effet. Mais au moins, j'étais un homme[1]. » Si Harry se cherche une place dans ce monde en passant par des occupations indignes de sa condition aristocratique, William prend conscience de ses envies d'ailleurs. Après avoir traversé tant d'épreuves au Royaume-Uni, partir lui ferait le plus grand bien.

Partir pour se reconstruire

En ce mois de juillet 2000, cinq années se sont écoulées depuis que le prince William a fait son entrée à Eton. Le moment est venu pour lui de clore ses études qui lui ont permis de faire naître une personnalité aussi droite que complexe. Aux examens du GCSE – l'équivalent du brevet des collèges français –, Will obtient de très bons résultats avec un A en géographie, un B en histoire de l'art et un C en biologie. Le prince intellectuel des Windsor fait encore une fois ses preuves. L'ancien collégien a mérité le droit de tourner la page de ces années etoniennes et de ces drames familiaux en prenant une année sabbatique. Il est de bon ton pour un fils de bonne famille de consacrer une année à découvrir les merveilles du monde avant de faire son entrée à l'université. William ne fait pas exception. Il souhaite, comme tout enfant aristocrate, profiter de ce privilège que lui propose sa condition. Mais quelle sera la destination de l'héritier en second du trône ?

L'organisation de l'année sabbatique de William est un véritable casse-tête. Le prince Charles cède à certaines de ses envies, refusant notamment que son fils s'adonne aux plaisirs de sa jeunesse. Charles voit déjà les gros titres : « Les vacances de luxe du prince William. » Les soirées arrosées, l'oisiveté et les niaiseries n'ont pas leur place

1. Prince Harry, *Le Suppléant*, *op. cit.*

dans l'existence d'un futur roi britannique. Si cette année sabbatique aura bien lieu, elle se fera dans une logique formatrice de bon aloi. Ce n'était pourtant pas l'idée originelle du principal concerné. Will pense d'abord se rendre en Argentine pour suivre un stage de polo. Il songe aussi à un apprentissage d'élevage ovin en Australie. Le tout ponctué de soirées bien arrosées, comme il en avait déjà l'habitude à Eton.

Cette année n'est pas prise à la légère. Le prince de Galles convoque au palais Saint-James certains hommes ayant toute sa confiance pour organiser ce périple qui se veut philanthropique : son ami le révérend Richard Chartres, évêque de Londres ; l'ancien ministre et gouverneur de Hong Kong, Chris Patten ; l'ancien professeur du prince Charles à Gordonstoun, Éric Anderson ; et le responsable de Manor House à Eton, Andrew Gailey. William n'a pas le choix, il doit laisser ces adultes aux positions conservatrices à souhait décider du programme de sa prochaine année. Mais au sein de cette liste de décisionnaires, le prince remarque un grand absent : Mark Dyer. Avec son garde du corps, il a tissé des liens étroits. Véritable mentor dans ses années d'adolescent tourmentées, cet ancien capitaine des Welsh Guards à la carrure imposante et à la chevelure rousse a toute sa confiance. Will est furieux. Il comptait sur Mark Dyer pour défendre ses intérêts et éviter que ne lui soient imposées des activités trop éloignées de son objectif. Il est un prince aux nombreuses responsabilités, certes. Mais il est aussi un jeune homme en proie à l'amusement en toute occasion. Mark Dyer n'a pas été convié à cette réunion au sommet ? William le choisit comme accompagnateur de son futur périple.

À l'été 2000, Dyer accompagne William lorsqu'il s'envole pour l'Amérique du Sud. Arrivé à Belize, il prend part à un entraînement des Welsh Guards au cœur de la jungle tropicale. La marche forcée en uniforme et les nuits à la belle étoile dans un hamac protégé par une simple moustiquaire assurent un quotidien spartiate. Au sein d'un petit groupe, William se sent suffisamment à l'aise pour se rapprocher progressivement de ces jeunes gens qui endurent eux aussi ces dures techniques d'apprentissage. Ensemble, ils découvrent des méthodes de survie extrêmes tels que le dépeçage de poulet ou de chèvre, ou encore la confection d'un ragoût de termites, tâche pour laquelle William excelle, dit-on. Les plats raffinés du palais sont bien loin. Il reçoit ses résultats scolaires alors qu'il est en pleine jungle. Bien qu'heureux de sa réussite, il continue son périple dont il apprécie l'esprit de camaraderie qui règne chaque jour. À Belize, aucune place n'est faite aux statuts sociaux. Chacun est sur le même pied. Cette conception de l'organisation sociale du groupe laisse libre cours au développement d'une profonde humanité en chacun de ses membres. William s'illustre là aussi dans les disciplines exercées dans des conditions de vie rigoristes. « Le prince est un excellent élément, assure le caporal Claud Martinez qui dirige la petite troupe de cette mission commando. Il a le physique et le mental. Il a toujours semblé à l'aise, même entouré d'hommes en train de tirer à la mitraillette. Pas une seule fois je n'ai surpris une lueur de panique dans son regard[1]. » Le prince impressionne et galvanise le courage de ses coéquipiers. La force d'esprit, l'entraide, la puissance physique sont indispensables au bon déroulement de ces opérations. Au cours de ces quatre semaines, Will ne s'est jamais laissé abattre et s'est épanoui dans cet univers militaire en totale opposition avec son style de vie princier.

En septembre, il s'envole vers Rodrigues, la plus petite des principales îles de l'archipel des Mascareignes, isolée au centre de l'océan Indien. Sa venue doit se faire dans

1. Katie Nicholl, *William in Love*, *op. cit.*

le plus grand secret. Ordre a été donné de laisser au fils du prince Charles la possibilité de poursuivre son année sabbatique en toute tranquillité. Les curieux, comme les journalistes, ne doivent jamais empêcher le prince de mener ses missions à bien. Les paparazzis sont d'ailleurs évités avec soin, empêchant ainsi que le jeune homme fasse la pleine couverture de ces magazines people si détestés. Sous le pseudonyme Brian Woods, il loue une cabane en tôle à vingt-six livres sterling la nuit. La deuxième étape de son périple sabbatique se déroule sous le signe de l'écologie. William participe à une mission sous-marine dirigée par la Royal Geographical Society. Il procède à des relevés dans les récifs coralliens afin d'étudier leur dégradation due aux activités humaines, ainsi qu'à la localisation de vieilles épaves. Sportif reconnu, William plonge avec bonheur dans ces eaux profondes pour servir une cause qui lui est chère : sauver la planète, préserver la diversité et la beauté de la nature. Ce sera son nouveau credo qu'il va porter de nombreuses fois au cours de son avenir d'héritier de la Couronne.

À la fin du mois de septembre, il retourne auprès des siens. Quelques jours lui suffisent pour recharger ses batteries émotionnelles. Il a besoin de sentir le soutien de sa famille pour avancer dans ses projets. Par malchance, son retour est fixé au moment où un nouveau livre à sensation prend place dans les rayonnages des librairies du royaume. Patrick Japhson, ancien secrétaire particulier de Diana, en a gros sur le cœur. Il publie une biographie de la princesse à partir de ses souvenirs passés à ses côtés. *Shadows of a Princess* n'est pas une biographie de la princesse de Galles comme les autres. Contrairement au livre d'Andrew Morton, celui de Patrick Japhson n'est pas en sa faveur. Le portrait d'une princesse capricieuse, rebelle, aux idées conspiratrices, ouvertement manipulatrice et adepte de l'humour salace se dessine et étonne le monde. L'iconique princesse, adulée par tout un peuple, est forcément écornée. Le livre ne plaît pas aux aficionados de Lady Di, mais pas seulement. William et Harry sont blessés par ces dires et ont l'intention de le faire savoir. Le 29 septembre 2000, ils donnent une interview télévisée à Highgrove auprès de leur père. Les Windsor veulent montrer leur reconnaissance envers la presse qui a bien voulu laisser leur adolescent de prince vivre paisiblement ses aventures. En accordant ce type de conférence, la famille royale encourage les paparazzis à continuer dans cette voie du respect. William en profite pour donner son avis sur les fameux mémoires de Japhson. « Harry et moi-même sommes tous les deux contrariés par cette initiative, par le fait que la confiance de notre mère a été trahie et que, désormais, son image puisse être exploitée[1]. » Les mots du prince sont assassins envers la réputation de l'ancien secrétaire de la princesse de Galles. La mémoire de sa mère ne doit en rien être attaquée par des gens aux ambitions malsaines. Le fils aîné du prince Charles considère l'étalage public comme une trahison. La vie privée des membres de la famille royale doit à jamais être préservée dans le silence des palais. William est intransigeant sur ce sujet. Lui qui est si attaché au devoir de réserve publique qu'affectionne tant la reine s'est laissé pourtant aller à quelques commentaires lorsqu'il a senti le danger guetter sa vie privée.

La question Japhson réglée, Will part à nouveau à la conquête de cette année d'exception dans sa vie. Le 1er octobre, il emmène Mark Dyer rejoindre le camp de base de Raleigh International situé en Patagonie. Comme à Belize, Will intègre une petite équipe formée de onze jeunes de toutes classes sociales confondues. Ces volontaires sont amenés à partager leur vie 24 heures sur 24. Le temps passe et le petit groupe renforce ses liens.

---

1. Franck Guillory, *William fils de Diana*, *op. cit.*

À la pointe sud-américaine, William et ses camarades ont trois missions. La première est écologique. En œuvrant pour l'association Raleigh International, une organisation d'expéditions pour jeunes Britanniques dans des zones rurales reculées, ils font en sorte de renforcer la préservation de la nature de la région. Il est par exemple missionné pour s'occuper d'un troupeau de huemuls – des mammifères typiquement patagoniens appartenant à la famille des cervidés. Il a la charge de leur administrer un produit tranquillisant à l'aide d'un fusil hypodermique afin de procéder au baguage. Grâce à son intervention, les scientifiques pourront suivre l'évolution de cette espèce en voie de disparition. Le deuxième objectif de ce séjour est humain. Le prince part à la rencontre des peuples autochtones afin de partager leurs us et coutumes. Will est aux anges. Populaire au sein de son groupe de bénévoles, il l'est aussi auprès des Mapuches. Il n'hésite pas à organiser un match de water-polo pour les enfants afin de récolter des fonds auprès de généreux mécènes. Cinq mille cinq cents livres sterling sont offertes à Raleigh International ce jour-là. Mais la vie en communauté peut parfois peser sur le moral de ce prince réservé. William aime aussi se ressourcer seul lors de certains moments. Il lit *Bravo Two Zero*, le récit autobiographique de Andy McNabqui sur ses années de service pendant la guerre du Golfe au sein de l'unité britannique Special Air Service. Il aime aussi écouter la compilation musicale créée par sa cousine Zara Phillips avant son départ. Il n'oublie jamais sa famille, même lorsqu'il est au cœur des plaines patagoniennes, et écrit souvent à chacun d'entre eux. En Patagonie, William est un garçon comme les autres qui met ses capacités physiques, morales et humaines au service des missions qui lui sont attribuées. Ses camarades oublient son statut d'Altesse royale et lui parlent comme à n'importe quel autre jeune homme de dix-huit ans. La veille de son départ, Will participe à la soirée d'adieux. Les jeunes gens veulent s'amuser et arrivent déguisés. Le prince choisit un costume de superman confectionné avec un collant d'une de ses camarades sur lequel il a enfilé un caleçon. Un drap vient terminer le tout en guise de cape de superhéros. Pour s'amuser, le jeune homme ose le ridicule.

William rentre en Angleterre en janvier 2001. Cette fois, il doit travailler dans l'exploitation agricole spécialisée dans la production laitière de Hill Court. Située à quelques kilomètres de Highgrove, la ferme est la propriété de Simon Tomlinson, un ami du prince Charles. Désormais majeur, il est temps pour lui de continuer sa formation de prince entrepreneur. Être à la tête d'un duché implique un certain nombre de connaissances et d'obligations administratives. Charles le familiarise avec la gestion financière du duché de Cornouailles qui lui sera alloué lorsqu'il sera prince de Galles à son tour. Père et fils se rapprochent au cours de ces leçons. Will prend véritablement la mesure des responsabilités qui incombent à un héritier de la Couronne. Cette prise de conscience se fait cependant au détriment de sa relation avec son frère. Harry se rend compte du manque d'intérêt que suscite sa position de second. Suppléant en toute occasion, il n'aura jamais les responsabilités de son aîné et ne pourra jamais se mesurer à lui quant à l'affection qui le lie à leur père. La division fraternelle s'opère doucement, tandis que William perpétue sa formation d'héritier.

Néanmoins, en mars 2001, William s'installe à nouveau à bord d'un avion. Pour ce dernier périple, le Kenya a été choisi. Pendant trois mois, il travaille dans une immense réserve naturelle privée de vingt-cinq mille hectares appartenant à Ian et Jane Craig, des écologistes convaincus qui ont fait de la protection des rhinocéros leur principal combat. Sur les terres de ce ranch familial, Will met toute sa force et son énergie pour soutenir les initiatives de Ian Craig. Le couple n'est pas inconnu du jeune prince. Il les a rencontrés en 1998 lorsque Charles l'a envoyé sur leurs terres pour fuir la pression permanente qu'il subissait à Londres. Will a fait la connaissance de Jessica, la fille de ses employeurs. Une profonde et longue amitié naît entre eux, qui sera bien souvent sujette aux plus indiscrètes rumeurs. En Afrique, William se découvre une passion pour cette culture qui accorde une attention toute particulière à la nature. Le continent a gagné le cœur du prince, comme il avait conquis celui de sa mère. Pour s'imprégner davantage du mode de vie des populations locales, il apprend non sans mal le swahili, la langue officielle de certains pays d'Afrique de l'Est dont le Kenya.

« J'ai adoré mon année sabbatique, et j'aurais bien voulu m'en accorder une autre, avoue William à son retour du Kenya en juin 2001[1]. » Quand il rentre définitivement en Grande-Bretagne, il se présente désormais en jeune adulte. Les Britanniques découvrent un prince grandi par des expériences humaines enrichissantes qui le marqueront à jamais. De ces aventures physiques, émouvantes et formatrices, un homme à la profonde sensibilité a vu le jour, sensibilité dont il saura user pour remplir ses devoirs royaux. Deux mois de vacances lui sont accordés pour un repos bien mérité. Cette année lui a permis d'obtenir l'admiration d'un peuple qu'il sera un jour amené à diriger. La reine est fière de son petit-fils. William en profite pour se préparer à vivre une toute nouvelle vie déterminante pour son avenir.

L'Écosse universitaire

William doit rentrer à l'université. Certes ! Mais quel établissement aura le privilège de compter sur ses bancs le prochain monarque de Grande-Bretagne ? Cette question attise la curiosité des médias pendant plusieurs mois. Quand Will profitait du soleil africain au Kenya, l'Angleterre se

1. Katie Nicholl, *William in Love*, *op. cit.*

questionnait déjà sur son avenir étudiant. Et l'interrogation est légitime.

Le Palais songe, de toute évidence, à l'envoyer à l'université de Cambridge ou celle d'Oxford. La tradition royale veut que ses membres les plus éminents fassent leurs classes dans l'une des deux plus importantes universités du pays. Oxford a été fondée en 1167 par le roi Henry II pour contrer la trop importante influence de l'université de Paris sur l'aristocratie anglaise. Cambridge a quant à elle vu le jour en 1209 pour faire opposition à Oxford. La rivalité universitaire est de retour quand il s'agit de préparer le futur étudiant William. Edward VII a été le premier membre de la famille régnante à faire des études universitaires, en suivant des cours à Oxford à partir de 1859, avant d'honorer pleinement ses devoirs de prince de Galles. Avant cette date, les rejetons royaux étaient uniquement éduqués par des précepteurs qui se déplaçaient entre les murs des palais. Désormais, ils poursuivent leur formation au sein des universités du royaume, sans avoir besoin de valider un quelconque diplôme. Charles n'a pas fait exception à la tradition. En 1967, il est entré au Trinity College de l'université de Cambridge où il a été licencié en anthropologie, en archéologie et en histoire. Le fils d'Elizabeth II est le premier Windsor diplômé de l'histoire britannique.

Le poids des traditions et de l'héritage porté par William est immense. Le choix de son université prend un sens politique non négligeable. Représentant d'une nouvelle génération de Windsor, le prince revendique une forme de modernité ancrée dans l'héritage de ce passé glorieux. Oublier sa charge de futur prince de Galles n'est pas un trait de sa personnalité. William veut marquer l'histoire à sa manière. Oxford ou Cambridge ? Ce choix cornélien n'est pas fait pour lui. Il hésite plutôt entre deux universités écossaises.

L'université d'Édimbourg, fondée en 1583, a l'avantage de faire partie des plus prestigieuses du monde. « Foyer des génies » selon Voltaire, Édimbourg a plus d'un avantage politique pour séduire la vieille garde de la famille royale. Nombreux sont les inventeurs de la révolution industrielle à avoir fait leurs classes dans cette université. Édimbourg est aussi une ville attractive pour sa riche vie étudiante qui saura exaucer les souhaits du jeune homme. Au sein de la capitale écossaise, se trouve aussi la résidence officielle de la reine en Écosse. Le palais de Holyrood est moins connu que le château d'Édimbourg, pour autant, il permettrait à William d'être proche de sa grand-mère lorsqu'elle passe sa semaine annuelle écossaise entre les murs de cet édifice marqué par la figure de Marie Stuart. Chaque coin de rue d'Édimbourg rappelle un pan de la riche histoire de cette nation attachée à ses traditions et à sa monarchie.

L'université de St Andrews est la grande concurrente de celle qui attire les étudiants au cœur de la capitale écossaise. La ville de St Andrews est située sur la côte de la mer du Nord, entre Édimbourg et Dundee. Fondée en 1410, elle peut se vanter d'être la plus vieille université écossaise. Depuis cette date, de nombreuses personnalités ont suivi des cours en ces lieux, tels James Wilson, l'un des signataires de la Déclaration d'indépendance des États-Unis, ou encore Alex Salmond, Premier ministre d'Écosse entre 2007 et 2014. Le roi d'Écosse James V y a suivi quelques cours. L'une des têtes pensantes de la Révolution française a elle aussi connu ces lieux pour devenir médecin. Jean-Paul Marat n'est pourtant pas connu pour ses pratiques médicales, mais bien pour ses talents de journaliste et homme politique à la plume acerbe qui a fini par être assassiné dans sa baignoire par Charlotte Corday en 1793. Un révolutionnaire à St Andrews, l'affirmation n'effraie pas pour autant le futur souverain. L'université est surtout proche géographiquement de la propriété de la grand-mère maternelle de William, Frances Shand Kydd, mais aussi de Coates House, la résidence du filleul de la reine James Ogilvy. Elle est encore située à seulement cent quinze kilomètres du château de Balmoral où sa grand-mère aime passer ses étés. En toute occasion, William aura la liberté de choisir le refuge parfait, s'il en ressent le besoin. Idéalement située, St Andrews est aussi une université aux dimensions beaucoup plus modestes qu'Édimbourg. William veut vivre paisiblement ses années d'études. L'immensité d'une importante université reconnue internationalement ne correspond pas à la conception de son avenir étudiant. La petitesse est gage de sécurité. St Andrews n'est d'ailleurs pas une université inconnue des Windsor. En 1929, Elizabeth Bowes-Lyon y a reçu un diplôme honoraire.

Au printemps 2000, William effectue une visite secrète de St Andrews. C'est décidé, il étudiera au sein de la très discrète université. Un héritier de la Couronne étudiant d'un établissement écossais, l'enthousiasme qui découle de cette nouvelle est à la hauteur de l'importance historique de ce choix. Jamais un futur monarque n'a étudié sur ces terres depuis la création de la Grande-Bretagne au début du XVIIe siècle. Kilt, tartan et cornemuse vont imprégner le cœur d'un prince prédestiné à un avenir royal. Elizabeth II se réjouit de cette décision. L'Écosse n'est pas une nation pleinement acquise à la cause du Royaume-Uni. Annexée de force par l'armée anglaise à plusieurs reprises au cours du Moyen Âge, l'Écosse est officiellement unie à sa voisine grâce à la couronne de James VI Stuart qui devient James Ier d'Angleterre en 1603. Il faut attendre le règne de son arrière-petite-fille Anne pour voir signé l'Acte d'Union de 1707 qui crée le royaume de Grande-Bretagne. L'Écosse officiellement unie à l'Angleterre, cette terre sauvage aux traditions ancestrales ne va jamais cesser de clamer ses différences. Régulièrement habitée par un esprit indépendantiste, cette nation aussi riche que passionnante a souvent besoin d'être rassurée dans sa destinée au côté de l'Angleterre. En choisissant une université écossaise, William s'octroie un rôle politique et diplomatique de choix. Conscient de sa position fédératrice, le prince persuade cette nation si chère à son cœur de rester au sein du Royaume-Uni. Le symbole est particulièrement fort. C'est à Balmoral, la résidence privée écossaise de la reine, qu'il a passé ses plus belles vacances. C'est à Balmoral qu'il a appris la nouvelle tragique qui a changé le déroulé de sa vie. C'est à Balmoral qu'il s'épanouit tel un véritable aristocrate britannique attaché à un quotidien ponctué de traditions. L'Écosse est conquise par ce prince qui lui accorde tant d'importance et lui ouvre volontiers ses frontières.

Nous sommes le 23 septembre 2001. Trois mille personnes se massent dans les rues habituellement paisibles de St Andrews. La Willmania s'empare de la petite ville qui ne compte que quinze mille habitants. William sait qu'il s'épanouira dans cette cité semi-urbaine où sa vie privée sera respectée, d'autant que les étudiants sont aussi tenus de signer un accord de confidentialité. Avant ce grand jour, d'importants travaux ont été effectués pour assurer une sécurité optimale au jeune étudiant. Si la presse est invitée à laisser William vivre ses années d'étudiant en paix, le gouvernement redoute une quelconque atteinte à la vie du fils aîné du prince Charles. Douze jours plus tôt, une onde de choc inédite a envahi le monde après les attentats terroristes menés par Al-Qaïda contre les États-Unis, et donc par extension, contre le monde occidental dans son ensemble. Downing Street est à cran. Les portes blindées et les fenêtres pare-balles remplacent les installations historiques le temps des études de William. La vie du futur chef d'État est plus que jamais à protéger.

L'annonce du choix universitaire du prince publiée, l'université de St Andrews est confrontée à un nombre impressionnant de demandes d'inscription. Le nombre de candidatures augmente de quarante-quatre pour cent. Jamais l'établissement n'a suscité autant d'intérêt et d'enthousiasme. Parmi ces demandes, nombreuses sont les jeunes filles à tenter leur chance. Et pour cause, il s'agit d'une occasion unique pour ces filles d'hommes d'affaires, d'aristocrates et de riches inconnus d'unir leur destin au futur monarque. Les rêves de princesse, et même de reine consort, s'emparent des nuits de centaines de jeunes femmes.

William s'installe dans la chambre B31 du St Salvator's Hall, l'une des résidences étudiantes les plus prestigieuses de l'université. De ses appartements du deuxième étage, il dispose d'une magnifique vue sur le château du XIIIe siècle qui trône fièrement au cœur de la propriété universitaire. Dans sa chambre aux murs blancs, il dispose d'un lit à une place, d'un placard imitation acajou, d'un miroir sur pied, d'un fauteuil, d'un bureau et d'une chaise face à sa fenêtre, le tout sur un sol couvert d'une moquette de couleur bordeaux. Cet espace privé n'a rien de différent par rapport à celui dont disposent ses camarades, à une exception près puisqu'il peut profiter d'une petite salle de bains privée qui pourra servir d'abri en cas d'urgence. Comme à Eton, les gardes du corps chargés de la sécurité du jeune homme ne sont jamais bien loin. Ils logent dans des chambres situées au bout du couloir qui mène à ses appartements. William avoue que son installation à St Salvator's Hall a été « la meilleure option pour commencer. Vous êtes pris en main, pour ce qui est de l'intendance, et cela permet de se concentrer sur l'essentiel ». La vie dans cette résidence est différente de celle qu'il a menée à Manor House. L'entretien quotidien de sa chambre est cette fois-ci entièrement pris en charge par des employés de l'université. Il retrouve là ses habitudes de prince, bénéficiant d'un service complet.

William s'inscrit en licence d'histoire de l'art. La fibre artistique habite le cœur du jeune homme depuis sa tendre enfance. Ce goût prononcé pour l'art en général, il l'a hérité d'un père particulièrement sensible à cette question. Charles a toujours eu à cœur d'intéresser ses fils à l'art sous toutes ses formes. Il les emmène par exemple assister à des représentations de la Royal Shakespeare Company et invite souvent les membres de cette association à Highgrove. William a même participé à la traditionnelle exposition de fin d'année d'Eton par le passé. Deux croquis du prince ont été sélectionnés. Le premier représentait une petite maison de campagne, tandis que le second illustrait une épingle à cravate argentée en forme de cerf. Le coup de crayon de l'enfant a reçu bien des éloges, dont ceux du *Times* qui voyait un « talent considérable[1] » chez ce jeune garçon.

À St Andrews, son humilité et son attachement à la normalité ne le quittent pas. Il a bien l'intention de profiter du nombre réduit d'étudiants pour se faire sa propre place dans cet établissement. Seuls huit mille étudiants profitent de la qualité des cours d'une quarantaine de professeurs, tandis que l'université d'Édimbourg en compte trente-sept mille pour environ deux cents enseignants. Les premiers jours, Will se fait le plus discret possible. Il sort de sa chambre uniquement pour assister à ses cours ou pour étudier à la bibliothèque. Il brille par son absence lors de la grande tournée des bars de la ville, semaine d'intégration où le bizutage est roi. Comme le veut la tradition de l'établissement, il se choisit deux parrains pour le guider dans son intégration. Alice Drummond-Hay est une Américaine de vingt et un ans, fille d'une ancienne conquête du prince Charles et petite-fille d'un comte écossais. Gus McMyn est quant à lui un jeune homme de vingt-deux ans qui a fait ses classes à Eton avant d'arriver à St Andrews. Le week-end, William préfère retrouver son clan à Balmoral, Highgrove ou Londres, plutôt que de rester auprès de ses camarades. L'image d'un prince ennuyeux commence déjà à courir.

1. Isabelle Rivère, *William d'Angleterre*, *op. cit.*

Tout semble pourtant se dérouler pour le mieux pour William. Les étudiants le respectent et il s'impose progressivement comme un jeune homme commun, ne prétendant à aucun privilège. Mais sa première semaine à St Andrews est obscurcie par un événement déconcertant pour le jeune homme. Une équipe de télévision passe l'entrée de l'université, caméras à la main, à la recherche du petit-fils de la reine. Elle vient tourner quelques images du prince William étudiant qui seront diffusées aux États-Unis dans une émission intitulée *Royalty from A to Z – Royauté de A à Z.* Les précautions ont pourtant été prises pour que la vie privée de William soit respectée par les médias. Will apprend finalement qu'il s'agit d'une équipe travaillant pour la société de production Ardent créée en 1993. Son fondateur n'est autre que le prince Edward. Le fils cadet d'Elizabeth II se rêvait producteur pour laisser libre cours à sa passion du cinéma. L'héritier est harcelé par l'un des membres de son clan… Le scandale est né ! Charles s'empresse de prendre son téléphone pour appeler son frère cadet. Pendant de longues minutes, il laisse sa fureur assommer un comte de Wessex désemparé. Ce dernier se défend et jure ne pas être à l'origine de cette décision qui va à l'encontre des vœux de quiétude de son neveu. Le prince de Galles lui ordonne de publier des excuses publiques. Edward est humilié mais obtient le pardon de son frère. Cette erreur ne va pas empêcher la réussite des années d'études du prince William. Le jeune homme va se donner tous les moyens pour arriver à ses fins.

Le doute

Les vacances de Noël 2001 sonnent la fin du premier trimestre. William a passé son temps à étudier, au mépris des joyeusetés que peut offrir la vie d'étudiant. Comme pour toutes les fêtes de fin d'année, William retrouve sa grand-mère et le reste des membres de sa famille à Sandringham. La propriété du Norfolk est le lieu idéal pour permettre à Elizabeth II de rassembler les siens autour d'elle. William ne manque pas à l'appel. Il était d'ailleurs pressé de retrouver les membres de cette famille qu'il chérit tant, son moral n'étant pas au beau fixe.

William ne se pense pas à la hauteur de l'exigence bien trop élevée des cours d'histoire de l'art. Il en est certain, cette matière n'est pas faite pour lui. La pression qui pèse sur ses épaules est bien trop difficile à supporter. Il annonce à son père son intention de mettre fin à ses études. La décision est aussi radicale que surprenante. Le doute a régné sur l'esprit du jeune homme quant au choix de son université. Cette fois-ci, c'est son existence d'étudiant tout entière qui est remise en cause. Pourtant, William a toujours montré de très bonnes capacités à suivre les enseignements qui lui étaient administrés. Le niveau est cette fois différent.

Le prince Philip vient auprès de son petit-fils. Il l'a déjà prouvé par le passé, il sait trouver les mots pour faire revenir William à la raison. Il lui explique l'intérêt politique de ses études. Tout abandon de sa part serait catastrophique d'un point de vue médiatique. La famille royale et le gouvernement espèrent beaucoup de ces années écossaises pour rallier ce peuple difficilement contrôlable à la monarchie britannique. Les Écossais n'hésiteraient pas à juger la fin précipitée de ces études comme un affront à leur nation. William est sur le point de nuire à son image et à celle des Windsor en terre du kilt et du tartan. Le duc d'Édimbourg l'implore de continuer ses efforts pour la réussite de ses études. Le prince Charles demande même à Andrew Gailey d'intervenir. Le responsable de la résidence de William à Eton a su aider le prince à surmonter la mort de Diana. Le prince de Galles est persuadé qu'il saura raisonner son fils.

Finalement, Will décide de changer de matière principale. Au revoir l'histoire de l'art, et bonjour la géographie.

Cette matière va lui permettre de développer ses connaissances politiques, sociales, économiques et topographiques de nombreux pays du monde. Ces aptitudes lui seront d'un grand secours lorsqu'il sera couronné roi. Quand il fait son grand retour à St Andrews, le prince devient un étudiant motivé, studieux et appliqué qui s'épanouit dans cet univers adapté à ses exigences. « Je n'ai pas l'impression que je me sentais loin des miens, explique le prince William à propos de cette période d'incertitude. En fait, c'est surtout la charge de travail qui m'intimidait. Mon père s'est montré très compréhensif : il a tout de suite vu que je rencontrais le même problème que lui. Nous avons beaucoup discuté et, à la fin, nous avons tous les deux pris conscience – surtout moi, à vrai dire – qu'il valait mieux que je continue[1]. » Dans la perspective d'un avenir prometteur pour William, les Windsor s'unissent et mettent les qualités de chacun de leurs membres à contribution.

Bonheur de la vie étudiante

« Je veux juste aller à l'université et y passer de bons moments, comme n'importe quel étudiant, explique William dans l'une des interviews télévisées qu'il accorde quelques jours après sa première rentrée à St Andrews. C'est vrai quoi, je vais simplement entrer à l'université. Ce n'est pas comme si j'allais me marier – même si c'est parfois l'impression que ça me donne. » Le problème de ses matières principales réglé, il peut dorénavant s'adonner à tous les plaisirs qu'offre la vie étudiante. Les mois passent et ne se ressemblent pas à St Andrews. William commence à se sentir à son aise dans cet établissement qu'il pensait d'abord inadapté à sa réserve naturelle. Il commence à s'entourer d'amis qui lui seront fidèles à chaque instant. La troupe est menée par Fergus Boyd, un ancien d'Eton qui l'a suivi

1. Katie Nicholl, *William in Love*, *op. cit.*

sur les bancs de St Andrews. Sa présence le rassure et lui permet de s'épanouir dans cet univers où le sérieux des études n'empêche pas quelques soirées festives.

William n'est pas l'un de ces étudiants fêtards attachés aux libertés qu'octroie la jeunesse. « Paradoxe » est le maître mot de sa personnalité complexe. Studieux, il aime aussi prendre le temps de s'amuser en bonne compagnie. Sérieux, il montre un attachement de plus en plus important au sexe opposé. Réservé, il devient l'un des étudiants les plus populaires du campus. Entouré de quelques amis, il est extrêmement prudent au moment d'accorder sa confiance à de nouvelles connaissances. Pour le fils du prince Charles, le principal objectif est de mener ses études en géographie à bien. Il évite les nombreux pubs de St Andrews, mais s'accorde quelques soirées au Bop, la petite discothèque de la ville située sur Market Street. Attaché au théâtre depuis ses plus jeunes années, il postule pour entrer dans le club d'art dramatique de l'université. Recalé, il n'est pas rancunier pour autant et assiste régulièrement à leurs représentations où joue Fergus. L'étudiant travailleur ne s'intéresse pas pour autant à tous les cours auquel il assiste. Son professeur d'anthropologie, le docteur Declan Quigley, se plaint bien vite des mini-siestes effectuées par son étudiant lorsqu'il se lance dans ses monologues instructifs. Pire encore, William s'endort pendant les cours d'histoire constitutionnelle. Le futur monarque n'est pas intéressé par ses futures charges ? Au contraire, lorsque son professeur ose expliquer qu'il est temps de mettre fin au caractère divin des pouvoirs du monarque, William s'insurge. Il laisse s'exprimer son caractère irascible en annonçant haut et fort qu'il est le prochain représentant de Dieu sur Terre, par la fonction sacrée qu'il incarnera et grâce à son futur statut de chef de l'Église d'Angleterre, n'en déplaise à certains. À St Andrews, Will dévoile un conservatisme indéniable sur certaines questions. À ses yeux, le souverain est avant tout un représentant au rôle unificateur. Au-dessus de tout, il représente tout Britannique. Incarnation parfaite de la culture anglo-saxonne, il est l'ambassadeur idéal du Royaume-Uni qui use de sa diplomatie pour promouvoir son pays en fonction des attentes de son gouvernement. William est le digne successeur de sa grand-mère.

Mais Will est aussi un jeune homme en proie au batifolage. Âgé de vingt ans, il compte profiter des libertés qui lui sont accordées avant de s'engager officiellement au bras de sa dulcinée. Au cours de son premier semestre, il vit une liaison discrète avec Carley Massy-Birch, une étudiante en anglais de deuxième année. Il est souvent remarqué par ses camarades traversant les rues de St Andrews à vélo pour se rendre à son appartement de South Street. Les deux tourtereaux ont bien des points communs. Fille de la campagne anglaise, Carley est aussi une grande admiratrice de théâtre et de littérature. Will semble heureux à ses côtés mais il continue à user de son charme naturel auprès des jeunes filles. Il n'a aucunement l'intention de trouver si tôt sa future épouse. Une autre étudiante lui laisse entrevoir son intérêt. Carley comprend l'hésitation de William sur son avenir amoureux. Elle lui pose un ultimatum : il doit choisir entre elle et cette autre prétendante. Aussitôt, le prince part vers de nouvelles aventures au bras d'une autre jeune femme. Sans que l'identité de l'heureuse élue soit dévoilée, William devient le nouveau Don Juan de la famille royale. Dans le secret le plus absolu, le prince mène sa propre vie sentimentale. La presse respecte sa vie de jeune étudiant au cœur à prendre. Avant même d'entrer à St Andrews, une autre *girl friend* s'est vantée auprès des membres du monde aristocratique de connaître le prince dans son intimité. Arabella Musgrave était la fille d'un commandant de l'armée britannique. Les deux étudiants se connaissaient depuis leur enfance. Finalement, une idylle est née à l'été 2001 au cours d'une soirée chez leur ami commun

Hugh van Cutsem. Le couple secret avait ses habitudes. Ils dînaient souvent au Tunnel House Inn, une auberge de Coates, près de Highgrove. Leur relation a pris fin lorsque chacun d'entre eux est entré à l'université.

Lorsqu'il rentre à Londres pour le week-end, William ne reste jamais très longtemps à Clarence House, la nouvelle résidence officielle de son père depuis la mort de *Queen Mum* en 2002. Gabriella Windsor vient souvent le chercher pour l'initier à la vie nocturne londonienne. La fille du prince Michael de Kent lui fait découvrir le Boujis, un club ultrachic du quartier de South Kensington. Ce night-club obtient les faveurs du prince attaché aux plaisirs de sa jeune vie. Il y entre souvent, accompagné de son frère et de ses amis les plus chers. Le DJ résidant, Sam Young, connaît parfaitement les goûts musicaux de ces royaux clients. Les deux frères ne résistent à se déhancher quand passe *At Night* du groupe suisse Shakedown. Sage et discret à St Andrews, Will est un jeune homme extraverti le week-end, passant ses soirées dans l'une des boîtes de nuit les plus select de Londres.

Le métier de prince

Étudiant de son état, Will demeure un prince du Royaume-Uni qui grandit en voyant s'imposer progressivement les obligations de sa charge. En tant que petit-fils de la reine, il doit représenter dignement la Couronne en parallèle de ses études. En 2001, il accompagne pour la première fois sa grand-mère à la cérémonie d'ouverture du Parlement. Vêtu d'une jaquette de circonstance, il est fier de se présenter aux côtés de ses grands-parents pour le plus important rendez-vous de l'agenda politique du Royaume-Uni. La même année, Elizabeth II lui renouvelle sa confiance en l'envoyant seul la représenter en Australie lors des funérailles de l'ancien Premier ministre, Harold Holt. L'année suivante, le Royaume-Uni célèbre le jubilé d'Or de la reine. Avec son père, William est chargé d'accueillir les quatre mille invités à la Garden Party donnée dans les jardins du palais de Holyrood.

Le 21 juin 2003, il fête ses vingt et un ans. Officiellement en âge d'assumer pleinement la représentation publique de la Couronne, il est nommé conseiller privé et aide de camp de Sa Majesté. Son avis compte quant aux décisions à prendre sur l'avenir de l'institution. Lors d'une interview qui marque cet anniversaire important dans sa vie de prince, William dessine sa propre vision de la monarchie : « Je pense que la monarchie a un rôle très important à jouer, particulièrement de nos jours. Il vous suffit d'observer ma grand-mère, de constater les choses formidables qu'elle a entreprises, pour le réaliser. Pour moi, elle est une formidable source d'inspiration. La monarchie a son utilité – cela offre une forme de stabilité et j'espère qu'il continuera à en être ainsi[1]. » Les paroles prophétiques du jeune homme marquent les esprits des téléspectateurs.

Le 14 novembre 2004, il assiste à sa première cérémonie du Dimanche du Souvenir depuis l'un des balcons des bureaux des Affaires étrangères et du Commonwealth. Non sans une certaine émotion, il voit sa grand-mère déposer une gerbe de coquelicots au pied du cénotaphe de Londres en mémoire de tous les soldats morts au combat au cours de toutes les guerres entreprises par le royaume. Prince patriote, William connaît le symbolisme et l'importance de ce moment où toute une famille royale est reconnaissante envers le sacrifice de ces hommes de guerre.

Le souvenir des événements passés fait partie des prérogatives royales. C'est à ce titre qu'il effectue son premier voyage officiel en solo en juillet 2005. William part en Nouvelle-Zélande représenter sa grand-mère au cours des

1. Franck Guillory, *William fils de Diana*, *op. cit.*

cérémonies marquant le soixantième anniversaire de la fin de la Seconde Guerre mondiale.

Avec Harry, il entame une carrière de représentant de causes humanitaires à l'instar de sa défunte mère. Il n'hésite pas à travailler deux jours au sein d'une unité pour enfants du Royal Marsden Hospital. Les deux frères sont aussi volontaires pour offrir leurs services à un centre de distribution d'aide médicale de la Croix-Rouge britannique. Au lendemain du tsunami qui a touché bien des pays le 26 décembre 2004, les populations ont besoin de soutien. William et Harry apportent leur aide pour emballer des fournitures indispensables.

Jeune étudiant, William prend aussi réellement conscience des devoirs qui lui incombent face à son « métier de prince du Royaume-Uni ». Présent sur la scène publique de la monarchie, il fait preuve de détermination quant à ses devoirs de représentation de sa royale grand-maman. Sa conscience patriotique officiellement reconnue, le jeune prince se voit désormais attaché à un sens du devoir loué par tout un peuple. En somme, William a l'étoffe d'un futur roi. Mais pour le moment, il est l'heure pour lui de mener à bien sa vie sentimentale. Au-delà de son futur souverain, la Grande-Bretagne attend aussi que soit désignée sa future reine consort.

12

Love Story à St Andrews

Son entrée universitaire réussie, William tente de faire sa propre place dans cet établissement peuplé d'inconnus. Comme toute personne publique, le prince a du mal à octroyer sa confiance. Se faire de nouveaux amis n'est pas chose aisée quand l'attention portée sur soi se résume souvent à de l'admiration ou de l'opportunisme. Son naturel discret renvoie l'image d'un jeune homme calme, posé, voire ennuyeux.

Will assiste à ses cours, déjeune à la cafétéria de sa résidence, étudie à la bibliothèque et profite des installations sportives avant de monter dans sa chambre de St Salvator's Hall. Le rugby, la natation, le water-polo sont autant d'activités jalonnant ses semaines. Quelques jours après son arrivée à St Andrews, il remonte les marches de sa résidence deux par deux comme à son habitude pour retourner à sa chambre. Le prince se veut pressé pour esquiver le plus rapidement possible ses camarades. Son regard croise celui d'une jeune fille à la longue chevelure brune qui descend les marches. Ils échangent un sourire, se saluent d'un poli « bonjour » et continuent leurs chemins. De cette simple prise de contact va naître l'une des plus belles histoires d'amour du XXIe siècle.

Coup de foudre à St Andrews

William est troublé lorsqu'il passe la porte de sa chambre. Mais qui peut bien être cette jolie brune dont le sourire enchanteur laisse apparaître deux fossettes sur son doux visage ? Will garde en tête cette rencontre et continue sa vie d'étudiant. Il la croise de nombreuses fois les jours qui suivent ce futile « bonjour ». Et pour cause, la jeune étudiante dispose elle aussi d'une chambre à St Salvator's Hall. La résidence est mixte, mais garçons et filles ne partagent pas les mêmes quartiers. Quand le premier étage est attribué aux logements des étudiantes, le second – où vit le prince William – est dévolu aux garçons. Leur timidité parfois maladive l'emporte d'abord à chaque regard échangé. Quelques semaines passent avant qu'une réelle conversation s'engage. Le fils de Diana prend finalement son courage à deux mains. Alors qu'il l'aperçoit un jour en train de déjeuner seule à la cafétéria de la résidence, il va à sa rencontre et entame une première conversation. Enfin, il peut mettre un nom sur ce gracieux visage : Catherine Middleton.

Entre eux, naît d'abord une véritable amitié. Elle lui demande rapidement de la surnommer Kate, comme le font les membres de sa famille et ses nombreux amis. Au fil de leurs conversations enjouées, ils se découvrent de nombreux points communs. Tous deux aiment particulièrement laisser s'évader leurs esprits au grand air. Ils sont attachés aux bonheurs que peut offrir la nature. William, comme Catherine, apprécie la chasse, la pêche ou encore les longues randonnées. Ils sont tous deux habités par une forme de sérieux qui les pousse à donner le meilleur d'eux-mêmes à chaque instant de leur vie. Ils partagent le même humour simple et léger. Ils ne peuvent se passer de sport et ont les mêmes goûts, tant musicaux que cinématographiques. Parcourir le monde au cours de nombreux voyages est l'une de leurs passions. Kate a elle aussi effectué une année sabbatique avant de poser ses bagages à St Andrews. Pour la jeune femme, ce fut Florence en Italie. Elle s'est installée dans une colocation au-dessus d'une épicerie. Passionnée par la Renaissance, elle s'est émerveillée devant la beauté des œuvres d'art et la splendeur de l'architecture de cette ville historique. Appareil photo en main, elle a aimé flâner dans les rues de la capitale toscane et dans ses nombreux musées. Elle s'est ensuite envolée pour le Chili où elle a rejoint le même programme humanitaire et écologique que William au sein de l'ONG Raleigh International. Tout est finalement réuni pour permettre à ces jeunes gens de vivre une belle amitié pleine de passions.

Kate entre dans le cercle amical du prince. Elle fait d'abord la connaissance de Fergus, son meilleur ami depuis Eton. Le groupe de fidèles qui gravitent autour du prince est également formé par Olli Chadwick-Healey, Ali Coutts-Wood, Graham Booth, Charlie Nelson et Oli Baker. Ensemble, ils forment les Sally's Boys. Véritable club des sept qui entretient une relation de confiance exacerbée, la bande apprécie les manières dépourvues d'un quelconque cérémonial de la part de cette jeune femme à qui elle ouvre sa porte. Kate est d'ailleurs inscrite, comme William, en histoire de l'art. Quand il se trouve confronté au doute quant à son avenir d'étudiant, elle sait trouver les mots pour le réconforter et le guider. Elle lui conseille d'abandonner l'histoire de l'art pour s'orienter vers la géographie. C'est ainsi que William a fait son grand retour à l'université en janvier 2002 suite aux congés de fin d'année, avec la ferme intention de changer de cursus. Grâce à l'intervention de son amie, le jeune homme a pu entamer un nouveau programme d'études épanouissant pour lui.

Will et Kate passent de plus en plus de temps ensemble. La jeune femme lui propose régulièrement de l'accompagner à sa séance de natation hebdomadaire qu'elle effectue dans le bassin de Old Course Hotel, magnifique complexe hôtelier qui dispose aussi d'un Spa, d'un parcours de golf et d'un restaurant à la décoration raffinée. Presque chaque soir est consacré à la détente. Les deux amis aiment se retrouver pour réviser ensemble ou pour regarder un épisode de leur série favorite du moment, *Da Ali G Show*, qui met en vedette un personnage loufoque à l'humour grotesque. Rien ne laisse pourtant songer au développement d'une quelconque relation amoureuse. Kate n'est pas un cœur à prendre à ce moment précis. Lorsqu'elle est arrivée à St Andrews, elle était déjà amoureuse d'un certain Rupert Finch, étudiant en droit de quatrième année. Mais tout bascule un soir de printemps 2002.

Le 27 mars, le Lumsden Club, une association d'étudiantes, organise un défilé caritatif entre les murs de l'hôtel St Andrews Bay. Les plus belles filles du campus sont invitées à défiler pour récolter des fonds afin d'aider les familles de victimes des attentats du 11 septembre 2001. Don't Walk Charity Fashion Show devient l'événement de l'année. William ne peut le manquer. Avec Fergus, il dépense deux cent cinquante livres sterling pour avoir le privilège de s'asseoir au premier rang. La musique résonne quand les premiers mannequins d'un soir commencent à défiler. Comme une étoile étincelante, Kate fait son entrée sous le regard ébahi de William. « Waouh ! Kate est très sexy ! s'empresse-t-il de dire à Fergus[1]. » L'étudiante de vingt ans apparaît vêtue d'une robe en soie transparente de couleur noire et or qui laisse deviner sa silhouette élancée de sportive chevronnée. Ses cheveux frisés viennent terminer ce look tendance signé Charlotte Todd, qui correspond au thème de la soirée, « L'art de la séduction ». La participation de Kate au défilé n'est pas surprenante. N'a-t-elle pas été élue « plus belle fille de St Salvator » lors de sa semaine

1. Katie Nicholl, *William in Love*, *op. cit.*

d'intégration ? Elle est également membre du Lumsden Club qui organise l'événement. En parallèle du groupe d'amis de William, Kate a ses propres relations. Elle fait partie des membres fondateurs de cette association étudiante féminine qui fait concurrence au groupe masculin aux idéaux parfois sexistes et chauvins du Kate Kennedy Club. En une année, la jeune femme est devenue une véritable personnalité dans les couloirs de St Andrews.

Le défilé terminé, spectateurs, mannequins et organisateurs sont conviés, au 14 Hope Street – rue de l'Espoir –, à une grande soirée pour marquer cet événement. C'est plein d'espoir que William s'y rend, accompagné de Fergus. Le prince est définitivement sous le charme de son amie. Ils dansent, boivent et s'amusent en bonne compagnie. Tout à coup, Will se sent pousser des ailes et se laisse entraîner par une envie soudaine de l'embrasser, mais Kate le repousse aussitôt. Aussi princier que soit son prétendant, elle n'est pas une jeune femme libre et entend rester fidèle à son compagnon. Elle continue alors sa vie d'étudiante bien rangée en occupant notamment le poste de serveuse dans l'un des restaurants de la ville. Mais ses talents en service sont limités. Elle n'exerce ce job étudiant que quelques mois. Elle met la tentative de William de côté pour perpétuer cette belle amitié entamée un an plus tôt. Le jeune homme se contente de cette place qu'elle lui offre dans sa vie, ne désespérant pas quant à ses projets amoureux avec la belle brune de St Andrews. La relation de Kate avec Rupert Finch prend fin en juin 2002. Désormais diplômé, le jeune homme quitte l'université pour devenir avocat. S'ils gardent contact, ils savent que la distance ne jouera pas en faveur de leur couple. William apprend le récent célibat de Kate. Il est cette fois-ci entièrement libre de faire la cour à celle qui a kidnappé son cœur.

Pour vivre heureux, vivons cachés

Will et Kate deviennent rapidement amants, vivant pleinement leur amour naissant. Pour se préserver, le prince décide de ne faire aucun geste d'affection en public. À ses yeux, il est inconcevable de se prendre la main, ou bien même de s'embrasser, dans les rues de la petite ville de St Andrews. Le risque de voir s'étaler leur idylle sur la place publique est trop grand. Pour éviter toute rumeur à leur sujet, ils prennent uniquement la peine d'informer de l'évolution de leur relation leurs amis respectifs. Will n'est sûr de rien quant à son avenir amoureux auprès de Kate. Les deux jeunes gens apprennent encore à se connaître. L'avènement de la reine consort Catherine n'est pas encore d'actualité, il n'est pas même imaginé par le principal concerné. Pour le moment, ils veulent vivre légèrement leur histoire, quelle que soit son issue. Les Sally's Boys et les filles du Lumsden Club sont ainsi les uniques spectateurs des prémices de cette véritable histoire d'amour. Pendant plusieurs semaines, les chambres des étudiants font figure d'enclos sécurisants pour permettre à leurs sentiments de s'épanouir dans l'intimité. Les allées et venues de William ou Kate à St Salvator's Hall deviennent habituelles, jusqu'à ce qu'une décision change le cours de leur existence d'amoureux transis.

Le 23 septembre 2002, le prince et sa belle aménagent au 13a Hope Street. Ils veulent savourer leur liberté en intégrant une collocation. Mais les deux tourtereaux ne sont pas seuls dans cette magnifique bâtisse géorgienne à deux niveaux. Ce jour-là naît une collocation dont tout étudiant rêve. Kate et William s'installent avec Fergus, le meilleur ami du prince, et Olivia Bleasdale, une amie de Kate qui suit les mêmes cours qu'elle. Le quatuor forme une équipe joyeuse parée à toute éventualité.

La collocation s'organise. Pour pouvoir vivre en ces lieux, ils partagent un loyer de quatre cents livres sterling par semaine. Chacun participe à la vie en communauté en se chargeant, tour à tour, des tâches ménagères. Le nettoyage complet des pièces et le ravitaillement du réfrigérateur ne sont pas effectués par une employée de la maison. William se sent bien dans cet univers qui lui accorde des libertés auxquelles il n'a jamais pu songer auparavant. « Je fais beaucoup de commissions, raconte-t-il. J'aime bien les courses en réalité. Je me laisse emporter quand j'achète de la nourriture. J'achète plein de choses puis je rentre à la maison et je vois que le frigo est déjà plein de tout ce que je viens d'acheter... Nous nous entendons tous très bien et nous avons établi des roulements mais, bien sûr, c'est vite devenu le chaos. Tout le monde donne un coup de main quand il peut. J'essaie d'aider quand je peux et ils font la même chose pour moi mais généralement, c'est chacun pour soi[1]. » William devient un étudiant comme les autres, laissant de côté ses privilèges princiers. Le soir, l'équipe aime à se retrouver pour dîner devant un repas préparé par l'un des colocataires.

La maison s'impose vite comme l'endroit parfait pour permettre à Kate et William de vivre sans aucune retenue leur amour. Entre ces murs, les deux étudiants vivent comme tous les jeunes couples qui se sont formés au sein de l'université. Chacun dispose de sa propre chambre – William occupant la plus grande de la maison –, mais il n'est pas rare de les voir sortir ensemble de celle du prince. Installés confortablement dans le séjour, ils aiment aussi profiter de leur soirée pour regarder un DVD. Ils apprécient aussi la cuisine simple du West Port Bar de South Street. Si l'envie leur prend de danser jusqu'au bout de la nuit, ils se rendent au Lizard situé sur North Street. En privé, Kate et son prince laissent s'exprimer leur amour ; en public, la discrétion est le meilleur des

1. Claudia Joseph, *Kate Middleton et le prince William. La nouvelle princesse d'Angleterre*, Paris, Original Books, 2011.

remèdes. En plus de ne pas se tenir la main en marchant dans les rues, ils prennent soin de ne pas sortir en même temps de la maison. Lorsqu'ils doivent se rendre à une même soirée, ils se déplacent séparément et à une dizaine de minutes d'intervalle. Pour aller en cours, ils s'y rendent chacun de leur côté à pied ou à vélo.

Will tient à sa petite amie et veut le lui montrer. Dès la semaine de leur installation, il invite ses colocataires à séjourner à Sandringham le temps d'un week-end. La petite troupe d'étudiants prend ses quartiers à Wood Farm, une résidence située sur le domaine. Pendant ce temps, le prince Charles loge au château où il a invité la reine Margrethe II du Danemark. Si les douloureux problèmes de dos de la souveraine l'obligent à quitter bien tôt le domaine, les invités de William profitent quant à eux des plaisirs qu'offre la vie dans l'une des résidences préférées d'Elizabeth II. Will aime la chasse, tout comme Kate, et souhaite laisser ses amis s'adonner à ce sport aristocratique. Ce week-end à Sandringham est marqué d'une pierre blanche. Pour la première fois de sa vie d'étudiant, le prince ose inviter sa petite amie du moment dans son environnement.

Cette colocation et ce séjour dans le Norfolk font naître les premières rumeurs de la naissance d'un couple princier. La presse a eu vent de ces deux jours passés par William en bonne compagnie. Les journalistes remarquent rapidement la présence quasi constante de la jeune femme dans sa vie. Serait-elle la future princesse qu'espèrent les Britanniques ? Les tabloïds s'adonnent à leurs propres interprétations, tout en pourchassant la *girl friend* supposée. Elle montre des talents appréciés par William pour éviter la curiosité de la presse. Muette, elle ne laisse rien paraître pour le bien de son couple et pour sa propre sécurité. Will reconnaît la bienveillance dont elle fait preuve. Il est parfaitement conscient des sacrifices et des problèmes auxquels sont confrontées les jeunes filles qui osent le fréquenter. « Si une fille me plaît et que, moi aussi, je lui plais, ce qui est plutôt rare, je lui demande de sortir avec moi, confie William au micro d'un journaliste. En même temps, je ne tiens pas à la placer dans une situation trop délicate : beaucoup de gens ne se rendent pas compte de ce que cela implique de me fréquenter, ni, en particulier, du battage qui entoure systématiquement mes petites amies[1]. » Simples amies ou réelles petites amies, elles subissent toutes au quotidien une pression médiatique extrême qui a parfois raison de leur relation. Kate veut éviter de finir comme celles qui l'ont précédée, et met toutes les chances de son côté.

Le 3 mai 2003, c'est ensemble qu'ils se rendent au bal organisé par le Kate Kennedy Club. Quelques semaines plus tard, Kate est aperçue en train d'encourager son prince alors qu'il joue au rugby avec les West Port Bar, la petite équipe universitaire à laquelle il a pris part à son arrivée à St Andrews. La rumeur enfle sur la véritable nature de leur relation. Faisant fi du qu'en-dira-t-on, Will se rend à la soirée qui marque les vingt et un ans de Kate, organisée sur la propriété de ses parents. Ils se retrouvent à nouveau pour son propre vingt et unième anniversaire, pour une fastueuse soirée organisée au château de Windsor en juin 2003. La reine a convié tous les membres de sa famille à cette fête prometteuse placée sous le thème de l'Afrique. La forteresse millénaire est transformée en jungle où les peaux de bête synthétiques côtoient des masques tribaux. Tout le long de l'immense St George Hall, un bar en bambou a été installé, flanqué de deux girafes géantes. William étale au grand jour son amour pour ce continent qui lui a permis de se construire en tant qu'homme. Kate fait bien entendu partie de la fête. Elle fait son entrée au château au côté de leur bande d'amis à bord d'une camionnette décorée

1. Katie Nicholl, *William in Love*, *op. cit.*

d'une dizaine de ballons de baudruche. Officiellement, Kate et William ne forment pas un couple. L'étudiante est donc considérée comme l'une des nombreuses amies du prince. Aucune présentation officielle n'est organisée auprès de Sa Majesté ce soir-là. Une scène a été montée pour permettre à quelques artistes de se produire. William y prend place et commence son discours de remerciements, qu'il dédie à la reine et à son père. Soudain, un intrus du nom d'Aaron Barschak fait son apparition, monte sur scène et lui arrache le micro. Déguisé en Oussama ben Laden, il s'autoproclame « comédien terroriste ». Flanqué au sol par les services de sécurité, il est arrêté sans avoir eu le temps d'agir. Devant la brutalité du moment, William ne perd pas son sang-froid et laisse les officiers faire leur interpellation avant de reprendre son discours sans laisser deviner la moindre émotion. L'incident est très peu ébruité pour éviter toute panique populaire. La presse se concentre sur la présence de Kate à cet anniversaire. Les Britanniques voient de plus en plus cette jeune femme sérieuse, souriante et soignée telle la petite amie idéale de leur prince chéri. Qu'en est-il de la vie sentimentale du fils du prince Charles ? Les curieux veulent percer ce mystère qui prend de l'ampleur.

Balgove House

Le prince et sa compagne secrète entrent en septembre 2003 dans leur troisième année d'étude, l'un en géographie et l'autre en histoire de l'art. « La plupart des gens déménagent et cela a toujours été mon intention, raconte William à un journaliste. Pour ma troisième année, j'ai moins de cours et je dois passer moins de temps à l'université, alors je me suis dit : “Et si j'emménageais dans un endroit différent ?” Je pense qu'au fond de moi, sortir avec des amis le soir, aller boire un verre et tout cela… c'est super. Mais, en même temps, j'aime l'espace et la liberté[1]. » Officiellement, William a besoin de retrouver la quiétude de la campagne. L'étudiant demeure ce jeune homme attaché à des besoins simples comme ceux que peuvent offrir les grands espaces. Il se sent bien trop à l'étroit dans cette maison de ville. Lui qui est habitué aux grands domaines forestiers veut retrouver cet univers qu'il affectionne tant. Officieusement, la raison est tout autre, sa relation avec Kate Middleton devient de plus en plus sérieuse et semble vouée à durer. Ils sont à la recherche d'un endroit propice pour laisser s'épanouir leur amour sans avoir constamment besoin de se cacher du grand public.

Le 29 septembre 2003, ils aménagent à Balgove House, un confortable cottage situé au cœur de la campagne environnante de St Andrews qui appartenait à Henry Cheape, un riche propriétaire terrien ami de la famille royale. Pour faire taire toutes les rumeurs, William peut compter sur son ami de toujours, Fergus Boyd. Il accepte de les suivre pour s'installer avec eux dans cette paisible demeure. Cette nouvelle colocation est l'alibi parfait pour éviter tout questionnement sur la relation entre Kate et William. Avant que les étudiants posent leurs valises en ces lieux, d'importants travaux ont été effectués. Pour garantir la sécurité du petit-fils de la reine, près de deux millions de livres sterling ont été dépensés pour installer des caméras, des portes antibombe et des fenêtres blindées. Une patrouille de policiers est même dépêchée pour effectuer des rondes autour des murs de trois mètres de haut qui encerclent la propriété. Ces forces de l'ordre campent nuit et jour dans une maison voisine transformée en quartier général. Les envies d'air pur du prince ont un prix.

Dans cette maison de quatre chambres, entourée d'un vaste domaine à l'abri des regards indiscrets et située à quelques

1. Claudia Joseph, *Kate Middleton et le prince William*, *op. cit.*

centaines de mètres du centre-ville, Kate et William peuvent profiter d'un salon avec cheminée et d'une cuisine en damier noir et blanc. Fergus se fait le plus discret possible. Le quotidien à Balgove House s'apparente davantage à une vie de couple qu'à une véritable colocation. Les deux tourtereaux aiment cuisiner ensemble, regarder la télévision, ou encore pique-niquer sur les parterres verdoyants de la propriété. À l'arrière du domaine se trouve une vaste prairie où le couple a ses habitudes. Les longues promenades main dans la main permettent à leurs esprits accaparés par les tourments de la vie publique et leurs études respectives de s'évader un instant.

Klosters

La fin du mois de mars 2004 est marquée par les vacances du printemps. Deux années se sont écoulées depuis ce fameux défilé de mode qui a révélé la splendeur d'une étudiante mannequin d'un soir. Le couple a dû faire preuve de prudence à chaque instant de sa vie. Garder secrète leur idylle, voilà l'objectif que William et Kate se sont fixé au cours de ces années passées ensemble. Ils ont besoin de s'accorder une pause dans leur vie d'étudiants surchargée. Avec leurs amis Harry Legge-Bourke, Guy Pelly, William van Cutsem et sa petite amie Katie James, ils prennent leurs valises et s'envolent pour Klosters.

William a ses habitudes dans cette station hivernale suisse. Avec ses parents, il a toujours apprécié le cadre enchanteur de cette petite ville où les personnalités les plus fortunées se rassemblent pour former un microcosme le temps d'un séjour. Les deux amoureux partagent d'ailleurs la même passion pour le ski. Descendre les pentes à grande vitesse est l'un de leurs loisirs favoris. Le sport est propice au rapprochement et à l'évasion. Ils prennent place sur les télésièges, descendent les pistes de ski, profitent des terrasses des bars et restaurants de la station. Bref, ils sont en vacances et s'adonnent aux activités auxquelles tout touriste est attaché.

Seulement, les deux étudiants n'ont pas prévu la présence de journalistes en ces lieux. Ils apprennent bien vite que leur venue a été ébruitée. Les paparazzis respectent la vie menée par le prince à St Andrews, mais ils ne sont pas dans l'enceinte protectrice de la cité universitaire à ce moment-là. Armés de leurs appareils photo, ils s'en donnent à cœur joie pour mitrailler Will au côté de sa dulcinée. Le 1er avril 2004, les photos sont publiées. Le *Sun* affiche fièrement en couverture le sésame tant convoité. Hasard du calendrier, cette parution n'est pas un poisson d'avril. La photographie montrant un prince tout sourire, portant des lunettes de soleil et une combinaison de ski, regardant tendrement celle qui se présente à ses côtés, fait le tour du monde. Elle est signée Jason Fraser. Ce paparazzi expérimenté n'en est pas à son premier coup médiatique. Sept ans plus tôt, il a été à l'origine du bien trop célèbre cliché du *kiss* de la princesse Diana et Dodi Al-Fayed sur leur yacht en Méditerranée. Le photographe a permis aux sujets de Sa Majesté de découvrir l'identité du nouvel amant de leur princesse adulée. Cette fois-ci, il leur révèle l'existence de la jeune femme sur qui se pose le regard amoureux de leur prince. « Enfin… Will s'est trouvé une copine ! » Le titre, ouvertement provocateur, marque les esprits. Ce 1er avril 2004, Kate Middleton troque son existence d'anonyme pour celle de petite amie officielle d'un futur roi. L'annonce n'est pas anodine. Aux yeux de tout un peuple, la jeune femme devient une candidate sérieuse au poste de reine consort.

Le lendemain de la parution du scoop, le *Daily Mirror* publie ses propres révélations. Le tabloïd assure que William et Kate sont en couple depuis plusieurs mois. Leur histoire ne peut être qualifiée d'aventure passionnée sans lendemain. Les étudiants semblent former un couple solide à la potentielle longévité. D'ordinaire, les services de communication du Palais se cantonnent au plus grand respect de la maxime victorienne qui leur impose le silence face aux ragots. Cette fois-ci, les choses sont différentes, le prince de Galles connaît l'attachement de son fils pour Catherine. Désireux de le protéger, il s'empresse de faire publier un communiqué justifiant la présence de la jeune femme aux côtés de son fils au cours de ces vacances hivernales en tant qu'amie et colocataire. Les arguments avancés ne passent pas. La presse ne croit pas à la version officielle. Pas un jour ne passe, après la publication de ce cliché pris à Klosters, sans que Kate et William soient la cible d'articles calomnieux espérant l'annonce imminente d'un mariage. En réaction à cette frénésie médiatique, le couple se montre plus prudent que par le passé. La compagne du prince renonce dorénavant à l'accompagner lors de ses matchs de rugby.

La pression médiatique devient de plus en plus oppressante pour William. À chaque interview, il ne peut échapper à la fameuse question sur son futur mariage. Le prince s'agace : « Écoutez, je n'ai que vingt-deux ans pour l'amour de Dieu ! Je ne veux pas me marier avant d'avoir vingt-huit ans ou peut-être trente ans. » Il ne cesse de le répéter : il est jeune et a le droit de vivre encore quelques années sans la moindre obligation ou contrainte matrimoniale. Ce jeune homme attaché à sa liberté commence doucement à étouffer. Les disputes rythment progressivement le quotidien de son couple. Pressé par un peuple en manque de princesse, il ne manque pas de réagir. Il a besoin de souffler, de se recentrer sur lui-même, de prendre le large. À l'été 2004, il annonce à Kate son souhait de faire un break.

Catherine, folle amoureuse de son prince, est dévastée. Elle part se réfugier dans les bras de sa mère. Elle doit soigner ses blessures sentimentales avant de penser véritablement à elle. Pour oublier sa peine, elle part une semaine en France avec ses amies Olivia Bleasdale et Ginny Flaser. Durant ces vacances entre filles en Dordogne, elle baisse la garde et hésite bien souvent à écrire à William. Elle ne peut comprendre cette rupture et se mure dans un profond chagrin entretenu par un insupportable doute. Seules ses amies fidèles trouvent les mots pour la consoler. Le trio s'amuse lors de soirées arrosées pour apaiser sa tristesse. Le vin blanc français coule à flots au cours de ces sept jours décisifs. Pendant ce temps, William prend part à un séjour organisé par Guy Pelly. Le jeune homme veut fêter comme il se doit son célibat retrouvé, quitte à agir en véritable goujat. Il monte à bord d'un yacht composé d'un équipage exclusivement féminin. La troupe se dirige vers la Grèce avec la ferme attention de profiter du soleil et de tous les plaisirs que peut offrir ce merveilleux pays. Kate connaît les extravagances de Guy Pelly. Elle n'apprécie pas ce garçon instable, plus attaché à l'alcool et aux filles qu'à une vie sérieuse et rangée.

Kate rentre en Angleterre et part retrouver William qui a quitté la Grèce quelques jours plus tôt. C'en est trop, elle vide son sac plein d'amertume et lui demande de se décider définitivement. Cette pause sentimentale est bien trop dure à supporter. Will a mal vécu cet éloignement. Il en est désormais persuadé, ses sentiments pour Catherine sont extrêmement forts. Le couple renoue et renforce les liens qui les unissent depuis toutes ces années. Pour se faire pardonner, William l'emmène à Highgrove passer un week-end romantique en l'absence de son père. Il la présente ensuite officiellement en septembre 2004 au prince Charles et à son frère comme sa petite amie. Le prince de Galles apprécie celle qui se présente au bras de son fils, au point de l'inviter à partir à Klosters lors de vacances familiales en mars 2005. Kate auprès des Windsor, l'image publique est lourde de sens quant à l'avenir de la jeune femme. Trois mois plus tard, Will va jusqu'à assister au mariage de son ami Hugh van Cutsem avec Rose Astor à Burford dans les Cotswolds au côté de sa chère et tendre.

Enfin diplômé !

La reine est d'humeur joyeuse ce 23 juin 2005. Pourtant, un rhume l'a affaibli la veille. Avec son époux, elle a tenu à effectuer le déplacement vers l'université de St Andrews. Le couple royal n'est pas seul, Charles et Camilla sont aussi présents au cours de cette journée écossaise ensoleillée. Ils se sont rassemblés pour un événement d'une importance capitale dans la vie de l'un des leurs. Le prince William est sur le point de recevoir son diplôme en géographie, concluant quatre années d'études parfois compliquées, ponctuées de doutes et de moments heureux.

La famille royale s'installe dans les gradins de la salle principale de l'université. Soudain, le prince William est appelé. Portant la toge noire à la doublure en soie rouge de l'établissement, il s'avance et s'agenouille devant le recteur qui lui remet son diplôme. La fierté se lit sur le visage des membres de sa famille. Quelques minutes plus tard, Catherine reçoit à son tour le si convoité diplôme en histoire de l'art qui met définitivement un terme à ses années de dur labeur. Le recteur de l'université clôt l'événement par un discours aux allures prophétiques. « Vous avez noué ici des amitiés qui dureront toute votre vie. Il se peut même que vous ayez rencontré votre futur conjoint. Notre réputation d'université britannique où se forment le plus d'unions en dit long sur l'atmosphère qui règne ici. Nous comptons donc sur vous pour croître et vous multiplier[1]. »

Au sortir de la cérémonie protocolaire, Kate croise le regard de la reine qui lui adresse un tendre sourire. L'échange se limite à ce simple geste. Pour Elizabeth II, le

1. Katie Nicholl, *William in Love*, *op. cit.*

mariage n'est pas encore à l'ordre du jour. Elle a tiré des leçons formatrices des unions chaotiques de sa progéniture et considère que cinq années sont nécessaires pour s'assurer la pérennité d'un mariage. Elle est lasse de ces divorces à répétition, et veut éviter à son petit-fils la peine d'une union éphémère.

Kate et William veulent fêter ce moment déterminant dans leur vie de jeunes adultes. Avant de quitter leur université et leur demeure de Balgove House, ils participent au bal de fin d'études qui se tient deux jours après la remise des diplômes. Le mois suivant, ils s'accordent leurs premières vacances à deux en Asie et en Afrique. William ne peut résister à faire une halte au Kenya, ce pays qu'il aime tant. Il retourne dans le ranch de Ian Craig où il a passé une partie de son année sabbatique. Il présente à Jecca, son amie et supposée ancienne conquête saisonnière, sa petite amie avec laquelle il espère qu'elle saura entretenir de bonnes relations. Kate connaît les rumeurs qui courent au sujet de leur relation passée. Elle ne peut s'empêcher de voir en elle une rivale. Jecca est d'ailleurs, comme elle, issue d'un monde favorisé qui lui a ouvert bien des portes.

13

Kate Middleton, une roturière aux allures de princesse

L'une des rumeurs les plus tenaces qui plane au-dessus de Catherine Middleton concerne sa rencontre avec le prince William. Selon certains médias britanniques, elle aurait été la victime collatérale des trop importantes ambitions que portait sa mère, Carole Middleton, pour son avenir. Projetant de la pousser dans les bras du petit-fils d'Elizabeth II, elle lui aurait imposé une année sabbatique dans le but de repousser d'une année son entrée à l'université. Ainsi, elle faisait coïncider le début des études de Kate avec celui du plus princier des étudiants de St Andrews. L'étudiante aurait ainsi évolué dans le cercle du jeune homme en espérant être remarquée. Avant son entrée à l'université, elle aurait même accroché un poster du fils de la princesse Diana dans sa chambre d'internat.

Oui mais voilà, aucune véracité ne peut être attribuée à ces dires de mauvais goût. Pour faire sa place au sein de la catégorie sociale la plus aisée du royaume, la jeune femme se devait d'accomplir cette année sabbatique perçue comme une tradition incontournable. Un autre détail vient contredire cet arrivisme dont elle est accusée. Kate s'est inscrite un mois et demi avant que ne soit rendue publique la venue de William à St Andrews. Quant au soi-disant poster du prince trônant au-dessus de son lit, elle n'a pas hésité à contredire la rumeur neuf ans plus tard en avouant qu'il s'agissait d'une affiche de la marque Levi's arborant un top model masculin en jean. Ces calomnies ne vont pourtant pas éviter au couple de vivre leur idylle sereinement.

Quand William choisit comme *girl friend* Kate, il ne s'imagine à aucun moment que deux des branches de leurs arbres généalogiques respectifs se rejoignent. Sir Thomas Leighton a été un gouverneur redouté du Guernesey jusqu'à sa mort en 1610. Grâce à lui, les amoureux sont cousins au douzième degré. Un autre ancêtre les lie : Thomas Fairfax. Ce général « tête ronde » pendant la première révolution d'Angleterre (1642-1651) se place à la dix-septième génération des ancêtres du couple. Aussi étonnant que cela puisse paraître, Kate et William sont donc cousins par deux fois. Pourtant, l'histoire de la famille Middleton est bien différente de celle des Windsor, ou bien même des Spencer.

Middleton, Goldsmith

Carole Goldsmith épouse en 1980 Michael Middleton. L'hôtesse de l'air de la British Airways s'est éprise du régulateur de vols de la compagnie l'année passée. Si Carole prend place à bord de nombreux avions qui la conduisent aux quatre coins du monde, Michael a la charge de superviser les départs et les arrivées de chaque vol. À première vue, le couple semble avoir toutes les qualités pour mener une vie stable semblable à celle des membres de la classe moyenne britannique. Pourtant, la position sociale de Carole n'est en rien acquise.

Pour comprendre les origines de Carole, remontons le temps pour nous retrouver en pleine révolution industrielle. Le Royaume-Uni du XIXe siècle, marqué par la figure tutélaire de la reine Victoria, est un bassin d'emplois, de développement économique, et le cœur d'un empire colonial qui ne cesse de s'étendre. Les îles britanniques voient se développer des cités qui profitent de cette richesse industrielle naissante.

Parmi elles, Newcastle connaît un véritable essor grâce à l'exportation du charbon. L'or noir du Royaume-Uni est extrait des mines creusées toujours plus profondément par de courageux travailleurs exerçant dans de terribles conditions.

L'arrière-arrière-grand-père de Carole, James Harrison, est l'un de ces mineurs du sud de Newcastle, qui descendent douze heures par jour dans les profondeurs pour extraire le charbon indispensable à la vie des Britanniques. À partir de 1850, il fait entrer dans les mines ses deux fils une fois leur dixième anniversaire atteint. En vertu de la loi de 1842, les enfants âgés de moins de dix ans ne peuvent travailler. Les Harrison sont une famille de mineurs qui mène une vie extrêmement difficile marquée par la pauvreté. Deux générations de Harrison vont vouer leur existence à l'extraction du charbon, jusqu'à ce que le grand-père de Carole, Thomas, trouve le courage de quitter la noirceur des mines pour devenir charpentier et s'établir à Londres dans les années 1930. Il épouse Elizabeth Temple, une ouvrière agricole, en 1934. Ensemble, ils ont deux enfants : Ruth et Dorothy. Cette dernière épouse en 1953 Ronald Goldsmith, avant de donner naissance à Carole en 1955, puis à un garçon nommé Gary dix ans plus tard.

Les Goldsmith sont eux aussi issus d'un monde modeste. Si les Harrison sont d'abord des mineurs, les Goldsmith sont quant à eux des charpentiers. Nombreux sont les membres de cette famille à être analphabètes. Pour survivre, ils consacrent leur temps au travail en négligeant leur éducation. Le métier de charpentier est finalement abandonné dans les années 1850 pour celui d'ouvrier dans le bâtiment. Leurs conditions sociales s'améliorent peu à peu jusqu'à ce qu'éclate la Première Guerre mondiale. Charlie Goldsmith entre dans l'armée et sert dans les tranchées françaises. À son retour à Noël 1918, il retrouve sa famille pour aménager à Southall, un quartier de la banlieue ouest de Londres. C'est ici que naît treize ans plus tard Ronald, avant qu'il n'épouse Dorothy Harrison à l'été 1953.

Dorothy n'est pas une femme comme les autres. Née sans un sou en poche, elle ne se contente pas de son statut de femme d'ouvrier. Habitée par une profonde ambition, elle va tout faire pour sortir de cette pauvreté qui présage un avenir sombre pour ses enfants. Elle pousse Ronald à quitter son emploi pour créer sa propre entreprise de construction dans les années 1950. Dorothy et Ronald inculquent à leur progéniture l'importance du travail pour espérer réussir dans la vie. L'entreprise est assez vite rentable, au point que le couple est capable d'envoyer ses enfants dans des établissements scolaires privés. Dorothy s'impose comme un modèle pour sa fille Carole et lui lègue ses traits de caractère qui la poussent à la réussite sociale, financière et matrimoniale.

Michael Middleton est issu d'une famille qui compte dans le paysage politique britannique. Cette dynastie d'avocats de la ville de Leeds, dans le Yorkshire, est à la tête d'une fortune confortable qui assied sa puissance dans ce comté. William Middleton mène une vie mondaine jalousée entre les murs d'un immense manoir. À sa mort en 1884, il lègue à son fils John sa propriété et son cabinet d'avocats. Mais John ne se sent pas à son aise entre les murs de cette demeure. Il s'en sépare, et part vivre avec son épouse Mary dans une maison de quatre étages, située sur Hyde Terrace. Son fils Richard devient lui aussi avocat et pousse encore plus haut la réussite sociale de la famille en épousant en 1914 Olive Lupton.

Les Lupton détiennent une richesse considérable qui leur permet de s'imposer comme l'une des familles les plus illustres de Leeds. Leur entreprise de fabrication de laine, William Lupton & Co, fait leur fortune. Richard et Olive forment un couple admiré qui donne naissance à quatre enfants. Le troisième, prénommé Peter, épouse en 1946 Valérie Glassborow, fille d'un directeur de banque.

Ensemble, ils vont eux aussi donner naissance à quatre bambins. Quand Michael voit le jour en 1949, il grandit dans cette atmosphère familiale idyllique menée par des parents aimants. Peter devient pilote instructeur pour la British Airways et transmet à son fils son amour pour les airs. Donnant vie à sa passion, Michael finit par travailler pour la même compagnie que son père à partir de 1979. Alors qu'il est basé à l'aéroport londonien de Heathrow, il fait la connaissance de cette jolie hôtesse de l'air qui répond au nom de Carole Goldsmith.

L'insouciance de l'enfance

Un an après son mariage, Carole tombe une première fois enceinte. Le couple est aux anges. Ils vivent depuis leur union dans une charmante petite maison située dans le quartier de Bradfield Southend, à Reading, dans le Berkshire. C'est entre ces murs qu'ils entendent accueillir leur premier né. Le 9 janvier 1982, Carole donne naissance à une petite fille au Royal Berkshire Hospital de Reading. Catherine Elizabeth promet des lendemains joyeux à ses parents aimants.

Le 20 juin suivant, la veille de la naissance du prince William, Catherine est baptisée selon les rites anglicans en l'église paroissiale de St Andrew's. Le bébé ne reste pas seul très longtemps. Carole tombe enceinte une deuxième fois. Le 6 septembre 1983 naît une deuxième petite fille prénommée Philippa. Rapidement surnommée Pippa, la cadette de la famille grandit en suivant le modèle de sa sœur. Catherine est une enfant sage qui ne se laisse pas aller aux caprices. Une année seulement sépare les deux sœurs qui développent une formidable complicité.

Catherine n'a que deux ans lorsque Michael apprend une nouvelle qui va bousculer les projets familiaux. Le contrôleur aérien est muté par la compagnie British Airways à l'aéroport international Reine-Alia à Amman. Toute la famille le suit dans son périple professionnel en Jordanie. La chaleur du climat jordanien est bien différente de la grisaille anglaise, mais les Middleton se plaisent dans cet univers qu'ils savent provisoire. Ils s'installent dans une villa de la capitale de ce royaume du Proche-Orient où Pippa fait ses premiers pas.

L'aînée des deux sœurs a maintenant trois ans. Il est temps pour elle de découvrir le monde scolaire. Elle fait sa première rentrée au jardin d'enfants Al-Saheera où l'anglais demeure la langue principale. Entourée de petits Jordaniens, elle s'épanouit, tout en développant une réserve naturelle. Aussi étonnant que cela puisse paraître, son enseignante lui apprend des poèmes en arabe, une discipline qu'elle affectionne particulièrement et pour laquelle elle fait preuve de talents de prononciation indéniables. Le quotidien des Middleton est fait de bonheurs simples. Tous les week-ends, ils se dirigent vers le désert Wadi Rum pour de longues randonnées sous un soleil de plomb, ou pour arpenter les ruines de Petra.

La parenthèse jordanienne se referme en 1986. Catherine et sa famille retrouvent leur maison de Reading quand la mission de Michael prend fin. Les Middleton sont Anglais dans leurs manières, leurs goûts et leurs habitudes. Ils n'auraient jamais songé rester éloignés du Royaume-Uni trop longtemps. Retrouvant une forme de normalité toute britannique, Carole et Michael pensent à un troisième enfant. Le couple n'a jamais désespéré de voir l'arrivée dans leur clan d'un petit garçon. Le 15 avril 1987, c'est chose faite. James Middleton naît dans le même hôpital que ses aînées. La famille désormais au complet, Michael et Carole peuvent envisager un nouvel avenir pour leurs enfants.

Élève modèle pour une famille ambitieuse

Carole veut le meilleur pour ses enfants. À chacun de leur anniversaire, elle aime organiser des fêtes jalousées par leur entourage. Ballons, immenses structures de jeux, gâteaux colorés… La mère de famille montre un certain talent pour organiser de fabuleuses journées à thèmes qui marquent les esprits des enfants comme des parents. Avec les *birthday parties* de sa progéniture, Carole s'illustre telle la reine des parents d'élèves.

De sa passion est née une entreprise. En 1987, elle lance son affaire avec l'aide financière de son frère Gary qui a fait fortune dans le secteur du recrutement. Party Pieces est une société de vente par correspondance d'articles de fêtes et de décorations en tout genre. En choisissant les services de Party Pieces, toutes les mamans du comté peuvent espérer devenir des Carole Middleton en herbe, capables de transformer une maison et un jardin le temps d'une journée pour satisfaire les envies de leurs enfants.

Pendant ce temps, Catherine continue sa scolarité. Elle entre à la Bradfield Church of England Primary School en 1986, la petite école locale, avant que Pippa ne la rejoigne deux ans plus tard. Catherine est une enfant surdouée qui veut se rendre utile à sa communauté. En 1990, les deux sœurs intègrent les Brownies, guides britanniques de sept à dix ans, où elles développent des capacités à s'adapter à la vie en communauté. Vivre ensemble pour mieux apprendre, telle est la règle de vie que s'impose le petit groupe qui s'apparente au scoutisme.

Le succès de l'entreprise maternelle est tel qu'il permet aux Middleton de s'élever socialement. Michael quitte même son poste à la British Airways pour codiriger l'entreprise de son épouse. En 1991, ils déménagent dans une maison plus spacieuse à Bucklebury. Les ressources du couple sont si importantes qu'elles permettent aux enfants d'être scolarisés dans des établissements privés. Cette année-là, Catherine entre à l'école St Andrew's de Pangbourne, aux frais d'inscription de plus de dix mille livres sterling. L'enseignement administré dans cette institution vise l'excellence. Il respecte en tout point la devise latine flanquée au-dessus de son entrée principale en guise de bienvenue, *Altiora petimus* – « Nous cherchons les sommets ». Élève particulièrement sérieuse et populaire auprès de ses camarades, elle répond parfaitement aux exigences de ses professeurs. Son comportement irréprochable est récompensé lorsqu'elle est élue déléguée de sa classe en 1995. Entre ces murs, Catherine se révèle une véritable athlète. Accro au sport, la jeune fille pratique le netball et le hockey en hiver, le tennis et le rounders[1] en été, mais aussi le basketball, le volleyball, le ski et le badminton. L'enfant hyperactive ne connaît pas l'ennui. « Elle était vraiment douée dans tous les jeux de plein air, se souvient Samantha Garland, son ancienne camarade de St Andrew's. Elle prisait le saut en hauteur, devenait accrocheuse au tennis. Elle avait un enthousiasme communicatif[2]. » Elle intègre aussi la troupe de théâtre de son école et participe à des concours d'éloquence, des débats et des récitals de poésie. À l'âge de onze ans, elle interprète Eliza Doolittle dans une adaptation de *My Fair Lady*. Deux ans plus tard, elle est la tête d'affiche d'une pièce écrite par l'un de ses professeurs, intitulée *Le Meurtre dans la grange rouge*. Elle joue le rôle d'une jeune fille en quête du grand amour qui part consulter un voyant pour deviner son avenir. Le faux devin lui prédit un mariage au bras d'un « beau et riche jeune homme » qui vit à Londres et qui se prénomme… William. Catherine ne le sait pas encore, mais elle vient d'incarner un personnage au destin parallèle au sien. Prophétique, voire prémonitoire, le moment a de quoi interroger de nos jours. D'ailleurs, deux ans avant que ne soit jouée cette pièce de théâtre, Catherine a croisé le véritable prince William. Quand la jeune fille est à St Andrew's, le fils du prince Charles est à Ludgrove. Les deux écoles ne sont séparées que par vingt-deux kilomètres. L'établissement de William ne dispose pas de terrains adéquats pour permettre aux pensionnaires

1. Sport typiquement britannique semblable au base-ball américain.

2. Bertrand Meyer-Stabley, *Kate Middleton. La vie de Catherine, duchesse de Cambridge*, Paris, La Boîte de Pandore, 2016.

de jouer au hockey, au rugby ou au football. Les garçons de Ludgrove sont donc souvent amenés à se rendre sur la propriété de St Andrew's. Sans jamais se côtoyer, Will et Catherine se sont forcément croisés sur ce terrain où ils ont leurs habitudes sportives.

La timide Catherine est continuellement comparée à son extravertie de sœur. Pippa ressemble davantage à Carole, quand Catherine se rapproche plus de la réserve de son père. Le sport s'impose vite comme une échappatoire pour elle. Ses années à St Andrew's s'achèvent. Désormais âgée de quatorze ans, elle quitte à regret l'établissement pour se diriger vers Downe House. Ce pensionnat catholique élitiste pour filles à vingt-deux mille livres sterling l'année a été fondé en 1907. Il enseigne l'humilité comme la meilleure des vertus, en passant par la discipline. Mais Catherine ne se plaît pas dans cet univers trop dur pour elle. Après deux trimestres, ses parents décident de l'envoyer dans un nouvel établissement qu'ils pensent bien plus adapté à la sensibilité de leur aînée.

Catherine arrive au Marlborough College en 1996. L'internat mixte est situé dans le Wiltshire. Fondé en 1843, il applique la devise *Deus Dat Incrementum* – « Dieu donne l'accroissement ». Et pour cause, à l'origine, seuls les fils du clergé anglican bénéficiaient de son enseignement. Les filles n'y ont définitivement été acceptées qu'à partir de 1989. Marlborough compte une célébrité parmi ses anciens élèves : le mathématicien Alan Turing, auteur de travaux scientifiques sur l'informatique et acteur héroïque du déchiffrement de la machine Enigma utilisée par les nazis pour coder leurs messages pendant la Seconde Guerre mondiale. À son arrivée à Marlborough, Catherine a du mal à s'adapter à son nouvel environnement. Entourée d'enfants aristocrates, elle est timide et se consacre à ses loisirs sportifs. Jusqu'ici, elle n'a jamais été habituée à fréquenter des jeunes gens au rang social supérieur. La jeune fille n'est pas l'une de ces adolescentes plus attachées aux garçons et à la mode plutôt qu'à leurs études et au sport. Ce sérieux qui l'habite est bien souvent moqué par ces adolescents au jugement facile. Elle est parfaitement consciente que sa réussite scolaire conditionne ses capacités à reprendre les ambitions sociales et professionnelles de ses parents. Dans les couloirs de Marlborough, elle met tout en œuvre pour ne pas se faire remarquer. La fille d'entrepreneurs audacieux est transparente à souhait jusqu'à la rentrée scolaire 1998. Après deux mois de vacances scolaires, Catherine retourne à Marlborough College, métamorphosée. L'adolescente timide et renfermée s'efface pour laisser s'exprimer une ravissante jeune fille, sûre d'elle-même. Elle fait appel aux conseils de sa mère pour changer de look et adopter les dernières tenues à la mode. Catherine attire désormais tous les regards. Ni les prétendants, ni les amitiés sincères ne manquent à sa nouvelle vie d'adolescente populaire. Elle adopte un surnom qui incarne à merveille ce renversement de personnalité aussi impressionnant qu'inattendu : Kate. Pour la première fois de sa vie, elle fait partie de la liste des plus jolies filles de l'école, dressée officieusement par les garçons de l'établissement. Pourtant, elle continue à rejeter les avances de ses prétendants.

Devenue Kate aux yeux de tous, elle obtient de très bons résultats à ses A Levels, l'équivalent du baccalauréat français. Arborant un A en chimie et en art, elle obtient aussi un B en anglais. Quelques mois avant son départ de Marlborough, elle baisse la garde et sort avec un certain Harry Blakelock, son seul petit ami officiel avant son année sabbatique. Kate reste une jeune femme sans histoire qui a su mener à bien ses jeunes années avant de commencer une nouvelle vie en Écosse. Son idylle avec Harry ne survit pas à son départ du collège en 2000. Son intelligence et sa beauté ont maintes fois été reconnues au cours de ses années en pensionnat. Elle est désormais libre de prendre en main son destin d'étudiante.

14

Prince soldat

Un futur monarque est patriote par essence. Servir le royaume est une étape indispensable à sa formation. Le service militaire est bien davantage qu'une simple tradition. Et pour cause, le souverain britannique est chef de ses armées. À ce titre, il représente les trois corps qui permettent au Royaume-Uni d'intervenir sur terre, en mer et dans les airs. Les titres militaires honorifiques sont nombreux à être attribués aux Windsor. La marine a longtemps eu leurs faveurs. La descendance royale faisait ses armes à Dartmouth. Dans l'enceinte de ce Royal Naval College ont été formés les futurs rois George V et George VI. Le prince Charles a lui aussi été obligé de servir, non sans mal, sur l'un des vaisseaux sous pavillon britannique. Vient le tour du prince William de mettre ses armes au service de Sa Majesté.

Sandhurst

Kate et William rentrent du Kenya en juillet 2005. Leurs vacances de fin d'études s'achèvent après trois semaines de séjour romantique. Will doit désormais se concentrer sur son avenir militaire. Dès son enfance, il a montré un fort attachement à la chose militaire. Se déguisant bien souvent en soldat, ou jouant avec sa petite armée de plomb, il aimait reconstituer les plus grandes batailles menées par le Royaume-Uni. Il choisit de suivre une formation d'officier qui lui ouvrira les portes de la Royal Air Force, la British

William, prince de Galles, roi du style.
Il revêt un costume sur-mesure de la marque
Gieves & Hawkes sur Savile Row à Londres.

26 juillet 1982. William est à peine âgé d'un mois pour son premier portrait officiel avec ses parents signé Lord Snowdon.

22 juin 1982. Charles et Diana sont fiers de présenter au monde leur premier né devant l'aile Lindo du St Mary's Hospital de Londres.

Mars 1983. Dans les jardins de la résidence du gouverneur général de Nouvelle-Zélande, le nourrisson fait ses premiers pas devant les photographes accrédités.

Les Galles posent devant Highgrove House, le domaine acheté par Charles en 1980 qu'il ne cesse d'embellir. La maison située dans le Gloucestershire devient le paradis buccolique des garçons.

30 mars 1993. En pleine guerre contre son époux, la princesse Diana rivalise d'imagination pour plaire à ses fils. Ils profitent ainsi de vacances hivernales à Lech en Autriche.

1994. Contre la frénétique vie de son épouse, Charles présente un cadre hydillique à William et Harry. Il pose fièrement en père comblé dans les jardins de Highgrove. William parait timide et discret.

6 septembre 1997. William doit faire preuve d'un grand courage pour marcher derrière le cercueil de sa mère. Charles lance un regard soucieux vers William, plongé dans ses souvenirs.

15 avril 1999. Le bras plâtré, William accompli son premier engagement officiel en solo en assistant au baptême du prince Constantin Alexios de Grèce à Londres.

1999. Dans son uniforme d'Eton, William profite de la cuisine commune qu'il partage avec ses camarades de Manor House pour parfaire ses talents de cuisinier.

2006. William et Harry posent pour
un portrait officiel au moment des
préparatifs du concert en hommage
à Diana qu'ils organisent pour marquer
les 10 ans de sa disparition.

Décembre 2006. William sort diplômé de l'école d'officiers Sandhurst. Pour la cérémonie de fin d'études, la reine a fait le déplacement. Elle passe en revue les étudiants et ne résiste pas à adresser un tendre sourire à son petit-fils.

2 juin 2003. Elizabeth II et Philip posent avec leur fils Charles
et leur petit-fils William à l'occasion des 50 ans du couronnement de la reine.
L'avenir de la Couronne est assuré.

16 novembre 2010. William présente aux journalistes rassemblés au palais St James sa jeune fiancée. Catherine Middleton arbore fièrement la mythique bague de fiançailles qui avait appartenu à Diana.

9 juin 2012. À la première londonienne du film de Steven Spielberg *Cheval de guerre*, William et Kate font preuve d'une incroyable élégance.

29 avril 2011. Les jeunes mariés posent entourés de leurs enfants d'honneur dans la salle du trône du palais de Buckingham. Ils viennent d'être fait duc et duchesse de Cambridge par la reine Elizabeth.

Le mariage du siècle se tient en la somptueuse abbaye de Westminster. William porte son uniforme des Irish Guards quand Kate est étincelante dans sa robe signée Sarah Burton pour Alexander McQueen.

L'élégance, le glamour et le sérieux habitent le coeur de l'héritier en second de la couronne et son épouse dans ce portrait officiel réalisé par Hugo Burnand.

Avril 2013. Le couple se lance dans une partie de ping-pong lors de sa visite du Donald Dewar Leisure Centre de Glasgow. Plus que jamais, ils représentent la jeunesse d'une génération appelée à représenter la Couronne.

Avril 2014. William et Kate se rendent pour la première fois en Australie depuis leur mariage. Le petit George accompagne ses parents pour son tout premier voyage officiel.

Le duc et la duchesse de Cambridge forment un couple soudé, amoureux et paré à affronter toutes les épreuves de leur avenir princier.

18 avril 2016. William et Kate posent devant le Taj Mahal pour une photo souvenir de leur voyage officiel en Inde. Un portrait symbolique qui rappelle forcément le célèbre cliché de Diana, seule devant ce symbole de l'amour éternel.

19 juillet 2017. Kate est enceinte du prince Louis lorsque le couple se rend en Allemagne, pour défendre les intérêts britanniques en pleines négociations du Brexit.

2 mai 2015. George est fier de
tenir dans ses bras sa petite soeur
Charlotte qui vient de naître.
Sous son objectif, Kate réalise
un magnifique portrait de
ses enfants pour marquer
la naissance de sa fille.

Trooping the Colour 2017. Elizabeth II est fière d'être entourée de toute sa descendance sur le balcon du palais de Buckingham pour célébrer son anniversaire. William, déjà père de deux enfants, garde toujours un oeil sur sa progéniture.

Trooping the Colour 2019. La famille royale ne cesse de s'agrandir. William et Kate sont désormais entourés de trois enfants. La cérémonie est l'occasion pour le prince Louis de participer à son premier engagement officiel.

2021. Pour sa carte de voeux de Noël, la famille Cambridge pose en pleine nature jordanienne. Leur look est décontracté, à l'image de celui d'une famille britannique ordinaire profitant de vacances bien méritées.

Avril 2023. Tous de bleu vêtus, Kate, William et leurs enfants se rendent à la messe de Pâques donnée comme chaque année en la chapelle Saint-George du château de Windsor.

Juillet 2017. Le prince William montre une fois encore son incroyable popularité en s'offrant un bain de foule lors de sa visite de Varsovie en Pologne.

William a tiré les leçons du passé. Comme sa mère, il aime le contact avec les foules d'anonymes venues l'accueillir.

23 juin 2022. Le premier portrait commun du duc et de la duchesse de Cambridge est dévoilé. Il est réalisé par Jamie Coreth. Le couple représente ainsi l'avenir populaire de la Couronne.

Entre William et Harry, rien ne va plus ! Les deux frères ennemis sont en froid et ne le cachent plus. Le duc d'Amérique devient le spectateur aigri du succès de son frère.

Elizabeth II rend son dernier souffle le 8 septembre. Trois jours plus tard, les deux frères forment un front commun pour être au plus près d'un peuple endeuillé. L'entente n'est qu'une façade et ne dure qu'une dizaine de jours. Qui gagnera la bataille d'Amérique ?

19 septembre 2022. William est accompagné de son épouse et de ses deux aînés pour rendre un dernier hommage à sa grand-mère qui vient de décéder. Remontant la nef de l'abbaye de Westminster, il participe au cortège qui mène la dépouille jusqu'au château de Windsor.

6 mai 2023. L'avènement du roi Charles III conduit aussi à celui de William, prince de Galles. Portant leurs uniformes écarlates, la nouvelle famille de Galles prend une part importante au couronnement du nouveau couple royal.

William et Kate deviennent les grands atouts de la monarchie britannique en représentant une famille royale restreinte.

« La gloire de ce chapitre de l'histoire porté par Charles III conditionne le triomphe du règne de William V le Bien-aimé. »

Kévin Guillot

Army ou la Royal Navy. À ses yeux, l'académie royale de Sandhurst est adaptée pour donner vie à ses ambitions. Dès son retour à Londres, il se concentre sur les examens d'entrée de cette institution qu'il réussit haut la main. Will entre dans une période formatrice pour ses années à venir. Avant de faire son entrée officielle à Sandhurst, il débarque à Chatsworth, la splendide propriété du XVIIIe siècle appartenant au duc de Devonshire. Le futur prince de Galles apprend pendant deux semaines à diriger un domaine de plus de quatorze mille hectares. Il effectue ensuite un stage d'une semaine au siège londonien des banques HSBC. Avant les fêtes de Noël 2005, il accompagne l'équipe de sauvetage Valley Mountain de la RAF au pays de Galles pour se former quant aux techniques de secourisme d'urgence. Pendant ce temps, Kate se fait la plus discrète possible. Elle n'a aucune envie d'attirer la lumière des médias sur elle. Bien que petite amie d'un héritier de la Couronne, elle est attachée à sa liberté.

William arrive à Sandhurst le 8 janvier 2006. Il découvre une impressionnante bâtisse qui dispose de sa propre histoire. Nous sommes en 1947 lorsque la princesse Elizabeth vient y représenter son père, le roi George VI, lors de la première parade des apprentis officiers qui inaugure le nouvel établissement. Personnellement attachée à l'académie, la souveraine se rend à plusieurs reprises à Sandhurst au cours de son règne pour passer en revue les étudiants devant ses imposantes colonnes. Depuis 1947, plusieurs membres de familles royales européennes en sont sortis diplômés, tels que les rois Hussein et Abdallah II de Jordanie, ou encore le grand-duc Henri de Luxembourg et son fils Guillaume. Parmi les Windsor, seul le prince Michael de Kent s'était assis sur les bancs de l'académie. Quand il arrive à Sandhurst, William n'est pas seul. Son frère est déjà étudiant de « l'académie des princes » depuis huit mois. Très peu enclin aux études universitaires, Harry a choisi la rigueur du service militaire après une année sabbatique.

Tout comme à Eton ou à St Andrews, William ne veut aucun traitement de faveur au cours de ses onze mois passés au sein de l'institution militaire. Il est un soldat en formation comme les autres et entend le faire savoir. Les cinq premières semaines, les étudiants sont coupés du monde extérieur. Outre les sorties, les appels téléphoniques et les courriers sont strictement interdits. Au cours de cette période, les cadets peuvent ainsi forger des liens étroits entre eux qui vont les inciter à se soutenir face à la rigueur de cette éducation. Son quotidien d'interne n'en est pas moins reluisant. Dans une chambre de moins de huit mètres carrés, il doit faire seul son lit à la « manière de Sandhurst » en appliquant un nombre de plis précis à ses draps, s'occuper de son linge et cirer ses chaussures. Chaque matin, ses quartiers sont inspectés. Son lit, son uniforme, la propreté de son lavabo… Tout y passe. Will apprécie la discipline militaire. Face aux épreuves qui lui sont imposées, il est toujours volontaire. Le futur officier brille par ses exploits comme lorsqu'il termine en seulement vingt-quatre heures une course dans les monts des Brecon Beacons au pays de Galles.

Placé sous les ordres du sergent d'état-major Simon Nichols et des sergent-chefs Nathan Allen et Jimmy Parke des Irish Guards, il vit des journées éreintantes. Entre les épreuves physiques, les examens et l'apprentissage du maniement des armes, William est bien occupé. « Ce n'était pas évident, mais je m'en suis sorti, se confie-t-il. Au fond, ça ne me déplaît pas de dévaler un fossé plein de gadoue en tirant des coups de feu. C'est même tout à fait mon style. J'aime ça[1]. » Le prince n'en oublie pas moins sa promise qui l'attend patiemment dans son nouvel appartement londonien de Chelsea, à proximité de Sloane Square, offert par ses parents. Il retrouve Kate pendant certaines de ses permissions. Ensemble, ils courent les boîtes de

1. Katie Nicholl, *William in Love*, *op. cit.*

nuit branchées de la capitale, mais il se montre aussi de plus en plus distant, évitant bien souvent de la prévenir de ses retours à Londres pour passer du temps avec ses amis, accoudé à un bar, un verre de vin rouge à la main.

Le prince Harry termine son année à Sandhurst le 12 avril 2006. La famille royale est réunie pour célébrer le fils cadet du prince Charles. La reine elle-même a fait le déplacement. L'honneur de sa présence est à la hauteur de l'événement. Voilà quinze ans qu'elle n'a pas assisté au défilé des cadets de Sandhurst. Avant de rejoindre les Blues and Royals, Harry reçoit son diplôme devant sa grand-mère admirative. « Et Willy a fait le salut militaire. [...] Pendant un bref instant, le Suppléant était supérieur à l'Héritier[1]. » Le petit prince frémit de plaisir de pouvoir, pour une fois dans sa vie, se vanter d'être supérieur à son frère tant jalousé. Quand il quitte l'académie, Harry part retrouver Chelsy Davy. Il a rencontré cette Sud-Africaine solaire à la chevelure blonde deux ans auparavant. Depuis, l'enfant terrible des Windsor vit le parfait amour. Un problème de taille brouille alors les deux frères : leurs petites amies respectives ne s'apprécient pas. Chelsy préfère sans retenue l'extravagance de la sœur de Kate. William se présente donc sans sa *girl friend* au bal de fin d'année donné le soir même.

Puis vient le tour du prince William de voir s'achever sa formation d'officier. La cérémonie de remise de diplômes a lieu le 15 décembre 2006. Comme pour celle du prince Harry, toute la famille royale, y compris Camilla, a fait le déplacement. La reine passe en revue les jeunes militaires. Quand elle arrive au niveau de son petit-fils, elle le reconnaît, et échange avec lui un tendre sourire. Elizabeth II a toujours exprimé son plus grand soutien aux ambitions militaires de ses deux petits-fils. Aux autres officiers, la reine adresse quelques mots d'encouragement dans un

1. Prince Harry, *Le Suppléant*, *op. cit.*

discours aux semblants d'avertissement : « Vous devez être courageux, mais désintéressés. Des chefs, tout en restant humains. Sûrs de vous, mais attentifs aux autres[1]. »

Parmi l'assistance de cette cérémonie pleine d'émotion se trouve une jeune femme, toute de rouge vêtue, venue accompagnée de ses parents. Kate ne pouvait manquer cette journée d'importance pour son militaire de petit ami. Quand elle aperçoit William parmi les rangs des deux cent soixante-dix cadets bientôt diplômés, elle murmure à sa mère, assise à sa droite : « J'adore son uniforme ! Il est trop sexy ! » Elle a peu de mal à l'identifier. En tant que meilleur peloton d'entraînement de sa promotion, il a l'honneur de porter l'étendard de sa grand-mère. Tout est parfait. William devient officier avec le grade de lieutenant sous les yeux émerveillés de sa belle qui effectue ce jour-là sa première apparition publique en tant que *girl friend* officielle. Rien ne saurait gâcher le succès de l'événement, ou presque… Un scandale éclate quand Carole Middleton est aperçue, mastiquant un chewing-gum. Un manque de respect et d'éducation de la part de la mère de famille ? L'entrepreneuse millionnaire tentait de mettre fin à son addiction au tabac avec l'une de ces gommes à la nicotine. Le quotidien de gauche *Daily Mirror* prend vite la défense des Middleton et affiche en Une : « Laisse tomber ces snobs, c'est toi qui as le plus de classe, Kate ! » Quelles que soient les critiques, le couple s'apprête à avancer vers un nouvel avenir marqué par le service envers la Couronne.

Blues and Royals

« La dernière chose que je souhaite, c'est qu'on me bichonne et qu'on me maintienne dans un cocon, insiste William. Tant qu'à entrer dans l'armée, j'aime autant aller où vont mes hommes et faire ce qu'ils font. Je ne voudrais

1. Marc Roche, *Elizabeth II. Une vie, un règne*, Paris, Tallandier, 2016.

pas rester sur le carreau parce qu'on estime ma vie trop précieuse ou je ne sais quoi, c'est bien la dernière chose que je souhaite[1]. » Avant même son statut princier, Will se considère comme un officier de l'armée britannique. Déterminé à mener à bien sa carrière militaire, le petit-fils d'Elizabeth II souhaite avant tout vouer sa vie à défendre les intérêts de sa nation. Il veut profiter de ses jeunes années pour prendre part à toutes les formations militaires possibles, souhaitant parfaire ses capacités et servir le mieux possible le corps d'armée de son choix.

Le 16 mars 2007, il pose ses valises dans le camp Bovington situé dans le Dorset, en Angleterre. Le jeune diplômé vient suivre une formation de six mois pour devenir officier commandant de blindés. Il est placé à la tête d'un peloton de reconnaissance blindée et apprend à acquérir les qualités nécessaires pour mener un groupe d'hommes disciplinés. Il ressort du camp militaire avec le grade de commandant de troupe. Auréolé de ce succès, il intègre les Blues and Royals, un régiment de cavalerie faisant partie des Household Cavalry, les troupes d'élite chargées de la sécurité du monarque. Harry avait déjà été muté au sein de ce régiment après avoir quitté Sandhurst. William obtient le commandement de onze hommes – un sergent, deux caporaux et huit troupiers – basés aux Combermere Barracks de Windsor. À deux pas du château préféré de sa grand-mère, Will n'est pas dépaysé. Ce commandement est un honneur pour lui, mais il ne peut se cantonner à ce service bien à l'abri des dangers. Les souhaits du prince sont clairs : il veut partir combattre pour défendre sa patrie. En 2007, le Royaume-Uni intervient en Irak depuis quatre ans aux côtés des États-Unis, de l'Australie et d'autres belligérants. L'armée britannique intervient aussi en Afghanistan. En juin, le prince Harry part justement combattre dans le plus grand

1. Katie Nicholl, *William in Love*, *op. cit.*

secret sur ce territoire contrôlé par les talibans. William ne comprend pas. Pourquoi n'a-t-il pas lui aussi la possibilité de servir son pays, là où l'armée affronte les ennemis de la Grande-Bretagne ? En tant qu'héritier du trône, le prince est bien trop important pour courir un quelconque risque. Il est inenvisageable de l'envoyer en première ligne. Harry doit rester l'exception à cette règle, tant que la dangerosité de son service afghan reste raisonnable. Le « Wombat de combat » du prince Charles est frustré, d'autant que certains des hommes qu'il commande sont envoyés servir la cause britannique pendant six mois en Afghanistan.

Spectateur de la réussite militaire de son frère, William doit se résigner à rester à l'abri, tout en poursuivant son évolution dans l'armée. En Afghanistan, Harry participe aux missions destinées à repousser les attaques talibanes. Il effectue aussi des patrouilles dans des zones hostiles. Le frère cadet a enfin trouvé un monde à la hauteur de ses ambitions et de sa fougue ardente. Dans ses mémoires, il confesse avoir tué vingt-cinq talibans. Sa révélation choque le monde militaire. Le nombre d'hommes tombés face à ses armes aurait dû rester secret, d'autant que la guerre afghane a pris fin en 2021, avant d'avoir été jugée inutile. Le conflit a vu le jour en 2001 en représailles des attentats du 11 septembre et a vu la mort de nombreux civils pour des raisons purement punitives. L'expérience guerrière du prince Harry a pris fin en 2008 lorsque les médias ont révélé sa participation au conflit. Les risques quant à sa sécurité étaient désormais trop grands. Le gouvernement britannique voulait éviter qu'il soit capturé et pris en otage, avant qu'une possible rançon ne soit demandée. Pire encore, il aurait pu être la cible privilégiée des tirs des talibans. De retour en Angleterre, Harry plonge dans une profonde dépression post-traumatique. Il se sent inutile et noie son chagrin dans l'alcool. William vient à son secours et lui conseille de consulter des psychanalystes. Attaché à la cause de la santé mentale, Will commence à se créer un réseau de spécialistes pour mettre davantage en lumière cette question. Parmi ses contacts, il oriente son frère vers les meilleurs d'entre eux afin de l'aider à retrouver sa joie de vivre.

Prince des airs

De retour au Royaume-Uni, Harry ne quitte pas l'armée pour autant. Le Palais annonce en octobre 2008 qu'il intégrera la Defense Helicopter Flying School de la Royal Air Force à Shawbury où son frère suit déjà une formation de pilote d'hélicoptère. Avant cela, William n'a pas attendu le retour de son frère. Il a pris en main son destin de soldat en entrant à la base aérienne de Cranwell, en janvier.

Au sortir de Sandhurst, William a fait son choix. Voguer sur les mers à bord des plus importants bâtiments de la flotte britannique ? Très peu pour lui ! Le prince s'oriente vers les airs. Le prince Philip avait obtenu plusieurs brevets d'aviation à partir de 1953. En plus des avions militaires, il pouvait piloter des hélicoptères et des avions privés. En quarante-quatre années de vols, il a piloté cinquante-neuf machines pour plus de six mille heures passées dans les airs. Le duc d'Édimbourg était mordu d'aviation. Cette passion, il l'a transmise à son fils devenu pilote d'hélicoptère en 1974. Sans aucun doute possible, les Windsor ont l'aviation chevillée au corps. William reprend cet héritage familial et choisit la Royal Air Force plutôt que la Royal Navy. Le prince met fin à la tradition centenaire qui voulait que les fils du souverain effectuent leurs classes dans la marine.

La Royal Air Force, RAF dans sa version abrégée, a vu le jour le 1er avril 1918. George V voulait renforcer les capacités militaires de son aviation alors que le Royaume-Uni était engagé depuis quatre ans dans un conflit qui semblait interminable. La Première Guerre mondiale prend fin le 11 novembre 1918. Avant cette date, la RAF a pris part aux dernières batailles aériennes du conflit. Très attaché à ce corps d'armée, George V s'était attribué le grade de maréchal. Ses fils aînés, Edward et Albert, portaient eux aussi des titres militaires honorifiques liés à ce corps d'armée. Le futur roi George VI était d'ailleurs un pilote passionné.

À Cranwell, William suit une formation accélérée de pilotage pendant trois mois, au lieu des trois années habituelles, pour embrasser le plus rapidement possible sa carrière d'officier. Contrairement aux autres soldats, le prince loge dans une petite maison indépendante nommée York House en l'honneur de son arrière-grand-père qui était à la tête d'un escadron à Cranwell en 1918. « Nous avons adapté les cours en supprimant ceux qui nous paraissaient superflus : nous ne voulons pas faire de lui un pilote opérationnel mais un pilote compétent », confie Kevin Marsh, le commandant qui encadre William. Étant myope, l'apprenti pilote est obligé de porter des lunettes de vue homologuées par le ministère de la Défense lorsqu'il prend place aux commandes d'un avion. Le premier appareil piloté par le prince est un Grob 115 E, un biplace utilisé pour les formations des futurs aviateurs. Une immense joie et une profonde fierté envahissent son cœur lorsqu'il atterrit pour la première fois aux commandes de cet appareil. « C'était une sensation incroyable. Dieu sait comment quelqu'un a pu me confier les commandes d'un avion. Après le décollage, tout allait pour le mieux. Je me concentrais juste sur les contrôles, veillais à faire tout ce qu'il faut et suivais le circuit de vol. Et puis, j'ai vu la piste se rapprocher et je me suis dit que ce n'était pas le moment de partir en vrille[1]. » L'adrénaline, voilà ce qui galvanise l'enthousiasme du prince pilote.

1. Pierrick Geais, *Prince William*, *op. cit.*

Will est ensuite muté à la base aérienne de Linton, dans le Yorkshire. Pour parfaire ses connaissances dans ce domaine, le futur aviateur s'exerce sur un appareil plus complexe. L'Embraer EMB 314 Super Tucano est un avion militaire conçu pour l'attaque légère. Sa formation terminée, William peut enfin obtenir ses galons de pilote de la RAF. Son père a fait spécialement le déplacement. En tant que maréchal en chef de l'armée de l'air, le prince de Galles a le privilège de présider la cérémonie de fin de formation de son fils. Le 11 avril 2008, il a du mal à dissimuler sa fierté lorsqu'il remet à son fils ses wings, son insigne en forme d'ailes qui symbolise son brevet de pilotage. Cette nouvelle remise de diplômes se déroule une nouvelle fois sous les yeux de Kate et de Camilla. La cérémonie terminée, William s'empresse de téléphoner à sa grand-mère qui lui transmet ses félicitations les plus sincères. Ce jour-là, le jeune pilote fait son entrée officielle à la RAF en étant promu capitaine. Cette carrière militaire qui commence lui assure de pouvoir pleinement exercer ses fonctions pendant au moins cinq ans, avant de devoir se consacrer à ses obligations princières. L'échéance de sa vie pleinement consacrée à la représentation repoussée, William peut encore espérer combattre un jour sur l'un des fronts tenus par l'armée britannique.

Deux semaines après sa remise d'insigne, William traverse secrètement une partie de la planète pour se rendre en Afghanistan. S'il ne peut prendre part directement au conflit, Will veut apporter son soutien aux forces armées présentes dans ce pays dévasté. Les hommes de la RAF sont bien entendu mobilisés pour mener à bien cette guerre. Le prince se rend au camp d'aviation militaire britannique de Kandahar où il partage le quotidien des soldats durant deux jours entiers. Avec ce voyage, la sécurité de l'héritier de la Couronne est compromise. Pour éviter toute fuite concernant sa présence, les médias britanniques divulguent son voyage afghan le lendemain de son retour en Angleterre. William se montre patriote et particulièrement solidaire avec ses frères pilotes de la RAF. Deux mois plus tard, à la surprise générale, il embarque à bord du HMS *Iron Duke* pour un service de cinq semaines dans les Caraïbes. Il partage sa cabine avec quatre matelots pendant son périple. Lui qui s'est toujours montré plus pilote que marin se retrouve au sein d'un équipage formé à l'assistance humaine en cas de désastre naturel. Le prince William participe aussi aux missions d'interception de drogues illicites qui transitent par cette mer pour éviter les services douaniers. Son expérience navale confirme son choix de consacrer le reste de sa carrière militaire à la Royal Air Force. « J'ai pris conscience, en me retrouvant dans la RAF, du point auquel j'aime piloter des avions, raconte le pilote convaincu. Rejoindre une équipe de secouristes me fournirait une occasion rêvée de participer au service actif[1]. »

Au début de l'année 2009, William entame une dernière formation à la base de Shawbury, dans le Shropshire, qui lui permettra de devenir pilote d'hélicoptère secouriste. Harry marche dans ses pas en intégrant l'établissement quelques semaines plus tard. Pour la première fois depuis Eton, Will et Harry redeviennent colocataires. Ils logent dans un cottage situé à dix minutes de la base, qu'ils ont aménagé à leurs goûts. « Le cottage était confortable, mignon, au bout d'une étroite route de campagne et derrière de grands arbres feuillus. Le réfrigérateur était plein de repas sous vide envoyés par les cuisiniers de papa, se souvient Harry. [...] Dans ce cottage, nous avons beaucoup ri, nous avons passé de super moments à discuter d'un tas de choses[2]. » Le moment est exceptionnel, au point que des journalistes sont invités à réaliser une interview conjointe des deux frères. Il faut montrer des images rassurantes des

1. Katie Nicholl, *William in Love*, *op. cit.*

2. Prince Harry, *Le Suppléant*, *op. cit.*

frères soldats qui consacrent l'intégralité de leur temps à se former. D'ordinaire tenus à distance, les journalistes demeurent indispensables aux Windsor. Dans un hangar à avions de Shawbury, les princes badinent sous le regard amusé des journalistes. Quand l'un se moque de la calvitie précoce de son frère aîné, l'autre se plaint gentiment du tempérament désordonné de son cadet. William félicite quand même son frère pour ses qualités militaires, mais rien n'y fait. Harry est vexé et le laisse entendre en concluant l'interview par ces mots : « C'est la première et la dernière fois que nous vivons ensemble, je peux vous l'assurer. » À Shawbury, quelle que soit la complexité de sa relation avec Harry, William devient un véritable pilote d'hélicoptère aux compétences indéniables et à la volonté de fer.

15

L'indécis

William se forge un esprit militaire très apprécié des Britanniques et des membres de la famille royale. La reine est satisfaite : son petit-fils chéri reprend le flambeau patriotique des Windsor. La famille régnante de Grande-Bretagne s'est construite à travers les guerres qui ont marqué le siècle dernier. La Seconde Guerre mondiale et la guerre des Malouines ont vu émerger des hommes au courage indéniable, capables de sacrifices pour préserver les intérêts de leur nation. Quel sujet de Sa Majesté n'a pas été marqué par la détermination de George VI et d'Elizabeth Bowes-Lyon face à l'Allemagne nazie ? Le couple royal a refusé de quitter Londres alors que la capitale britannique était sous le feu des bombes. Préférant rester au plus près de leur peuple, ils ont gagné l'admiration de toute une nation. Elizabeth II a hérité de la détermination de ses parents. Will reprend le flambeau, assurant ainsi le monde de ses capacités à devenir un jour « un bon roi ».

Pour ce jeune homme ambitieux, la formation militaire a été longue et difficile. À sa sortie de St Andrews, tout le Royaume-Uni connaissait l'identité de la femme qui faisait battre son cœur. L'héritier est en couple et ne le cache plus. Mais qu'en est-il de Catherine alors que son prince est obligé de vivre d'un camp militaire à l'autre ? Surtout, quel avenir attend ce couple de plus en plus observé et adoré ?

L'amour envers et contre tous

Quand William entre à Sandhurst, il s'enferme dans un univers clos où les permissions sont peu nombreuses. Les cadets de l'académie ne vivent pourtant pas dans une prison. Ils ont la possibilité de sortir certains week-ends. Libre à eux de retrouver leurs proches en profitant de leurs occupations favorites. Will ne fait pas exception. Les clubs londoniens voient très souvent le jeune prince passer leur porte, vêtu simplement, souvent éméché, et toujours accompagné de ses amis. Le Boujis, dans le quartier chic londonien de South Kensington, a sa préférence. Will est en couple, mais plutôt que de passer du temps auprès de sa belle, il préfère se tourner vers ses amis fêtards qui lui permettent d'oublier le temps d'un week-end la rigueur de Sandhurst.

Kate doit se contenter des moments accordés par son cher et tendre. Elle le voit peu et commence à s'en plaindre. De son côté, elle est aussi une jeune diplômée occupée. Elle s'installe dans un appartement avec sa sœur Pippa sur Old Church Street, dans le quartier de Chelsea, acheté par leurs parents. Les sœurs Middleton vivent dans ce très bel appartement sur trois niveaux comprenant un grand séjour, une petite cuisine, une suite parentale et deux autres chambres. Aujourd'hui évalué à sept cent quatre-vingt mille livres sterling, il a vu sa valeur doubler grâce à ses célèbres locatrices. Entre ces murs, Kate et Pippa vivent en totale autonomie. Elles obtiennent cette liberté que leur envient bien des jeunes adultes de leur âge. Grâce à ce logement, elles mènent une vie de Londoniennes qui goûtent aux plaisirs de la capitale britannique. Elles sont jeunes, belles, riches et citadines, les Middleton ont tout pour plaire. Bien que la notoriété de l'aînée augmente à mesure que le temps passe, son statut de petite amie princière lui apporte aussi quelques ennuis.

Les médias s'intéressent de plus en plus à la vie de celle qu'ils considèrent déjà comme leur future reine. Kate ne peut plus sortir librement de son appartement. Ne faisant pas encore partie officiellement de la famille royale, elle est pourtant bien celle que le prince William a choisie. Ayant un pied dans le système et un pied dehors, elle s'enfonce dans une situation délicate. La Couronne ne peut pas encore financer un service de sécurité qui lui serait entièrement attaché. Il devient difficile pour la jeune femme de se protéger du voyeurisme de la presse. Sa moindre sortie est épiée par des paparazzis qui campent devant sa porte. La vie de Kate s'apparente dangereusement à celle menée par une jeune Lady Diana avant que son mariage avec le prince de Galles ne soit officialisé. La pression médiatique exercée sur ses épaules augmente de jour en jour, au point que le prince William va être obligé de sortir de sa réserve naturelle pour la protéger.

Hors de question pour lui de faire subir à sa petite amie le calvaire qui a gâché la vie de sa mère. Le Palais n'en a pas l'intention non plus. Chez les Windsor, le passé ne sera pas un éternel recommencement. Will prend sa plume et publie un communiqué enragé contre les médias de son pays le 7 octobre 2005. Le futur roi ordonne à la presse de respecter la vie privée de sa dulcinée. Les parents de Kate vont plus loin. Inquiets de voir progresser le harcèlement subi par leur fille aînée, ils engagent une armée d'avocats pour assurer sa sécurité publique. Mais il en faut davantage pour effrayer les tabloïds britanniques qui se sont octroyé des droits infâmes.

La chasse à l'image continue, quand la Katemania s'intensifie. Toute couverture affichant celle qui partage la vie du prince soldat assure des chiffres de ventes inouïs. Kate devient acheteuse dans le département des accessoires pour la chaîne de prêt-à-porter à succès Jigsaw en novembre 2006. Employée à temps partiel, elle travaille trois jours par semaine. La jeune femme s'accorde du temps pour être auprès de son aimé. Bien qu'elle soit attachée à la valeur du travail, son poste n'est pas sa priorité. Elle sait son avenir entre les mains de William, et c'est à ses côtés qu'elle veut être. Appréciée au sein de son équipe, elle excelle dans les tâches que lui confie son patron John Robinson, un ami de son père. Les allées et venues de la jeune femme dans les rues de Londres depuis son appartement pour aller travailler sont l'occasion pour les médias d'obtenir toujours plus de photos de la jeune employée. Pour la protéger, Michael et Carole font installer un système d'alarme dans son appartement mais elle demeure harcelée de toutes parts. Les avocats de ses parents prennent une nouvelle fois leurs dispositions. En avril 2006, après avoir vu des photos de Kate faisant du shopping, publiées dans la presse, ils adressent des avertissements au *Daily Mail*, au *Daily Star*, au *Sun* ainsi qu'aux agences photographiques Big Pictures et Matrix. Un an plus tard, ils renouvellent l'opération de dissuasion en déposant une plainte officielle auprès de la PCC. Le prince Charles vient lui aussi au secours de la petite amie de son fils. Il demande à ses avocats d'intervenir pour obliger les principaux médias britanniques à respecter sa vie privée. Le jour de ses vingt-cinq ans est même gâché par des paparazzis qui l'empêchent de sortir de chez elle. Patrick Jephson, l'ancien secrétaire particulier de Diana, a publié la veille un article qui assure l'imminence du mariage princier. Les paparazzis sont à l'affût pour obtenir le moindre cliché de la présumée fiancée. Kate fond en larmes lorsqu'elle téléphone à William, resté auprès des Blues & Royals à Windsor. Le prince s'excuse et publie un nouveau communiqué aussi piquant que grinçant.

Will est peu présent pour sa petite amie. Il est bien trop accaparé par ses formations militaires à répétition. Lors de ses permissions, il passe bien plus de temps auprès de ses amis comme Guy Pelly plutôt qu'au bras de sa petite amie qui l'attend patiemment. Avec son frère mais sans sa *girl friend*, William se rend à l'enterrement de vie de garçon de son cousin Peter Phillips sur l'île de Whight, où les deux princes font une entrée fracassante en pilotant un hélicoptère de la RAF. Le prince soldat mène la vie dure à ses supérieurs et est à l'origine de nombreux scandales pour son utilisation excessive des appareils militaires à des fins privées. Pour faire une surprise à Kate, il n'hésite pas à atterrir à bord de ce même hélicoptère sur le domaine des Middleton, à Bucklebury.

Aux yeux des médias, « Waity Katy » est née. Elle attend que son prince veuille bien lui accorder du temps. Elle attend que son petit ami soldat termine enfin ses années d'études. Elle attend en continuant, bon gré mal gré, sa vie de jeune femme libre et indépendante. Kate poursuit en parallèle sa formation au sein de la famille royale. Le protocole qui dicte le quotidien de la famille contient de nombreuses obligations. Le prince Philip et Camilla, notamment, lui prodiguent de nombreux conseils indispensables dans l'art de se conduire à la manière Windsor. Elizabeth II est attachée à l'étiquette. Si la jeune femme veut espérer obtenir ses bonnes grâces, elle doit connaître à la perfection toutes les règles qui font de la première famille britannique une exception. « Kate a appris à parler à voix basse, à garder la main gauche sur le genou lors des repas, à empoigner son verre de champagne par le pied, à soulever sa tasse de thé sans s'emparer de la soucoupe, à faire la révérence à la reine, à coiffer ses longs cheveux, à incliner la tête pour dire oui, à porter des chapeaux. Un parcours du combattant sans faute pour entrer dans la famille royale[1]. » Aucun faux pas n'est remarqué de sa part. Le Palais s'assure qu'elle a l'aplomb nécessaire pour n'adresser aucun mot aux journalistes, tout en traçant son propre chemin. La distance et le silence sont loués par les Windsor.

1. Bertrand Meyer-Stabley, *Kate Middleton*, *op. cit.*

La rupture

La presse continue ses attaques incessantes contre la jeune femme. Kate ressent aussi toute la pression qui lui est infligée pour qu'aucun secret de l'étiquette ne soit méconnu de sa part. Son moral commence à décliner. Se sentant seule et délaissée, elle s'agace face à l'absence de William. Tout est finalement réuni pour qu'explose la colère de Catherine. Le 13 mars 2007, ils assistent ensemble au festival national de la chasse à Cheltenham. Trois jours plus tard, Will rejoint sa formation de dix mois à Bovington dans le Dorset. Kate est donc seule pour assister le même jour à la Gold Cup de Cheltenham auprès des membres de la famille royale. Rien ne va plus entre eux. Le 31 mars suivant, ils passent une dernière soirée en dînant au King's Head à Bledington avec leurs amis Hugh et Rose van Cutsem. Will repart ensuite suivre sa formation en négligeant sa bien-aimée pendant ses permissions, alors que Kate traverse la mer pour rejoindre l'Irlande du Nord avec sa mère afin d'assister au vernissage d'une exposition d'œuvres d'art de Gemma Billington. Au cours du week-end de Pâques, Kate appelle William et lui pose un ultimatum. Il doit assumer ses responsabilités en choisissant l'engagement ou la fin de leur histoire. Le jeune homme déteste l'empressement. La pression a des effets néfastes sur ses décisions. Diana disait d'ailleurs de son fils qu'il « réfléchit à tout avant de se décider. Il prévoit, il hésite parfois, il se pose des questions[1] ». Le couple opte finalement pour la séparation.

La jeune femme a besoin de souffler et de quitter cette atmosphère étouffante. En avril, les tabloïds révèlent la rupture des deux amoureux. Qui est véritablement à l'origine de cette brouille ? Le mystère reste entier. Après six années passées aux côtés de Kate, William aimerait retrouver ses occupations d'antan. Le prince veut s'octroyer une

1. Anne-Élisabeth Moutet, *William et Harry*, *op. cit.*

nouvelle liberté qu'il estime bien méritée. Les Britanniques n'ont jamais cessé de le pousser au mariage. Il ressent cet empressement national comme un affront à sa jeunesse. S'engager trop tôt, c'est risquer l'effondrement du mariage. Et puis après tout, il n'a que vingt-cinq ans. Il est encore en âge de mener sa vie comme il l'entend. Kate n'est pas en reste. Elle a du mal à supporter l'attention médiatique qu'elle suscite. Elle n'a jamais connu Diana, mais elle est parfaitement au courant du mal-être qui rongeait l'esprit de l'ancienne épouse du prince Charles. Elle n'a aucune envie de subir le même supplice que la princesse la plus adulée de l'histoire britannique.

La rupture officialisée, chacun poursuit sa route. Kate n'est plus aussi fébrile qu'en 2004. Hors de question pour elle de se morfondre des heures. Elle a bien l'intention de montrer qu'elle dispose d'une force de caractère suffisante pour surmonter cette épreuve. Quand Will fête allègrement son célibat lors de nombreuses soirées en boîtes de nuit, Kate se reprend en main. Aussi étonnant que cela puisse paraître, elle reçoit aussi le soutien de certains membres de la famille royale qui l'affectionnent particulièrement. Le prince Philip lui aurait envoyé une lettre pleine de compassion, lui affirmant sa désapprobation vis-à-vis du comportement de son petit-fils. Comme William, Kate suit sa bande d'amies à travers tous les clubs branchés de la capitale britannique. Plutôt que de s'effacer, elle s'affiche gaiement vêtue de robes toujours plus sexy. Le message envoyé à son prince est clair : « Regarde ce que tu perds en me quittant. » Kate reste une grande sportive. Elle n'entend pas vivre son célibat assise dans son canapé, pot de glace à la main, devant sa télévision. Elle intègre les Sisterhood, une équipe féminine de bateau dragon qui prépare la traversée de la Manche afin de récolter des fonds pour des œuvres de charité. Son amie Alicia Fox-Pitt – qu'elle connaît depuis Marlborough College – l'avait invitée à rejoindre le groupe de sportives pour lui changer les idées. Kate fait une pause dans son emploi à Jigsaw pour se consacrer à ce défi sportif à la hauteur de ses ambitions. Elle prend place à bord d'une pirogue en tant que barreur. Elle doit garder le cap du navire pendant que ses camarades pagayent. Le petit groupe de vingt athlètes, mené par Emma Sayle – fille d'un colonel britannique –, se rassemble chaque jour dès 6 heures du matin pour une séance d'entraînement. Kate pagaye pour oublier, sous le crépitement des flashs des paparazzis. Cette thérapie par le sport semble porter ses fruits. Elle se sent plus épanouie que jamais. Mais l'armée de journalistes n'a pas désespéré en apprenant la rupture au sein du couple.

Chaque sortie nocturne et chaque entraînement se déroulent devant les photographes. Les tabloïds s'en donnent à cœur joie et publient un grand nombre de clichés de la belle sportive. William ne peut échapper à la couverture médiatique de son ex-compagne. Il a compris son erreur. Kate est celle qu'il lui faut, il n'aurait jamais dû la laisser partir. Elle est belle, élégante, sportive, intelligente et parfaitement capable de tenir son rang de future princesse. En juin, il la retrouve et la persuade de reprendre leur idylle là où ils l'avaient laissée. Rien ne filtre de la teneur des propos convaincants du prince. Leurs échanges confidentiels ont pourtant abouti à des conditions secrètes qui ont permis à Kate de redevenir la *girl friend* princière.

Le 1er juillet 2007, Kate apparaît à nouveau non loin de son prince lors du concert donné pour les dix ans de la disparition de la princesse Diana. Assise trois rangs derrière William, elle se présente en compagnie de sa sœur Pippa et de son frère James. Sa présence ne laisse aucune place au doute : elle a renoué avec son prince. Quelques jours plus tard, elle est invitée au bal donné à Highgrove pour célébrer les soixante ans de Camilla. L'événement est le moment idéal pour indiquer au monde son grand retour parmi les Windsor. William a compris la leçon. Il est plus que jamais épris de sa petite amie et semble déterminé à le lui prouver.

Pacte de l'amour

L'amour bat plus fort que jamais en cet été 2007. Après quelques semaines de rupture, Will et Kate retrouvent toute la fougue de leurs sentiments. Pour enterrer définitivement cette période de trouble au sein de leur relation, ils embarquent le 16 août à bord d'un avion qui leur fait traverser une partie de la planète en direction de l'île de Desroches. Appartenant à l'archipel des Seychelles, cette petite île d'à peine sept kilomètres carrés est la propriété du Four Seasons, groupe hôtelier de luxe. C'est dans ce cadre paradisiaque que le prince et sa dulcinée souhaitent donner libre cours à leur amour. Ils signent le registre de l'hôtel, comme à leur habitude, sous les pseudonymes « Martin et Rosemary Middleton ». En toute discrétion et dans la plus grande intimité, ils profitent des plages de sable fin et de l'océan en alternant plongée sous-marine et séances de relaxation. Les amoureux se retrouvent et profitent avant leur retour à Londres.

Pendant leur séjour, William est aux petits soins pour sa petite amie. Il se veut reconnaissant envers celle qui se montre capable de patienter en sacrifiant son anonymat, en s'adaptant aux complexités protocolaires de sa famille et en gardant le silence face aux médias. Le prince est parfaitement conscient qu'il a trouvé la perle rare pour son avenir de roi, mais il ne se sent pas encore capable de s'engager. Il lui confirme la sincérité des sentiments qu'il ressent à son égard, tout en lui avouant la promesse qu'il a faite de ne pas se marier avant ses trente ans. Will lui propose un accord : en échange de sa patience, il lui promet une fidélité sans borne jusqu'à leur mariage. Kate accepte, et le couple rentre au Royaume-Uni.

Satisfaite de la promesse de son prince, Kate lui confirme son dévouement en libérant du temps pour lui. Elle démissionne de son poste chez Jigsaw avant d'intégrer les équipes de Party Pieces, l'entreprise familiale. Kate met ses talents de photographe amateur au service de l'entreprise de ses parents en prenant en charge les shootings des nouvelles collections, et en collaborant à la conception des catalogues et des campagnes de marketing. Elle a dorénavant toutes les cartes en main pour soutenir son petit ami qui progresse dans ses obligations princières.

Désormais âgé de vingt-cinq ans, William doit occuper une place prépondérante dans le schéma royal. Elizabeth II souhaite marquer dignement la véritable entrée de son petit-fils dans la vie publique. En avril 2008, il est fait chevalier de la Jarretière, l'ordre de chevalerie le plus noble d'Angleterre. Ce titre extrêmement prestigieux est perçu tel un grand pas en avant vers son futur statut royal. Elizabeth II veut distinguer son petit-fils qu'elle a façonné à son image. La cérémonie d'investiture a lieu en la chapelle Saint-George du château de Windsor le 16 juin suivant. Kate est radieuse en noir auprès du prince Harry et des autres membres de la famille royale. Parfaitement consciente du rôle symbolique de cette distinction, elle ne peut s'empêcher de laisser échapper un rire moqueur au côté du frère de son petit ami quand elle le voit chapeauté et emplumé dans son costume traditionnel de l'ordre. En apercevant Kate, Will lui adresse un sourire gêné. Sa présence relance les rumeurs sur un potentiel mariage imminent, d'autant qu'elle s'est déjà distinguée au sein de la famille royale.

Peter Phillips, cousin du prince William, a épousé le 17 mai 2008 Autumn Kelly dans cette même chapelle. William ne pouvait être présent. Le même jour, Jecca Craig se mariait au Kenya. Il avait fait le choix de se rendre sur ces terres pour participer à cette journée d'importance dans la vie de son amie, laissant sa petite amie le représenter à Windsor. Ce rôle officiel, accordé par son *boyfriend* princier, a suscité l'intérêt de la reine à son égard. Jusqu'ici, Elizabeth II ne s'était pas encore souciée de sa présence au côté de son petit-fils. Elle estimait leur relation encore fragile. Mais les choix de William la font changer d'avis. Ce jour-là, la souveraine commence à s'intéresser sérieusement à elle. La reine demande aux membres de son équipe toutes les informations disponibles à son sujet. La place de Kate se dessine progressivement au sein du clan Windsor.

Waity Katie

William se décide enfin à présenter sa petite amie à sa grand-mère en août 2009. Comme chaque été, la reine est à Balmoral. Entre les murs de cette bâtisse écossaise du XIXe siècle, Kate est reçue à l'heure du déjeuner. Depuis 2002, elle a eu le temps de parfaire sa connaissance de la bienséance. Elle fait très bonne impression auprès du couple souverain qui apprécie particulièrement son attachement aux traditions royales, son intelligence et son amour de la campagne. La reine est attachée à sa capacité d'adaptation à la rigueur de l'étiquette. Grâce à ses années d'acclimatation et à des conseils avisés, Kate s'oppose bien vite à Diana. Contrairement à la défunte princesse, elle n'a aucun mal à se montrer très à l'aise avec le savoir-vivre signé Windsor. Catherine – la reine refusera toujours de la surnommer du trop familier « Kate » – fait aussi oublier ses origines roturières. Cet héritage familial ne gêne en aucun cas la souveraine âgée de quatre-vingt-trois ans. Depuis son accession au trône, Elizabeth II n'a cessé d'évoluer sur la question du mariage des siens. D'abord attachée aux traditions, elle a su faire preuve d'une véritable noblesse d'esprit en oubliant les principes qui lui ont été inculqués depuis sa naissance pour éviter un énième désastre matrimonial. Car c'est ici que repose la force du règne d'Elizabeth II : son immense capacité à s'adapter pour convenir aux attentes de son peuple en perpétuelle évolution. La disparition de *Queen Mum* en 2002 a permis à la souveraine de s'émanciper définitivement de la vieille garde, dont l'avis comptait davantage que d'autres points de vue à ses yeux. En ce début de XXIe siècle, l'heure est au changement. Elle a compris l'importance du bien-être des membres de sa famille pour faire perdurer l'institution qu'elle représente. Au revoir les mariages arrangés qui unissaient des princes aux aristocrates ; place aux unions dictées par l'amour, quelle que soit la condition sociale des époux. Elizabeth a confiance en William. Cette présentation confirme les projets de son petit-fils vis-à-vis de Catherine.

En parallèle de leur vie amoureuse, William continue sa formation militaire, Kate est toujours au sein de l'entreprise familiale, seulement trois jours par semaine. Elle lance ainsi la nouvelle collection de Party Pieces pour les nourrissons. Le temps s'écoule lentement pour cette jeune femme dynamique. Elle est cantonnée à l'attente du retour de son pilote bien-aimé. La reine laisse entendre qu'elle exige que les futures épouses de membres de la famille royale occupent d'abord un poste à temps plein avant d'envisager un quelconque mariage. Pour tromper l'ennui et convenir aux attentes de la souveraine, elle consacre davantage de son temps aux bonnes œuvres. Elle commence à travailler pour la Starlight Children's Foundation, qui aide les jeunes enfants hospitalisés atteints de cancers en phase terminale. Elle consacre son temps au soutien moral de ces enfants, parfois loin de leur famille. Entre ces murs, elle lit des histoires, organise leurs anniversaires ou encore des activités adaptées à leurs âges. Elle organise même une collecte de fonds en faveur des hôpitaux pour enfants.

William sait que sa petite amie a besoin de lui. Il met un terme à ses sorties nocturnes en compagnie de ses amis, où l'alcool coulait à flots, où la musique rythmait les heures et où les plaisanteries un brin machistes faisaient rire l'assistance masculine. Pour Kate, il est prêt à tout, y compris à assumer les critiques publiques quant à l'organisation des voyages qu'il dédie à son amour pour elle. Le couple fréquente des hôtels cinq étoiles aux quatre coins de la planète. L'île Moustique, Klosters ou encore le Kenya ont leurs faveurs.

Bien que plus présent pour Catherine que par le passé, William semble persister dans ses projets. En cette année 2009, il ne montre toujours aucun intérêt pour le mariage. « Il y a évidemment certaines choses qu'on me pousse à me charger. Cela dit, je me montre parfois têtu. Je suis du genre à ne rien précipiter mais, au contraire, à mûrement peser le pour et le contre. Ce n'est pas que je refuse de m'impliquer, c'est plutôt qu'à mon âge, je rechigne encore à ne faire que cela[1]. » Cette remarque de William à sa sortie de l'université de St Andrews semble toujours actuelle en cette fin de décennie.

---

1. Katie Nicholl, *William in Love*, *op. cit.*

16

En souvenir de maman

« Le plus dur, c'est le choc. Je le ressens encore. Le traumatisme de ce jour-là ne m'a pas quitté depuis vingt ans, comme un fardeau. [...] Les gens pensent qu'un choc ne peut pas durer aussi longtemps, mais si[1]. » Les mots de William sont empreints d'une intense émotion. Une mère est irremplaçable. Diana avait dévoué sa vie au bonheur de ses enfants. Sa disparition avait laissé deux orphelins qui devaient se préparer à grandir en son absence. William avait quinze ans, Harry en avait treize ce fameux 31 août 1997. L'intensité de ce traumatisme n'a pas été gérée de la même manière par les deux frères. Si l'aîné a su trouver la force nécessaire pour faire face en créant sa propre place dans cette institution qu'il est appelé à diriger, le cadet s'est forgé une personnalité fragile héritée de l'instinct rebelle de la princesse.

William le Sérieux et Harry l'Insoumis sont devenus des hommes aux caractères bien différents. En l'absence de mère aimante, ils ont su tracer leur propre route semée de plus ou moins d'obstacles. Désormais âgés respectivement de vingt-cinq et vingt-trois ans, ils n'ont de cesse de faire référence à leur mère défunte. Le souvenir de la princesse des cœurs perdure à travers les princes chéris d'Angleterre.

1. Robert Lacey, *Guerre royale, mensonges et trahisons*, *op. cit.*

Un concert pour une princesse

Le dixième anniversaire de la disparition tragique de la princesse de Galles approche à grands pas quand commence l'année 2007. Vient alors une question qui paraît à première vue anodine mais qui a son importance d'un point de vue protocolaire. Comment marquer cet anniversaire sans entrer dans une nouvelle session de pleurs interminables ? Quel serait le meilleur moyen pour se souvenir d'une princesse qui avait perdu son titre d'Altesse royale avant sa mort ? De quelle manière revenir sur la vie de la mère d'un futur souverain ? Les Britanniques restent extrêmement marqués par ce fatal accident. Désireux de faire honneur à sa mémoire, ils veulent aussi apporter leur soutien aux deux orphelins. Le Palais ne désire pas non plus que l'événement soit une énième occasion pour la presse d'attaquer l'image du prince Charles.

Les dix ans de cette terrible nuit parisienne seront donc marqués par deux fois. La première : un gigantesque concert à la hauteur du dévouement, de l'engagement et du réconfort que pouvait apporter la présence la princesse. La seconde : une simple cérémonie religieuse, aussi protocolaire que familiale.

L'idée d'un concert est proposée par William et son frère. Les jeunes hommes connaissent la joie de vivre qui habitait le cœur de leur mère. Diana était une indéniable citadine, attachée au monde de la nuit et à la compagnie des plus grandes stars de son époque. Bref, Lady Di aimait s'amuser, danser, chanter. La musique pop retentissait souvent à travers les enceintes de sa radio. Elle n'a pas pu résister à se rendre au côté de son époux au stade de Wembley le 13 juillet 1985 lorsque s'est tenu l'un des concerts les plus mythiques de l'histoire de la musique. Ce jour-là, la royauté et le show-business se rassemblaient en un même lieu pour la première fois. Live Aid a été un double concert donné à Londres et Philadelphie afin de lever des fonds pour soulager la famine éthiopienne et aider à la recherche et à la lutte contre le sida. Une dizaine d'artistes, dont le chanteur David Bowie et les groupes Queen et U2, s'était produite pendant plus de neuf heures et devant plus de quatre-vingt-dix mille spectateurs. Will et Harry s'inspirent du gigantisme de ce concert pour penser celui qui sera dédié à la mémoire de leur mère.

Un comité est créé pour donner vie à ce projet ambitieux. William prend personnellement part à cette organisation pharaonique. Il demande l'autorisation exceptionnelle à ses supérieurs de quitter son régiment basé dans le Dorset pour ne manquer aucune des réunions qui se tiennent au palais Saint-James. Son implication force l'admiration. Les moindres détails de l'événement ont son attention. Il cherche désespérément des sponsors et utilise son réseau pour contacter les artistes qu'il aimerait voir sur scène. Harry n'est pas écarté des préparatifs. « Le temps de l'organisation du concert, Willy et moi avons été imperturbables, raconte le fils cadet de Diana. Concentrés sur la mission. C'est l'anniversaire de sa mort, tout ça, on doit le faire, il y a un million de détails à régler, point barre[1]. » Auprès du comité, Will insiste : ce concert se tiendra le 1er juillet. Un événement aussi joyeux le 31 août aurait été mal perçu. Le prince préfère le jour qui aurait dû marquer les quarante-six ans de sa mère. « Nous voulons organiser un grand concert, plein d'énergie, de joie de vivre, tel qu'elle-même l'aurait souhaité. Et nous voulons faire ça le jour de son anniversaire ; ce sera le plus beau cadeau qu'elle ait jamais reçu[2]. » Ensemble, les frères font leurs propositions. Le flambant neuf stade de Wembley est choisi pour accueillir les milliers de spectateurs attendus. Cette nouvelle structure est inaugurée en mars. Les bénéfices de la vente des billets de concert sont reversés aux associations caritatives que la princesse affectionnait particulièrement ainsi qu'à Sentable,

1. Prince Harry, *Le Suppléant*, *op. cit.*

2. Katie Nicholl, *William in Love*, *op. cit.*

l'association que le prince Harry vient de créer pour lutter contre le sida au Lesotho.

Will et Harry n'échappent pas pour autant aux critiques. Ce concert est jugé par certaines mauvaises langues comme une « idée de gosses de riches ». Les deux frères fondateurs de l'événement manqueraient même d'expérience pour d'autres. Le programme de la soirée n'échappe pas aux reproches en étant jugé telle une « brochette de *has been* ». Les critiques fusent mais ne découragent pas les deux frères déterminés à mener leur projet à bien. Le refus de certains sponsors comme Pepsi, Moët & Chandon et Budweiser n'arrange en rien l'image du concert pour ces médias exigeants. Du côté des artistes, Robbie Williams, Justin Timberlake, Beyoncé, Madonna, Paul McCartney, les Rolling Stones, Genesis et George Michael brillent par leur absence sur la liste des vingt-trois artistes conviés. La plupart d'entre eux se justifient par leur participation une semaine plus tard au Live Earth, un méga-show organisé contre le réchauffement climatique. Tous ne croient pas non plus en la réussite de ce concert, et pourtant, le pari est une réussite puisqu'il dépasse largement l'audience du Live Earth.

En moins de quinze minutes, vingt-trois mille billets sont vendus. Au total, ils sont plus de soixante mille à se masser dans l'enceinte du stade. Le concert est diffusé en direct dans cent quarante pays. Cinq cents millions de téléspectateurs assistent à distance aux représentations des artistes qui se succèdent. Les chiffres impressionnants révèlent l'attachement perpétuel du monde à la princesse du peuple.

Elton John ouvre le bal avec son tube *Your Song*, suivi par le groupe Duran Duran, James Morrison, Lily Allen, Fergie, Pharrell Williams, Take That ou encore Status Quo. William a personnellement demandé à Elton John une nouvelle interprétation de *Candle in the Wind*, mais le chanteur a refusé. Cette chanson est bien trop attachée aux funérailles de la princesse. Pour cette journée placée sous le signe de la joie, il est impensable de voir s'écouler sur les joues quelques larmes. Elton accepte néanmoins de clore le spectacle de six heures en chantant *Are You Ready for Love*.

La nouvelle génération des Windsor s'est réunie pour assister au concert. Peter et Zara Phillips ainsi que Béatrice et Eugénie d'York sont aux côtés de leurs cousins. Les trois filles aînées du comte Spencer sont également de la partie. Si Harry est auprès de sa petite amie du moment, Chelsy, la fille aînée des Middleton est quant à elle bien présente. Elle se rend au concert avec sa fratrie et s'installe trois rangs derrière William. Ce jour-là, Will et Kate signent leur retour public et montrent aux Britanniques la renaissance de leur couple.

Pour lancer les festivités, William et son frère montent sur scène. Face à cette marée humaine, ils se lancent tour à tour dans un discours où l'émotion est reine. « *Hello* Wembley ! Lorsque William et moi avons eu cette idée de concert, commence Harry, nous avons oublié que nous finirions ici sur scène à essayer de trouver quelque chose de drôle à vous dire. » Le frère cadet est à son aise pour galvaniser le public. « Cet événement est tout ce que notre mère aimait dans sa vie, continue William, la musique, la danse, les associations caritatives, sa famille et ses amis[1]. » Les frères ont réussi à rendre le plus beau des hommages à la personnalité solaire de leur mère.

Après les réjouissances du concert géant vient le moment du recueillement. Le 31 août 2007 marque le véritable dixième anniversaire de la mort de l'iconique princesse. Pour cette journée particulière, un service commémoratif est organisé en la chapelle des gardes du quartier militaire des Wellington Barracks, à deux pas du palais de Buckingham. Le concert a été donné pour les admirateurs de la défunte princesse des quatre coins du monde ; le service religieux est réservé à sa famille et à ses proches. L'ambiance est

1. Franck Guillory, *William fils de Diana*, *op. cit.*

propice au recueillement. Éclairée par une centaine de bougies, la chapelle accueille les membres de la famille royale, les Spencer, les amis de Diana, son ancien personnel et certains membres de la famille Al-Fayed. Douze filleuls de la princesse, des stars du show-business et des anciens Premiers ministres ont également fait le déplacement. La cérémonie est célébrée par l'évêque de Londres, Richard Chartres. Désormais remarié, Charles a insisté pour que se tienne à ses côtés Camilla. L'opinion publique s'insurge. Si les Britanniques ont accepté la présence nécessaire de cette femme auprès de l'héritier de la Couronne, ils ne peuvent pas consentir à la voir rendre hommage à la défunte princesse. L'image de la « briseuse de ménage » colle toujours à la peau de la duchesse de Cornouailles. La reine octroie à Camilla la liberté de choisir entre sa venue et son absence. Finalement, parfaitement consciente de l'animosité qu'elle susciterait, elle décide d'attendre le retour de son époux à Clarence House.

N'étant pas encore marié, le prince William se rend sans Catherine à ce rendez-vous qui promet une intense émotion. Il prend place au premier rang, à la gauche de sa grand-mère, pour assister à cette cérémonie d'une heure. La mort de Diana rassemble une nouvelle fois en un même lieu les clans Windsor et Spencer. Trop ému, Will se contente de lire l'épître de saint Paul aux Éphésiens. Harry a quant à lui la charge de prononcer l'éloge funèbre devant les cinq cents invités. « Elle sera à jamais célébrée pour son action publique. Mais au-delà de l'éclat médiatique, pour nous, ses deux enfants aimants, elle était tout simplement la meilleure mère du monde. Elle nous manque. Pour le dire simplement, elle nous a rendus heureux, nous et tant d'autres autour de nous. Que cela soit la façon dont nous nous souvenons d'elle[1]. »

---

1. Mark David, *William et Kate. Un amour royal*, Paris, L'Archipel, 2011.

L'héritage d'une mère

Le souvenir de Diana vit surtout à travers ses deux fils. William et Harry s'imposent comme les faire-valoir de l'héritage de la princesse. En chacun d'entre eux se dégage une part de la personnalité exceptionnelle de la princesse de Galles. Ensemble, ils reprennent le flambeau du soutien aux plus démunis. Ils se concentrent sur les œuvres caritatives en faveur des enfants qu'affectionnait particulièrement leur mère. Leur capacité à trouver les mots justes pour réconforter et porter une attention toute particulière aux problèmes de chacun force le respect des Britanniques. Durant leur enfance, les frères ont vu leur mère prendre soin des autres. Aujourd'hui, ils se font un devoir de reprendre le flambeau.

William a retenu les leçons de la vie qu'il a menée aux côtés de sa mère. Il se souvient de toutes les fois où il l'a accompagnée dans des hôpitaux, des centres de sans-abri, des urgences, et bien d'autres établissements dédiés à l'entraide. Son exemple le guide dans ses choix. En décembre 2009, il passe une nuit dans les rues de Londres par moins quatre degrés Celsius auprès de sans domicile fixe. « J'espère qu'en cherchant à mieux saisir le problème, à mon échelle, je contribuerai au secours des plus vulnérables parmi ceux qui vivent dans la rue, explique-t-il. Je n'ose pas imaginer, au bout d'une nuit, ce que cela doit être de dormir sur les trottoirs de Londres, soir après soir. » L'implication du jeune homme dans les combats qu'il entend mener va dans la continuité du mouvement lancé par sa mère. À son époque, Diana a marqué les esprits en touchant un malade du sida. Vingt ans plus tard, Will se glisse dans la peau d'un sans-abri pour comprendre les difficultés auxquelles ils sont confrontés. Pour la première fois de l'histoire, un prince à la tête d'une confortable fortune se mêle physiquement au quotidien des plus pauvres. Toutes ces actions de mécénat sont menées en mémoire d'une mère regrettée et aimée, comme il l'explique le jour de la fête des mères 2009 lors de son discours devant une association d'aide aux orphelins : « Ne plus avoir l'occasion d'utiliser le mot "maman" peut sembler anodin et, pourtant, pour beaucoup ici, dont moi, il ne s'agit désormais plus que d'un mot creux et qui n'évoque que de lointains souvenirs[1]. » Will est un jeune homme parfaitement conscient des malheurs du monde. Faisant preuve d'une véritable empathie, il est aussi joyeux que l'était sa mère et dévoué aux personnes qu'il aime. Le prince est avant tout un Windsor au caractère bien trempé et attaché aux traditions de son pays. Diana n'est pas la seule à avoir forgé la personnalité du jeune homme, mais elle en est l'un de ses principaux contributeurs.

De son côté, Harry a hérité lui aussi des traits de caractère de sa mère. Moins sérieux que son grand frère, il est habité par un appétit de la vie qui le pousse à quelques déboires. Le prince casse-cou a aussi un charme fou. Les prétendantes sont nombreuses à se présenter devant le cadet privilégié par moins de pression que son aîné. Sa curiosité naturelle l'amène également à s'intéresser à son prochain et à se montrer disponible pour le réconforter.

Les deux frères ne vivent pourtant pas leur deuil de la même manière. William se rattache à ses devoirs d'héritier pour avancer dans sa vie d'homme. Tout en faisant régulièrement référence au souvenir de sa mère, il prend en main son existence pour devenir le prince parfait qu'a toujours espéré la reine. Il est un Windsor et le revendique. Sa maturité est suffisamment développée pour ne pas s'apitoyer sur son sort. Surtout, il suit les conseils de psychologues qui l'aident à affronter la dure réalité de l'absence maternelle. Ces thérapies sont fortement conseillées à Harry qui ressent davantage de difficultés pour remonter la pente abrupte. Jeune et fragile, il est aussi rebelle que sa mère l'a été. Pour terminer son deuil,

1. Katie Nicholl, *William in Love*, *op. cit.*

le jeune prince a besoin de parler. Extérioriser pour soigner son esprit, voilà ce dont il a besoin. Il se tourne tout naturellement vers son frère, mais William n'a pas les mêmes besoins. Parler de la mort de Diana, c'est se remémorer de douloureux souvenirs et s'empêcher d'avancer. Dix ans après le drame, Harry n'arrive toujours pas à admettre l'inéluctable. « Elle est partie, Harold. Elle ne reviendra pas[1]. » Il se lance dans des théories désespérées, imaginant sa mère cachée dans un endroit reculé pour mieux réapparaître ensuite. Les années passent, mais les plaies du jeune homme ne cicatrisent pas. Il a fallu la publication du rapport de Scotland Yard à propos de l'accident mortel de Diana en décembre 2006 pour que Harry ouvre enfin les yeux.

Pour marquer Londres de l'empreinte de Diana, les frères se retrouvent à Hyde Park en juillet 2004 pour inaugurer une fontaine dédiée à la mémoire de leur mère. Aux côtés du couple royal et du prince Charles, ils voient se dévoiler une structure pensée pour les enfants et imaginée par la paysagiste américaine Kathryn Gustafson. Dans cette fontaine ovale, aucune statue à l'effigie de la princesse et aucune plaque ne sont présentes. L'opinion publique ne comprend pas ces choix. La fontaine est très vite jugée indigne de la grandeur d'âme de Diana. Sa vie ne se résume pas aux enfants, et pourtant ce monument est le premier à commémorer la vie de la princesse de Galles.

L'héritage de la princesse n'est pas uniquement humain. Le jour de ses vingt-cinq ans, William obtient les six millions cinq cent mille livres sterling d'intérêts des douze millions d'héritage que lui a légués sa mère. Trois mois après sa mort, le testament de Diana avait été modifié pour protéger ses fils. Seuls les intérêts de leur héritage pouvaient être versés à leur vingt-cinquième anniversaire. Ils devront attendre leurs trente ans pour obtenir le reste de cet argent. Will hérite aussi

---

1. Prince Harry, *Le Suppléant*, *op. cit.*

de quelques bijoux, dont la chaîne en or de Diana à laquelle est suspendu un pendentif en forme de D, qu'elle avait reçu le jour de ses seize ans, sa tiare Spencer qu'elle portait le jour de son mariage, un médaillon gravé au nom de William qui commémore sa naissance, un porte-bonheur en or en forme de wombat offert par Charles, un collier de perles blanches et noires offert pour ses vingt et un ans par le prince de Galles.

Deux frères

Harry est mal dans sa peau. Pour oublier le traumatisme de la perte de sa mère, le prince s'adonne à tous les excès possibles. À Eton, il boit et fume régulièrement du cannabis. Devenu apprenti soldat à Sandhurst, il ne met pas pour autant un terme à ses envies de bousculer les codes de sa vie de prince. Le 12 janvier 2005, il est invité avec son frère dans le domaine de West Littleton, dans le Gloucestershire, pour fêter les vingt-deux ans de leur ami Harry Meade. Le thème de la soirée déguisée est volontairement provocateur : indigènes et colonies. William a toujours apprécié ces soirées à thèmes, se laissant aller aux déguisements les plus loufoques. Pour celle-ci, il choisit d'apparaître vêtu d'un costume de lion. Le ridicule ne tue pas, mais un mauvais choix peut avoir de lourdes conséquences. Harry se rend à la dernière minute avec Kate et son frère dans une boutique de farces et attrapes. Il enfile un costume d'Afrikakorps, ces soldats allemands commandés par le maréchal Erwin Rommel qui combattaient en Afrique du Nord, auquel il ajoute un brassard nazi. Devant l'hilarité de son frère et de sa compagne, il pense avoir fait le bon choix et se rend vêtu de la sorte à la soirée tant attendue. L'un des deux cent cinquante invités vend l'une des photos de Harry au *Sun*. Le prince fait alors la couverture du tabloïd dès le lendemain. Le scandale de « Harry le nazi » est né. Un verre à la main, sourire aux lèvres, il met bien en évidence son brassard rouge à la croix gammée.

Une véritable tempête médiatique se déchaîne sur le Royaume-Uni. La reine enrage face au comportement de son petit-fils. Comment peut-il aller si loin dans la provocation ? Les Windsor ne se sont-ils pas démarqués pendant la Seconde Guerre mondiale pour leur résistance face à l'ennemi ? Harry fait honte à sa grand-mère et à son père. Le scandale prend des airs politiques lorsque le député tory Michael Howard réclame des excuses officielles. Le député travailliste Doug Henderson va plus loin et réclame son exclusion de Sandhurst. Les reproches se tournent ensuite vers Charles et William. Comment ont-ils pu laisser Harry se déguiser en nazi ? Incompréhension rime avec intolérance à ce moment-là. L'événement marque tellement les esprits qu'il va entacher à jamais l'image du prince. Aussi désespéré qu'il soit devant l'absence de sa mère, les Britanniques ont du mal à lui pardonner un tel écart de conduite. Le prince de Galles prend les choses en main. Dans l'espoir d'obtenir le pardon populaire, il emmène ses fils visiter le grand rabbin de Grande-Bretagne. Il impose ensuite à son fils rebelle une visite du camp de concentration d'Auschwitz. La disparition brutale de Diana a de lourdes conséquences sur l'avenir de ses enfants. Quel que soit le défi qui lui est proposé et le prix à payer, Harry le mal-aimé se montre constamment volontaire.

Malgré ses quelques écarts, Harry se reprend progressivement en main. Auprès de son frère, il se rend disponible pour servir la Couronne et autrui. En janvier 2009, la reine donne l'autorisation à ses petits-fils de créer leur propre bureau privé. Elle recrute pour eux une équipe de conseillers formée par Jamie Lowther-Pinkerton, leur secrétaire particulier, et son assistante Helen Asprey, ainsi que Miguel Head, leur attaché de presse à l'origine de la mission en Afghanistan de Harry. Les frères forment un duo efficace voué à servir la popularité de la famille royale. William continue son parcours sans fausse note en commençant à représenter officiellement sa grand-mère à l'étranger au côté de son frère. De l'aveu même du prince Harry : « Plus les années passent, plus nous nous rapprochons. Il nous arrive même de nous serrer dans les bras l'un de l'autre. Il est évident que la mort de notre mère nous a rapprochés. William est la seule personne sur cette terre à qui je peux tout dire. Nous nous comprenons et nous nous soutenons mutuellement. » La complicité règne entre eux et donne vie à l'admiration de tout un peuple. Ensemble, ils se rendent au Lesotho en 2006 et en Afrique du Sud en 2010, avant que William n'effectue son premier voyage officiel en solo en Australie la même année. Les princes montrent leur simplicité héritée de leur mère en se montrant proches des personnes qu'ils rencontrent et en s'adonnant à leurs activités favorites. En Australie, les médias ont la joie de voir William rapper avec des adolescents et manger un hot-dog. La Willmania fait encore son effet. Les frères populaires sont envoyés aux quatre coins du monde par le gouvernement britannique pour raviver la flamme monarchique de certaines nations comme la Nouvelle-Zélande et l'Australie. Pourtant, les succès diplomatiques du prince n'évitent pas les critiques. Le 23 février 2009, un magazine télévisé accuse William de paresse. En 2007, il n'a rempli que quatorze obligations quand son père en a effectué quarante-huit au même âge. Le plan du Palais concernant les deux frères n'est pas le même que celui appliqué pour le prince Charles. Les temps ont changé, et pour éviter qu'ils ne ressentent une pression trop grande vis-à-vis de leur position princière, il a été convenu qu'ils disposent du temps nécessaire pour profiter librement de leur jeunesse et pour se former intellectuellement.

Will et Harry ne partagent pas uniquement la même maison royale. En 2009, ils fondent la Royal Fundation. À l'image de la Prince's Trust de leur père, cette fondation a pour but de promouvoir les questions sociales qui leur tiennent à cœur. Grâce à cette fondation, ils offrent leur parrainage à une trentaine d'associations. En limitant leur nombre, ils s'assurent de leur apporter le plus grand des soutiens financiers. « Nous pourrions nous contenter de nous montrer, histoire de faire avancer les choses – et ne vous méprenez pas : il y a de bonnes raisons d'agir ainsi – mais, ce qui compte, aussi, c'est d'y mettre du sien, de se mouiller pour de bon[1] », se justifie le prince William lors d'une conférence de presse au palais Saint-James en septembre 2009. Les princes s'engagent humainement et socialement en prenant exemple sur les parcours publics de leurs parents.

Au cours de ces années de formation cruciales dans sa vie, William est parvenu à devenir l'homme mûr espéré par la Couronne, capable de faire face aux problèmes tout en dévouant sa vie à sa grand-mère. Elizabeth II n'en attendait pas moins de son petit-fils chéri. Bravant les intrigues, les rumeurs, les scandales et la dépression, il a grandi tout en imposant ses choix. Ces étapes, William a su les mener sans jamais oublier sa mère. En 2017, il s'associe à son frère pour produire un documentaire dédié à la mémoire de sa mère, marquant ainsi le vingtième anniversaire de sa disparition. *Diana, Our Mother: Her Life and Legacy* est ponctué d'extraits d'interviews inédites des princes. William dit alors « ressentir la présence de [s]a mère tous les jours ». « Quand je rencontre des gens qui ont perdu leur mère alors qu'ils étaient enfants, je le sens tout de suite. Nous sommes les membres d'un club auquel personne n'a envie d'appartenir. » Il continue en évoquant l'humour dont faisait preuve la princesse, son amour des enfants et son attachement à leur démontrer que « la vraie vie se trouve en dehors des palais ». Quant à Harry, il revient sur

1. Katie Nicholl, *William in Love*, *op. cit.*

« l'âme d'enfant » qui l'habitait, son côté espiègle et la façon qu'elle avait de les prendre dans ses bras sans vouloir les lâcher. Ce documentaire, rempli d'émotion, dévoile un grand nombre de clichés inédits, sortis tout droit des albums privés de la famille.

Quatre ans plus tard, une enquête menée par la BBC révèle les méthodes frauduleuses utilisées par le journaliste Martin Bashir pour obtenir la fameuse interview de Diana en 1995 pour l'émission *Panorama*. Le rapport dirigé par le juge John Dyson affirme que le journaliste star de la chaîne a falsifié des factures indiquant que la princesse était espionnée par deux agents envoyés par Buckingham. Grâce à ces fausses factures, le journaliste a pu convaincre Charles Spencer, le frère de Lady Di, de le laisser s'entretenir avec sa sœur. Les propos chocs de la princesse auraient donc été prononcés par pure vengeance, après avoir été convaincue d'actions menées contre elle par sa belle-famille. Quand il apprend le résultat de l'enquête, William est fou de rage. Il prépare aussitôt une allocution et convoque la presse au palais de Kensington pour condamner les méthodes de la principale chaîne de télévision britannique. « Je suis d'avis que la manière trompeuse dont l'interview a été obtenue a considérablement influencé ce que ma mère a dit, annonce le prince en colère. L'entrevue a grandement contribué à aggraver la relation de mes parents et a depuis blessé d'innombrables autres personnes. C'est infiniment triste de savoir à quel point les manquements de la BBC auront alimenté les peurs, la paranoïa et la solitude des dernières années que j'ai passées avec elle[1]… » William va jusqu'à faire interdire la diffusion de cette interview, y compris à titre d'archive historique. Le fils aîné protège encore et toujours la mémoire de sa pauvre mère, tout en prenant en charge son propre destin.

---

1. Pierrick Geais, *Prince William*, *op. cit.*

Partie III

DUC DE CAMBRIDGE

17
Le mariage du siècle

La princesse Elizabeth remonte lentement la nef de l'abbaye de Westminster au bras de son père, le roi George VI. Ce 20 novembre 1947, elle s'apprête à unir son destin à Philip Mountbatten, un fringant officier de marine, descendant lui aussi de la reine Victoria. L'ancien prince de Grèce et de Danemark a été fait le matin même duc d'Édimbourg par le roi. L'héritière de la Couronne porte une majestueuse robe blanche, ornée de dix mille perles et sublimée par une traîne de quatre mètres, signée Norman Hartnell.

L'union princière va marquer bien des esprits. Au lendemain de la Seconde Guerre mondiale, elle figure comme le premier grand événement royal organisé en la capitale. Dans une Angleterre encore sous le coup des tickets de rationnement, ce mariage glamour plein d'espérance est perçu par beaucoup telle une parenthèse de bonheur dans un quotidien bien sombre.

Six décennies plus tard, l'abbaye de Westminster devient à nouveau le théâtre de l'un des grands événements royaux heureux qu'affectionnent tant les sujets de Sa Majesté. Dans une nouvelle monarchie, une nouvelle société, un nouveau contexte, ce mariage va tenir toutes ses promesses.

Safari au Kenya

En 2010, William fête ses vingt-huit ans. Paré à toutes les épreuves après une enfance compliquée, le fils de Charles et

Diana est désormais détenteur d'une maturité suffisamment développée pour envisager l'avenir sereinement. Voilà huit ans qu'il a croisé le regard de Catherine Middleton. Waity Katie n'est pourtant sûre de rien quant à son futur matrimonial. Malgré quelques moments difficiles, elle s'est toujours tenue droite, envers et contre toutes les attaques médiatiques, pour soutenir son prince en demeurant dans l'ombre. William le sait dorénavant : la jeune femme du Berkshire a les épaules suffisamment solides pour endosser davantage de responsabilités à ses côtés.

William vient de terminer sa formation de sauvetage en hélicoptère de la RAF. Pour fêter sa réussite, le couple organise un voyage au Kenya. Will veut se ressourcer dans ce pays dont il aime tant la culture, le climat et l'atmosphère. Surtout, le Kenya lui rappelle sa mère et sa vocation à aider son prochain. En octobre, Kate et William s'envolent en direction de l'Afrique pour passer dix jours au cœur de ses paysages sauvages. Après huit années de vie commune, les deux amoureux se connaissent bien. Pour eux, rien n'est plus apaisant que la quiétude de la nature. La frénésie citadine de Londres ? Très peu pour eux ! William emmène Kate au nord du pays pour camper dans de simples tentes, dans la région de l'Ishak Bin. Ils se rendent ensuite sur la propriété de Ian Craig, le père de l'amie du prince Jecca qui l'a aidé à organiser ce voyage. Le prince a réservé l'un des bungalows de luxe qui composent ce complexe tourné vers la nature environnante. Il participe avec sa compagne à une opération de protection animale en administrant un tranquillisant à un rhinocéros noir pour lui fixer un badge permettant de suivre son évolution. Avant de le relâcher, Kate nomme la bête « William ». Personnellement attaché à l'animal imposant, le fils de Diana offre six mille livres sterling à Ian Craig pour lui permettre de s'occuper du rhinocéros dans les meilleures conditions possibles. Après leur séjour chez les Craig, ils s'envolent vers le camp de Sarara à Samburu, où ils campent au milieu de la faune sauvage kenyane, où girafes, éléphants et buffles ne sont pas rares. La dernière étape de leur séjour au Kenya se déroule au bord du lac Rutundu. William a réservé une chambre à l'hôtel Il Ngwesi Lodge, qui appartient à la communauté massai. Il propose une expérience unique au cœur de la culture de ce peuple d'Afrique de l'Est. Le couple s'installe dans l'un des lodges construits en matériaux locaux, perché au bord des collines de Mararoi, près de la rivière Ngare Ndare, dans le district de Laikipia. Ils s'adonnent à de nombreuses randonnées et parties de pêche qui leur permettent de se retrouver seuls en oubliant la pression londonienne. Will n'a pas choisi ce complexe hôtelier au hasard. Il y a déjà séjourné par le passé. À ses yeux, ce fabuleux cadre, au paysage sauvage sublimé par des couleurs chaudes révélées par les rayons du soleil, est le lieu le plus romantique et le plus intime qui soit.

Le 20 octobre 2010 est le dernier jour de leur voyage kenyan. Jusqu'au dernier instant, William a pensé à ce moment. Stressé, angoissé, il repoussait l'échéance, mais il ne pouvait plus reculer. Si ce séjour devait être le moment idéal pour faire sa demande à sa chère Kate, cette journée était sa dernière chance. Alors qu'ils profitent de leurs derniers moments dans leur chambre idyllique de l'hôtel Il Ngwesi Lodge, au retour d'une partie de pêche à la truite, William met le genou à terre devant Catherine et lui présente la fabuleuse bague de fiançailles qui a orné le doigt de sa mère pendant quinze ans. « Il y avait trois semaines qu'elle se trouvait dans mon sac à dos et je ne voulais pas m'en séparer : partout où j'allais, je la serrais contre moi, raconte le prince William quelques jours plus tard. Je me doutais bien que si, par malheur, elle s'égarait, ça me causerait des ennuis[1]. » Le « oui » de Kate prononcé, Will débouche une

1. Katie Nicholl, *William in Love*, *op. cit.*

bouteille de champagne qu'il a commandée avant de partir pour leur excursion de la journée. Enfin, le couple peut envisager sereinement son avenir commun.

De retour au Royaume-Uni, il convie les Middleton à Balmoral. Pour leur premier séjour sur les terres écossaises de la reine, Michael et Carole bénéficient de la bienveillance du prince Charles. Bien qu'absent, il met à leur disposition son chauffeur. Quelques minutes avant le dîner du samedi, William demande à Michael de s'entretenir avec lui. Les deux hommes se retrouvent dans un boudoir aux murs tendus de tissus flanqués du tartan de Balmoral. Dans cette petite pièce, le prince demande au père de famille la main de sa fille aînée. Michael accepte non sans une certaine émotion. William avoue avoir « hésité à consulter d'abord son père ». « Mais j'avais peur qu'il refuse. Je me suis dit qu'il y avait moins de risques si je commençais par obtenir l'accord de Kate. » Le prince est prudent. Il a l'intention de faire les choses dans les règles. Tant que sa grand-mère et son père ne sont pas informés, il demande à Michael de garder le secret sur leur entrevue.

William se rend ensuite à Windsor pour obtenir la bénédiction de la reine. Selon les règles de succession, les héritiers de la Couronne doivent obtenir l'autorisation du souverain pour se marier. Elizabeth II et Philip sont ravis. La réaction de la reine est touchante de sincérité : « C'est une excellente nouvelle. Cela leur a pris un bout de temps… » Le prince Charles y va de sa propre plaisanterie en ajoutant : « Ils se sont assez entraînés comme ça ! » Une fois les deux principaux membres de la famille royale informés, Elizabeth II téléphone à son Premier ministre David Cameron. Le chef du parti conservateur racontera quelques jours plus tard que le cabinet a accueilli la nouvelle par « des cris d'enthousiasme » et « des applaudissements ». Will appelle aussi son frère qui le félicite sincèrement alors que Chelsy vient de le quitter. Cette demande en mariage mine le moral de Harry et le place face à sa condition de nouveau célibataire.

Un communiqué est publié le 16 novembre 2010. L'annonce a été retardée. Pour cause, le 1er novembre, le grand-père de Catherine, Peter Middleton, est décédé à l'âge vénérable de quatre-vingt-dix ans. « Le prince de Galles est heureux d'annoncer les fiançailles du prince William avec Miss Catherine Middleton. Le mariage aura lieu au printemps ou à l'été 2011, à Londres. Les détails concernant le jour de la célébration seront connus en temps utile. » En quelques secondes, la nouvelle des fiançailles fait le tour du monde. La presse se rassemble devant le manoir des parents de la jeune fiancée. « Carole et moi apprenons la nouvelle avec la plus grande joie, annonce Michael. Comme vous le savez, Catherine et le prince William sont ensemble depuis plusieurs années, et ça a été formidable pour nous parce que ça nous a permis de vraiment bien connaître William. Nous pensons tous que c'est un garçon merveilleux, nous l'aimons énormément. Tous deux forment un couple adorable, très drôle aussi, et nous passons beaucoup de bon temps à rire ensemble[1]. »

Le communiqué publié, le couple reçoit les photographes au palais Saint-James dès le lendemain. Kate se présente dans une ravissante robe mi-longue, fluide, en jersey de soie bleu de la marque Issa. Assortie à sa bague de fiançailles, la robe de Kate devient en quelques minutes la plus iconique portée par la jeune fiancée. Toutes les femmes s'arrachent cette robe simple, élégante et d'une incroyable efficacité, au point que la marque n'arrive plus à répondre aux trop nombreuses demandes et finit par mettre la clé sous la porte. À son annulaire, Catherine arbore fièrement la fameuse bague de Diana composée d'un saphir entouré de quatorze diamants. « Cette bague compte beaucoup pour

1. Mark David, *William et Kate*, *op. cit.*

moi, tout comme Kate. Ça m'a semblé une bonne chose de les associer, se justifie William. Je voulais m'assurer que ma mère serait en quelque sorte présente le jour où je m'engagerais à passer le reste de ma vie avec Kate. » Cette bague sera elle aussi copiée et vendue à travers le monde. Les Britanniques sont particulièrement enthousiastes devant les choix de leur prince. Will ne pouvait épouser la femme qu'il aime sans rendre un vibrant hommage à sa défunte mère. Ces fiançailles sont favorablement accueillies par les sujets de Sa Majesté qui voient enfin l'un des membres de la famille régnante unir son destin à une jeune femme de son choix. L'amour l'emporte sur tout et promet un lendemain enchanteur pour l'avenir de la monarchie. Ils perçoivent très vite le potentiel de cette jeune fleur de la bourgeoisie aisée anglaise qui s'est habituée aux coutumes de l'aristocratie.

Une fois la séance photo terminée, William et Kate s'installent dans un sofa pour donner leur première interview commune. Ils répondent aux questions de Tom Bradly, un journaliste politique d'ITN apprécié du couple. Les Britanniques regardent religieusement s'exprimer la première roturière qui s'apprête à faire son entrée dans l'univers royal. Le caractère révolutionnaire de ces fiançailles justifie l'intérêt porté par tout un peuple sur la nouvelle arrivée parmi les Windsor.

Face au journaliste, Kate « rit naturellement, regarde William amoureusement, et raconte la demande en mariage, les années à St Andrews, sa rencontre avec la reine[1]… ». Ils reviennent sur leur courte rupture à l'été 2007. « Nous étions tous les deux très jeunes, à la fac, nous nous découvrions à peine et nous étions très différents l'un de l'autre, se confie Kate. Nous cherchions notre propre voie, nous étions encore en train de grandir. […] Je dirais que, sur le

1. Pierrick Geais, *Prince William*, *op. cit.*

coup, ça m'a fait de la peine, mais ça m'a rendue plus forte. On découvre à propos de soi des choses qu'on ne soupçonnait pas. » William ne lésine pas sur les compliments envers sa belle : « Kate a un sens de l'humour plein de malice, ce qui n'est pas plus mal puisque j'ai pour ma part tendance à privilégier l'humour pince-sans-rire ». Il finit par avouer qu'il s'est accordé du temps de réflexion avant de s'engager au bras de Kate pour éviter les erreurs commises par ses parents. Une semaine après cette interview événement, David Cameron annonce la date fixée du grand jour tant attendu de par le monde : le 29 avril 2011.

Les cloches de Westminster retentissent

Les préparatifs du mariage vont bon train en ce mois de mars. Les questions sans réponse commencent à occuper les pages des journaux. À quoi ressemblera la robe de la mariée ? Quel costume portera le prince William ? Qui seront leurs témoins ? Comme le veut la tradition *so british*, les bookmakers s'en donnent à cœur joie. La reine s'implique d'ailleurs personnellement dans la préparation de cet événement qu'elle veut à la hauteur de l'amour qu'elle porte à son petit-fils. Elle goûte elle-même les plats, approuve le menu préparé par ses chefs et donne son avis quant aux fleurs qui serviront pour la décoration. Elle se charge aussi de faire envoyer les mille neuf cents cartons d'invitation pour la cérémonie. Six cent cinquante autres sont transmis aux invités conviés à la réception, triés sur le volet. Enfin, trois cents personnes auront l'honneur de rester au dîner donné pour les membres de la famille et les proches du couple.

Le couple demande à ses invités de ne pas offrir de cadeaux. Si certains se risquent quand même à apporter leur présent aux jeunes mariés, d'autres jouent le jeu et font un don au fonds mis en place pour l'occasion. Ce dernier est placé sous l'égide de la Royal Foundation afin de reverser la somme récoltée aux vingt-six associations soutenues par la fondation. Elles soutiennent des causes comme les forces armées, l'enfance, les personnes âgées, les arts mais aussi les sports. Pour son mariage, William n'oublie pas les plus démunis, et se tourne une nouvelle fois vers les associations qui lui tiennent à cœur. L'héritier de la princesse des cœurs est plus que jamais présent.

Plus d'un million de Britanniques et de touristes du monde entier se massent dans les rues de la capitale en ce vendredi printanier. Par un heureux coup du sort, le climat londonien joue en faveur des mariés. Un grand soleil a fait son apparition, évitant aux gentlemen de sortir leurs élégants parapluies. Les invités de marque prennent progressivement place dans l'abbaye de Westminster, tels que les reines Margrethe II du Danemark et Sophie d'Espagne, les grands-ducs de Luxembourg, le prince Albert II de Monaco et sa future épouse Charlene Wittstock, ou encore les Premiers ministres et gouverneurs généraux de plusieurs pays membres du Commonwealth. Bien entendu, plusieurs célébrités ont aussi fait le déplacement, comme le couple Beckham, Elton John ou Rowan Atkinson.

Le lieu de la cérémonie n'a pas été choisi au hasard. Véritable cœur battant de la monarchie, l'abbaye de Westminster a abrité trente-neuf couronnements depuis 1066. Plusieurs souverains reposent entre ses murs, comme Edward le Confesseur, le roi Edward III ou bien la reine Elizabeth Ire. C'est aussi sous le sol de cette abbatiale que fut inhumé le soldat inconnu en 1920. Depuis le début du XXe siècle, elle a accueilli quelques-uns des plus importants mariages princiers, comme celui de George VI et Elizabeth Bowes-Lyon en 1923, d'Elizabeth II et Philip en 1947, ou celui de Margaret et Antony Armstrong-Jones en 1960. Comment ne pas penser aussi à la regrettée princesse Diana en voyant l'imposante façade de l'édifice gothique ? Dans le choix de ce lieu, l'hommage à la princesse est évident.

Il est 10 h 10 (heure locale) lorsque William sort de Clarence House à bord d'une Bentley de couleur brune au côté de son frère. La veille, ils ont passé la soirée avec leur père et James et Thomas, « les témoins de Willy[1] ». Dans ses mémoires, le prince Harry révèle que, contrairement à ce que le monde pensait, il n'était pas le témoin de son frère. « Comme c'était ce que le public voulait, le palais n'avait pas vu d'autre option que de le confirmer. En vérité, cependant, Willy ne voulait pas que je puisse faire un discours. Il trouvait trop risqué de me mettre un micro entre les mains, il craignait que je dérape. Que je dise quelque chose de tout à fait inapproprié. [...] Le mensonge permettait de protéger James et Thomas, deux civils, deux innocents. Si leur nom avait été révélé, la presse enragée les aurait pourchassés, traqués, écoutés, elle aurait disséqué leur vie et ruiné celle de leur famille. C'étaient deux gars timides et discrets. Ils n'auraient pas supporté un tel assaut, et nul ne devrait attendre ça d'eux[2]. » Sans jamais dévoiler la véritable identité de ces deux hommes, Harry révèle le stratagème organisé pour contenter la presse et les curieux, et éviter toute critique. Le frère cadet l'assure, et laisse entendre qu'il n'est plus si proche de William en ce début de décennie 2010. L'accident du tunnel de l'Alma a fauché une vie précieuse, mais il a aussi anéanti une relation fraternelle qui ne cesse d'en payer les pots cassés au fil des années. Au cours de la soirée qui précède son mariage, Will boit plus que de raison. Il insiste auprès de Harry et de ses deux amis pour aller à la rencontre des Londoniens massés le long du Mall. « Nous sommes sortis, nous avons longé la foule en serrant des mains.

1. Prince Harry, *Le Suppléant*, *op. cit.*

2. *Ibid.*

Les gens souhaitaient le meilleur à Willy, lui disaient qu'ils l'aimaient, qu'ils aimaient Kate[1]. »

Quoi qu'il en soit, c'est bien avec son frère que le prince William effectue le trajet qui sépare la demeure officielle de son père de l'abbaye de Westminster. Fièrement sanglé dans son uniforme de colonel des Irish Guards, William est crispé, tout en laissant s'exprimer sa joie d'épouser Catherine. Il aurait préféré porter son uniforme redingote de la Household Cavalry, mais la reine a posé là son veto. Cet uniforme n'est pas assez impressionnant pour une tenue de cérémonie de prince héritier.

Pendant ce temps, Kate termine de se préparer au Goring Hotel, à quelques mètres du palais de Buckingham, où elle a passé sa dernière nuit de fiancée. Elle se maquille elle-même tandis que sa mère et sa sœur, qui ont dormi dans des chambres voisines, l'aident à enfiler sa robe. Elle monte à bord d'une Rolls-Royce Phantom IV à 10 h 52 avec son père. Elle arrive à l'abbaye juste après le couple royal. La reine est d'une humeur extrêmement joyeuse, à l'image de son tailleur jaune poussin qu'elle porte pour l'occasion. Lorsqu'elle sort de la voiture, Kate dévoile une robe tout en légèreté conçue par Sarah Burton pour la maison Alexander McQueen. En satin blanc et dentelle, elle met en avant un corsage et une jupe décorée d'appliques. Cette dentelle a d'ailleurs été retravaillée par un atelier français. Les ateliers de la maison Sophie Hallette située à Caudry, dans le nord de l'Hexagone, ont eu l'honneur de participer à l'événement mondial de l'année sans jamais en être informés auparavant. Pour se porter chance, Kate respecte entièrement la tradition anglaise qui veut que la mariée porte quelque chose de vieux (la dentelle datant du XIXe siècle), quelque chose de nouveau (des boucles d'oreilles faites sur mesure et offertes par ses

1. *Ibid.*

parents), quelque chose d'emprunté (la tiare Cartier créée en 1936 et reçue par Elizabeth II pour ses dix-huit ans, qu'elle lui prête pour lui souhaiter la bienvenue dans la famille royale) et quelque chose de bleu (un ruban cousu à l'intérieur de la robe).

Au bras de Michael Middleton, Kate remonte la nef de Westminster. Sous les voûtes de l'édifice, véritable forêt de pierre, une forêt d'érables est disposée au sol. Sa sœur Pippa porte sa traîne de plus de deux mètres, vêtue d'une magnifique robe fourreau qui met en avant ses atouts et qui fera couler beaucoup d'encre. William reste tourné face à l'autel, gardant jusqu'au bout la surprise de la robe portée par sa future épouse. Quand elle arrive à ses côtés, il lui glisse doucement : « Tu es magnifique. » Devant l'archevêque de Canterbury, enfin, Catherine prononce le « *yes I do* » si espéré. La planète entière est en liesse. Deux milliards de Terriens suivent la cérémonie retransmise à travers leurs télévisions grâce à plus de quarante caméras. Mariage du XXIe siècle oblige, quatre cents millions de personnes la suivent sur le Net.

Après un *God Save the Queen* et une révérence de circonstance à la reine, le couple prend le chemin du palais de Buckingham. Tout au long de la procession dans un landau ouvert, la foule acclame les nouveaux ducs de Cambridge. Elizabeth II a tenu à leur faire ce cadeau spécial en leur attribuant ce titre prestigieux. Le premier duc de Cambridge de l'histoire est Charles Stuart, fils de James II, qui fut nommé en 1660 dans la pairie d'Angleterre. Avant William, le dernier duc de Cambridge fut George de Hanovre, cousin de la reine Victoria, empêché de léguer son titre à ses enfants à cause de son mariage secret avec une actrice. En plus de ce duché, Elizabeth II lui octroie quelques heures avant le début de son mariage les titres de comte de Strathearn dans la pairie d'Écosse et baron Carrickfergus dans la pairie du Royaume-Uni.

Arrivés au palais, ils s'apprêtent à faire la célèbre apparition au balcon. Devant une impressionnante foule en délire, Kate laisse s'échapper un « Waouh ! » d'étonnement. Le jeune couple salue la foule, quand soudain, sans prévenir, ils s'embrassent furtivement. Mécontents de la brièveté du moment, les Britanniques en redemandent. Aussitôt, les deux amoureux s'exécutent et échangent un long et tendre baiser. Charles et Diana ont lancé cette tradition au balcon ; William et Catherine ont innové en échangeant pas moins de deux baisers. Les millions de curieux sont aux anges. Très vite, les médias comparent ce mariage à celui qui a galvanisé le monde en 1981. Comme lui, il est surnommé « le mariage du siècle ».

Six cent cinquante invités sont conviés au palais pour le vin d'honneur où dix mille canapés sont servis avant qu'ils ne prennent place pour le déjeuner. Au menu : langoustines, écrevisses, haddock fumé, confit de porc, agneau à la menthe et enfin puddings. Deux gâteaux de mariage sont confectionnés par la pâtissière anglaise Fiona Cairns. Le premier, très traditionnel, est composé de plusieurs étages au thème propre à chacun, mais recouverts de glaçage blanc. L'intérieur est composé de fruits secs parfumés à l'eau-de-vie. Le tout est parsemé de délicates décorations. Le second gâteau est moins formel et avant tout destiné au prince William puisqu'il s'agit de son dessert préféré : un assemblage de biscuits à thé McVitie's accompagné d'une importante quantité de chocolat. Vient le moment des discours. Le père du marié commence en affirmant être « ravi d'avoir une fille » comme Kate qui est « l'âme sœur » de son fils. Il poursuit en le taquinant sur sa calvitie précoce et termine en espérant que son fils sera à ses côtés dans son grand âge. Harry raconte quelques blagues sur leur enfance avant de lire quelques extraits de lettres de soutien au contenu amusant qu'il a reçues en prévision de son mariage. Il termine sur une note plus sérieuse, en affirmant « combien elle [Diana] aurait adoré être là. Combien elle aurait adoré Kate, et adoré voir l'amour qui [les] lie tous les deux[1] ».

Les jeunes mariés partent se changer en milieu d'après-midi à Clarence House. De retour à Buckingham, Will a enfilé un traditionnel smoking, tandis que Kate arbore une robe de cocktail plus légère. Le couple royal s'est éclipsé. Il cède sa place à la jeunesse, lui laissant la liberté de profiter de la soirée dans un palais transformé en véritable boîte de nuit. Kate et William ouvrent le bal sur *Your Song* d'Elton John avant de continuer sur *You're the One that I want* de la comédie musicale *Grease*. La soirée se termine par un impressionnant feu d'artifice tiré depuis les jardins du palais.

Le succès de ce mariage est total. Jamais la monarchie britannique n'a connu telle expression populaire depuis la mort de la princesse de Galles. Symbole du renouveau d'une institution vieillissante, cette union remporte tous les suffrages, pour le plus grand bonheur de la souveraine. La veille du mariage, 76 % de Britanniques s'estiment favorables au maintien de la monarchie. Soufflant un vent de modernité, l'union signe le renouveau qu'espérait Elizabeth II, incarné par cette nouvelle génération plus proche du peuple. En guise de lune de miel, le duc et la duchesse de Cambridge partent dix jours dans les Seychelles, mais le voyage ne se déroule pas les jours suivant la cérémonie. Avant cela, William doit retourner occuper son poste de copilote d'hélicoptère de sauvetage. Quant à Kate, elle doit endosser son nouveau statut d'épouse d'officier.

Katemania

En juin 2010, William a été muté à la base de Valley sur l'île d'Anglesey, au nord du pays de Galles, en tant que copilote puis pilote d'un hélicoptère-ambulance de

1. Prince Harry, *Le Suppléant*, *op. cit.*

la RAF du nom de *Sea King*. Quatre mois plus tard, le prince est célébré par toute la nation pour son courage. Le 2 octobre, il a répondu à un appel d'urgence des garde-côtes de Liverpool et porté secours à un homme victime d'une crise cardiaque. Grâce à son intervention, ce malheureux anonyme a pu être sauvé à temps. Un futur roi sauveteur de son peuple, l'image est aussi inédite qu'admirée. Courageux et volontaire, le jeune homme confirme le respect des Britanniques.

Avec sa mutation, Will emmène celle qui est à ce moment-là sa petite amie. Le couple emménage sur le domaine de Bodorgan, à quelques kilomètres de la base où travaille William à Y Fali. Dans cette maison en pierres blanches retirée dans la campagne galloise, William et Kate profitent d'une vie simple en se chargeant eux-mêmes des tâches quotidiennes. Une fois mariés, ils ne changent rien à leur vie. Quelques jours après la cérémonie qui a occupé toutes les pages de la presse mondiale, la jeune épouse est photographiée, simplement vêtue, en train de pousser un Caddie rempli de leurs dernières provisions. Les photographies de la femme d'officier se chargeant des tâches ménagères, s'opposent farouchement aux portraits officiels du mariage du siècle réalisés par Hugo Burnand et publiés le 1er mai 2011. La duchesse est aussi une femme normale qui mène un quotidien proche de celui d'une femme d'officier.

Leur vie privée paisible, bien rangée et avantagée par la tranquillité de l'île d'Anglesey, n'empêche pas les obligations officielles. En mai 2011, ils accueillent au Royaume-Uni le couple présidentiel américain Obama. Pour leur premier engagement de jeunes mariés, ils posent fièrement au côté de l'un des couples les plus populaires du moment. En juin suivant, ils traversent l'Atlantique pour se rendre au Canada. Elizabeth II leur confie comme mission de galvaniser l'attachement à la monarchie de ce lointain pays, souvent en proie au républicanisme. Les Canadiens sont conquis par la beauté, l'élégance et la grâce naturelle de la jeune duchesse. Le couple n'hésite pas à aller à la rencontre des anonymes venus les accueillir sur les terres de la feuille d'érable. Pendant une semaine, ils visitent chacune des régions qui composent le Canada. Partout où ils se trouvent, les foules se rassemblent et scandent leurs noms. La Katemania s'empare de l'immense pays et s'apprête à conquérir le monde. La tournée a un succès indéniable et se termine par une courte visite aux États-Unis à Washington DC. À peine rentrée, Kate inaugure l'exposition consacrée à son mariage au palais de Buckingham à l'été 2011. Ainsi, la reine remercie la femme de son petit-fils qui a su servir avec brio la Couronne au cours de cette tournée américaine. Nouvel atout de la monarchie, le duc et la duchesse de Cambridge deviennent le faire-valoir d'une institution admirée de par le monde grâce à la figure tutélaire de la reine Elizabeth. Modernes et glamours, ils sont populaires et incarnent l'avenir de cette institution. La reine attend beaucoup de cette jeune génération incarnée par William et Kate. Aux yeux des Cambridge, le devoir l'emporte sur toute chose.

Quand le Commonwealth célèbre les soixante ans de règne de la souveraine octogénaire en 2012, les jeunes mariés deviennent les principaux acteurs des festivités. Elizabeth II montre son attachement à Catherine qui effectue sa première obligation à ses côtés le 8 mars en se rendant à Leicester. Les deux femmes affichent clairement leur complicité et échangent bon nombre de sourires délicats. Elizabeth et Kate forment un duo efficace, aussi populaire qu'attachant. Tel un rite de passage, la visite officielle auprès du monarque est scrutée et analysée par les plus observateurs. L'entente avec la femme la plus importante du royaume conditionne l'avenir de la jeune femme au sein de la famille royale. Les Britanniques connaissent les codes discrets qui régentent le quotidien des Windsor.

Londres fête en grande pompe le jubilé de Diamant de la reine. Un imposant défilé fluvial sur la Tamise ouvre le bal des célébrations le 3 juin. La majorité des membres de la famille royale participe à la parade en embarquant sur le MS *Spirit of Chartwell* pour entourer et soutenir Elizabeth II. Tout de blanc vêtue, elle fend la grisaille ambiante et salue le million de sujets massé le long des berges. Les Britanniques n'ont jamais été aussi fiers de leur reine que ce jour. Pour participer à l'événement, elle peut compter sur les Cambridge. William porte son uniforme de la Royal Air Force, alors que Kate est vêtue d'une robe rouge Alexander McQueen, aussi flamboyante qu'étonnante. La jeune mariée ose les couleurs vives quand le protocole lui impose la plus grande simplicité dans ses choix de tenues. Les tabloïds anglais vont, encore une fois, s'adonner aux plus vives critiques, l'accusant notamment d'avoir voulu faire de l'ombre à la reine. Elizabeth II n'a que faire des dires de la presse. À ses yeux, cette journée est parfaite. Ses sujets se sont déplacés en nombre pour l'acclamer et son clan s'est montré uni autour de sa personne. L'Angleterre vit l'apothéose d'Elizabeth la Grande. La journée se déroule sans aucune fausse note, mais c'est sans compter l'hospitalisation du prince Philip pour infection urinaire. Le duc d'Édimbourg, ce roc qui s'est toujours montré présent pour soutenir sa royale épouse, doit se contenter de regarder à la télévision la suite des festivités en restant alité. Elizabeth II est personnellement affectée par son absence.

Le lendemain de la tenue de l'armada élisabéthaine, un grand concert du jubilé est organisé devant la célèbre façade du palais de Buckingham. Paul McCarney, Elton John, Tom Jones ou encore Robbie Williams se produisent devant deux cent cinquante mille personnes en rangs serrés sur le Mall. Munis de l'Union Jack, le duc et la duchesse de Cambridge se laissent aller à quelques déhanchés. Le prince Charles clôt l'événement par un discours particulièrement émouvant qui rend hommage à « *Your Majesty... Mummy...* », pour le plus grand plaisir du public et la grande surprise de la principale intéressée. Le dernier jour du week-end du jubilé est donnée une messe d'action de grâce en la cathédrale St Paul. La cérémonie terminée, une apparition au balcon du palais de Buckingham de la souveraine achève les quatre journées uniques de célébrations. Encadrée par ses deux héritiers, leurs épouses et le prince Harry, Elizabeth II illumine le paysage londonien de son charmant sourire. Malgré l'absence de son époux et l'inquiétude concernant son état de santé, elle se montre plus que jamais enthousiaste. La frénésie populaire a envahi les rues londoniennes pour honorer les soixante années de service dévoué « d'une personne très spéciale, selon les propres mots du prince de Galles », hissée au rang d'icône intouchable. Pour continuer à célébrer *the Queen*, Kate et William programment une tournée du jubilé en septembre. Ils représentent la grand-mère des Britanniques à Singapour, en Malaisie, à Tuvalu et dans les îles Salomon. Pour la duchesse, ce voyage est l'occasion de prononcer son premier discours public lors de la visite d'un hospice en Malaisie. Catherine fait l'unanimité, y compris pour le prince Charles. Le père de William n'hésite pas à l'appeler « ma bru chérie ». Ensemble, ils partagent une passion pour la campagne, l'opéra et la danse classique. Charles lui parle souvent de la Toscane, une région italienne qu'il affectionne et qu'il représente dans ses aquarelles, sachant qu'elle a vécu une partie de son année sabbatique à Florence.

2012 est sans conteste la grande année du Royaume-Uni. En plus du jubilé de Diamant, le pays est l'hôte des Jeux olympiques d'été. La famille royale prend part aux différents moments de l'événement. Le 26 juillet, les Cambridge et le prince Harry sont ovationnés au passage de la flamme olympique devant le palais de Buckingham. Le lendemain se tient la cérémonie d'ouverture des jeux dans un stade flambant neuf. Kate et William assistent au spectacle pharaonique qui célèbre la culture britannique. À la grande surprise du monde, la reine prend personnellement part à la cérémonie. Elizabeth joue son propre rôle dans un court-métrage tourné au palais de Buckingham avec Daniel Craig campant James Bond. L'agent 007 se tient enfin devant sa véritable souveraine pour qui il a l'habitude de prendre part aux plus dangereuses missions. Cette fois-ci, il accompagne la reine qui prend place dans un hélicoptère l'emmenant jusqu'au stade olympique. Aussi intrépide que son agent, elle saute en parachute pour se poser sur la pelouse du stade. Bien entendu, tout cela n'est qu'une fiction, elle apparaît en fait auprès de son époux dans la tribune royale. Mais en prenant part à ce mini-film, Elizabeth II a signé une entrée spectaculaire montrant son sens de l'humour et son sens aigu de la modernité. William admire cette grand-mère de quatre-vingt-six ans encore capable d'impressionner le monde. Comme tout spectateur, il n'a pas été informé de la réalisation de ce film. On semblait tout connaître de l'une des femmes les plus célèbres du monde, et pourtant, elle est capable de toutes les surprises pour se montrer en phase avec son époque.

Les jeux lancés, les ducs de Cambridge et le prince Harry sont nommés par Sa Majesté ambassadeurs olympiques. À ce titre, ils assistent à de nombreuses compétitions sportives. Will et Kate deviennent les plus fervents supporters des équipes britanniques, assistant aux épreuves de natation, de course ou encore de tennis. À chaque victoire, le couple laisse exploser sa joie, faisant fi des convenances dues à leurs rangs. Leur spontanéité, leur jeunesse et leur simplicité accroissent toujours davantage leur popularité. Catherine est joyeuse, empathique et médiatique. Le contraste avec la mélancolique et fragile Diana est total. En cette année 2012, le couple règne sans partage sur le cœur des Britanniques. Ce jubilé et ces jeux leur offrent une stature de futurs monarques, détenteurs de l'avenir de la monarchie.

Aucun nuage semble venir obscurcir cette lumière de bonheur pour Elizabeth II et les siens, mais le premier orage vient des États-Unis. Après ces semaines intenses, la reine part se ressourcer dans son cher domaine de Balmoral. À l'heure du thé du 22 août, elle rentre d'une balade à cheval quand son secrétaire particulier vient à elle. Il lui annonce la publication de photos très compromettantes de son petit-fils adoré par le site TMZ dans un article au titre ouvertement provocateur : « Le prince Harry a exposé les joyaux de la couronne à Las Vegas ce week-end. » Le fils cadet du prince Charles figure en tenue d'Adam sur ces clichés pris lors d'une soirée dans un hôtel de luxe de la ville du péché. Harry ne s'est pas fait prier pour prendre à la lettre le surnom donné à cette ville menée par les jeux d'argent, le luxe et la luxure. Durant une fête organisée pour marquer son départ pour le front en Afghanistan, le jeune homme a pris part à une partie de strip-billard où ses talents ne semblent pas formidables, au vu de sa tenue finale. En plus de cette fameuse partie, les fêtards ont profité de la piscine de l'hôtel pour une pool-party où l'alcool a coulé à flots. Les clichés du prince ont été vendus à la presse par l'un des invités.

Dès le lendemain, Harry fait les gros titres et voit son postérieur s'afficher dans tous les kiosques de Grande-Bretagne. « Le Prince Crétin a encore frappé » : les critiques sont assassines, plombant une nouvelle fois la réputation de l'enfant terrible des Windsor. Selon les dires du prince Harry lui-même, « à ma surprise et à mon grand soulagement, il [le prince Charles] s'est montré gentil. Déconcerté, même. Il me plaignait, m'a-t-il dit ; bien qu'il n'ait jamais fini nu en Une d'un journal, il savait ce que c'était[1]. » Échappant de peu aux sermons paternels, Harry ne reçoit aucune remontrance de la part de sa grand-mère. Tous deux connaissent la fragilité du jeune homme, apparentée à celle de la princesse Diana en son temps. Harry n'est pas William. Il a beaucoup de mal à se remettre de la mort de sa mère, et pour cette raison, se laisse aller à toutes les provocations. À ce garçon mal dans sa peau, tout ou presque est pardonné. « Harry le nazi » s'efface pour laisser place à « Harry à nu ». Comme sa grand-mère et son père, William est désemparé face au comportement de son frère cadet. Ce nouveau scandale laisse imaginer une prochaine saison sulfureuse de la série tragique des Windsor.

1. Prince Harry, *Le Suppléant*, *op. cit.*

18

Une lignée assurée

16 juillet 1894, White Lodge, Richmond. La reine Victoria est fière de se rendre dans cette bâtisse palladienne qui fut le pavillon de chasse de George II avant d'être occupée par le duc de Teck et sa famille. La dame de Windsor vient assister au baptême de son arrière-petit-fils Edward. Le nouveau-né a vu le jour un mois plus tôt. Cette naissance était très attendue par la légendaire reine Victoria. Désormais, l'avenir de sa couronne est assuré.

Le baptême a lieu dans le salon vert de la demeure. Une fois la cérémonie célébrée par l'archevêque de Canterbury, la famille royale se rassemble dans l'un des salons de réception. Un photographe les attend pour immortaliser l'événement. Le moment est notable : pour la première fois de l'histoire, quatre générations de souverains britanniques s'apprêtent à poser ensemble devant un objectif. Victoria s'installe dans un fauteuil et tient le bébé dans ses bras. La robe blanche de baptême tranche sur le noir des vêtements de deuil de la souveraine. De part et d'autre de la reine se tiennent le prince de Galles – futur Edward VII – et le duc d'York – futur George V. En un seul cliché, toute l'histoire victorienne de l'Angleterre est représentée.

Plus d'un siècle plus tard, telle la poursuite d'un incroyable récit, quatre nouvelles générations de monarques se tiennent prêtes à renouveler l'expérience du cliché historique.

Quatre générations

Le duc et la duchesse de Cambridge fêtent déjà leurs noces de coton en 2012. Cette année a été particulièrement chargée pour ce couple au sommet de sa popularité. Quelle ne fut pas la stupéfaction des Britanniques lorsqu'ils ont appris l'hospitalisation de leur duchesse à la fin du mois de novembre 2012 ! Quel mal ronge la santé de la jeune femme ? L'inquiétude s'empare des rues de Londres. Dans sa chambre de l'hôpital King Edward VII, elle est sous perfusion pendant trois jours. Le secret ne peut être gardé plus longtemps.

La reine et le prince de Galles connaissent déjà la raison de ce séjour hospitalier lorsqu'un communiqué est publié le 3 décembre 2012 à 16 heures. « Leurs Altesses royales le duc et la duchesse de Cambridge sont heureux d'annoncer que la duchesse de Cambridge attend un enfant. La reine, le duc d'Édimbourg, le prince de Galles, la duchesse de Cornouailles, le prince Harry et les membres des deux familles sont enchantés de cette nouvelle. Comme la grossesse en est à ses débuts, Son Altesse royale devrait rester hospitalisée plusieurs jours et avoir besoin ensuite de garder le repos[1]. » Catherine souffre d'*hyperemesis gravidarum*, un terme bien savant pour désigner des nausées sévères et des crises de vomissement excessives. Elle est enceinte de seulement douze semaines, et sa grossesse s'annonce difficile. Selon les plans dessinés par le couple, ce communiqué est bien prématuré. Kate et William auraient préféré attendre la fin de l'année pour annoncer la nouvelle au monde.

Le Royaume-Uni est en liesse et suit chaque étape de la grossesse si espérée de la duchesse. Le moindre détail est chassé par des médias en proie à un éternel voyeurisme. Deux animateurs de radio australiens, Michael Christian et

1. Bertrand Meyer-Stabley, *Majesté*, *op. cit.*

Mel Greig, sont allés jusqu'à se faire passer pour la reine et le prince de Galles lors d'un canular téléphonique adressé au service infirmier qui s'est chargé de la duchesse à l'hôpital King Edward VII. Cette technique utilisée pour obtenir davantage d'informations a eu de lourdes répercussions, puisque Jacintha Saldanha, l'infirmière qui a décroché le téléphone, ne s'est jamais remise de la faute commise et a préféré mettre fin à ses jours. Face à la gravité de la situation, les deux animateurs ont été renvoyés de leur poste et ont dû présenter des excuses publiques.

Alors que le couple attend son premier enfant, des travaux de rénovation sont entrepris dans l'appartement 1A du palais de Kensington. Pendant dix-huit mois, des ouvriers s'affairent à offrir au couple le lieu idéal pour vivre pleinement leur future vie de famille. D'une valeur de quatre millions et cinq cent mille livres sterling, les travaux menés dans cet appartement de quatre étages appartenant à la Couronne sont entièrement à la charge du contribuable. Ils comprennent le désamiantage, ainsi que la rénovation des systèmes de plomberie et d'électricité. Le logement se compose d'une vingtaine de pièces dont trois salons, une nurserie et six chambres. Mais avant que le duc et la duchesse ne s'installent, ils logent à Nottingham Cottage à Londres, ou à Bodorgan sur l'île d'Anglesey lorsque William doit servir en tant que pilote. Préparant l'arrivée de leur enfant, les Cambridge déménagent. Le 28 avril, le prince quitte également la Royal Air Force, non sans mal. Ce prince soldat a toujours voué une partie de son existence à servir militairement son pays. L'armée est, pour lui, une seconde famille qui s'est dressée tel un refuge dans les moments difficiles de ses premières années. Quitter l'armée est bien plus compliqué que ce qu'il avait imaginé, mais la naissance prochaine de sa propre famille est une véritable consolation.

Comme un éternel recommencement, les journalistes se déplacent en nombre pour camper devant l'aile Lindo de l'hôpital londonien St Mary dès la fin du mois de juin. Le terme de la grossesse approchant, le monde attend avec patience la naissance princière. Kate est admise à la maternité le 22 juillet 2013, peu avant 6 heures du matin. Le prince William est un mari présent, aimant et inquiet. Il tient la main de son épouse qui souffre à chacune de ses contractions. Il prend exemple sur son père qui a soutenu sa mère à chaque étape de son accouchement douloureux trente et un ans plus tôt. Le col est ouvert et le travail a commencé. Le docteur Marcus Setchell, doyen des gynécologues de l'hôpital, prend en charge l'accouchement. Il est 16 h 24 lorsque Catherine donne naissance à un petit garçon dans l'une des six salles de travail situées au troisième étage de la maternité.

Le bébé est pesé, mesuré et lavé avant d'être présenté à son père. William le prend longuement dans ses bras, le serrant contre sa poitrine avec un regard et un sourire remplis de fierté. L'enfant est ensuite présenté à sa mère, épuisée par les douze longues heures qui lui ont été nécessaires pour donner naissance à cette petite bouille s'apprêtant à faire son entrée dans le monde impitoyable de la monarchie britannique. Comme le veut le protocole, Will s'empresse de téléphoner à sa grand-mère, puis à son père, avant d'informer les parents de Kate.

Il est 20 h 30 lorsqu'un communiqué du palais est publié : « La duchesse de Cambridge et épouse du prince William a accouché d'un petit garçon à l'hôpital St Mary de Londres, à 16 h 24. Le bébé, qui pèse 3,8 kg, et la mère se portent bien. Le père a assisté à l'accouchement, précise le communiqué. La reine Elizabeth II, le duc d'Édimbourg, le prince de Galles, la duchesse de Cornouailles, le prince Harry et les deux familles ont bien évidemment été immédiatement informés[1]. » Ce même communiqué, qui a été approuvé par la souveraine au préalable, est ensuite affiché devant les grilles de Buckingham sur un chevalet doré, comme le veut la tradition. Charles ne résiste pas à publier son propre communiqué. Papy Charly est né et ne peut cacher plus longtemps sa fierté. « Mon épouse et moi-même sommes plus que ravis de la naissance de mon premier petit-enfant. C'est un moment incroyable et très spécial pour William et Catherine. » Les membres de la famille royale sont aux anges. Le prince Harry avoue même être « ravi pour Willy et Kate et indifférent à [s]a place dans l'ordre de succession[2] ».

La veille de la venue au monde du fils de William, le roi Albert II de Belgique a abdiqué en faveur de son fils Philippe. L'Europe des monarchies n'a pas le temps de se remettre de la nouvelle. Avec cette naissance princière, une pluie de félicitations s'abat sur Londres. Chacun des grands chefs d'État que compte ce monde adresse ses compliments par la voie des réseaux sociaux. Barack Obama leur souhaite « le bonheur et les bénédictions qui accompagnent le fait de devenir parents » ; quant à François Hollande et sa compagne du moment, Valérie Trierweiler, ils adressent leurs « plus sincères félicitations, ainsi que [leurs] vœux les plus chaleureux de joie et de bonheur pour [cette] famille nouvellement agrandie[3] ».

« *It's a boy !* » Le royaume tout entier célèbre la venue au monde de ce bébé pas comme les autres. Les plus importants monuments du pays s'illuminent d'un bleu éclatant tels Trafalgar Square ou London Eye. David Cameron lui-même déclare : « C'est un jour important pour notre nation, un moment très excitant que tout le pays partage. » Et pour cause, un nouvel héritier à la Couronne vient de voir le jour.

1. Bertrand Meyer-Stabley, *Majesté*, *op. cit.*

2. Prince Harry, *Le Suppléant*, *op. cit.*

3. Pierrick Geais, *Prince William*, *op. cit.*

Trois mois plus tôt, la reine Elizabeth a approuvé une loi modifiant les règles de succession au trône. La primogéniture avec préférence mâle est abolie pour laisser place à la primogéniture absolue. Ainsi, l'enfant le plus âgé du souverain, fille ou garçon, héritera du trône. Cette règle s'applique à tous les enfants royaux nés après le 28 octobre 2011, date à laquelle la réforme a été proposée au Parlement. De plus, auparavant, une personne mariée à une personne catholique et leurs descendants se voyaient automatiquement exclus de l'ordre de succession, ce qui fut notamment le cas du prince Michael de Kent en 1978. Mais avec cette nouvelle loi, cette règle est abolie et le prince Michael a pu retrouver ses pleins droits dans l'ordre de succession. Enfin, avant cette loi de 2013, tous les descendants du trône devaient demander le consentement du souverain pour se marier. La nouvelle loi limite cette obligation aux six premiers héritiers de la Couronne, suivant l'ordre de succession.

Les journaux télévisés du monde entier tournent en boucle sur la nouvelle de la naissance du fils du couple le plus admiré de la famille royale. Toutes les caméras sont tournées vers la façade de l'hôpital.

William passe la nuit auprès de sa femme et de son fils. Kate se sent si bien qu'elle est autorisée par son médecin à quitter l'hôpital dès le lendemain de l'accouchement. Il est 19 h 13 lorsque le couple présente au monde son bébé. Kate porte une robe bleue à pois blancs pour rendre hommage à Diana qui portait une robe similaire lors de la présentation du prince William. Ses hommages vestimentaires à feu la princesse de Galles seront nombreux par la suite. Elle porte dans ses bras son fils, emmitouflé dans une couverture blanche qui laisse à peine deviner son visage. Les Cambridge posent, tout sourire, devant les photographes avant d'aller à la rencontre des Britanniques et des journalistes qui patientent depuis plusieurs heures. « Mon fils ressemble heureusement à sa mère et il a même plus de cheveux que moi, s'exclame le jeune père. C'est un grand garçon, et il pèse son poids. Nous ne lui avons pas encore donné de prénom, nous attendons de le connaître mieux ! C'est la première fois que nous le voyons pour de vrai, donc nous nous donnons du temps pour faire sa connaissance avant de nous décider. Il a d'ailleurs une sacrée paire de poumons. »

Comme toute jeune maman, Kate a besoin de la présence rassurante et des conseils avisés de sa mère. Novice dans son rôle de mère, elle veut tout apprendre auprès de Carole Middleton. Pour l'heure, il est temps pour la petite famille de regagner ses quartiers. Une fois la séance photo terminée, William installe lui-même le siège du bébé avant de prendre la voiture en direction du Berkshire, dans la propriété de ses beaux-parents. Les images de cette nouvelle famille partant seule en direction de sa destinée sont d'une incroyable modernité. Le message envoyé aux médias est limpide : les Cambridge sont une famille normale attachée à une éducation simple pour leur enfant. L'ère du faste quotidien est révolue. Pour l'aider à s'occuper de son fils, Kate emploie une nourrice. Maria Borrallo est une Anglaise d'origine espagnole diplômée de Norland College à Bath, une institution qui fait référence dans la formation des nourrices de la bonne société. Célibataire sans enfant, elle voue sa vie au bien-être de ses employeurs. Seule cette super nourrice offre son aide au jeune couple. La fin des armées de gouvernantes a sonné, d'autant que depuis leur aménagement sur l'île d'Anglesey, ils se passent des valets et autres femmes de chambre. En cela, le couple fait preuve d'un incroyable modernisme. Le bébé épuise ses parents, comme le raconte lui-même son père en marge d'un match de polo : « Je dois dire que je pensais qu'appartenir à une brigade de secours était physiquement et mentalement éprouvant, mais s'occuper d'un nouveau-né dépasse toutes les limites. »

Vingt-quatre heures après la sortie de la maternité de la nouvelle famille, les prénoms sont révélés. Le petit prince se prénomme George Alexander Louis. Les heureux parents ont opté pour des prénoms traditionnels qui conviennent parfaitement à un futur roi. Le premier est un hommage évident au père d'Elizabeth II, il fait aussi référence au saint patron de l'Angleterre. Alexander honore la grand-mère de William et la reine Victoria. Le deuxième prénom d'Elizabeth étant Alexandra, alors que celui de la reine Victoria était Alexandrina. Louis célèbre le souvenir de Lord Louis Mountbatten, le si regretté oncle du prince Philip et mentor du prince Charles. Lorsqu'il apprend la nouvelle, ce dernier est particulièrement touché.

Il ne faut pas attendre beaucoup de temps pour voir s'organiser le baptême du nourrisson. Le 23 octobre, George est baptisé par l'archevêque de Canterbury, Justin Welby, dans l'intimité de la chapelle royale du palais Saint-James. En 2002, pour préserver la fragile robe de baptême datant de 1840, portée par tous les rejetons royaux depuis cette date, Angela Kelly, la styliste de la reine, avait été missionnée pour en confectionner une réplique exacte. C'est donc vêtu de cette nouvelle robe que George est présenté au-dessus des fonts baptismaux. À la grande surprise des Britanniques, aucun des frères et sœurs du couple n'est choisi parmi les parrains et marraines de l'enfant. William et Kate ont préféré leurs proches amis comme William van Cutsem et Oliver Baker, le secrétaire particulier du prince Jamie Lowther-Pinkerton et sa cousine Zara Phillips. Comme en 1894, ce baptême est l'occasion de réaliser un portrait historique, regroupant quatre générations de souverains. Elizabeth II pose sur un fauteuil doré dans un salon de Clarence House où s'est réunie la famille. Entourée de sa descendance, elle regarde fièrement l'objectif tenu par Jason Bell. William porte tendrement son fils qui semble apaisé dans ses bras, encore innocent face à son destin royal.

William marche sur les pas de ses parents. Huit mois après la naissance de son fils, il embarque dans un avion avec femme et enfant pour se rendre en Australie. Le trio familial part à la conquête de ce pays lointain dirigé par le monarque britannique. Comme en 1983, les Australiens sont sous le charme des nouveaux ambassadeurs de la cause des Windsor. Comment ne pas craquer en voyant ce petit garçon joufflu dans les bras de sa magnifique maman ou de son charismatique papa ? La visite australienne qui met en vedette le *royal baby* est un succès. La petite famille se dirige ensuite vers la Nouvelle-Zélande où elle séjourne dans la maison du gouverneur général à Wellington. Ainsi commence la vie publique du prince George de Cambridge.

La construction d'un foyer

En octobre 2013, les Cambridge quittent leur petite maison de l'île d'Anglesey et leur résidence londonienne de Nottingham Cottage pour s'établir définitivement dans leur appartement de Kensington qui occupe toute une aile du palais. Avant eux, cet appartement – qui s'apparente davantage à une maison de ville cossue – a été occupé par la princesse Margaret. La sœur cadette de la reine a posé ses valises en ces lieux en 1963 pour ne plus jamais les quitter. À sa mort en 2002, l'appartement est resté vacant. William retrouve ses racines, lui qui a passé une grande partie de son enfance dans ce palais ayant vu naître la reine Victoria en 1819. Ce nouveau « chez-soi » est pourtant à l'opposé des appartements 8 et 9 qu'ont occupés ses parents, puis sa mère. Will reste néanmoins particulièrement attaché aux lieux qui l'ont vu grandir. Les anciens appartements des princes de Galles sont reconvertis en bureaux pour l'équipe de communicants du duc et de la duchesse de Cambridge. Si le couple est décidé à s'établir à Kensington, Kate préfère la grandeur de l'ancien appartement de la princesse Margaret, le plus vaste de la résidence, à ceux occupés jadis par ses beaux-parents. Cette partie du palais a l'avantage de bénéficier de son jardin privé. La duchesse a la main verte et a bien l'intention de profiter de cet espace à la quiétude similaire à celle de la campagne. L'intérieur du foyer de la jeune famille montre son attachement à une décoration épurée, mêlant modernité et charme de l'ancien. Nombreux sont les tableaux de maîtres, les meubles précieux et les objets de décoration illustres à égayer le quotidien des Cambridge. William et Kate ne restent pas moins des trentenaires de leur temps. Pour la chambre de leur fils, ils préfèrent la praticité des meubles de la firme néerlandaise Ikea. Pour donner vie à une décoration simple mais raffinée des pièces de réception, Kate a fait appel à Ben Pentreath, un talentueux architecte d'intérieur.

L'appartement 1A du palais de Kensington n'est pas le seul à bénéficier des talents de Pentreath. En guise de cadeau de mariage, la reine a offert à son petit-fils et sa nouvelle épouse Anmer Hall, une magnifique propriété située sur le domaine de Sandringham, dans le Norfolk. Construite en 1705 par la famille Coldham, cette maison de style géorgien en brique rouge a été achetée par la reine Victoria en 1862 pour son fils aîné à l'occasion de son union avec la princesse Alexandra de Danemark. Depuis cette date, la bâtisse a été allouée à plusieurs couples. Le duc et la duchesse de Kent l'ont occupé de 1972 à 1990, puis ce fut au tour de Hugh van Cutsem jusqu'à l'an 2000. Avant que ne s'y installent William et sa famille, James Everett, propriétaire de la société de construction de cuisines en bois Norfolk Oak, y a vécu avec sa famille.

Pour qu'elle convienne aux attentes du couple princier, la maison a elle aussi été l'objet de quelques travaux de rénovation. En premier lieu, il a fallu s'assurer que le domaine était suffisamment protégé des regards indiscrets. William veut faire de cette demeure de deux niveaux le lieu idéal pour sa vie de famille. Une plantation d'arbres a donc été prévue autour du domaine pour offrir aux Cambridge l'intimité qui leur est chère. Une nouvelle toiture, une nouvelle cuisine et une nouvelle véranda, conçues par Charles Morris, ont aussi été ajoutées. La décoration intérieure est également l'affaire de Ben Pentreath. Les couleurs choisies pour couvrir les murs de la vingtaine de pièces sont délicates et harmonieuses. William et Kate préfèrent la douceur des couleurs pastel à la tendance des couleurs criardes. Au total, la facture de ces travaux s'élève à un million et demi de livres sterling, entièrement financée par les fonds privés de la famille royale.

Le duc et la duchesse sont propriétaires d'une troisième maison. Ce refuge secret n'est autre que Tam-na Ghar, une demeure achetée en 1852 par le prince Albert près de Balmoral. *Queen Mum* a été sa dernière propriétaire. La reine écossaise ne pouvait jamais rester très longtemps sans retourner sur les terres qui l'ont vue naître. À sa mort en 2002, elle a légué sa demeure au prince William. La petite maison entourée d'une terrasse sous auvent lui permet de passer de longues après-midi à pêcher le saumon dans la rivière Dee ou de pique-niquer dans ses jardins, toujours accompagné d'une délicieuse bouteille de vin rouge. À la différence d'Anmer Hall, Tam-na Ghar reste dans la discrétion des Highlands. C'est donc entre ses murs que William amenait Kate au début de leur relation lorsqu'ils voulaient s'affranchir de leur vie étudiante à St Andrews, laissant leurs cœurs amoureux s'épanouir dans la sérénité des étendues sauvages écossaises. Le grand public est très peu informé de l'existence de ce cottage entouré de bruyère. Jusqu'en 2021, aucune photographie n'avait fuité, ne permettant pas de s'imaginer réellement cette cachette secrète. Elizabeth II finance les travaux de rénovation en 2011 au moment de leur mariage. Entre Anmer Hall et Tam-na Ghar, la reine n'en finit plus de témoigner son attachement à l'épouse de son héritier en second. Quel merveilleux cadeau de la part d'une octogénaire que cet endroit romantique où ils pourront laisser libre cours à leur amour ! Les Cambridge se construisent un foyer londonien, une maison de campagne dans le Norfolk et un pied-à-terre écossais à leur goût pour fonder leur propre famille qu'ils espèrent nombreuse.

« Le moment viendra où il faudra se poser la question de la place de George dans le monde, répond William à Nicholas Witchell, un journaliste de la BBC lors d'une interview en 2016. Pour l'instant, il s'agit juste de maintenir autour de lui un environnement sûr et stable, et de lui donner autant d'amour que je peux en tant que père. [...] Je veux élever mes enfants pour qu'ils deviennent des gens bien, animés par une idée de service et de devoir envers les autres[1]. » L'éducation de leur fils chéri est la première des préoccupations des jeunes parents. Pour les aider dans cet immense défi, ils peuvent compter sur Carole Middleton. La grand-mère maternelle du prince George ouvre la porte de son domaine du Berkshire pour accueillir son petit-fils autant qu'elle le peut. L'entrepreneuse est une femme engagée dans la cause maternelle. Elle l'a maintes fois démontré avec ses propres enfants, à qui elle a voué sa vie, avant de trouver à leur contact l'inspiration de son entreprise à succès. Auprès de sa grand-mère, qui peut aménager son agenda à sa guise, George apprend et s'épanouit. Présente pour épauler sa fille, elle l'est aussi pour son premier petit-fils sur qui repose l'ascension sociale de sa famille. Bien vite, les médias s'en prennent à la patronne de la firme Middleton. Dépeinte comme une mère et une grand-mère possessive à l'extrême, aux ambitions bien trop élevées pour son rang, Carole est lapidée sur la place publique. Le prince Charles

1. Robert Lacey, *Guerre royale, mensonges et trahisons*, *op. cit.*

ne fait rien pour arranger les choses. Il commence à se plaindre auprès de ses proches de la trop longue absence de son petit-fils dans son quotidien. Il accuse ouvertement les Middleton d'accaparer le petit prince. Aussi chargé que soit son agenda, Charles trouve toujours le temps de s'occuper de George, qui monte souvent sur son dos après qu'il s'est mis à quatre pattes, incarnant un cheval. Le prince de Galles a eu un véritable coup de cœur pour cet enfant qui présente de plus en plus une personnalité semblable à la sienne en grandissant. Charles va jusqu'à faire planter des arbres dans un coin de sa propriété de Highgrove pour marquer la naissance du petit prince. « C'est le bois de George, explique le grand-père, attendri par la mignonnerie de son petit-fils. En vieillissant, tout ce que je désire vraiment, c'est planter des arbres. J'espère que cela amusera George lorsqu'ils pousseront. »

Le 8 septembre 2014, un communiqué est publié : « Leurs Altesses royales le duc et la duchesse de Cambridge sont très heureux d'annoncer que la duchesse est enceinte de leur deuxième enfant. La reine et les membres des deux familles sont ravis de cette nouvelle[1]. » Comme pour sa première grossesse, Kate est rapidement malade. Les annulations inopinées à répétition d'obligations ne peuvent plus être justifiées sans éveiller les soupçons. L'annonce de la deuxième grossesse de la duchesse fait rapidement les gros titres des tabloïds anglo-saxons. « *Here we go again* – C'est reparti », titre le *Daily Mail*.

Catherine donne naissance à une petite fille le 2 mai 2015 à 8 h 34, dans l'hôpital qui a vu naître son époux et son fils. Le protocole est une nouvelle fois entièrement respecté. William est auprès de sa femme quand elle donne naissance à sa fille. Il s'empresse de téléphoner à sa grand-mère, à son père et à ses beaux-parents avant d'aller chercher George,

1. Bertrand Meyer-Stabley, *Majesté*, *op. cit.*

resté au palais de Kensington avec *nanny* Maria. Père et fils reviennent à l'hôpital St Mary, tous deux vêtus d'une chemise blanche et d'un pull-over bleu, sous le crépitement des appareils photo des journalistes qui patientent depuis plusieurs jours devant l'entrée de l'aile Lindo. Du haut de ses un an et demi, George apprend déjà ses devoirs royaux et salue avec grâce la foule massée devant la bâtisse victorienne. Il rencontre sa petite sœur, que lui présente sa maman. Le couple présente son nouveau bambin au monde l'après-midi même. Si les grossesses sont un calvaire pour Kate, les accouchements se passent si bien qu'elle est autorisée très rapidement à quitter la maternité. La duchesse ne passe pas la nuit à l'hôpital. Le soir de la naissance de sa fille, elle suit son époux qui la conduit avec le bébé jusqu'au palais. À peine arrivée, la jeune maman laisse s'exprimer ses talents de photographe en immortalisant ses magnifiques enfants. Le regard protecteur de George sur sa petite sœur est particulièrement touchant.

Une fois la présentation de l'enfant à la reine effectuée, les ducs de Cambridge dévoilent les prénoms choisis : Charlotte Elizabeth Diana. En trois mots, les jeunes parents rendent hommage aux trois personnes qui ont permis au prince William de devenir cet homme responsable et respecté. La petite fille est baptisée en l'église St Marie Madeleine de Sandringham deux mois plus tard, là où, cinquante-trois ans plus tôt, Diana a elle aussi fait son entrée en l'Église d'Angleterre. Pour la petite fille, les parrains et marraines sont eux aussi choisi parmi les amis du couple. Les portraits officiels, dévoilés à l'occasion des deux ans du prince George, ont été réalisés par le photographe de mode de renom Mario Testino. Ami de la défunte princesse de Galles, il est l'auteur des derniers portraits officiels de Diana qui la représentent tel un ange à la beauté ensorcelante et baigné de lumière. Pour cet événement familial, la figure de la princesse des cœurs est dans tous les esprits.

Anmer Hall devient le centre névralgique de cette vie de famille tant rêvée par le couple. Les Cambridge s'installent définitivement dans cette vaste propriété qui permet aussi à William de se rendre plus facilement à son nouveau travail. Depuis le 13 juillet 2015, il est pilote d'hélicoptère à l'East Anglian Air Ambulance, à l'aéroport de Cambridge. George et Charlotte grandissent ensemble dans ce manoir impénétrable et peaufinent leur propre personnalité. Sur la pelouse du jardin, Charlotte fait ses premiers pas. Ils profitent d'une immense propriété dédiée à leur bien-être. La famille a d'ailleurs accueilli un coker spanniels anglais du nom de Lupo au moment de la naissance du prince George, qui pose régulièrement auprès des enfants. Une balançoire a été installée pour leur permettre de s'amuser librement, sur laquelle sont gravés les prénoms des ducs de Cambridge. Le prince Charles l'a offerte à son fils et sa bru à l'occasion de leur mariage, tel un message non dissimulé d'espoir de voir rapidement des enfants s'y balancer. Pour s'occuper de leurs enfants, Kate et William s'entourent d'une équipe réduite au maximum. Ils sont des parents ancrés dans leur époque et le revendiquent. La duchesse cuisine pour ses enfants, William les emmène régulièrement aux aires de jeux environnantes. Ils sont particulièrement présents et mettent leurs devoirs parentaux avant ceux dédiés à la Couronne.

La famille Cambridge s'agrandit bien vite. Après une énième grossesse compliquée, Kate donne naissance à un deuxième petit garçon le jour de la Saint-George – saint patron de l'Angleterre –, le 23 avril 2018, à l'hôpital St Mary. Comme pour leurs aînés, le choix des prénoms n'a rien d'anodin. Louis Arthur Charles sont respectivement des hommages à Lord Mountbatten, l'histoire anglaise et le futur roi du Royaume-Uni. Avant même de connaître les prénoms de l'enfant, William part chercher ses deux aînés pour les conduire vers leur mère qui les attend avec le bébé dans les bras. Se donnant la main, ils saluent les journalistes et sourient aux anonymes avant de passer le désormais célèbre porche d'entrée de l'aile Lindo. Le bébé n'échappe pas à la présentation au monde avant de découvrir son environnement au palais de Kensington. Son baptême a lieu en la chapelle royale du palais Saint-James trois mois plus tard. Pour ses trois enfants, le couple Cambridge respecte scrupuleusement le protocole immuable qui dicte les actions des Windsor, mais contrairement aux deux premiers baptêmes, celui de Louis se déroule en l'absence d'Elizabeth II et du prince Philip. En ce qui concerne les parrains et marraines, William et Kate ont une nouvelle fois préféré se tourner vers leurs amis plutôt que leur fratrie. Bien qu'absente, Elizabeth II est rassurée. Avec ces trois naissances, l'avenir de sa maison est sauf.

Les petits Cambridge

Avec le temps, George le réservé et timide s'oppose à Charlotte la téméraire et extravertie. L'aîné de la fratrie ressemble à son grand-père. Pensif et réfléchi, il apprécie la solitude et les activités en plein air. La fille unique des Cambridge fait quant à elle preuve d'une incroyable force de caractère. Directive avec ses frères, elle aime mener la cadence de leur quotidien, les sermonnant si besoin. La prudence domine son esprit. Elle semble déjà habitée par une profonde conscience des devoirs qui lui incombent en tant qu'arrière-petite-fille de la souveraine. La ressemblance avec son arrière-grand-mère au même âge est flagrante. Face au sérieux de ses aînés, Louis est bien différent. Très vite, le petit prince bien-aimé des Cambridge semble plus attaché aux pitreries et à l'amusement qu'au respect d'obligations convenant davantage au monde des adultes.

L'éducation des princes devient une affaire d'État. Quels établissements auront le privilège de compter parmi leurs pensionnaires des héritiers d'Elizabeth II ? Kate et William reprennent le modèle développé par le prince Charles et la princesse Diana. Pour leurs enfants, ils souhaitent une éducation aussi normale que possible. Le choix des établissements scolaires s'inscrit donc dans cette logique qui doit permettre aux enfants de se développer par eux-mêmes, au milieu d'enfants de leur âge, quelle que soit leur condition sociale, en oubliant les privilèges auxquels ils ont droit. George fait sa rentrée en janvier 2016 à l'école maternelle Westcare, près d'Anmer Hall. Chaque matin, Kate le conduit dans ce jardin d'enfants où le garçonnet suit un enseignement Montessori, comme son père avant lui. L'année suivante, William le mène à la Thomas's Battersea School, « une école privée londonienne aux méthodes éducatives novatrices qui mettait la gentillesse comme première règle[1] ». Dans ce très chic établissement à huit mille livres sterling le trimestre, George est un garçon populaire et brillant. Son programme scolaire est chargé : en plus des mathématiques, de l'anglais et de l'histoire, il suit des cours de français, d'informatique et de technologie. Aussi étonnant que cela puisse paraître, la musique et la danse sont ses cours favoris. Il excelle particulièrement au ballet. Le petit prince est un artiste qui est aussi passionné de football. Pendant ce temps, Charlotte entre au jardin d'enfants Willcocks Nursery School, dans le quartier de Kensington, avant de retrouver George à la Thomas's Battersea School en septembre 2019. Louis entre lui aussi à la Willcocks Nursery School en 2021, suivant l'exemple de sa sœur.

Bien qu'écoliers, les enfants Cambridge sont aussi des princes aux responsabilités publiques. Ils incarnent à eux seuls l'avenir de la monarchie outre-Manche. À partir de 2021, un calendrier officiel est confectionné pour permettre

1. Robert Lacey, *Guerre royale, mensonges et trahisons*, *op. cit.*

aux deux aînés de commencer leur vie publique, tout en évitant les absences répétées au sein de leur établissement. Leur scolarité prime. Ils accompagnent régulièrement leurs parents dans leurs obligations, comme le 29 juin 2021, lorsque le prince George assiste avec ses parents au match de football qui oppose l'Angleterre à l'Allemagne dans le cadre de la Ligue Europa. Il a sept ans lorsque son père commence doucement à lui expliquer son avenir royal et tout ce que cela induit. George grandit avec la parfaite conscience de sa place dans ce monde, étant appelé à supporter de grandes responsabilités. Les Cambridge se veulent l'incarnation de la modernité familiale et monarchique. Véritables modèles pour chacune des familles britanniques, ils gagnent en popularité à mesure que le temps passe. Le monde attend patiemment chaque nouvelle photographie, chaque détail de leur vie.

William met sa famille au service de la Couronne, mais il ne souhaite pas faire une croix sur leur sécurité. À jamais traumatisé par l'agression médiatique dont fut victime sa mère, il ordonne aux médias de se tenir à bonne distance de sa famille. Entre les Windsor et la presse, un accord tacite voit le jour pour éviter tout dérapage et toute intrusion dans leur vie privée. Une armée d'avocats attend de pied ferme tout tabloïd qui oserait outrepasser ses droits. Le respect de la famille régnante est de rigueur. En contrepartie, William s'engage à donner des nouvelles des membres de sa famille régulièrement. Les Cambridge innovent en mettant en place une communication parfaitement rodée dont les principaux vecteurs sont les réseaux sociaux. Les séances de poses devant une nuée de photographes sont oubliées. Kate se veut la principale photographe officielle de ses enfants. Le couple publie régulièrement des clichés personnels très réussis, loués par des photographes professionnels d'ordinaire intransigeants, où nous pouvons apercevoir le bonheur familial des Cambridge. À chaque naissance, baptême et anniversaire, de nouvelles photographies signées duchesse de Cambridge sont dévoilées. Rares sont les professionnels à bénéficier de la confiance totale du couple, mais Chris Jackson et Matt Porteous sont de ceux-là. Le premier portrait officiel du prince George et ses parents a d'ailleurs été pris par Michael Middleton, dans le jardin de sa propriété. Trop lumineuse et très critiquée, la photographie marque pourtant le début d'une nouvelle ère : celle d'une famille princière 2.0 prenant personnellement en charge sa communication. Les temps changent, la famille royale s'adapte, mais garde la mainmise sur son image publique. Le contrôle est total et permet aux Cambridge de s'épanouir dans leur rôle public, comme dans leur vie privée.

19

Le couple star des Windsor

Quand s'achève l'année 2013, William est un militaire engagé, un mari dévoué et un père comblé. Cet homme aux casquettes multiples met sa vie au service des autres. À trente et un ans, le temps est venu pour lui de privilégier son statut de prince. Depuis sa naissance, il n'a été qu'un représentant occasionnel de la Couronne. Elizabeth II a eu le temps de façonner son deuxième héritier à son image. Devenu un futur roi parfaitement conscient des devoirs qui l'attendent, le duc de Cambridge est conservateur et traditionaliste. Pour lui, l'armée, l'aristocratie et l'Église sont les piliers d'une monarchie stable. Cet attachement à ces valeurs ancestrales ne l'empêche pas d'ajouter une touche de modernisme bienvenue pour garantir la pérennité de l'institution. William a appris des capacités de sa grand-mère à s'adapter aux avancées d'une société qui vit à grande vitesse.

Pilote d'hélicoptère compétent au courage et à la volonté loués par tous les Britanniques, William n'en reste pas moins un prince qui se doit d'accorder davantage de temps à ses fonctions. Sa grand-mère est désormais âgée de quatre-vingt-sept ans. Elle a besoin de toute l'aide possible que peuvent lui offrir les membres de sa famille pour continuer à représenter le Royaume-Uni. En septembre 2013, le duc préféré des Britanniques quitte les forces armées et se consacre à ses devoirs de prince. Avec sa sublime épouse, il devient l'un des faire-valoir de la monarchie qui règne sur ces îles du nord de l'Europe. Au moment du jubilé de Diamant, ils sont ainsi missionnés pour représenter Sa Majesté sur les îles Salomon et à Tuvalu. « C'est le plus bel endroit qu'on puisse imaginer et les habitants de ces îles sont les plus charmants et les plus amicaux que je connaisse. » Les mots du prince rassurent ces populations toujours dirigées par le monarque anglais.

Glamour, diplomatie et politique

Kate et William, l'alliance de ces deux prénoms résonne en nous telle l'incarnation parfaite d'un couple idéal comme d'une monarchie populaire et dévouée. Le duc et la duchesse de Cambridge sont des parents aimants, mais ils accordent aussi une grande importance à leurs devoirs royaux. Au mois de décembre 2014, le couple traverse une seconde fois l'Atlantique après le voyage triomphal de 2011. Cette fois-ci, William est reçu par le couple présidentiel Obama à la Maison-Blanche, tandis que Kate commence son périple américain à New York. Le duc montre que sa popularité n'a cessé de croître depuis son mariage et la naissance de son fils. Barack Obama et le prince commencent à parler poupons, une conversation aussi amusante que surprenante, avant d'aborder des sujets beaucoup plus sérieux. William est venu obtenir le soutien du plus puissant chef d'État du monde dans sa lutte contre le trafic d'animaux sauvages. Le petit-fils d'Elizabeth II se dirige ensuite vers la Banque mondiale où il prononce un discours dénonciateur des désastres affligés par le braconnage. Il retrouve son épouse à New York où ils rencontrent les « rois » américains du R&B Jay Z et Beyoncé à la fondation Clinton. Avant de repartir, l'émotion gagne l'humeur du couple qui se recueille au Mémorial du 11-Septembre. Le temps maussade de ce voyage n'a pas empêché un véritable succès populaire. Acclamés par une population d'ordinaire plus attachée à ses valeurs républicaines qu'au décorum des monarchies européennes, Kate et William s'imposent comme les nouveaux ambassadeurs de choix de la Couronne.

Les ducs de Cambridge incarnent à la perfection ce *soft power* dont peuvent user les États pour s'imposer sur la scène internationale. La politique est l'affaire de Downing Street. La diplomatie est le privilège des Windsor. Là où la diplomatie gouvernementale a échoué, Elizabeth II et les siens deviennent le recours ultime pour servir les intérêts de la Grande-Bretagne. Les membres de la famille royale d'antan figuraient tels les gardiens intemporels des traditions monarchiques sauvegardant l'éclat de l'histoire de l'Angleterre. Aujourd'hui, ils influencent la diplomatie internationale, transforment les idées reçues et se mutent en porte-parole des plus démunis. Neutres politiquement, les membres de la famille régnante sont le ciment d'une nation aux nombreuses divergences, quelle que soit leur orientation politique. Chaque sujet de Sa Majesté se reconnaît en elle. La reine incarne ce royaume héritier d'une histoire et de traditions immémoriales. Toute une famille se joint à elle pour représenter le Royaume-Uni aux quatre coins du monde. En somme, la représentation est la véritable prérogative de la famille régnante, justifiant la nécessité du système monarchique pour les îles britanniques. La popularité des Windsor détermine la stabilité du système et son avenir. En cela, Elizabeth II attend de son petit-fils et de son épouse charismatique une dévotion totale.

Leur voyage au Canada, au lendemain de leur fastueux mariage, a permis de prendre le pouls du monde quant à la popularité du couple. Catherine a été parfaite en tout point. Glamour, souriante et avenante, elle a pris exemple sur cette belle-mère qu'elle n'a jamais connue pour obtenir l'amour du peuple. Formelle lorsqu'il le fallait, Kate a aussi su se montrer accessible en participant avec son époux à des bains de foules, des jeux et des épreuves sportives. Ce séjour nous a permis de découvrir une nouvelle monarchie, plus moderne que jamais, qui s'est adaptée à son époque tout en gardant sa dignité royale faisant tant rêver.

Détenteurs de l'avenir de la monarchie, le duc et la duchesse de Cambridge deviennent les ambassadeurs du Royaume-Uni utilisés à l'envi par le gouvernement pour promouvoir le pays auprès de nombreux États étrangers. En 2015, William s'envole seul vers l'Extrême-Orient. Kate, enceinte de Charlotte, ne peut l'accompagner. Le duc se résigne à s'éloigner exceptionnellement de sa famille le temps d'un voyage officiel de cinq jours. L'époque où Elizabeth II et Philip n'hésitaient pas à embarquer sur le *Britannia* pour des voyages officiels de plusieurs mois, laissant les enfants sous la surveillance d'une armée de gouvernantes et la bienveillance de *Queen Mum*, est révolue. Pour ces parents modernes, il est tout bonnement inconcevable de se séparer de leur progéniture pendant plusieurs jours au prétexte de services rendus à la Couronne. Les Windsor s'enracinent pleinement dans le XXIe siècle. Le prince est missionné par le gouvernement de David Cameron pour redorer l'image du Royaume-Uni au Japon et en Chine, ces pays au long passé guerrier vis-à-vis de la Grande-Bretagne. Dès son arrivée à Tokyo, William marche sur les pas de sa mère et dépose une couronne de coquelicots sur les tombes des soldats du Commonwealth inhumés sur ces terres, comme Diana avait pu le faire vingt ans auparavant. Utilisé par un gouvernement pronucléaire telle une « marionnette » à des fins politiques, le duc de Cambridge se rend à Fukushima pour planter un arbre et rassurer les habitants quant à la sûreté de la ville touchée quatre ans plus tôt par un incident nucléaire ultra-médiatisé. Son action ne convainc pas les Japonais, mais elle permet de resserrer les liens politiques et économiques entre le

Royaume-Uni et le Japon. Ce voyage aux forts accents politiques devient de plus en plus controversé, notamment lorsqu'il se rend en Chine pour rencontrer le président Xi Jinping, de plus en plus perçu comme le nouveau dictateur communiste. Il en profite pour demander le soutien du dirigeant chinois dans sa lutte contre le braconnage. « Je suis absolument convaincu que la Chine peut devenir un leader mondial dans la protection de la faune sauvage, assure-t-il dans son discours qu'il prononce devant un parterre de dignitaires chinois. Durant ce siècle, grâce à votre influence dans le monde, vous pourriez transformer le milieu de la conservation. »

Deux ans plus tard, William est le premier membre de la famille royale à se rendre officiellement à Jérusalem. Son père s'y était déjà rendu en 2016, mais seulement à titre privé. Downing Street s'était toujours refusé à envoyer l'un de ses ambassadeurs royaux en la capitale d'Israël. Bien souvent en proie aux conflits politiques, sociaux et religieux, la ville était jusqu'alors considérée comme trop instable. Des dizaines d'invitations avaient pourtant été envoyées au Royaume-Uni sans jamais trouver une réponse positive. En cette année 2018, le duc de Cambridge innove en protégeant d'abord sa réputation et celle de sa famille. Il assure au gouvernement israélien qu'il ne prend parti pour aucun belligérant des conflits qui animent le territoire depuis des siècles. Elizabeth II et Charles n'auraient jamais pu effectuer une telle visite officielle. La reine incarne aux yeux de bien des Israéliens le passé colonial de son pays, tout comme son premier héritier né un an après la proclamation du Commonwealth. William appartient à cette génération qui s'affranchit de ce passé douloureux. En cela, il est le personnage idéal pour représenter le Royaume-Uni dans ce voyage à haut risque. Le prince n'est pas spectateur des actualités du monde. Comme son père, il veut prendre part activement aux avancées politiques et diplomatiques de notre société. À Jérusalem, il participe au déclenchement du processus de paix concernant le conflit palestinien. Il part à la rencontre des réfugiés et des victimes en déclarant : « À Jalazone, j'ai vu les terribles difficultés auxquelles font face ces réfugiés. J'imagine combien il doit être pénible de vivre dans ces conditions, avec ce manque de moyens et cette absence de perspectives. Je veux vous dire ce soir qu'on ne vous oublie pas. » William prie devant le mur des Lamentations avant de se recueillir devant la tombe d'une illustre ancêtre, la princesse Alice de Battenberg. Quel fabuleux destin que celui de la mère du prince Philip ! L'arrière-grand-mère de William, une princesse déclarée schizophrène, a erré dans toute l'Europe avant de s'établir à Athènes en 1938, où elle a vécu le temps de la guerre. Courageuse, elle n'a pas hésité à cacher des Juifs dans sa demeure, un acte héroïque qui lui a valu le titre posthume de « Juste parmi les nations » en 1993. Après la Seconde Guerre mondiale, elle a fondé une communauté monastique en Grèce avant de retourner vivre auprès de son fils au palais de Buckingham où elle s'est éteinte en 1969. Selon ses propres volontés, sa dépouille a été transférée en l'église Sainte-Marie-Madeleine de Jérusalem en 1988, après son inhumation à Windsor. Dans cette église, la dépouille de la princesse religieuse, un brin mystique, repose dans une chapelle construite spécialement pour elle et habituellement fermée à double tour. De sa vie extraordinaire tournée vers les autres, William tire un exemple pour sa propre existence. Avant de quitter Jérusalem, il pose sur l'étendard grec qui recouvre son cercueil un bouquet de fleurs commandé par le prince Philip. Ce voyage israélien hautement politique marquera à jamais le prince.

William et Kate rajeunissent l'institution vieillissante incarnée par une reine octogénaire. Ils n'hésitent pas à faire passer leurs intérêts personnels après le bien commun, galvanisant ainsi l'intérêt des Britanniques pour la monarchie. La représentation devient une activité à temps plein. À l'hiver 2018, ils se rendent en Suède visiter le couple héritier Victoria et Daniel. La future reine suédoise a épousé son ancien professeur de gymnastique en 2002. Le Royaume-Uni a toujours regardé cette union avec un certain dédain. Une princesse héritière mariée à un roturier… Un tel projet était tout bonnement inimaginable à la cour Saint-James. Et pourtant, neuf ans plus tard, William a su faire taire les critiques de vieux aristocrates aux idées bien trop conservatrices en épousant celle qu'il aimait, faisant fi de sa position sociale. Les mariages d'amour sont devenus la norme en Angleterre, comme dans toutes les monarchies européennes. Condition *sine qua non* pour garantir l'amour d'un peuple envers sa famille régnante, ces unions d'une nouvelle ère plaisent aux sujets de Sa Majesté.

Le couple octroie à la monarchie un éclat et une aura que seuls Elizabeth et Philip ont su lui offrir jusqu'à présent. Avec le Brexit, leur rôle diplomatique s'intensifie. L'opération séduction signée Cambridge s'empare du monde. L'Écosse n'est pas en reste. Cette nation du nord du Royaume-Uni souhaite organiser un nouveau référendum en 2022 à propos de son indépendance dans le but de se rattacher à nouveau à l'Union européenne. William et Kate se dirigent vers Glasgow et Édimbourg en 2021 pour regagner l'amour et l'attachement du peuple écossais envers la famille royale. Le couple ducal s'est rencontré et a vécu ses premières années en Écosse. C'est en Écosse que William a appris la mort de sa mère. C'est aussi en Écosse qu'est née *Queen Mum*. Elizabeth II et la reine Victoria sont des souveraines entrées dans la légende, toutes deux extrêmement attachées à la culture et aux paysages sauvages des Highlands. Dans un discours exceptionnellement personnel, le duc de Cambridge rappelle les liens étroits qui rattachent le pays du chardon aux membres de sa famille. Pour cette visite à l'importance nationale considérable, rien n'est laissé au hasard. Leurs tenues, les sujets abordés, les personnes rencontrées, tout est calculé pour offrir l'image d'un couple au cœur écossais et attaché à l'unité du royaume. Leurs tenues, les sujets abordés, les personnes rencontrées, tout est pensé pour offrir l'image d'un couple au cœur écossais et attaché à l'unité du royaume. Leur sympathie naturelle s'ajoute à ce calcul diplomatique qui découlera sur l'annulation de ce référendum.

La mission diplomatique de Kate et William est parfois malheureuse. Le 19 mars 2022, ils s'envolent pour une tournée des Caraïbes destinée à marquer le jubilé de Platine de la reine. Pendant une semaine, ils enchaînent les obligations, d'abord au Belize, puis en Jamaïque et enfin aux Bahamas, trois États indépendants toujours dirigés par le monarque britannique. Elizabeth II met tous ses espoirs dans le couple star de sa famille. L'objectif est bien entendu de ramener dans le giron de la monarchie ces pays en proie au républicanisme. Seulement voilà, le passé colonial de l'ancien Empire britannique a créé une tache indélébile sur cette visite qui s'annonçait pourtant comme un véritable succès. Les ducs de Cambridge sont appelés à s'excuser, au nom du Royaume-Uni, pour le passé esclavagiste de leur pays. Les manifestations et protestations gâchent et éclipsent les tentatives veines du couple de se faire apprécier de ces peuples en colère. Certaines étapes du voyage au Belize sont même annulées au dernier moment, tant la tension populaire est forte. Les techniques utilisées en Écosse sont pourtant de mise. Avenants, sympathiques, glamours et attentifs, Kate et William usent de leurs armes favorites pour servir la Couronne, qui s'avèrent ici sans espoir. Aussi célèbres qu'ils soient, aussi volontaires qu'ils puissent être, ils n'arrivent pas à faire basculer la balance en faveur de la monarchie. Le Comité national de réparation des Bahamas soutient sa volonté d'obtenir des dédommagements quant aux « pillages » orchestrés par les Britanniques sur ses territoires. Pire encore, le Premier ministre du Belize, Juan Antonio Briceño, réaffirme son souhait d'organiser prochainement un référendum sur l'indépendance du pays vis-à-vis de la Couronne. Cette tournée est un échec cuisant pour le couple le plus à même de venir à bout de cette mission diplomatique délicate.

Une vie pour la Couronne

William et son épouse deviennent les nouveaux globe-trotters des Windsor, mais pas seulement. Au sein même du Royaume-Uni, le duc prend son rôle princier très à cœur. Nous sommes le 17 octobre 2013 lorsque le duc de Cambridge, portant son uniforme de la Royal Air Force, préside sa première cérémonie d'investiture au nom de Sa Très Gracieuse Majesté. Se tenant debout, sur l'estrade rouge de la salle de bal du palais de Buckingham, il distingue le joueur de tennis Andy Murray, victorieux du tournoi de Wimbledon, ou encore Sir Kenneth Gibson, directeur de l'académie Harton qui participe chaque année au Duke of Edinburgh's Award. Cette cérémonie d'investiture est la première d'une longue série. Tels sont les devoirs d'un prince : représenter le souverain au cours de cérémonies appartenant d'ordinaire à ses prérogatives.

Le prince Philip fête en 2017 ses quatre-vingt-dix-sept ans. Après soixante-cinq années à soutenir, envers et contre tout, sa royale épouse, il souhaite vivre une retraite paisible, à l'abri des regards. « Son Altesse royale le duc d'Édimbourg a décidé de ne plus honorer d'engagements publics à partir de l'automne », annonce le communiqué officiel publié au matin du 4 mai. Seules quelques exceptions qui obtiennent grâce à ses yeux le pousseront à sortir de sa retraite publique. Les Britanniques doivent désormais s'habituer à voir leur souveraine publiquement seule. Elle peut néanmoins compter sur le secours et l'aide précieuse de sa descendance. William se fait un devoir de mettre son existence à la disposition de sa grand-mère. En 2017, les Cambridge quittent leur refuge adoré d'Anmer Hall pour faire de leur appartement de Kensington leur résidence principale. Le duc de Cambridge renforce sa présence médiatique au nom de Sa Majesté. Le 20 juillet de cette année, c'est à ses côtés que la reine Elizabeth se rend au chevet des rescapés du terrible incendie de la tour Grenfell à Londres, survenu une semaine plus tôt. Will montre encore une fois l'empathie dont il peut faire preuve face au malheur d'autrui. Il prend dans ses bras des mères endeuillées, trouve les mots appropriés pour réconforter tout un chacun. Profondément touché, le père de famille soutient la reine qui sait elle aussi se montrer disponible pour son peuple aux heures les plus sombres.

William n'a pas emménagé définitivement au palais de Kensington avec seulement femme et enfants. Dans l'enceinte de l'immense palais, il peut aussi compter sur une équipe dévouée à son image publique. La Team Cambridge est formée par plusieurs communicants aux nombreux talents. En 2018, le couple fait appel à Nathalie Barrows comme secrétaire privée adjointe de la duchesse. Toujours deux pas derrière Kate, elle l'accompagne lors de ses obligations publiques, la seconde et l'informe. En ce qui concerne son propre secrétaire particulier, William porte son choix sur Jean-Christophe Gray, ancien porte-parole du gouvernement de David Cameron. David Watkin devient quant à lui le *community manager* des ducs de Cambridge en 2020. Entre ses mains repose l'image « décontractée » du couple phare des Windsor. Avant de travailler pour eux, Watkin s'est chargé du compte Instagram Sussex Royal avant qu'il ne soit clôturé. « Tu dois faire attention à ce que tu dis maintenant parce que ces gars-là filment partout. » C'est par cette réplique amusante, adressée à Kate, que William ouvre notamment sa chaîne YouTube en 2021. Cette équipe est supervisée depuis 2020 par Hannah Cockburn-Logie, conseillère des princes et chef adjoint de leur bureau. Cette ancienne diplomate du Foreign Office et du Commonwealth[1] organise tous les aspects de la vie des ducs en planifiant leurs engagements officiels et en coordonnant leur correspondance.

Elizabeth II est profondément reconnaissante envers son petit-fils. Elle sait qu'elle peut compter sur lui, et sur son épouse, pour la représenter en toutes circonstances. Ils sont d'ailleurs auprès du prince Charles et de Camilla pour assister au sommet du G7 organisé en Cornouailles en juin 2021. Le quatuor princier renouvelle son engagement envers Sa Majesté cinq mois plus tard en la représentant à la COP 26 de Glasgow. Charles, Camilla, Kate et William… Ensemble, ils forment le socle d'une nouvelle monarchie incarnée par une souveraine qui cède sa place à la nouvelle génération. Avec le temps, la reine offre à William davantage de responsabilités. En mai 2021, elle le fait Lord Haut-Commissaire de l'Assemblée générale de l'Église d'Écosse. Par cette fonction, elle fait de William son représentant officiel au cours de ces assemblées qui organisent le programme de l'année et les grandes décisions de cette institution religieuse indépendante. En tant que garant de l'unité et du maintien de l'Église d'Écosse sur le territoire, le souverain se doit d'être représenté au cours de ces réunions d'importance. William prouve une

1. Ministère des Affaires étrangères britannique.

nouvelle fois son attachement à l'Écosse en incarnant avec brio la dignité royale. Avant lui, tous les enfants de la reine ont occupé cette charge annuelle, octroyée à la personne de son choix jugée suffisamment engagée personnellement envers l'Écosse.

Catherine, duchesse de Cambridge

L'année 2012 est formatrice pour Catherine. Son engagement au côté de la reine n'est pas le seul à lui permettre de s'imposer aux yeux du monde. C'est au cours de cette année rythmée par le jubilé de Diamant et les Jeux olympiques de Londres que la duchesse de Cambridge effectue ses premiers pas en tant que nouveau représentant de la Couronne. Le jour de la Saint-Patrick, elle procède seule à sa première attribution des trèfles – symbole végétal de l'Irlande – aux Irish Guards de la base d'Aldershot. Deux jours plus tard, elle prononce son premier discours public pour l'ouverture de East Anglia's Children's Hospices, un hospice pour enfants. La duchesse connaît les obligations qui sont les siennes. Elle sait surtout comment se comporter en public pour s'attirer l'affection des curieux venus la voir. Issue d'une famille de mineurs du côté maternel, et d'une dynastie d'avocats du côté paternel, Kate la roturière s'impose telle une duchesse aux gestes royaux. Rien ne semblait la prédestiner à cette position, pourtant, elle se distingue par son élégance, son charme, son éducation et son style. Avec William, elle forme un couple adoré de par le monde. En solo, elle finit par obtenir aussi sa liste d'obligations à effectuer en lieu et place de Sa Majesté. Digne représentante d'Elizabeth II, elle met son rôle monarchique au premier plan, quand Diana préférait s'attirer l'amour du public pour son propre compte.

Au cours du temps, la duchesse bien-aimée apprend et évolue publiquement. Son look est d'abord timide.

Elle cherche à trouver sa place dans cet univers coloré qu'est la monarchie britannique, tout en respectant les exigences protocolaires. Si certains faux pas sont à noter, comme lorsqu'elle s'est présentée à la parade du jubilé de Diamant vêtue d'une robe rouge, faisant de l'ombre au blanc immaculé choisi par la reine, Kate finit par demander conseil à l'habilleuse et styliste attitrée de la souveraine. Angela Kelly a donné naissance à l'image d'une reine toujours plus colorée, au style de grand-mère chic où les robes fleuries s'associent à un long manteau et à un chapeau hybride entre la cloche et le canotier. Kelly lui confectionne des robes respectant scrupuleusement l'étiquette. Si le look inventé par la styliste convient parfaitement à une femme octogénaire, il est vite jugé vieillissant pour la duchesse trentenaire. Kate opte finalement pour un look parfaitement étudié mêlant les pièces de haute couture Alexander McQueen ou Diane von Fürstenberg et les pièces à petit prix des marques Zara ou encore TopShop. Les jeunes femmes s'identifient à ce membre de la famille royale qui fait entrer la modernité dans ce milieu enfermé dans un certain rigorisme. En 2014, elle confie la création d'une grande partie de ses tenues sur mesure à Virginia Chadwyck-Healey. Fille du troisième Lord Strathalmond, elle est une amie de la duchesse depuis ses études à St Andrews. La jeune femme faisait même partie des mille neuf cents invités du mariage princier en 2011. Le regard moderne de celle que Kate aime surnommer Ginnie donne vie à un look plus affirmé et glamour, mettant davantage en exergue sa féminité.

En tant que membre de la famille régnante, elle commence aussi à participer à ses premiers engagements royaux. En 2015, elle se présente dans une fabuleuse robe rouge griffée Jenny Packhman, aux couleurs de la Chine, pour se tenir au côté de Xi Jinping lors du banquet d'État donné en son honneur. Particulièrement éblouissante, Kate a achevé son look en portant le diadème Papyrus, prêté par la reine et affectionné par la défunte princesse Margaret. Rien n'est trop beau pour l'élégante duchesse. Elizabeth II lui octroie le privilège de porter quelques-uns des plus beaux joyaux de la collection royale. Le collier de perles et de diamants de la reine Alexandra, le diadème favori de la princesse Diana qui avait été conçu pour la reine Mary ou encore les boucles d'oreilles en saphir et diamant de la reine mère mettent en évidence la beauté de la duchesse.

Pour son premier voyage officiel en solo, Catherine s'oriente vers les Pays-Bas. Alors que le Royaume-Uni est en pleine négociation en vue du Brexit, le gouvernement dégaine son « arme secrète royale ». En octobre 2016, elle est reçue par le roi Willem-Alexander qui l'accueille avec un enthousiaste « bienvenue, bienvenue, enchanté de vous voir ! ». Elle visite le célèbre musée Mauritshuis de La Haye où elle admire *La Jeune Fille à la perle* de Johannes Vermeer. Kate se rend aux Pays-Bas au lendemain de la rencontre entre la Première ministre britannique Theresa May et son homologue néerlandais, Mark Rutte. La présence de la populaire et impeccable duchesse de Cambridge rassure les Néerlandais quant à un nouvel avenir pour l'Union européenne, privée de la Grande-Bretagne. Six ans plus tard, elle renouvelle l'expérience des voyages officiels en solo en se rendant au Danemark. Auprès de la reine Margrethe II, elle célèbre l'amitié anglo-danoise dans ce même contexte politique troublé par le Brexit. Avec Kate, l'Angleterre a un bel avenir diplomatique devant elle.

20

Pour le meilleur et pour le pire

La vie d'un couple princier est semée d'obligations et d'embûches. Il leur appartient de conjuguer leur vie de famille et leur existence officielle au service de la Couronne. Comment relever ce défi aux nombreuses difficultés ? Incarnant la parfaite image du couple héritier tant rêvé par tout un peuple, William et Kate correspondent aux attentes d'Elizabeth II, portant l'avenir d'une institution vénérée.

William et Kate n'ont pourtant pas été à l'abri des critiques. Véritable « coutume royale », le parfum du scandale accompagne chaque génération des Windsor. Edward VIII et Wallis Simpson, Margaret et Anthony Armstrong-Jones, Charles et Diana, Andrew et Sarah Ferguson, les couples princiers décriés, admirés ou détestés sont nombreux. Le duc et la duchesse de Cambridge ne sont pas de ceux-là, mais ils font difficilement exception aux impairs publics auxquels nous ont habitués les membres de la famille royale la plus célèbre du monde.

Le scandale Closer

L'année 2012 a été éprouvante pour le couple star de la famille régnante. Alors qu'ils fêtent leur premier anniversaire de mariage, Kate et William participent aux festivités du jubilé de Diamant d'Elizabeth II en juin, avant de représenter la Couronne au moment des Jeux olympiques de Londres en août. Le Royaume-Uni est en pleine Katemania. Les Britanniques ne cessent de réclamer la présence publique du couple ducal qu'ils admirent. Après une année complète à répondre présents à une dizaine d'obligations, le duc et la duchesse de Cambridge s'octroient quelques vacances. Ils choisissent la France afin de se ressourcer et de s'accorder du temps.

Le 5 septembre 2012, ils embarquent à bord d'un avion commercial de la British Airways qui se pose à Marseille. Le fils de la princesse Margaret, le vicomte Linley, et son épouse Serena sont propriétaires du château d'Autet, dans le village de Viens-en-Provence. Le neveu de la reine est heureux de mettre son domaine de 260 hectares à la disposition du prince William. Le couple profite d'un court de tennis et d'une piscine donnant sur un champ de lavande en contrebas. Le paysage est idyllique et propice à la détente, d'autant que le vicomte Linley s'est préoccupé de la protection de sa vie privée en faisant planter une série d'arbres autour de son domaine. Les précautions du propriétaire ne suffisent pourtant pas.

Le magazine français *Closer* publie en Une de son numéro du vendredi 14 septembre des photographies prises par l'un de ses paparazzis montrant le duc et la duchesse en train de profiter de la piscine. Se sentant en sécurité, Kate avait retiré le haut de son maillot de bain pour parfaire son bronzage sous le soleil du sud de la France. Une duchesse topless affichée sur cinq pages d'un magazine… Les clichés font le tour du monde, repris par tous les tabloïds dignes de ce nom en Italie, en Allemagne ou encore en Irlande. La Grande-Bretagne se garde bien de reproduire ces pages de mauvais goût. En vertu du respect de la vie privée des Windsor, les magazines people britanniques se refusent de publier les photos. Pour une fois, la presse à scandale anglaise évite d'entacher l'image des membres de sa famille régnante.

La gravité de la situation vaut bien une exception à la maxime victorienne d'ordinaire respectée en toutes circonstances. Le Palais refuse de se taire et publie un communiqué acide envers le comportement des journalistes français. « Leurs Altesses royales le duc et la duchesse de Cambridge ont été profondément peinés d'apprendre qu'un magazine français et un photographe avaient porté atteinte à leur vie privée d'une manière aussi grotesque et totalement injustifiable. [...] Leurs Altesses royales pouvaient s'attendre à jouir d'une véritable intimité dans une maison isolée. Il est inconcevable que de telles photos aient pu être prises et même publiées. » Le scandale rappelle les pires heures de la monarchie britannique, lorsque la princesse de Galles était constamment pourchassée par une armée de paparazzis avides du cliché le plus sulfureux. Le mythe de l'éternel recommencement semble se confirmer.

La reine Elizabeth est furieuse. Pour protéger son petit-fils et son épouse, elle engage des avocats français. Trois jours après la parution du numéro de *Closer*, William et Catherine déposent une plainte pénale et engagent une action civile devant le tribunal de grande instance de Nanterre. Le lendemain, les tribunaux interdisent au magazine une publication ultérieure des photographies et ouvrent une enquête pénale. Le droit français est réputé comme l'un de ceux qui protègent le mieux la vie privée. Le magazine est finalement condamné en 2017 à une amende de 100 000 euros, tandis que sa rédactrice en chef Laurence Pieau et son propriétaire Ernesto Mauri sont condamnés à une amende de 45 000 euros chacun. Ces vacances françaises seront à jamais entachées d'un affreux souvenir pour le duc et la duchesse de Cambridge. Comment les médias peuvent-ils se permettre une telle violation de leur vie privée ? N'y a-t-il aucune possibilité d'avoir une vie parallèle à celle menée en public ? Tout semble prouver le contraire pour les membres de la famille royale. Le prince Philip avait pour habitude de surnommer les Windsor « la firme », décrivant l'institution telle une immense entreprise dévouée aux Britanniques. Faire partie de cette famille unique demande de faire des sacrifices. William n'est pourtant pas prêt à faire une croix sur sa vie personnelle au côté de Catherine, et de ses enfants. Face à cet incident, la reine ne peut s'empêcher de se demander si son petit-fils et sa famille sont suffisamment protégés.

Protéger sa famille

Époux bienveillant, père aimant, William veut à tout prix protéger la famille nombreuse qu'il s'est construite en seulement sept ans. L'affreux cauchemar des courses-poursuites londoniennes avec des paparazzis prêts à tous les agissements et toutes les dangerosités pour obtenir un précieux cliché hante encore l'esprit du prince. Le spectre de Diana plane encore sur la vie du duc devenu adulte. Jamais au grand jamais, il ne veut revivre cette expérience de la chasse à l'image menée par ces requins de paparazzis. En aucun cas, il ne veut la faire subir à ses proches. Pour le prince, la tranquillité n'a pas de prix. Pourtant, les Cambridge sont eux aussi victimes de ces photographes aux nombreuses méthodes pour obtenir le cliché ultime qui leur fera gagner des millions de livres sterling.

En octobre 2014, de nouvelles images des Cambridge sont publiées dans la presse. Cette fois, *nanny* Maria est photographiée en train de promener le premier fils de ses employés à Hyde Park. La réaction des ducs de Cambridge ne se fait pas attendre. Ils publient une lettre ouverte visant le photographe indépendant à l'origine de ces clichés, lui demandant de cesser ce détestable harcèlement. La même année, des photos volées de Carole Middleton et le prince

George en train de profiter d'une plage de Cornouailles sont publiées. La naissance de la princesse Charlotte en 2015 ne calme pas les appétences de ces journalistes aux techniques malhonnêtes. Au contraire, de nouvelles photos volées sont publiées en août, montrant la duchesse et ses enfants profiter d'un parc londonien. Le duc et la duchesse publient une nouvelle lettre ouverte à l'encontre des médias et de leurs efforts jugés « dangereux » pour obtenir une simple photographie des enfants. Pour protéger sa famille, William ne se contente pas de publier de simples textes. Il s'entoure d'avocats compétents, recommandés et financés par Sa Majesté, du cabinet londonien Harbottle & Lewis, situé sur Covent Garden. Avec eux, le père de famille a les moyens légaux de poursuivre chaque journaliste qui ose franchir la limite de sa vie privée. Malgré toutes ces précautions, l'obsession des journalistes pour les Cambridge ne cesse pas.

Une vidéo devient virale le 27 juin 2022 lorsqu'elle est publiée sur la chaîne YouTube de Terry Harris, un paparazzi britannique. Pendant trois minutes, on voit le duc de Cambridge interpeller violemment le journaliste alors qu'il était en train de le photographier avec sa famille alors qu'ils faisaient du vélo autour d'Anmer Hall. « Vous nous espionniez, vous nous cherchiez ! [...] Comment osez-vous vous comporter ainsi avec nos enfants, comment osez-vous ? » La colère de William étonne le paparazzi qui ne s'attendait pas à une telle réaction. La duchesse n'est pas visible sur ces images, mais nous pouvons l'entendre au loin déplorer : « Nous étions en promenade à vélo avec nos enfants, et nous vous avons vu près de notre maison. » Le duc renchérit : « Vous êtes scandaleux, vous êtes répugnant ! », avant de terminer par un : « Merci d'avoir gâché notre journée. Je pensais que vous aviez appris de vos erreurs depuis le temps ! »

La scène a été filmée par le paparazzi lui-même et montre une facette souvent méconnue de la personnalité de William.

Calme et réservé en public, il peut parfois montrer un tempérament colérique. La politique médiatique instaurée par le prince impose aux médias de publier uniquement les photos officielles approuvées par le palais de Kensington. Tout non-respect de cette règle peut engendrer des poursuites pénales. L'intransigeance des Cambridge sur cette question est évidente. En publiant sa vidéo, Terry Harris est sous le coup d'un communiqué officiel. Le palais de Kensington exige le retrait de la vidéo par la plateforme YouTube avant de qualifier les actes du photographe de violation de la vie privée. Les paparazzis sont définitivement le cauchemar du prince. Le harcèlement médiatique dont il fait l'objet ne peut pas être comparé à celui de sa mère, mais sa présence persistante continue à gâcher sa vie et celle de sa famille.

La paresse d'un duc ?

La presse britannique s'est imposée une tradition en analysant la vie publique des Windsor. Régulièrement, les sondages d'opinion et les recensements sont publiés pour permettre aux Britanniques de comprendre l'utilité des Windsor dans la vie politique du pays. Les grands événements royaux tels les mariages, les naissances ou bien même les funérailles sont l'occasion de sonder les Britanniques. Les sociétés sont nombreuses à commander leurs propres sondages, notamment sur la popularité des membres de la famille régnante. En mars 2023, YouGov établit ainsi que le prince William est le plus populaire des Windsor, recueillant 72 % d'avis positifs sur sa personne.

L'autre grande activité appréciée des médias britanniques consiste à recenser le nombre d'obligations effectuées par chacun des héritiers d'Elizabeth II. En 2015, les chiffres parlent d'eux-mêmes. Quand Charles a honoré cinq cent vingt-sept engagements l'année précédente, cinq cent quarante-quatre sont comptés pour sa sœur Anne. Qu'en est-il du prince William ? Le jeune homme de trente-trois ans en a effectué cent vingt-deux seulement. Les gros titres critiques ne tardent pas à couvrir les couvertures des magazines. « Willy Tire-au-flanc » est une nouvelle fois accusé de paresse. Tout cela « était obscène et totalement injuste, parce qu'il s'occupait de ses enfants et de sa famille[1] », le défend son frère Harry. À ce moment-là, Kate était une nouvelle fois enceinte. William se concentrait sur sa famille et sur l'aide qu'il pouvait apporter à son épouse en cette période compliquée pour elle, de nouveau victime de fortes nausées. Surtout, le duc de Cambridge répondait uniquement aux demandes de la Couronne. Le prince Charles était le premier héritier du trône. En aucun cas, William ne souhaitait et ne pouvait faire de l'ombre à son père. Toute la lumière de la scène publique devait être dirigée vers le prince de Galles, et le duc de Cambridge en était parfaitement conscient. Il était aussi muselé par la bourse de son père. Le prince Charles finance une grande partie du train de vie de son fils aîné et de sa vie publique. William reçoit bien entendu une rente annuelle de la part de la Couronne, étant l'un de ses principaux représentants, mais il bénéficie aussi de la largesse du prince Charles. En somme, le fils d'Elizabeth II garde la main sur les obligations de William. Les tabloïds l'accusent de privilégier l'amusement au devoir, et le prochain scandale ne va pas arranger sa réputation.

Une vidéo de William se déchaînant sur une piste de danse à Verbier, en Suisse, est publiée en mars 2017. Le duc de Cambridge est alors en vacances avec des amis pour profiter des pistes enneigées de la station de ski. Quel mal y a-t-il à danser dans une boîte de nuit, entouré d'amis ? William est un homme mûr, marié et père de famille de surcroît. Une telle soirée est mal perçue par un peuple qui

1. Prince Harry, *Le Suppléant*, *op. cit.*

continue à voir en lui un prince sérieux, honnête et droit. Surtout, cette soirée s'est tenue le jour du Commonwealth Day. Comme chaque année, la famille royale se rassemble en l'abbaye de Westminster pour une cérémonie qui célèbre cette organisation à l'importance considérable pour l'avenir politique et économique du Royaume-Uni. Cette année-là, William brille par son absence. Grâce à cette vidéo, le voile du mystère qui reposait sur ce manquement à ses obligations est levé. Le prince place-t-il ses intérêts personnels avant ceux de la Couronne ? Les critiques fusent aux quatre coins du royaume. En réponse, William accentue sa présence publique pendant plusieurs semaines, montrant ainsi son intention de servir dignement sa grand-mère, sans jouer à « l'adolescent fêtard » à un âge avancé.

La dernière partie de la décennie n'est pas favorable au duc. Jamais il n'avait dû faire face à tant de critiques négatives à son égard. Si Harry est habitué à faire régulièrement la Une des journaux par son comportement outrancier, William était jusqu'ici constamment dépeint comme le prince modèle que toute monarchie rêverait d'avoir. Son image publique est quelque peu écornée. Après la diffusion de cette vidéo, le duc n'en a pourtant pas terminé avec cette période de crise médiatique.

Le prince charmant est infidèle ?

Le *Sun* publie son nouveau numéro en avril 2019. Parmi les pages de ce magazine populaire se trouve un article qui n'a pas fini de faire couler de l'encre sur le prince William. L'époux de Kate Middleton est accusé de l'avoir trompé avec Rose Hunbury, marquise de Cholmondeley, au cours de l'année 2018. Les faits se seraient déroulés quelques mois avant la naissance du prince Louis. Un nouveau prince adultère dans la maison Windsor… L'image du parfait héritier de la Couronne est profondément écornée.

Rose n'est pas une inconnue. En 2009, cette mannequin britannique aux origines aristocratiques a épousé David Cholmondeley, septième marquis de Cholmondeley. Avec lui, elle a trois enfants. Le couple vit dans la somptueuse demeure de Houghton Hall, siège des marquis de Cholmondeley, situé à seulement trois kilomètres d'Anmer Hall. Au moment de leur emménagement dans leur nouvelle maison du Norfolk en 2014, William et Kate se rapprochent du couple. David est un familier des Windsor qui participe à leur vie officielle. Depuis 1990, il détient le titre de Lord-grand-chambellan, charge conférée par le Palais de Westminster. Au cours de la cérémonie du couronnement, c'est lui qui doit notamment habiller le souverain au moment de son intronisation. Quant à Rose, elle est la petite-fille de Lady Elizabeth Lambart qui fut l'une des demoiselles d'honneur d'Elizabeth II au moment de son mariage avec le prince Philip en 1947. Avec ce titre officiel, les marquis de Cholmondeley font partie de la cour Saint-James. Ils sont ainsi invités au dîner d'État donné en juin 2019 à l'occasion de la visite officielle de Donald Trump. La marquise est notamment assise à la droite du président américain.

Lorsque les Cambridge deviennent leurs nouveaux voisins, les Cholmondeley se mettent tout naturellement à les côtoyer, d'autant que Rose a le même âge que William et Kate. La marquise aide la duchesse à se familiariser avec son nouvel environnement. Kate consacre son temps aux bonnes œuvres. Depuis 2012, elle est marraine de l'association East Anglia's Children's Hospices. Elle ne cesse de rendre visite aux bénévoles pendant que William travaille en tant que pilote d'hélicoptère à l'aéroport de Cambridge. Catherine finit par pousser Rose à devenir elle aussi marraine de cette association qui soutient les familles dont les enfants sont atteints de maladies potentiellement mortelles. Les deux belles brunes aristocrates à l'allure élancée passent beaucoup de temps ensemble.

Qu'en est-il réellement de la nature de la relation qui lie la marquise au duc ? Pour l'historien Robert Lacey, il s'agit d'une simple « légende urbaine ». William est un prince bien trop sérieux, bien trop attaché au devoir, et bien trop amoureux de celle qui partage sa vie depuis ses années passées à St Andrews. Ces dires abjects restent enfermés dans le tiroir des rumeurs. Harry, fidèle à lui-même, se contente de croire à ce potin mondain qui a pris possession de la presse à scandale. Une fois le papier du *Sun* publié, il s'empresse d'aller à la rencontre de son frère et lui lance : « C'est ça qui a ruiné notre enfance, tu fais les mêmes conneries que papa, tu as trois jeunes enfants ! » Quelle que soit la vérité sur cet éventuel égarement, la réaction de la duchesse de Cambridge laisse entendre que rien de tout cela n'est avéré. Kate se montre plus proche et amoureuse que jamais de son époux. En quelques apparitions publiques, le couple arrive à faire taire les on-dit. Le duc et la duchesse sont habités par un amour extrêmement profond, leur permettant d'aller au-delà des obstacles qui peuvent se présenter dans leur vie sentimentale, comme dans leur existence publique.

L'aventure extraconjugale supposée de William n'aura donc pas eu raison de sa réputation. Le prince sauvegarde sa popularité, tout en préservant sa vie de famille idyllique et son histoire d'amour enchanteresse avec sa magnifique épouse. Pour éviter d'alimenter cette affreuse rumeur, Kate et William se gardent bien de porter plainte contre le *Sun*. Aux yeux de tous, ils sont encore et toujours ce couple princier profondément amoureux et uni destiné à représenter l'Angleterre.

21
Guillaume le Français

« Puisse la confiance et la compréhension mutuelle entre la République française et le Royaume-Uni durer toujours. » Elizabeth II a de grandes espérances pour l'avenir de l'amitié franco-britannique lorsqu'elle se rend à Paris pour une visite d'État en avril 1957 auprès du président René Coty. La souveraine de trente ans effectue là son premier voyage officiel français depuis son accession au trône cinq ans plus tôt. La République déploie tout son faste pour accueillir la reine la plus célèbre au monde. L'enthousiasme populaire est à la hauteur de l'importance historique de la venue royale. Elizabeth s'étonne même d'entendre scander dans les rues parisiennes : « Vive la reine ! »

La souveraine a toujours fait preuve d'un grand attachement au pays de Molière. Son délicieux français est fin, élégant et sans fausse note. Depuis sa tendre enfance, sa mère lui a transmis cet amour de la culture et de l'histoire de la France. Qu'il s'agisse de visites officielles ou privées, Elizabeth II choisit bien souvent de traverser la Manche. Pourtant, avant de signer l'Entente cordiale en 1904, les deux pays n'ont pas toujours été en bons termes. Les conflits qui opposèrent le lys français et la rose anglaise ont été nombreux. La guerre de Cent Ans, la guerre de Succession d'Espagne ou encore la guerre de Sept Ans n'en sont que des exemples. « La tradition anglo-saxonne est un peu à la tradition latine en Europe ce que l'huile est au vinaigre. Il faut les deux pour faire la sauce, sinon la salade est mal assaisonnée. » Elizabeth II définit de manière extrêmement imagée mais avec une justesse parfaite les relations complexes qui lient ces deux nations voisines.

William grandit en voyant sa grand-mère et son arrière-grand-mère parler souvent de ce pays qui leur est cher. Elizabeth et *Queen Mum* avaient pour habitude de discuter en français pour se transmettre des secrets, connaissant le manque de connaissances du personnel dans la langue utilisée outre-Manche. Elizabeth Bowes-Lyon avait d'ailleurs pour habitude de visiter une région française chaque année. Le prince Philip est lui aussi un amoureux de la France, ce pays qui l'a accueilli dans ses jeunes années alors que sa famille fuyait la révolution grecque. Dans son français parfait, il aimait converser avec le général de Gaulle, qu'il appréciait particulièrement. Charles est lui aussi un francophile et francophone convaincu. Parlant un français quasi sans accent, le prince de Galles est un amoureux de l'architecture, de l'histoire et des paysages français. Au cours de sa vie, il a effectué plus d'une trentaine de visites dans l'Hexagone, qu'elles soient officielles ou privées. Comptant souvent sur sa table du vin rouge de Bordeaux et du succulent comté du Jura, il fait entrer la gastronomie française dans son quotidien et la partage avec sa famille. Avec une telle francophilie chez les Windsor, le duc de Cambridge ne peut que développer un certain attachement pour ce pays pas si lointain.

Détente outre-Manche

Si la France est synonyme de bonheur pour la reine et sa mère, ce n'est pas forcément le cas pour William. Dans sa folie qui la pousse à conduire ses fils dans tous les grands parcs d'attractions du monde, Diana l'a bien amené en toute discrétion avec son frère à Disneyland Paris en 1995. Pourtant, ce n'est pas le premier souvenir qui lui vient en tête lorsqu'il pense à l'Hexagone. La France, c'est Saint-Tropez ;

la France, c'est Paris, deux villes éternellement attachées aux derniers instants de vie de la princesse. À Saint-Tropez, William a passé ses derniers moments avec sa mère dans la somptueuse villa des Al-Fayed, avant que l'accident fatidique n'ait lieu à Paris. Ce prince traumatisé attendra dix années pour avoir le courage de fouler de nouveau le sol français.

William est enfin prêt à passer ce cap et choisit de se rendre à Courchevel. Par deux fois, il profite de cette station de ski huppée des Alpes pour s'adonner à sa passion sportive. Nous sommes en décembre 2008, lorsqu'il arrive en France pour la première fois depuis l'accident de sa mère, accompagné par la famille de sa petite amie. Dans la blancheur éblouissante de la neige, William laisse de côté ses mauvais souvenirs pour profiter de ce séjour qui sera réussi. Deux ans plus tard, il renouvelle l'expérience de Courchevel avec sa belle-famille et Kate. Le couple est photographié à motoneige. Ils rient, skient et s'amusent. Ce jour-là, William commence à voir en ce pays une parenthèse idéale pour alléger, le temps d'un séjour, le poids des charges qui lui incombent en tant que prince du Royaume-Uni.

William et Kate se sentent bien en France. Devenus duc et duchesse de Cambridge, ils traversent une nouvelle fois la Manche en 2012 pour se reposer après deux années éprouvantes. Leurs vacances sur la Côte d'Azur sont gâchées par la publication de photos dévoilant la poitrine de Kate par le magazine *Closer*. Dans le sud de la France, William semble définitivement poursuivi par une éprouvante malchance.

Il faut attendre l'année 2016 pour voir le couple ducal à nouveau en vacances en France. Le 7 mars, ils embarquent à bord d'un jet privé pour se rendre une nouvelle fois à Courchevel, cette station chérie, aux si tendres souvenirs. Cette fois-ci, Kate et William sont accompagnés de leur propre famille. Ils emmènent George et Charlotte pour ce qui semble être leur premier séjour privé à l'étranger. Pour l'occasion, un photographe officiel les a suivis afin d'immortaliser ces instants de bonheur intense. La famille pose fièrement, emmitouflée dans des combinaisons de ski. Elle ne peut résister à une courte bataille de neige avant de profiter des pistes de la station. La petite famille déjeune en toute simplicité au Pilatus, un restaurant d'altitude avec une vue imprenable sur le Mont-Blanc. Respectant leur « contrat » avec les Britanniques, ils partagent ce séjour idyllique avec eux en publiant sur leurs réseaux sociaux les photographies prises dans ce paysage enneigé.

William assiste également en solo à un match de football le 20 juin 2016. L'équipe d'Angleterre affronte celle de Slovaquie lors de l'UEFA Euro 2016 au stade Geoffroy-Guichard de Saint-Étienne. Mille quatre cents spectateurs vibrent et chantent à pleins poumons pour soutenir leur équipe. Le prince William a fait le déplacement en sa qualité de président de la Fédération de football d'Angleterre. Il est arrivé sur le sol français quelques heures avant le début du match en empruntant un vol commercial qui s'est posé à l'aéroport Saint-Exupéry de Lyon. Vivant pleinement les actions du match, le duc de Cambridge se laisse aller à quelques grimaces face aux occasions manquées de son équipe. La rencontre sportive se solde malheureusement par un match nul. Attristé par le résultat, il retourne à Londres le soir même.

Les Cambridge se rendent incognito à Biarritz deux mois plus tard. Leur jet privé atterrit en toute discrétion à l'aéroport de Pau. Accueillis par deux Range Rover, ils sont conduits à l'Hôtel du palais. Le plus fastueux complexe hôtelier de la côte basque était la résidence impériale de Napoléon III et Eugénie. Construite en 1854, la demeure a été agrandie en 1903 suite à un incendie pour en faire un fabuleux hôtel de luxe. La reine Victoria a été reçue en ces lieux par son amie l'impératrice Eugénie. Sur les traces de la légendaire souveraine, William et Kate choisissent de profiter du doux climat biarrot avant de retrouver leur résidence du Norfolk et leurs obligations princières.

À leur retour en Grande-Bretagne, le duc et la duchesse reprennent le cours de leur vie auprès de leurs enfants, et leur existence publique. Leur famille s'agrandit une dernière fois en 2018. Quatre ans plus tard, ils retournent à Courchevel pour faire découvrir au prince Louis les magnifiques montagnes des Alpes. Les trois bambins en combinaison, casque vissé sur la tête, suivent des leçons de ski sous les yeux étonnés des curieux. Vis-à-vis de leurs séjours privés, les Cambridge n'ont aucune obligation publique. Ils sont libres de garder leurs allées et venues discrètes ou d'en informer les Britanniques. Et pour cause, ces vacances sont à la charge personnelle du couple. Le contribuable n'est aucunement sollicité. Ainsi, seuls quelques vacanciers de Courchevel ont pu témoigner de leur présence.

Un vendredi 13

La soirée du vendredi 13 novembre 2015 semble commencer sous de bons auspices. Les Parisiens profitent des plaisirs de la capitale. Le président François Hollande assiste à un match amical de football, opposant la France à l'Allemagne, au Stade de France. Les bars parisiens commencent à voir leurs salles et leurs terrasses se remplir. Au Bataclan, l'une des scènes les plus mythiques de Paris, commence un concert du groupe de rock américain Eagles of Death Metal. C'est une soirée comme les autres, dans l'une des villes les plus vivantes du monde. Il est 21 h 17 lorsqu'une première attaque suicide à l'explosif se tient aux abords du Stade de France. Deux autres explosions ont lieu à quelques minutes d'intervalle alors que le match continue. Les terroristes ont été empêchés d'entrer dans l'enceinte du stade. Cinq minutes plus tard, deux fusillades ont lieu dans des cafés parisiens. À 21 h 40, trois hommes lourdement armés pénètrent au Bataclan, vidant les chargeurs de leurs armes lourdes sur les spectateurs. Paris, capitale du pays des droits de l'Homme, est attaquée. Le bilan est lourd, avec cent trente morts et quatre cent treize blessés. Les attentats sont rapidement revendiqués par Daech, une organisation djihadiste terroriste formant un proto-État en Irak et en Syrie.

L'émotion internationale est à la hauteur de la gravité de la situation. Le monde est sous le choc. Aux quatre coins de la planète, des rassemblements populaires naissent spontanément pour rendre hommage aux nombreuses victimes. Le duc et la duchesse de Cambridge sont profondément touchés par la nouvelle. Dès le 17 novembre, ils se rendent à l'ambassade de France de Londres. Tout de noir vêtus, ils signent le livre de condoléances ouvert pour l'occasion. Profondément attachés au peuple français, ils apportent leur soutien à un pays durement touché par la barbarie djihadiste. De sa main gauche, William écrit : « Pour tous ceux qui sont morts et qui ont été blessés lors des cruelles attaques à Paris, et pour tout le peuple français : *nos plus sincères condoléances.* » Le duc écrit ces derniers mots dans un délicat français. Porte-parole de l'émotion de la famille royale, William représente la solidarité du Royaume-Uni envers la souffrance ressentie par ce pays ami de l'autre côté de la Manche.

Dans la soirée du 17 novembre, William assiste à un match de football au stade de Wembley qui voit s'opposer les équipes d'Angleterre et de France. Le prince accompagne le sélectionneur français Didier Deschamps et le sélectionneur anglais Roy Hodgson lorsqu'ils déposent solennellement une gerbe en mémoire des victimes. Après une minute de silence, quatre-vingt-dix mille Britanniques font résonner la *Marseillaise.* L'émotion est palpable, l'atmosphère est lourde. L'équipe de France, n'ayant pas le cœur au football, perd son match contre l'Angleterre. D'ordinaire si expressif à chacune des victoires de l'équipe qu'il préside, William se contente d'un timide applaudissement. Le cœur n'est pas à la fête, mais face à l'obscurantisme, l'Occident montre sa capacité à se relever de ces horribles attaques en reprenant le cours de la vie.

En mémoire de nos héros

Les membres de la famille royale sont les gardiens de la mémoire des soldats morts pour leur patrie. Jamais Elizabeth II n'a manqué la cérémonie du Dimanche du Souvenir qui, chaque premier dimanche du mois de novembre, rend hommage aux combattants du Commonwealth tombés sur le front. Dès 2004, William commence à assister à cette cérémonie annuelle émouvante qui se tient devant le Cénotaphe de Londres. En France, se sont déroulées les plus grandes batailles des deux derniers conflits mondiaux. Le duc de Cambridge traverse donc à plusieurs reprises la Manche pour commémorer ces événements qui ont bouleversé l'avenir de l'Europe.

Les soixante-dix ans du Débarquement de Normandie permettent au couple princier d'effectuer son premier voyage officiel en France. Le 6 juin 2014, il se rend à Arromanches, une station balnéaire libérée du joug nazi par les troupes de Winston Churchill. Ensemble, William et Kate rencontrent les derniers vétérans britanniques du conflit. Dans un discours très applaudi, le duc de Cambridge rend hommage à ces anciens combattants au courage glorieux. « Nous honorons aujourd'hui les vétérans de toutes les nations qui ont participé à l'opération Overlord. C'est aussi la journée des jeunes – les gens de ma génération et les plus jeunes – qui connaissent les événements de 1944 essentiellement à travers des témoignages et les livres d'histoire. » Il conclut en disant : « Il est vital que les raisons du sacrifice des soldats alliés ne soient jamais oubliées par notre génération et les suivantes. » Le représentant de la reine montre au monde qu'il est digne de sa position et de la grandeur d'âme de sa grand-mère, dernier monarque vivant à avoir servi pendant la Seconde Guerre mondiale. En février 1945, elle avait rejoint la branche féminine de l'armée britannique avec le grade de sous-lieutenant. Elle avait reçu une formation de mécanicienne et conductrice d'ambulances avant que la guerre ne prenne fin le 8 mai 1945.

La Première Guerre mondiale n'est pas oubliée des hommages rendus par le prince soldat. Le 30 juin 2016, il se rend à Thiepval pour marquer le centenaire de la bataille de la Somme. Le duc n'est pas seul à cette cérémonie à l'importance mémorielle évidente. Il est accompagné de Kate, Charles, Camilla, Harry mais aussi Timothy Laurence, second époux de la princesse Anne. Cette célèbre bataille a principalement été tenue par les forces britanniques. Pendant trois mois, les Alliés ont affronté les Allemands au prix de plus d'un million d'hommes (tués, blessés ou disparus). « Nous avons perdu la fleur d'une génération. Et dans les années qui ont suivi, c'est comme si, avec eux, avait parfois disparu à jamais une part de l'optimisme vital de la vie britannique. Par bien des aspects, ce jour a été le plus triste de la longue histoire de notre nation, déclare le prince dans une courte allocution. Nous reconnaissons ce soir les échecs des gouvernements européens, y compris le nôtre, pour éviter la catastrophe de la guerre mondiale. Votre sacrifice ne sera jamais, jamais oublié. » Considérée comme le « Verdun britannique », la bataille de la Somme mérite bien la reconnaissance des plus hautes instances de l'État anglais. Le président français François Hollande a fait le déplacement pour accueillir les représentants de la reine, le Premier ministre David Cameron, ou encore l'archevêque de Canterbury Justin Welby.

Un an plus tard, William est de retour en France pour de nouvelles commémorations. Cette fois, il est auprès de son père et de son frère pour rendre hommage aux Canadiens tombés pendant la bataille de Vimy qui s'est déroulée cent ans plus tôt. Nous l'oublions souvent, mais Elizabeth II est aussi reine du Canada. Et c'est en tant que représentants de la souveraine de ce vaste pays d'Amérique que les princes ont fait le déplacement jusqu'au mémorial de cette petite ville du Pas-de-Calais. Marchant dans les tranchées de Vimy, le trio princier suit une visite guidée des plus déchirantes. Le président Hollande est une nouvelle fois présent pour les accompagner. Le Premier ministre Justin Trudeau a quant à lui traversé l'Atlantique pour marquer cet anniversaire crucial pour la mémoire des combattants canadiens morts pour la liberté. Pas moins de trois mille cinq cents Canadiens y ont perdu la vie.

La dernière visite officielle commémorative en France du duc de Cambridge a lieu le 8 août 2018. Le Royaume-Uni et son voisin fêtent le centenaire de la bataille d'Amiens, l'affrontement capital qui a permis la signature de l'Armistice cent jours plus tard. William est le seul membre de la famille royale à avoir fait le déplacement pour assister à la cérémonie religieuse qui se tient en la cathédrale. Le représentant de Sa Majesté est accueilli par la Première ministre britannique Theresa May qui lui marque son respect par une profonde révérence sur le parvis de la cathédrale. Quel politicien représente la France ? Ni le président Emmanuel Macron, ni le Premier ministre Édouard Philippe n'ont souhaité mettre fin à leurs vacances pour faire honneur au représentant de la reine. En lieu et place du couple dirigeant français, le prince a droit à la présence de la ministre des Armées, Florence Parly. La République incapable de faire honneur à ses alliés… Cette grave faute diplomatique n'entache pas pour autant le déroulement de la cérémonie. Sous les voûtes impressionnantes de l'édifice religieux, William prononce un discours célébrant l'amitié franco-britannique. « Amiens symbolisait l'Entente cordiale, la coopération sans laquelle la victoire était impossible. Il est donc tout à fait approprié aujourd'hui que cette même coalition internationale soit revenue à Amiens avec notre ancien ennemi, en paix et en partenariat. » De cette amitié, le duc de Cambridge devient l'un des principaux représentants.

Paris, au nom de Sa Majesté

Le Royaume-Uni négocie difficilement son retrait de l'Union européenne depuis la tenue du référendum de 2016.

Pour pouvoir obtenir des accords acceptables, Theresa May a besoin de tout le soutien diplomatique possible. La France et l'Allemagne forment le couple fort à la tête de l'Union. Il faut flatter l'*ego* français pour parvenir à un accord politique convenable. Dans ce contexte, William et Kate semblent les parfaits ambassadeurs de la cause britannique. Adorés de l'autre côté de la Manche, ils sauront attirer l'attention vers les intérêts de leur pays.

Le couple princier favori des Français arrive pour la première fois à Paris le 17 mars 2017. Cette visite officielle doit marquer les esprits. François Hollande leur a déroulé le tapis rouge, d'autant qu'il a annoncé trois mois plus tôt qu'il ne se présenterait pas aux prochaines élections. Son quinquennat prenant fin en mai 2017, il sait que cette visite officielle est l'une des dernières de sa présidence. Dès leur arrivée, il les accueille sous les dorures du palais de l'Élysée. Pendant trente minutes, le couple s'entretient avec le président derrière des portes closes. Kate se présente avec la robe Catherine Walker qu'elle portait quelques heures plus tôt lorsqu'elle a rendu visite aux Irish Guards. En quittant le palais, le couple remonte la rue du Faubourg-Saint-Honoré à bord d'un Range Rover pour se rendre à l'ambassade de Grande-Bretagne.

Après avoir franchi le porche surmonté de son étendard personnel, William lance une initiative franco-britannique destinée à renforcer les relations entre les deux pays, intitulée *Les Voisins*. « Comme tous les voisins, nos deux nations s'encouragent parfois en se soutenant mutuellement, déclare-t-il. Parfois, nous essayons de surpasser l'autre par une sorte de rivalité – comme nous le verrons demain lorsque le pays de Galles affrontera la France au rugby. Mais nos deux nations s'inspirent continuellement pour devenir meilleures : plus créatives, plus prospères, plus innovantes. »

Le soir même, l'ambassadeur britannique en France Edward Llewellyn et son épouse organisent une réception pour leurs invités d'honneur. Plusieurs personnalités sont présentes. Le prince William, dans son smoking impeccable, dîne au côté de l'actrice franco-britannique Kristin Scott-Thomas. La duchesse de Cambridge, vêtue d'une élégante robe de soirée griffée Alexander McQueen, est subjuguée par le charisme de l'acteur Jean Reno. Avant le repas, tous les invités écoutent joyeusement une prestation du groupe d'enfants stars du moment, Kids United. Le duc prend ensuite place au pupitre installé près de la table d'honneur. Il ne se risque pas à se ridiculiser avec son français hésitant, mais assure l'assistance de sa joie d'être présent. « Kate et moi-même sommes très heureux d'être à Paris et honorés que vous vous soyez joints à nous pour ce dîner célébrant les liens entre la France et le Royaume-Uni. » Il continue en lisant un message écrit par la reine à l'intention du peuple français : « Cela fait près de soixante-dix ans que le prince Philip et moi-même avons visité la France pour la première fois – peu de temps après notre mariage – et je garde les plus beaux souvenirs de mes cinq visites d'État, ainsi qu'une affection durable pour ce beau pays et son peuple. » Elizabeth II ne pouvait manquer cette occasion de montrer une nouvelle fois son amour pour la France. Kate et William passent ensuite leur nuit à l'ambassade, comme le veut la tradition royale.

Au programme de ce séjour parisien, aucune place n'est faite à un quelconque hommage à la princesse Diana. Vingt années se sont écoulées depuis la disparition de la princesse des cœurs. William se garde bien de marcher sur les pas parisiens de sa mère et préfère se concentrer sur sa mission diplomatique. Le lendemain de cette soirée mondaine, il se dirige vers l'hôtel des Invalides. L'édifice n'est pas seulement le mausolée de l'empereur Napoléon Ier, il est aussi un véritable hôpital militaire, comme le veut sa fonction originelle souhaitée par le Roi Soleil au moment de sa construction à la fin du XVIIe siècle. Aux Invalides, les ducs de Cambridge rencontrent deux victimes des attentats du

13 novembre 2015. Jessica est une jeune femme touchée par sept balles alors qu'elle prenait un verre en terrasse ; Kévin a reçu deux balles dans une jambe alors qu'il était au Bataclan. Kate est impressionnée par leur courage. À l'écoute de leurs témoignages, William ne peut s'empêcher de dire : « J'ai envie de montrer à ces hommes – les terroristes – qu'ils ne peuvent pas gagner. Nous vivons dans une société tellement formidable. » Ils rencontrent ensuite des membres de la Croix-Rouge, des soldats blessés et des vétérans de la Seconde Guerre mondiale. À la sortie des Invalides, le couple se rend au musée d'Orsay pour suivre une visite guidée de la présidente de l'institution Laurence Des Cars. Ils ne résistent pas à terminer leur matinée parisienne en posant sur l'esplanade du Trocadéro, devant la tour Eiffel. La grisaille parisienne n'empêche pas la Dame de Fer française de briller en arrière-plan des clichés souvenirs.

Leur séjour français se termine par un match de rugby. La France affronte le pays de Galles au Stade de France. Bernard Laporte, président de la Fédération de rugby française, est à leurs côtés pour assister au match qui s'inscrit dans le tournoi des Six Nations. Jouant à domicile, l'équipe de France s'est laissée porter par l'enthousiasme des tribunes en remportant le match 20 à 18, pour la plus grande déception du prince. Attristé par la défaite, William rentre en Angleterre avec son épouse le soir même. Leur virée parisienne a été couronnée de succès. Les Français ont été au rendez-vous pour accueillir ce couple moderne qui incarne l'avenir de la monarchie britannique. Elizabeth II est satisfaite, d'autant que ce séjour va porter les fruits diplomatiques espérés par Theresa May. Galvanisée par la réussite de ce voyage, la Première ministre pense avoir toutes les cartes en main pour négocier l'avenir de son pays hors de l'Union européenne.

À ce jour, depuis la fin de ce voyage mémorable, Kate et William n'ont pas renouvelé l'expérience d'une visite officielle sur le territoire français. Et pourtant, ils restent profondément admirés par ce peuple qui n'a pas hésité à faire trancher la tête de son roi un jour de 1793. Nostalgiques de la féerie des monarchies, les Français sont particulièrement attachés à la famille royale britannique. Si William parle un très mauvais français, il n'en demeure pas moins imprégné par la culture de ce pays, représentant l'héritage offert par sa grand-mère. Depuis ses premières années, William a profité de ce savoir-vivre à la française qu'affectionnent tant les membres de sa famille.

Mariage bohème sous le soleil de Provence

En toute discrétion, James Middleton, frère cadet de la duchesse de Cambridge, a épousé Alizée Thevenet le 11 septembre 2021. La jeune femme est une analyste financière française que James a rencontrée dans un restaurant londonien en 2018. Depuis cette date, le couple vit le parfait amour en évitant toute interaction avec les médias. Originaire du sud de la France, la jolie blonde ne pouvait épouser son compagnon *so british* en dehors de ses terres natales. Les époux choisissent Bormes-les-Mimosas pour unir leurs destins lors d'un mariage bohème splendide de simplicité.

Catherine ne peut manquer le mariage de son petit frère. Avec sa famille, elle embarque dans un avion qui se pose à Hyères. Le couple ducal n'a aucunement l'intention de voler la vedette aux jeunes mariés et garde sa venue secrète. La jeune mariée porte la robe de sa belle-mère lors de son mariage avec Michael Middleton en 1980. La cérémonie, célébrée par le maire François Arizzi, est dite en français et en anglais. Les Cambridge regardent avec émotion James prononcer le fameux « oui » tant attendu. Tous les invités sont ensuite conviés au Café Léoube, le restaurant du château du même nom où séjournent les invités, y compris William et les siens. Ce magnifique domaine qui compte aussi des terres agricoles biologiques est la propriété de la famille britannique Bamford. Vin, huile d'olive, lavande… À Léoube, l'air sent bon la Provence. Le cadre est idyllique pour permettre aux Cambridge et autres invités du mariage de s'imprégner de l'ambiance bucolique chérie par les jeunes mariés. Au lendemain de l'union, le maire de Bormes-les-Mimosas témoigne : « J'ai pu échanger avec eux [le duc et la duchesse de Cambridge] dans un très mauvais anglais, on a parlé des charmes de Bormes-les-Mimosas et de son climat, des banalités… C'était un moment simple et je n'ai pas été impressionné plus que ça. »

Le duc de Cambridge n'a jamais fait preuve d'une sincère francophilie. Attaché aux vins de Bordeaux – sa boisson préférée – et à la station hivernale de Courchevel, il ne s'est pas attardé à découvrir toutes les merveilles que peut offrir l'Hexagone. Lui qui a suivi des cours de français dès l'âge de cinq ans n'a jamais su se familiariser avec la beauté de cette langue latine aussi complexe que délicate. Si Elizabeth II, Philip et Charles prononcent toujours leurs discours en français lorsqu'ils traversent la Manche ou l'Atlantique, William fait parfois cet effort, mais ne s'y attarde pas trop. Pour autant, la France fait partie intégrante de la vie du prince William. Qu'il s'agisse des Windsor ou des Middleton, le pays de Molière, Louis XIV, Napoléon Bonaparte et Charles de Gaulle a marqué de son empreinte indélébile l'existence des membres de ces deux familles. Associé à quelques merveilleux souvenirs et aux traumatismes de William, le pays n'a pas fini de perpétuer sa longue relation avec ce prince destiné à régner sur un royaume ami dont la devise – « Dieu et mon droit » – demeure écrite dans un vieux français rappelant les origines normandes de sa monarchie.

22

Un prince engagé

Au cours du temps, William a appris à devenir un homme « ordinaire » qui s'apparente à un Anglais aux habitudes bourgeoises. Son principal défi a été d'imposer cette image ô combien moderne tout en préservant la dignité royale attachée aux membres de la famille régnante de Grande-Bretagne. En cela s'est forgée la personnalité attachante d'un prince souriant et bien-aimé. En novembre 2010, un nouveau sondage publié par le *Sunday Telegraph* donne le prince comme prochain roi, héritier d'Elizabeth II. Lorsqu'il prend connaissance de ce sondage, William enrage : « Laissez mon père être roi[1] ! »

Tout en traçant son propre chemin, il n'a pas l'intention de prendre le pas sur le prince de Galles. En revanche, William voit en son père un véritable modèle. À ses yeux, il incarne l'image parfaite du prince britannique. Au cours de sa vie d'héritier de la Couronne, Charles a acquis une véritable influence qu'il met au profit des causes qui lui sont chères. Prince engagé, le fils d'Elizabeth II fait entendre sa voix, parfois au mépris de ses obligations princières. William devient lui aussi l'un de ces personnages publics capables d'agir efficacement en faveur d'un monde meilleur. De l'exemple de son père, William tire des leçons de vie pour s'engager en faveur de ses propres causes.

1. Marc Roche, *Elizabeth II*, *op. cit.*

Le prince vert

« Je m'adresse aux jeunes gens qui nous regardent ce soir. Nous n'avons pas assez agi pour la planète et pour votre avenir. "Earthshot" est pour vous. Dans les dix prochaines années, nous allons agir. Nous trouverons les solutions pour réparer la planète. » Par ces mots, William inaugure la première cérémonie de remise de son prix à l'automne 2021. Nous sommes le 8 octobre 2020 lorsqu'il lance cette récompense inédite dans l'histoire britannique mettant en exergue l'écologie. Lutter et influencer le monde sur la question de la préservation de la planète, voilà le dessein que s'est fixé ce prince engagé qui, comme son père avant lui, ne se contente pas d'attendre le moment de son accession au trône. Earthshot est le grand projet de sa vie. Hissée au rang de « prix Nobel de l'écologie », cette récompense est attribuée chaque année à cinq lauréats dans cinq catégories différentes : la préservation de la nature, la propreté de l'air, la conservation des océans, la vie sans déchet et le changement climatique. Le positivisme et l'espoir guident les actions de ce prince déterminé à agir en faveur du sauvetage de la planète. « L'important est de savoir ce que nous aimons pour le protéger au mieux », ainsi s'exprime William pour définir son projet. Grand soutien du duc de Cambridge, Charles approuve ses choix en publiant le jour du lancement du prix sur ses réseaux sociaux ce tendre message : « Je suis très fier de mon fils, William, pour son engagement croissant à l'environnement et pour l'ambition et l'audace affichées du prix Earthshot. » Elizabeth II n'est pas en reste quant à la fierté qu'elle ressent face aux initiatives de son petit-fils. Pour marquer la création d'Earthshot, elle fait éclairer la célèbre façade du palais de Buckingham en vert.

« Le prix Earthshot vise réellement à exploiter cet optimisme et cette urgence pour trouver des solutions à certains des plus grands problèmes environnementaux de la planète, se confie William à *The Guardian*. Nous pensons que cette décennie est l'une des plus cruciales pour l'environnement. [...] Nous devons garder un peu d'espoir, un peu d'optimisme, parce que si nous ne le faisons pas, c'est trop, c'est très apocalyptique. L'heure est grave pour l'environnement. Mais je crois en l'ingéniosité humaine et je crois en la capacité des jeunes générations à s'exprimer, comme elles le font actuellement, pour dire qu'elles ne toléreront pas ce manque d'espoir. » Prince de l'espoir, William rêve d'un monde plus vert qui saura préserver la santé de notre planète. En recevant ce prix, chaque lauréat reçoit une subvention d'un million de livres sterling pour mener ses projets environnementaux à bien. Les gagnants sont choisis par un conseil de spécialistes des sept continents auquel prend part activement le prince William. La république du Costa Rica a ainsi été récompensée en 2021 pour son programme de « rémunération des citoyens locaux pour la restauration des écosystèmes naturels qui a conduit à une renaissance de la forêt tropicale ». La société américaine Takachar, à Boston, a quant à elle reçu son prix pour récompenser la mise en place d'une technologie permettant « de créer des produits rentables à partir des déchets agricoles et de mettre un terme à l'incinération des récoltes ».

Face à l'incapacité des États à trouver un accord mondial ambitieux pour sauver la Terre, William s'impose comme l'alternative ultime. Par son prix, il attire la lumière sur des projets concrets qui bénéficient de son soutien financier, moral et politique. Cette vague d'optimisme pour un avenir meilleur est de bon ton dans une société en crise. Extrêmement populaire auprès de la jeunesse, de plus en plus attachée à l'importance des questions écologiques, le duc de Cambridge se positionne tel un futur roi à la vision verte, aidé par sa charmante épouse. Kate partage le combat de son époux et n'hésite pas à prendre elle aussi la parole en faveur de son projet. « La nature est vitale pour nous tous. Une nature florissante régule notre climat, déclare-t-elle lors de la première cérémonie de remise du prix Earthshop. » Glorifiée de par le monde, l'initiative du prince William est encensée par les plus grands dirigeants. Le prince vert est célébré. Plus que jamais, le duc montre sa capacité à comprendre les besoins de son peuple et à s'engager personnellement pour améliorer son sort.

La préoccupation écologique du prince concerne surtout l'avenir de ses enfants. William est avant tout un père de famille soucieux de leur transmettre le meilleur héritage qui soit. « Nous volons l'avenir de nos enfants, et c'est injuste. » Le duc de Cambridge est inquiet face aux dérives internationales vis-à-vis de la protection de l'environnement. Sa plus grande peur est de voir son fils George « parler des mêmes choses dans trente ans parce que d'ici-là, il sera trop tard ». La conscience écologique fait partie des principes éducatifs du duc et son épouse. Très tôt, George a été initié aux dangers encourus par la planète si aucun changement n'est apporté au sein de notre société. Le fils aîné des Cambridge est par-dessus tout attaché à la protection animale. William raconte souvent cette soirée de visionnage d'un documentaire animalier avec son fils, interrompue par l'émotion qu'a suscité le sujet du braconnage. « Charlotte est encore un peu jeune et pour l'instant, Louis aime juste jouer dehors tout le temps. » Le reste de la fratrie grandit doucement en sensibilité à ce sujet. La vidéo publiée en octobre 2020 montrant les petits Cambridge en train de poser des questions à David Attenborough au sujet de l'avenir de la planète et des différents moyens possibles pour la sauver illustre l'attachement des enfants à cette question.

— À votre avis, quelle sera la prochaine espèce animale à disparaître ? demande le prince George au célèbre réalisateur engagé dans le développement durable.

— Espérons qu'il n'y en aura pas. Il y a beaucoup de choses qu'on peut faire quand des animaux sont en danger d'extinction. On peut les protéger, lui répond David Attenborough.

— J'aime les araignées. Et vous ? continue la princesse Charlotte.

— J'adore les araignées. Je suis très content que tu les aimes aussi. Je les trouve merveilleuses. Pourquoi est-ce que les gens ont si peur d'elles ?

— Quel animal aimez-vous ? demande timidement le prince Louis, âgé de quatre ans.

— Je crois que mes préférés sont les singes parce qu'ils sont tellement drôles ! Ils peuvent sauter partout, et ils ne mordent pas. Certains, si... mais si tu fais attention, tu ne risques rien !

La BBC commande une série documentaire de cinq épisodes qui revient sur l'histoire du prix Earthshot, devenu la plus prestigieuse récompense environnementale. La série *Earthshot. réparer notre planète* est diffusée en 2021. Elle présente les cinq grands défis auxquels notre planète est confrontée et met en lumière le travail de quinze remarquables finalistes du prix de cette année. David Attenborough et la chanteuse Shakira, qui font partie des membres du conseil du prix, participent à la série. Le duc de Cambridge n'en était pas à son premier documentaire sur ce thème. Pendant deux ans, il s'est laissé filmer dans ses combats écologiques pour un documentaire intitulé *Prince William. Une planète pour tous*, diffusé en 2020. Le prince s'y montre sous un jour totalement inédit. Il est notamment filmé au Pakistan et en Tanzanie où il a milité pour cette urgence climatique qui lui est chère. Il déclare devant les caméras : « Il fallait que je fasse quelque chose, car j'ai vraiment l'impression que lorsque mes enfants auront vingt ans, au rythme auquel va le braconnage, il n'y aura peut-être plus un seul rhinocéros dans le monde. » Au moment de sa diffusion, le documentaire reçoit une quantité pharaonique de compliments de la part d'un peuple enchanté par les initiatives de son futur roi, renforçant ainsi l'attachement à la monarchie. Sur Twitter, on peut lire : « Il est incroyablement passionné et rayonne de gentillesse et de savoir », « William est comme la princesse Diana » ou encore : « Le prince William montre ses sentiments et son émerveillement pour la beauté de la nature que nous prenons tous pour acquise. Sa mère lui donnerait sa bénédiction. » On oublie pourtant que l'écologie est d'abord un héritage des Windsor.

Le prince Charles est réputé pour être un écologiste chevronné. Dès les années 1970, il a fait de ce sujet sa principale préoccupation. L'avant-gardisme dont il faisait preuve a longtemps été moqué, et pourtant, il a réussi à s'imposer comme l'un des hommes les plus influents dans ce domaine. Son jardin de Highgrove est devenu un modèle, tout comme sa ferme aux techniques biologiques nouvelles. Sur ses terres, le prince de Galles n'hésite pas à préserver une dizaine de races de vaches différentes et à cultiver plusieurs espèces de plantes rares. En 1990, il a même créé sa propre marque de produits bio, Duchy Originals. Prince entrepreneur, Charles est aussi un bâtisseur. Il fonde la ville de Poundbury trois ans plus tard pour en faire un modèle d'urbanisme responsable. L'engagement écologique du fils de la reine est finalement reconnu de par le monde. Il reçoit un grand nombre de prix comme le Global Environmental Citizen Award du Centre for Health et le Global Environment de la Harvard Medical School en 2007. Charles a hérité de cette conscience écologique de son propre père. Le prince Philip a toute sa vie été soucieux des enjeux écologiques de notre société. Attaché à la préservation de la nature, il fonde même le Fonds mondial pour la nature (WWF) au Royaume-Uni en 1961. L'écologie fait partie de l'ADN des Windsor, un héritage dont le prince William se fait le nouveau représentant.

Le paradoxe habite pourtant l'esprit du duc de Cambridge. Luttant contre le réchauffement climatique, le braconnage et pour la préservation des merveilles de la nature, il est aussi un aristocrate aux habitudes de son milieu. Dès l'âge de quatre ans, Charles l'emmène chasser sur les terres de Sandringham. Naît en lui une passion qui ne le quittera plus. Conscients des ravages publics que pourraient avoir des images du jeune prince fusil à la main, les communicants du Palais étaient particulièrement vigilants à cacher cette information. La chasse à courre a les faveurs du prince. Il peut y mêler l'adrénaline de la chasse et son amour pour l'équitation. Quand un projet de loi interdisant cette pratique jugée surannée est proposé à la Chambre des Communes en 2003, William ne comprend pas. Il tente de prendre part aux manifestations qui s'emparent des rues londoniennes pour lutter contre ce projet. Un prince manifestant à l'image d'un révolutionnaire... Elizabeth II et le prince Charles le lui interdisent formellement. Il doit se contenter de regarder passer le cortège depuis les toits du palais Saint-James. Avant que la loi ne soit adoptée en septembre 2004, il monte une dernière fois sur son cheval, armé de son fusil, pour participer à la chasse de Beaufort à Shipton Moyne. William sait ce qu'il veut et n'hésite pas à faire entendre son point de vue, quel qu'il soit.

Avec le temps, Elizabeth II a compris l'attachement de son petit-fils à la cause écologique. Elle est profondément reconnaissante pour les combats qu'il a su mener. Elle lui demande de l'accompagner au sommet du G7 qui se déroule en Cornouailles en juin 2021. Le prince Charles, Camilla et Kate sont aussi aux côtés de la souveraine pour lui permettre de recevoir les principaux dirigeants du monde en son royaume. William en profite pour discuter des problèmes environnementaux avec ces chefs d'État ou de gouvernement influents. Cinq mois plus tard se tient la COP 26 à Glasgow. Cette conférence internationale porte justement sur les enjeux du changement climatique. Le duc et la duchesse de Cambridge ainsi que le prince de Galles et son épouse sont dépêchés pour représenter Sa Majesté. Ils se rassemblent pour visionner un discours télévisé préenregistré de la reine. Elizabeth II insiste : « Le temps des mots est derrière nous, voici venu le temps de l'action. » Elle continue en déclarant : « Je suis très fière que le rôle de premier plan joué par mon mari, pour encourager les gens à protéger notre fragile planète, se perpétue grâce au travail de notre fils aîné Charles et de son fils aîné William. » La souveraine respectée rend hommage au travail de sa descendance, un moment d'une rare émotion, signe de la bénédiction royale envers les actions des princes.

L'amour du sport

Sportif depuis son adolescence, William est un athlète accompli. Au cours de sa vie, il a pratiqué un grand nombre de disciplines. Le football, le rugby, le water-polo, l'équitation, le polo, la natation… Quel que soit le sport, William est attaché au dépassement de soi. Son petit frère a lui aussi fait du sport l'une de ses activités favorites. Plus qu'un passe-temps, il s'agit là d'un mode de vie salvateur. Will a passé son adolescence à tenter de surpasser ses peurs et ses traumatismes suite à la mort tragique et violente de sa chère maman. Tel un remède contre la dépression, l'anxiété, la tristesse et le stress, le sport est un véritable atout pour les personnes en proie à ces troubles. Les deux frères ont bien compris les bienfaits que peuvent leur apporter ces activités intenses. Ils appliquent à la lettre la maxime de Juvénal : « Un esprit sain dans un corps sain. » Cultiver sa force physique pour améliorer sa force morale, voici la règle de vie que s'imposent William et Harry.

Plus qu'un traitement contre ses démons mentaux, William fait du sport une passion qui le pousse à s'engager officiellement. N Prince du Royaume-Uni dévoué à la représentation de Sa Majesté, il commence à occuper des charges importantes dans le milieu sportif. En mai 2006, il devient président de la Fédération de football d'Angleterre. Un an plus tard, en soutien à la reine, il est fait vice-patron de la Welsh Rugby Union, l'équipe nationale galloise de rugby, avant d'obtenir la totalité de ce patronage en 2016. Il est aussi patron de l'Association de natation des écoles anglaises.

Le père de famille continue à jouer régulièrement au polo au sein de l'US Polo Assn, l'équipe du joueur professionnel James Harper, pour collecter des fonds destinés à des œuvres caritatives. Avec son équipe, il participe à certaines compétitions comme la Royal Charity Polo Cup 2022 dont il est sorti vainqueur. Aux yeux de l'athlète pourtant, le football est certainement son sport favori. Il prend son rôle de président de la Fédération de football anglaise très à cœur. Il participe à toutes les réunions tenues par l'association sportive, exprime son avis et n'hésite pas à faire preuve de fermeté lorsque cela est nécessaire. En février 2021 par exemple, suite à la publication d'une enquête pour insultes racistes envers le footballeur Marcus Rashford, le prince publie un communiqué soutenant le joueur professionnel et dénonçant les abus racistes qu'il qualifie de « méprisables ». Au niveau local, le club anglais favori du prince reste Aston Villa, l'équipe de Birmingham menée par Emiliano Martínez.

Athlète reconnu, William est un homme engagé dans le milieu sportif, n'hésitant pas à donner de sa personne pour soutenir les joueurs à l'occasion de grands matchs. Son amour du ballon rond, il le transmet à son fils aîné. George est un féru de ce sport international qu'il pratique régulièrement avec ses amis. Le football lui permet d'ailleurs d'accomplir sa première apparition publique officielle, accompagné uniquement de ses parents. En 2020, le trio familial assiste au match opposant l'équipe d'Angleterre à celle d'Allemagne dans le cadre de l'UEFA Euro. Père et fils ne peuvent cacher leur joie quand l'arbitre siffle la fin du match, qualifiant l'équipe anglaise pour les quarts de finale.

Le sport est une affaire de famille chez les Windsor. Les princes Philip et Charles sont eux aussi des joueurs de polo invétérés. Le duc d'Édimbourg a d'ailleurs fondé en 1955 le Guards Polo Club, le plus prestigieux club de polo britannique basé à Windsor. Les sports nautiques et équestres ont les faveurs des membres de la famille royale. Cet attachement aux activités athlétiques remonte au roi George VI. Le propre père d'Elizabeth II excellait particulièrement au tennis. Héritage familial incontesté, le sport fait partie du quotidien des Windsor depuis plusieurs générations.

Duc de la paix

En mai 2015, le prince Charles est face à un nouveau scandale : les Black Spider Memos. La presse britannique révèle l'existence de lettres écrites par le fils de la reine aux membres du gouvernement de Tony Blair entre 2004 et 2005. Dans une écriture rapide, donnant l'impression que le papier est parsemé de petites araignées noires, le prince de Galles conseille les ministres sur la politique à suivre dans divers domaines. La guerre en Irak, la promotion des médecines alternatives et la lutte contre la pêche illégale à la légine retiennent particulièrement son attention. L'héritier de la Couronne outrepasse ouvertement ses droits en intervenant personnellement dans la politique de son pays. Oubliant la neutralité qui doit être celle des membres de la famille régnante, Charles tente d'augmenter son influence dans ces domaines qui ont toujours retenu son intérêt. Se hissant au rang de prince politique, le futur roi pose problème au Palais, comme à Downing Street. Les Britanniques découvrent que leur prince ne se contente pas d'intervenir dans l'écologie, il est aussi un homme habité par une sensibilité politique mal perçue dans un système qui compartimente durement ses différentes sphères. Ce scandale fait naître une nouvelle image du prince aux yeux des Britanniques. Le prince de Galles n'est pas un homme oisif, se contentant d'attendre le jour où il montera sur le trône, il intervient directement dans la vie politique du pays. N'étant pas encore roi, il croit pouvoir jouir d'une certaine liberté de parole. Parfaitement conscient des obligations qui s'imposent au monarque, il profite autant qu'il peut de son statut de prince en s'octroyant quelques libertés ne faisant pas partie de ses droits.

Dans ce père politique, William voit un modèle. Le duc de Cambridge est un prince conditionné par la reine. Grâce à sa grand-mère, il a pris conscience de ses devoirs de futur souverain. Il sait qu'il devra s'imposer comme un point d'ancrage pour le royaume, le véritable ciment d'un royaume uni et l'ambassadeur international de la culture et des intérêts britanniques. Pour autant, William est un homme aux idées bien arrêtées. Parfois colérique, il n'hésite pas à imposer ses choix à son entourage lorsqu'il le juge nécessaire. Prince de conviction, il met sa position au service de la paix. La politique n'est pas une affaire royale. Et pourtant, certains sujets poussent William à outrepasser lui aussi ses droits.

En 2021, vingt années se sont écoulées depuis le déclenchement de la guerre afghane par les États-Unis contre les talibans, en représailles des attentats du 11 septembre 2001. Le président Joe Biden annonce le retrait des troupes américaines de ce territoire. Au cours de l'été, les talibans reprennent le contrôle de 85 % du pays. Voyant se profiler une nouvelle dictature menée par ces fondamentalistes islamistes, plusieurs pays évacuent leurs ressortissants. Fuyant le pays avant que les forces talibanes n'arrivent à Kaboul, la capitale, des milliers d'Afghans se réfugient à l'aéroport de la ville. Devant ces avions de la dernière chance, et au péril de leur vie, ils se laissent aller à des actions guidées par un désespoir total. Montant dans des avions surpeuplés, s'accrochant aux roues des appareils, la population effrayée vit un véritable chaos sous les yeux impuissants des médias internationaux. Le monde est sous le choc. William ressent ce sentiment de détresse en voyant les images diffusées en boucle sur les écrans de télévision.

En septembre 2021, le *Telegraph* révèle que le duc de Cambridge ne s'est pas contenté d'être un spectateur inactif de la crise politique afghane. Prince influent, il intervient personnellement pour tenter de sauver un officier afghan qu'il a côtoyé à Sandhurst. Cet homme a collaboré avec l'armée britannique au cours du conflit. Apprenant que la vie de son ami et des membres de sa famille sont en danger, William prend son téléphone et ordonne qu'ils soient ramenés au Royaume-Uni en les faisant embarquer dans l'un des avions en partance de Kaboul. Les Britanniques louent la loyauté dont a fait preuve leur prince envers son vieil ami, sa rapidité d'action et sa capacité à faire tout ce qui est en son pouvoir pour aider son prochain. Sauveur des plus démunis, William dispose d'un incroyable sens de l'humanité qui force encore une fois le respect de toute une nation.

Le 24 février 2022 marque l'invasion de l'Ukraine par la Russie. Vladimir Poutine revendique le contrôle de la Crimée et du Donbass. Face aux ambitions conquérantes russes, le président Volodymyr Zelensky reçoit le soutien financier, militaire et humanitaire du monde occidental. William est particulièrement sensible à ces questions, il l'a démontré suite à la crise afghane. Le conflit ukrainien est d'une violence et d'une envergure inédites. Pour la première fois depuis la fin de la Seconde Guerre mondiale, le monde semble s'orienter vers une nouvelle guerre. Le duc de Cambridge n'hésite pas à publier son propre communiqué dès le 27 février :

« En octobre 2020, nous avons eu le privilège de rencontrer le président Zelensky et la Première Dame pour qu'ils nous fassent part de leur espoir et de leur optimisme pour l'avenir de l'Ukraine. Aujourd'hui, nous soutenons le président et tous les Ukrainiens alors qu'ils se battent courageusement pour cet avenir. W. C. » Les Cambridge ont effectivement reçu le couple présidentiel ukrainien au palais de Buckingham pour une audience accordée au nom de la reine. Pour la première fois de son existence, William était chargé par sa grand-mère d'accueillir un hôte étranger venu officiellement en Grande-Bretagne. Le duc de Cambridge montrait ainsi aux Britanniques qu'il avait définitivement l'étoffe d'un roi, s'imposant comme un personnage clé de la monarchie. Le couple Zelensky effectuait cette année-là une visite officielle afin de signer un accord politique de libre-échange entre leur pays et le Royaume-Uni.

Le couple sort de son devoir de réserve en initiant des prises de position en faveur du camp ukrainien. Elizabeth II, cheffe des armées britanniques, leur apporte son soutien public par la publication d'un communiqué et le don d'une somme d'argent restée secrète, prise dans sa cassette personnelle. Le prince de Galles fait de même avant de se rendre dans une église orthodoxe ukrainienne de Londres. William et Kate rendent quant à eux visite au centre culturel ukrainien de la capitale britannique où ils passent plusieurs heures auprès des bénévoles. « Nous sommes avec vous », affirme le duc qui arbore un badge aux couleurs de l'Ukraine. William ajoute que George et Charlotte sont bouleversés par la guerre, posant de nombreuses questions pour tenter de comprendre la situation.

Le 22 mars 2023, le duc s'envole pour la Pologne. Pour sa sécurité, cette visite officielle n'avait pas été annoncée. Le prince est envoyé auprès du gouvernement polonais pour renforcer l'entente entre les deux pays les plus engagés dans le conflit ukrainien. « Nos nations ont des liens solides, confirme-t-il au ministre polonais de la Défense. Grâce à notre soutien en faveur du peuple ukrainien et de sa liberté, qui sont aussi nos libertés et les vôtres, ces liens sont encore renforcés. » Il visite un camp de réfugiés ukrainiens pour leur apporter un réconfort bienvenu en ces temps difficiles. Devant le président polonais, il explique : « Je suis ici parce que je tiens à remercier personnellement les troupes polonaises et britanniques qui travaillent en partenariat étroit et crucial. Je veux également rendre hommage à l'humanité inspirante du peuple polonais. Vous avez ouvert vos cœurs autant que vos maisons. » Jamais un membre de la famille royale n'aura été aussi près du front. William demeure ce prince soldat rempli de courage, capable d'exprimer son point de vue, quelles que soient les critiques.

William, prince du peuple

La cause sociale retient aussi toute son attention. Le prince de Galles a sa Prince's Trust ; le duc de Cambridge a sa Royal Foundation. Charles a profité de ses indemnités de fin de service dans l'armée pour financer la création de sa propre fondation en 1976. Entièrement tournée vers l'aide sociale, elle a permis d'aider plus d'un million de jeunes Britanniques en difficulté à trouver leur voie professionnelle, tout en s'intégrant dans la société. Avec sa Royal Foundation, William entend prendre exemple sur les actions sociales de son père en menant ses propres combats.

Diana avait pour habitude d'emmener ses fils auprès des sans-abri en visitant les locaux d'associations qui leur viennent en aide. William s'était toujours montré très concerné par leurs malheurs. Il tentait de leur remonter le moral en discutant des sujets de leur choix, en jouant à des jeux de société, en passant tout simplement du temps avec ces personnes en détresse. De ces expériences passées, Will tire des leçons qui conditionnent ses combats humanitaires.

Fidèle à l'œuvre de sa mère, le prince obtient en 2005 le patronage de Centrepoint, une organisation caritative qui vient en aide aux personnes vivant dans la rue. La princesse de Galles avait elle aussi soutenu cette association qui avait une place de choix dans son cœur. Personnellement impliqué, il n'hésite pas à apporter son aide en tant que bénévole. En 2009, il va même jusqu'à passer une nuit hivernale par moins quatre degrés Celsius sous un pont de Londres auprès de sans-abri et de Seyi Obakin, directeur général de Centrepoint. Après cette expérience, il déclare : « J'ai été très frappé par les personnes que j'ai rencontrées et par les difficultés qu'elles rencontraient : dormir dans la rue, surfer sur le canapé, ne pas avoir le confort de base que beaucoup d'entre nous considèrent comme acquis. Cela m'a vraiment frappé à mon jeune âge, en gardant à l'esprit le fossé qui s'est creusé entre moi, qui ai grandi dans un palais, et l'autre extrémité du spectre, où d'autres personnes étaient confrontées à d'énormes défis personnels et parvenaient à les surmonter. »

Centrepoint n'est pas la seule organisation concernée. The Passage est elle aussi soutenue par le fils de Diana à partir de 2019. Cette association ne lui est pas inconnue puisqu'en 1992 il l'a visité avec sa mère. En devenant le parrain de cet organisme qui apporte son aide aux sans domicile fixe, il affirme son attachement à cette noble cause. L'année suivante, il se porte volontaire auprès de cette association pour préparer des sacs de dons pour les sans-abri vivant provisoirement dans des chambres d'hôtel d'urgence. En mars 2022, il est même bénévole pour vendre des exemplaires de *The Big Issue*, un journal de rue vendu par des sans-abri et des chômeurs pour récolter de l'argent destiné à leur offrir une vie moins précaire.

Les sans-abri n'ont pas le monopole des actions caritatives du prince. En juillet 2016, le magazine britannique gay

Attitude publie son nouveau numéro mensuel. Quelle n'est pas la surprise des Britanniques lorsqu'ils découvrent leur futur roi en Une de ce magazine LGBT ! William accorde une interview qui fera date dans l'histoire de la famille royale. Jamais l'un de ses membres n'a affiché son soutien public à la communauté homosexuelle. Pour réaliser cette interview, il a accueilli deux mois plus tôt des représentants du magazine, tous membres de la communauté LGBT, pour leur permettre de témoigner de leur propre expérience. « Soyez fiers de qui vous êtes et n'ayez pas honte », déclare-t-il.

Les mots de William sont particulièrement bien accueillis dans une société où l'homosexualité a été dépénalisée en 1967. « Personne ne devrait être intimidé à cause de sa sexualité et personne ne devrait avoir à endurer la haine à laquelle ces jeunes gens font face, continue le prince, soucieux du bien-être de tout son peuple. Les jeunes gays, lesbiennes ou transgenres que j'ai rencontrés ont tous été courageux pour donner de l'espoir à ceux qui subissent de terribles injures en ce moment même. Leur force et leur optimisme devraient nous donner le courage d'arrêter ces humiliations, quelle que soit leur nature. » La présence et les paroles du duc de Cambridge touchent ces personnes souvent incomprises, écartées. La famille royale incarnait pour eux le modèle patriarcal d'antan. Par le passé, l'homosexualité aristocratique était cachée par des mariages arrangés. Le délicat prince George de Kent, oncle d'Elizabeth II, est aujourd'hui considéré comme étant bisexuel, et pourtant, il s'est marié en 1934 avec la princesse Marina de Grèce et de Danemark. En 2016, un cousin d'Elizabeth II et du prince Philip a eu le courage de faire son *coming out*. Lord Ivar Mountbatten a épousé deux ans plus tard James Coyle, après avoir divorcé de Penny Thompson avec qui il avait eu trois filles. Penny, qui avait toujours été au courant de la bisexualité de son mari, avait fini par le soutenir dans sa démarche. Bien que cousin éloigné du couple royal, Ivar n'en reste pas moins un aristocrate de haute lignée, descendant de la reine Victoria et de Lord Louis Mountbatten premier du nom. Proche du comte et de la comtesse de Wessex, il avait d'ailleurs été désigné comme l'un des parrains de Lady Louise en 2004. Un cousin ouvertement gay… Les Windsor font un pas de géant dans la modernité !

Désormais, le temps de l'hypocrisie est révolu. William est un homme de son époque qui n'hésite pas à soutenir la jeune génération. Lorsqu'un journaliste lui demande quelle serait sa réaction si l'un de ses trois enfants venait à lui annoncer son homosexualité, il répond sans aucune hésitation : « Je soutiendrais pleinement mes enfants s'ils étaient homosexuels. Vous savez, j'y ai beaucoup réfléchi récemment car quelques parents m'ont aussi posé la question. On n'y pense pas tant qu'on n'est pas parent et je pense, évidemment, que cela ne me dérange pas. La seule chose qui m'inquiéterait, ce serait comment – compte tenu du rôle que mes enfants remplissent – ce serait interprété et vu. » Préparer l'avenir de la monarchie fait aussi partie de ses prérogatives. À ce titre, il a la lourde responsabilité de faire accepter aux Anglais ce cas de figure, si toutefois il se présentait. Un monarque britannique gay… l'image serait d'une modernité incroyable.

Avec Harry, William accorde aussi une grande partie de son temps à sensibiliser tout un chacun sur l'importance de la santé mentale, un sujet qui rapproche les deux frères, s'unissant pour soutenir cette cause particulièrement rattachée à leur passé.

23

Trio de choc

Elizabeth II a pu compter toute sa vie sur le soutien indéfectible de sa sœur cadette. Margaret fut princesse malgré elle. Attachée à la célébrité que lui offrait son statut, elle a sacrifié sa vie sentimentale pour sauvegarder ses privilèges. Au prix d'une santé mentale défaillante, elle s'est imposée comme l'une des plus importantes représentantes de la Couronne dans les premières années du règne de sa sœur. La jeune Elizabeth n'aurait jamais pu s'adapter à son nouveau rôle de souveraine sans l'aide de sa sœur. Leur relation n'a pas toujours été au beau fixe. La reine a constamment priorisé ses devoirs sur son rôle de cheffe de famille. Une certaine rancœur est née dans l'esprit de cette petite sœur en manque de bonheur. Pourtant, leur duo a su affronter les nombreux obstacles qui ont ponctué leur route.

Devenue grand-mère, Elizabeth a toujours espéré voir cette complicité fraternelle naître entre ses deux petits-fils. Comme elle, William est confronté au poids des responsabilités. Comme Margaret, Harry est ce suppléant nécessaire à toute monarchie. Leur propre père a toujours pu compter sur l'aide indispensable de sa sœur. Charles et Anne rient ensemble, se confient l'un à l'autre et sont tous deux habités par un sérieux devoir de représentation envers la Couronne. La loyauté anime leur relation si peu conflictuelle. Pour le sensible prince de Galles, la princesse royale est un roc sur lequel il peut constamment compter. En William et Harry repose cette espérance de voir renaître cette complicité fraternelle qui lie leur père à leur tante, et qui fut celle d'Elizabeth et Margaret.

Unis pour la Couronne

Désormais marié, William n'est plus ce prince qui joue seul sa propre partition. Avec Kate, il forme le couple adoré par tout un peuple. Mais qu'en est-il du prince Harry ? Le cadet des Galles n'est pas mis de côté pour autant. William et Harry sont les orphelins chéris d'Angleterre, à qui tout a été pardonné du fait du décès brutal de leur mère érigée en icône. Frères de sang, ils ont toujours formé ce duo soudé, parfois facétieux et même taquin. Catherine devient le socle sur lequel repose ce duo aux relations parfois tourmentées.

William, Kate, Harry, de ce jeune trio glamour ressort la modernité de la monarchie britannique. La reine attend beaucoup de ce petit groupe qui s'unit pour servir au mieux la Couronne. Elizabeth sait tout leur potentiel, qui ne demande qu'à être réveillé. Elle souhaite avant tout les mettre sur le devant de la scène monarchique. Son but ? Vivifier l'attachement des jeunes Britanniques au régime, attirer l'attention du monde sur Londres et s'assurer de l'avenir de l'institution en s'appuyant sur ce trio en formation. La souveraine met tout en œuvre pour faire briller sa couronne aux yeux du monde par l'intermédiaire des deux frères et de cette jeune femme au charisme indéniable. Incarnation parfaite de la jeunesse monarchique, les ducs de Cambridge et le prince Harry s'apprêtent à allier leurs forces pour le bien de la Couronne, comme ils s'apprêtent à devenir les ambassadeurs des Jeux olympiques de Londres en 2012.

Depuis 2009, les deux frères partagent le même conseiller privé en la personne de Sir David Manning. Ils ont également une fondation commune : la Royal Foundation leur permet de bénéficier d'une véritable influence caritative. Avec Kate à leurs côtés, ils doivent passer à l'étape suivante. Les ducs de Cambridge se mettent à tout partager avec Harry. Quand Kate et William emménagent dans l'appartement 1A du palais de Kensington en 2015 avec leurs deux aînés, ils comptent un nouveau voisin. La même année, Harry aménage à Nottingham Cottage, une petite maison située sur le domaine du palais et constituée de deux chambres, un salon et un jardin. « Sortir du terrier m'a fait du bien. Mais avoir Willy et Kate pour voisins d'en face était encore mieux. J'avais hâte de pouvoir passer les voir », confie Harry dans ses mémoires[1]. La vie à Kensington semble remplie d'espérance quant à un voisinage fraternel. Symbole d'une famille unie, ces déménagements semblent de bon augure aux yeux des Britanniques qui assistent, tels des spectateurs incrédules, à ce changement qui n'a rien d'anodin. « Ils étaient juste de l'autre côté d'une cour pavée, à un demi-terrain de football de distance, si proches que je voyais leur nourrice passer sans arrêt avec le landau et que j'entendais les travaux rénovations qu'ils avaient lancés, continue le frère du duc de Cambridge. Je me disais qu'ils allaient bientôt m'inviter. Une question de minutes. De jours. Mais l'invitation ne venait pas[2]. » Aux dires du prince Harry, ce renouveau dans la relation fraternelle des deux princes n'est qu'une mascarade. William voit en cet aménagement la possibilité de se concentrer uniquement sur sa famille. Le duc est avant tout un père, qui consacre à ses enfants la majeure partie de son temps. Si Harry reste son frère, il n'a pas l'intention de l'inclure dans le schéma familial qu'il a imaginé. Libre à lui de bâtir son propre avenir amoureux. Pour autant, Harry est un oncle aimant pour ses neveux qu'il retrouve souvent le week-end à Sandringham. Les couvrant de cadeaux, il aime passer un maximum de temps avec eux. Se côtoyant très peu à

1. Prince Harry, *Le Suppléant*, *op. cit.*

2. *Ibid.*

Kensington, les deux frères se retrouvent lors des réunions familiales qu'affectionne la reine.

Seules les obligations officielles communes permettent finalement au trio de se rassembler. Quand Barack et Michelle Obama sont reçus à l'appartement 1A, les Cambridge sont accompagnés du prince célibataire voisin. Ensemble, ils sont les fondations d'une famille royale toujours en quête de popularité. En 2015, ils ouvrent leur compte Instagram commun qui compte bien vite plusieurs millions d'abonnés. *Kensington Royale* couvre la présence publique des ducs de Cambridge et du prince Harry. Leur visite de la tour de Londres en août 2014 est le point d'orgue de cette communication 2.0. Les princes se recueillent au beau milieu d'une installation artistique composée de coquelicots symbolisant chaque soldat du Commonwealth tué pendant la Première Guerre mondiale. Au milieu de ce rouge vif, à l'instar d'un océan de sang s'écoulant depuis la tour, William, Kate et Harry sont particulièrement touchés. Les princes soldats savent trop bien ce que signifie la mort sur le front.

Un trio engagé

William s'associe à Kate et à son frère pour mettre toute leur influence au service des causes qui leur sont chères. Nous sommes en 2017 lorsqu'ils lancent *Heads Together* par le biais de leur fondation. Leur grand combat commun repose sur la santé mentale. La dépression est chose banale et peut arriver à tout moment. Ne pas avoir peur de sa souffrance intérieure, voilà ce qui intéresse le trio. William et Harry font du traumatisme lié à la mort de leur mère une véritable force. Ils savent trop bien quelles sont les conséquences d'un mal-être aussi profond qu'une dépression. Pour améliorer la santé mentale des Britanniques concernés, ils doivent d'abord en parler et les diriger vers des professionnels. « Trop souvent, les gens ont peur d'admettre qu'ils ont des problèmes de santé mentale, explique la duchesse de Cambridge. Cette peur du jugement empêche les gens d'obtenir l'aide dont ils ont besoin, ce qui peut détruire des familles et mettre fin à des vies. *Heads Together* veut aider chacun à se sentir beaucoup plus confiant dans sa santé mentale au quotidien et à disposer d'outils pratiques pour soutenir ses amis et sa famille. » Psychologues, psychiatres, assistants sociaux… Ils sont nombreux à être capable de comprendre et de guider les malades. Car la dépression est une maladie qui n'est pas incurable. Grâce à des techniques et des outils adaptés, il est tout à fait possible de venir à bout de cet état d'esprit. Avec *Heads Together*, William, Kate et Harry lèvent des fonds pour lutter contre la stigmatisation qui entoure la santé mentale, tout en offrant une aide précieuse aux malades par l'intervention de spécialistes. Huit organisations caritatives se sont rassemblées pour encourager d'une seule voix les Britanniques à parler de santé mentale. Une vidéo est même publiée le 21 avril 2017 pour lancer le projet. Les deux frères et Catherine discutent autour d'une table de l'importance de s'assurer une bonne hygiène de vie. La vidéo comptabilise près de sept cent mille vues sur YouTube. Un tel succès permet de faire connaître leur projet, tout en touchant davantage de personnes sur cette cause.

Pour la promouvoir, chaque membre du trio s'adonne à ses propres interventions. En novembre 2021, le duc de Cambridge participe à une conférence donnée par sa fondation à Londres sur le thème de la santé mentale dans les services de secours et d'urgence. Il justifie son intérêt pour la question, non pas par le deuil difficile d'une mère trop tôt disparue, mais par son expérience en tant que pilote d'hélicoptère d'urgence de l'East Anglian Ambulance. « Je me souviens du sentiment de solidarité avec mon équipe, qui se serre les coudes pour faire de son mieux et qui partage le poids des responsabilités. Je me souviens aussi d'être rentré chez moi avec le stress et les tensions de la journée pesant sur mon esprit, et d'avoir voulu éviter d'accabler ma famille avec ce que j'avais vu. » Le prince est affecté par certaines des missions qui lui sont confiées. Il devient rapidement difficile pour lui de faire la part des choses et de réussir à mettre de côté son travail lorsqu'il rentre le soir auprès de sa famille. « J'ai trouvé cela très difficile. Il y a eu un certain nombre de fois où j'ai dû m'éloigner parce que je m'impliquais trop et que je le ressentais. » Aider son prochain, sans jamais oublier sa propre santé, William n'a jamais réussi à concilier ces deux aspects de sa vie de pilote. Cette forme de dépression l'a marqué. Conscient de ce problème, il n'a pu continuer à accomplir ses missions de sauvetage, mettant un terme à sa carrière de pilote d'hélicoptère en 2015. Son travail auprès des sans-abri et des anciens combattants lui confirme cet attachement au bien-être psychologique de chacun. William est un homme dont la vie est dévouée aux autres. Kate et Harry ne sont pas en reste.

La duchesse de Cambridge se concentre sur la santé mentale des jeunes enfants. La mère de famille se sent particulièrement touchée par cette question. Elle ne conçoit pas qu'un tel mal-être puisse ronger la santé de ces adorables petites têtes blondes. Tous les sujets qui entourent les enfants l'intéressent et obtiennent son soutien indéfectible, mais leur bien-être mental reste l'une de ses priorités. Elle intervient régulièrement dans des établissements scolaires pour discuter de ces graves sujets avec des écoliers, comme en février 2023 à l'école primaire St John's de Londres. « Je suis ravie de soutenir à nouveau la Semaine de la santé mentale des enfants. C'est merveilleux de parler à tant d'enfants de l'importance des relations », déclare-t-elle dans une vidéo publiée pour marquer sa visite. Visites d'institutions, vidéos, podcasts, participation à des événements sportifs… Tous les moyens du XXIe siècle sont mis à contribution pour promouvoir ce sujet si peu abordé jusqu'à ce qu'un prince, sa compagne et son frère s'en soient érigés en porte-parole.

Au titre de président de la Fédération de football d'Angleterre, William intègre le sujet au sein du milieu sportif qu'il affectionne tant. En juin 2020, il assiste au match qui oppose les équipes de l'Arsenal et de Chelsea pour la finale de la Coupe d'Angleterre. Avant que l'arbitre ne siffle le début du match, le duc de Cambridge se lance dans un discours remarqué. « Nous allons vraiment nous servir de cette finale comme d'un moment pour promouvoir une bonne santé mentale, positive, pour tout le monde. Il ne faut pas perdre de vue ce que nous venons de vivre collectivement avec cette pandémie. Je pense qu'il va y avoir, hélas, beaucoup de répercussions dans la société, et pas seulement dans le football, en matière de santé mentale[1]. » Pour mettre davantage en avant le sujet, il rebaptise le match *Heads up FA Cup Final* en l'honneur du partenariat entre le programme *Heads up* et la Fédération de football. William profite de l'influence de ce sport populaire pour montrer aux Britanniques que la santé mentale est aussi importante que la santé physique. Son initiative reçoit les félicitations de toute une nation.

Prince longtemps moqué, critiqué et dévalorisé, Harry a quelque peu mûri. À désormais trente ans, il se lance à corps perdu dans la promotion de cette cause qui lui tient à cœur. Il ne l'a jamais caché, la perte de sa mère est encore et toujours ressentie comme un lourd fardeau, dont il est très difficile de supporter le poids. Fragile, dépressif, le fils cadet du prince Charles a trouvé sa voie au sein de l'armée et en soutenant des associations caritatives.

En 2014, il lance les Invictus Games. Les athlètes professionnels internationaux ont les Jeux olympiques, les militaires blessés ou malades ont leurs Invictus Games. À travers différentes disciplines sportives telles que l'athlétisme, le tir

1. Robert Lacey, *Guerre royale, mensonges et trahisons*, *op. cit.*

à l'arc ou encore l'haltérophilie, ces vétérans de guerre blessés ou en situation de handicap se lancent dans des compétitions destinées à mettre l'accent sur les pouvoirs réparateurs du sport pour remettre sur pied ces anciens soldats marqués physiquement par la guerre. Le prince Harry a assisté aux Warrior Games en 2013, des jeux sportifs pour vétérans américains blessés. Il trouve l'idée formidable. À son retour à Londres, il ne tarde pas à organiser des jeux similaires d'envergure internationale. Pour ces femmes et ces hommes qui ont mis leur vie en péril en combattant les ennemis de leur nation, le sport est la meilleure discipline pour retrouver un esprit sain. Relevant des défis sportifs, ils trouvent un nouveau but à leur vie bouleversée à jamais. L'armée a une place de choix dans le cœur du prince. Pour continuer à servir cet univers, tout en faisant la promotion de la santé mentale grâce au sport, Harry crée ces jeux qui connaissent, dès la première édition, un immense succès. Le nom des jeux est inspiré d'un poème de William Ernest Henley dont les derniers vers semblent écrits spécialement pour cette initiative sportive : « Je suis le maître de mon destin : je suis le capitaine de mon âme. » Le slogan des Invictus Games est tout trouvé : « *I am* – Je suis. » Les premiers jeux ont lieu en septembre 2014 à Londres. Quatre cents participants venant de quatorze pays mettent leurs atouts sportifs au service des jeux pendant cinq jours. Harry obtient même le soutien de sa grand-mère. Elizabeth II est fière du parcours de son petit-fils et le montre. En 2016, elle participe à ses côtés à une vidéo humoristique où le couple Obama défie le Royaume-Uni de remporter les jeux. Avec l'appui remarqué de la reine, les Invictus Games gagnent en popularité et en crédibilité. Cet incroyable projet est certainement la plus belle réussite publique du prince Harry. Appelés à perdurer, ils permettent, plus que tout autre engagement, de faire connaître l'importance de la santé mentale dans la vie de chacun.

Complicité et joyeuseté

La complicité de ce trio inséparable repose sur la bonne entente entre les deux frères, mais aussi sur les bonnes relations entre Kate et son beau-frère. La duchesse et le prince mettent leur entente amicale au service des causes qu'ils soutiennent. Depuis le mariage du prince William en 2011, Harry voit en Catherine cette sœur qu'il n'a jamais eue. « J'adorais ma nouvelle belle-sœur, je la voyais davantage comme la sœur que j'avais toujours voulu avoir que comme ma belle-famille, et j'étais heureux qu'elle soit au côté de Willy pour le restant de ses jours, se confie-t-il dans ses mémoires. Ils allaient bien ensemble. Ils se rendaient visiblement heureux, alors j'étais heureux pour eux[1]. » Le prince cabossé par la vie et désœuvré peut s'appuyer sur cette nouvelle figure féminine compatissante, à l'oreille et l'épaule quelque peu maternelles. Il sait qu'il peut compter sur elle pour le soutenir et le conseiller à chaque moment où il sent son moral en berne. Kate est une épouse et une meilleure amie pour William ; une sœur et une mère de substitution pour Harry. Ciment de l'entente fraternelle, elle devient l'élément indispensable à cette vision triangulaire du destin de la monarchie. Harry révèle chez sa belle-sœur cette taquinerie qui détonne face au sérieux constant qu'elle aime mettre d'ordinaire en avant. Ensemble, ils profitent d'une certaine liberté de ton qui leur permet de rire en public. On ne compte plus le nombre de clichés qui montrent Kate et Harry en train de plaisanter à pleine bouche lors de l'une de leurs obligations communes. Ainsi se perpétue cette fabuleuse entente fraternelle d'un trio qui met son existence au service de la Couronne.

Mais face à l'amour qui lie William à Catherine, la solitude du prince Harry semble de plus en plus flagrante. Cinquième roue d'un carrosse doré, il a conscience qu'il

1. Prince Harry, *Le Suppléant*, *op. cit.*

doit désormais trouver la femme qui saura l'épauler et l'aimer tel qu'il est. Jeune homme trentenaire, il ne ressent pas la même pression que celle de son frère avant son engagement au bras de Kate. Pour autant, il doit lui aussi assurer la pérennité de la maison Windsor. Avant même ses devoirs dynastiques, il doit trouver la femme qui saura s'intégrer dans ce groupe princier solidement lié.

Harry a bien eu quelques aventures féminines par le passé, la plus célèbre étant celle qu'il a entretenue avec Chelsy Davy. La discrète jeune femme née en Afrique est restée à ses côtés pendant six années. La perspective d'un mariage a même commencé à naître en Grande-Bretagne, malgré quelques moments de tensions. Finalement, le couple s'est séparé en 2011, quelques mois avant le mariage grandiose de William et Kate. Chelsy, attachée à sa tranquillité, a toujours eu des difficultés à s'accoutumer à sa nouvelle notoriété de petite amie du fils de Diana. L'année suivante, la princesse Eugenie présente à son cousin son amie Cressida Bonas. Harry tombe rapidement sous son charme. Sa relation avec cette riche jeune fille familiarisée avec les codes de l'aristocratie est rendue publique en février 2013. Comme lui, Cressida est une fêtarde invétérée qui court de club en club dans la capitale anglaise. Devenue la petite amie princière la plus célèbre d'Angleterre, la jeune femme se retrouve malgré elle en couverture de tous les tabloïds. Elle supporte mal la pression médiatique qui lui est infligée et met fin à leur relation en 2014. Depuis cette date, Harry se contente de sa place de célibataire invétéré, jusqu'à ce qu'une jolie actrice venue de l'autre côté de l'Atlantique croise son chemin.

24

Fab Four au service de Sa Majesté

25 septembre 2017, Toronto. Voilà trois jours que le prince Harry a ouvert la nouvelle édition de ses Invictus Games en cette métropole canadienne. Comme chaque année, il assiste à un maximum de compétitions, montrant aux athlètes son soutien, au monde, son engagement sans faille pour ces jeux sortis tout droit de son imagination. Pour la finale de tennis en fauteuil roulant qui se tient au Nathan Philips Square, Harry ne déroge pas à la règle. Toute la presse est présente pour immortaliser la venue du prince. Surprise, il n'est pas venu seul. À son bras, une sibylline jeune brune au look décontracté. Qui est celle qui semble faire battre plus que jamais le cœur de ce jeune homme qui a jusqu'ici montré plus d'attachement à son célibat qu'à un avenir à deux ? Comment se sont-ils rencontrés ? Sera-t-elle la future épouse tant attendue de l'enfant terrible des Windsor ? Le couple est pressé de prendre son destin en main et ne va pas tarder à donner des réponses concrètes à ces questions légitimes.

Rencontre entre Buckingham et Hollywood

Depuis sa séparation de Cressida en 2014, Harry est un cœur à prendre. Désespéré devant le bonheur familial de son frère, il espère pouvoir lui aussi avoir la joie de créer son propre foyer. Impatient de quitter ce célibat qui lui pèse, Harry a pourtant du mal à faire des rencontres, son statut de prince l'empêchant notamment de s'abonner à des sites spécialisés sur la question. Il peut néanmoins compter sur le soutien et l'aide précieuse de ses amis. Violet von Westenholz est la fille d'un proche du prince Charles. Elle propose son aide au prince affligé et lui parle de l'une de ses amies américaines, une certaine Meghan Markle. Harry l'avait déjà remarquée sur les réseaux sociaux. Du haut de ses trente-deux ans, il est un jeune homme connecté qui dispose d'un compte Instagram secret. Loin d'être un nom inconnu pour Harry, Meghan est l'une des actrices phares de la série *Suits*. Mordu de cette série américaine qui se déroule dans un cabinet d'avocats new-yorkais, il était tombé sous le charme de celle qui incarne le personnage de Rachel Zane Ross.

La rencontre a lieu le 1er juillet 2016 au Soho House, un luxueux restaurant de la capitale anglaise. Avant de se rendre au rendez-vous, chacun a googlisé l'autre. Il n'est pas difficile de trouver quelques informations sur la vie de Meghan, encore moins sur celle du prince Harry. Le fils de Diana apprend que sa prétendante est née le 24 août 1981 à Los Angeles, fruit de l'union de Doria Ragland et de Thomas Markle. Doria était assistante maquilleuse quand elle a rencontré en 1977 Thomas, au studio de tournage de la série *General Hospital* où il travaillait en tant que chef éclairagiste. Ce dernier avait eu une première vie de famille avant cette rencontre. Déjà père de deux adolescents, Tom Junior et Samantha, il venait de divorcer. Quant à Doria, jeune Afro-Américaine hippie adepte de fêtes enfumées et de yoga, elle va garder longtemps ses habitudes instables. Après son mariage, elle tente de lancer sa propre marque de bijoux, Three Cherubs, sans connaître le succès espéré. Le couple ne met pas longtemps à se séparer. Le divorce est prononcé à peine trois ans après la naissance de Meghan.

Elle suit sa mère, mais Doria peine à s'occuper de sa fille, préférant mener une vie désinvolte. La petite fille retourne donc vivre auprès de son père et de ses deux demi-frères. Grâce au salaire paternel, Meghan est scolarisée dans des établissements privés de Los Angeles. À la Little Red School House et à l'Immaculate Heart School, une école catholique pour filles, elle se démarque par son assurance, son intelligence et son empathie envers les enfants timides et bizutés dont elle prend la défense. Thomas est un père attentionné, capable de tous les sacrifices pour contenter sa fille cadette qui a tendance à agir en fille unique capricieuse. À la sortie de l'école, Meghan a pour habitude de rejoindre son père sur les studios de tournage où elle fait ses devoirs. L'univers de la télévision lui devient familier, créant chez elle des envies de célébrité et de carrière. Populaire parmi les acteurs des séries *General Hospital* et *Married with Children*, où son père travaille, elle fait même ses premiers pas d'actrice dans l'un des épisodes de cette série en tant que figurante. Mais Meghan n'y brille pas par des talents innés de comédienne. Elle n'oublie pas son rêve de devenir actrice pour autant et sort diplômée de Northwastern à Chicago, l'une des meilleures universités américaines où on étudie l'art dramatique. Elle rencontre Trevor Engelson, un producteur américain, qu'elle épouse en 2011. Profitant des relations de l'homme qui partage sa vie, elle passe un casting pour la série *Suits* en 2010, dans laquelle elle décroche le rôle de Rachel. Si ses débuts au cinéma sont discrets, la série portée par un relatif succès populaire lui permet de se révéler et de se hisser au rang de starlette hollywoodienne. Son mariage avec Trevor Engelson prend fin en 2013. Depuis cette date, elle reste une célibataire endurcie qui vit dans une petite maison de Toronto où sont tournés les épisodes de la série. Ambitieuse, Meghan espère encore devenir l'une de ces stars de cinéma à la hauteur de Julia Roberts ou Angelina Jolie.

Le premier rendez-vous se déroule à merveille, au point qu'à la sortie du restaurant, Meghan s'empresse de téléphoner à son amie Gina Nelthorpe-Cowne pour résumer sa soirée. « Il est charmant, adorable et c'est un vrai gentleman[1] », lui indique-t-elle encore émue par ses premières impressions sur le prince charmant. Coup de foudre à Soho ! Ils se retrouvent à deux reprises avant que Harry ne traverse discrètement l'Atlantique deux semaines plus tard pour un séjour à Toronto. Le prince lui demande de garder leur relation secrète, mais elle s'empresse d'en parler à son père et à ses amis. Meghan est une célébrité de son temps, ultra-connectée et ennemie du mystère. Un mois seulement après leur rencontre, Harry lui propose de partir pour le Botswana, ce pays africain qu'il affectionne tant depuis qu'il l'a découvert en 1997 quelques semaines après la mort de sa mère. Pour Harry, le Botswana est cette deuxième maison qui lui rappelle le souvenir d'une mère engagée dans l'humanitaire. Il se sent en sécurité dans ce pays qui lui permet de vivre son existence dans une totale liberté. Pendant cinq jours, le jeune couple séjourne sous une toile de tente en lisière du parc national Makgadikgadi, surplombant une rivière et des collines luxuriantes. À leur retour, l'actrice américaine voit dans son *boyfriend* l'âme sœur qu'elle n'a jamais trouvée jusqu'à présent. Ce voyage est déterminant. Harry sait qu'il a rencontré cette perle rare qui le sortira de son enfermement psychologique dans un monde aristocratique auquel il n'accorde aucune importance.

Leur histoire d'amour se poursuit entre Toronto et Nottingham Cottage. Cette relation à distance n'est pas un problème pour le moment. Harry est un prince occupé par ses obligations, tandis que Meghan doit continuer à tourner pour la série *Suits*. Le fils cadet du prince Charles est aux

1. Tom Bower, *La Revanche. Meghan, Harry et la guerre chez les Windsor, l'autre version de l'histoire*, Paris, Hachette, 2023.

anges. Jamais il n'a été aussi heureux. Il ne peut cacher longtemps ce bonheur qui fait battre son cœur. « Quelques jours plus tard, Willy et Kate m'ont invité à dîner, raconte-t-il dans les pages du *Suppléant*. Ils avaient compris qu'il m'arrivait quelque chose et ils voulaient découvrir quoi. Je n'étais pas certain d'être prêt à leur en parler. Pour l'instant, je n'étais pas certain d'avoir envie que quiconque soit au courant. Mais quand on s'est retrouvés dans leur salon télé, les deux enfants couchés, j'ai senti que c'était le bon moment[1]. » Harry n'attend pas que sa relation soit véritablement sérieuse pour l'annoncer à son frère. Deux mois sont passés depuis sa rencontre avec Meghan, et le voilà déjà en proie aux confidences sentimentales. En apprenant l'identité de l'heureuse élue, les ducs de Cambridge sont ravis. Ils lui confient avoir suivi les épisodes de la série *Suits*. « Ils m'ont bombardé de questions. Je leur ai un peu raconté comment nous avions fait connaissance, je leur ai parlé du Botswana, je leur ai avoué que j'étais amoureux, mais d'une manière générale, je ne leur ai pas donné beaucoup de détails. Je ne souhaitais pas en dire trop[2]. » Mais Harry ne joue pas au frère mystérieux très longtemps. Le nouveau couple veut aller vite. Ils s'aiment, se comprennent, se complètent et voient leur avenir ensemble, c'est tout ce qui leur importe. Au vent le poids des obligations royales, au vent l'importance monarchique du prince, rien ne doit empêcher l'éclosion de la fleur de leur amour.

Harry a toujours été proche de sa cousine Eugenie. De six ans sa cadette, elle partage avec lui cette passion pour la fête, n'accordant aucune importance à son statut de princesse, mais surtout, elle le comprend. Le 31 octobre 2016, Meghan organise une fête pour Halloween. Harry invite Eugenie et son petit ami Jack Brooksbank et leur

1. Prince Harry, *Le Suppléant*, *op. cit.*

2. *Ibid.*

présente sa nouvelle *girl friend.* Tous déguisés, les membres de cette joyeuse bande profitent des plaisirs que peut offrir cette gigantesque ville canadienne. Le lendemain, le *Sunday Express* révèle la nouvelle *love story* chez les Windsor. Harry s'affole et rentre immédiatement à Londres. Meghan reste à Toronto pour continuer à tourner les épisodes de *Suits*. Devant chez elle commence à se former un attroupement de journalistes prêts à dégainer leurs appareils photo au moindre mouvement de la jeune femme. Elle leur sourit, puis s'en va en direction des studios. Tous les médias britanniques reprennent le scoop. Enfin, le prince a trouvé chaussure à son pied ! « Harry semble heureux comme jamais il ne l'a été depuis de nombreuses années », scande le *Times*. Le *Sun* y va de sa propre une : « Donnons une chance à Meghan. » La nouvelle est accueillie telle l'arrivée du Messie. Les Britanniques n'ont que faire du statut d'actrice américaine divorcée de la jeune femme. Ils n'apportent pas non plus une quelconque importance à sa couleur de peau. Au contraire, Meghan connaît tout de suite un succès populaire indéniable. Le monde est d'ores et déjà informé de l'idylle entre Harry et sa belle Américaine. Le prince ne peut plus reculer. Après sa cousine, il doit présenter Meghan au reste de sa famille.

Puisqu'Eugenie a été la première à rencontrer la jeune femme, Harry pense qu'il est opportun d'organiser une rencontre avec ses parents le duc et la duchesse d'York. Le couple se rend à Royal Lodge à Windsor, où vivent le prince Andrew et Sarah Ferguson, pourtant divorcés depuis 1996. En chemin, Fergie leur apprend par téléphone que la reine a décidé de leur rendre visite à l'improviste. Affolé, Harry donne une formation express à sa petite amie avant d'arriver à destination. À leur arrivée, ils sont accueillis par Fergie qui conseille une dernière fois Meghan avant la présentation tant redoutée à la souveraine de quatre-vingt-dix ans. L'Américaine lui fait une grossière révérence avant de commencer à répondre aux questions de la reine. Si les manières protocolaires de Meghan ne sont pas maîtrisées, ayant bénéficié de très peu de temps pour s'exercer, elle relève néanmoins haut la main le défi de la présentation officielle à Sa Majesté. Elizabeth II apprécie son éducation et son positivisme. La première étape achevée, elle doit encore se plier à la rencontre avec William et Kate.

Harry se rend avec Meghan à l'appartement 1A du palais de Kensington un après-midi, avant de partir avec son frère à une partie de chasse. Kate s'est absentée avec les enfants. Harry est nerveux, cette rencontre est cruciale dans sa vie d'homme. Il a besoin de la bénédiction de son frère aîné pour se sentir soutenu et prendre les rênes de sa destinée. Quand William ouvre sa porte, Meghan l'embrasse sur la joue, telle une Américaine digne de ce nom. « Ce qui l'a totalement fait flipper. Il a reculé. Willy ne faisait pas souvent la bise à des inconnus[1]. » L'aristocratie anglaise distante et habituée à une certaine retenue rencontre l'excès de sentimentalisme américain. Un véritable choc des cultures, au détriment de l'étiquette. Meghan s'est soumise à la révérence devant la reine. Elle l'évite allègrement devant William, ne voyant en lui rien d'autre qu'un beau-frère. La conversation se poursuit dans un salon avant que les deux frères ne partent à leur partie de chasse. Une fois sans Meghan, le duc de Cambridge en profite pour féliciter son petit frère : « Content pour toi, Harold. » Après les présentations à William, Harry emmène Meghan à Clarence House. Charles et Camilla les accueillent à l'heure du thé et discutent de la carrière d'actrice de la jeune femme et de son amour pour les chiens, un point commun avec le prince de Galles. La rencontre avec Catherine est organisée le 10 janvier 2017. La veille, la duchesse fêtait ses trente-cinq ans. Pour marquer cette journée spéciale, Meghan lui

1. Prince Harry, *Le Suppléant*, *op. cit.*

offre « un luxueux carnet Smythson à la douce couverture de cuir[1] ». Catherine fait preuve de bienveillance à l'égard de sa future belle-sœur. Elle n'hésite pas à lui confirmer le soutien qu'elle peut lui apporter en toute occasion. Elle l'apprendra bien vite, être un nouveau membre de la famille royale n'est pas de tout repos.

William et Catherine connaissent trop bien la pression que peuvent infliger les médias. Au début de leur relation, ils ont eux aussi été victimes de l'intrusion fréquente des paparazzis dans leur vie privée. Le couple en vacances en famille à Courchevel, le couple se promenant aux abords de sa résidence de St Andrews, Kate profitant d'un séjour en Méditerranée avec sa famille, Kate seins nus dans une propriété française… Les occasions ont été nombreuses pour les tabloïds d'attaquer la vie sentimentale du second héritier de la Couronne. L'époque Diana rythmée par de dangereuses courses-poursuites est révolue. Les médias ont compris les torts qu'ils ont causés aux Windsor. Pourchasser les membres de la famille d'Elizabeth II est devenu bien trop risqué. La reine protège les siens en envoyant son armée d'avocats contre ces journalistes, certes nécessaires pour la communication de la monarchie, mais parfois assimilés à l'ennemi. Pour être vénérée par les médias, la famille royale doit être livrée aux critiques publiques. L'attention portée par la presse à Harry et Meghan ne fait pas exception à cette tradition malsaine.

Les gros titres ciblant le nouveau couple des Windsor commencent à faire leur apparition. Les demi-frères de Meghan, jaloux de sa notoriété naissante, s'adonnent à des interviews et dressent un portrait peu flatteur de la jeune actrice. Tom Junior et Samantha n'hésitent pas à la qualifier de demi-sœur capricieuse, arriviste et sans cœur, capable de tourner le dos à sa famille paternelle. Meghan n'a de

1. Omid Scobie, Carolyn Durand, *Harry et Meghan. Libres*, Paris, Seuil, 2020.

cesse de contredire les allégations de sa famille, mais le mal est fait. Ces articles à charge ne sont pas les principaux soucis de la jeune femme. Elle entrevoit dans chacun de ceux qui mentionnent sa couleur de peau des sous-entendus racistes, de la part d'une presse représentante d'une nation héritière d'un passé esclavagiste. Le racisme est bien la véritable obstination de la jeune femme. Harry défend sa bien-aimée. Le 8 novembre 2016, il publie un communiqué enragé contre les médias et leur « sexisme et leur racisme flagrants ». William et Charles sont fous de rage. Par son communiqué, Harry déroge à la sacro-sainte règle victorienne qui lui impose de ne pas intervenir publiquement sur les critiques reçues. Pire, il n'a pas pensé à consulter les communicants du Palais auparavant. Cette accusation de racisme contre les médias, outil indispensable à l'avenir de l'institution, aura forcément des conséquences. Sans s'en rendre compte, Harry vient de déclarer une guerre médiatique sous l'impulsion de sa petite amie qui n'a jamais été habituée à garder sa langue dans sa poche. Le prince va plus loin parce qu'il exige de son frère qu'il publie un communiqué de soutien. S'il veut montrer qu'il accepte Meghan Markle dans son clan, William n'a pas le choix, il doit se plier aux demandes de son frère. « Le duc de Cambridge comprend la nécessité de préserver la vie privée et apporte à son frère tout son soutien dans son besoin de protéger ceux qui lui sont les plus proches. » La phrase est courte, mais suffisante pour contenter Harry.

Meghan a voué son existence à la défense des causes qui lui sont chères. Métisse, elle a d'abord souffert de sa position au sein de la société américaine. Elle dit avoir été victime de discrimination à l'école, mais elle a pu compter sur le soutien indéfectible de son père. Thomas a toujours été attentionné, patient et compréhensif. Plusieurs anecdotes sont célèbres concernant la jeunesse de Meghan. « Je me suis extasiée devant un coffret Barbie Heart Family. Il y avait le père, la mère et les deux enfants. La famille idéale. On trouvait une version blanche et une version noire. Le matin de Noël, dans du papier cadeau, j'ai découvert ma Heart Family : une maman noire, un papa blanc et un enfant de chaque couleur. Mon père avait acheté deux coffrets pour personnaliser mon cadeau. » En tant que petite fille issue d'une union mixte, Meghan cherche sa place. À douze ans, elle est confrontée pour la première fois à ses origines ethniques en remplissant un questionnaire de son établissement scolaire. « J'étais là, avec mes cheveux bouclés, mes taches de rousseur, ma peau claire, mon origine métisse, à regarder les cases… Je ne savais pas quoi faire. On ne pouvait choisir qu'une case, mais cela revenait à choisir un parent plutôt que l'autre – et une moitié de moi-même plutôt que l'autre. Mon professeur m'a dit de cocher la case "Caucasien". "Parce que c'est à ça que tu ressembles, Meghan." J'ai posé mon stylo. Pas par défi, mais comme un symptôme de ma confusion. Je ne pouvais pas m'y résoudre – j'imaginais la tristesse de ma mère si elle l'apprenait. Je n'ai donc pas coché de case. J'ai laissé mon identité en blanc – un point d'interrogation, une incomplétude absolue –, à l'image de ce que je ressentais. En rentrant à la maison ce soir-là, j'ai raconté à mon père ce qui s'était passé. Il m'a dit des mots qui sont restés gravés dans ma mémoire : "Si cela se reproduit, tu dessineras ta propre case." » Bénéficiant de la bienveillance d'un père, Meghan se sent malgré tout éternellement victime du système social américain.

Engagée contre le racisme, elle est aussi ouvertement féministe. À l'âge de onze ans, elle n'hésite pas à prendre la plume pour dénoncer la publicité sexiste de la marque Procter & Gamble pour son nouveau liquide vaisselle. « Dans toute l'Amérique, les femmes luttent contre les casseroles et les poêles sales », indique la voix off du court-métrage. Meghan écrit une lettre au président de la société et à la

Première Dame du moment, Hillary Clinton, pour demander que le terme « les femmes » soit remplacé par « les gens ». Ne recevant aucune réponse, Thomas demande à Linda Ellerbee, animatrice de la chaîne Nickelodeon, de faire un reportage sur son engagement. Quelques semaines plus tard, la marque décide de changer les répliques de sa publicité comme demandé. Meghan devient celle qui a réussi à faire fléchir une marque nationale, gagnant une incroyable confiance en elle-même. Pourtant, elle n'est pas la seule à protester contre cette publicité. Une centaine d'autres plaintes ont été enregistrées à l'encontre de la marque. Cette avalanche de protestations est certainement la véritable raison de cette bataille gagnée contre le sexisme, mais aux yeux de tous, cette jeune fille est l'unique victorieuse de cette bataille pour la représentation de la femme.

Meghan est poussée par une foi inéluctable en sa réussite professionnelle et sociale, engagée pour la défense de ses valeurs et des causes qu'elle juge justes. Dès leur premier rendez-vous, Harry a perçu en elle cette excentricité et cette assurance qui lui font parfois défaut. Il est admiratif du parcours de sa petite amie, prêt à tout pour la soutenir et la protéger du reste du monde. Envoûté, il n'a plus aucun doute : c'est à ses côtés qu'il veut passer le restant de ses jours. La demande la plus importante de sa vie se fait dans les jardins de Nottingham Cottage, un soir du mois de novembre 2017. Seize mois seulement séparent la fameuse rencontre à Soho et la demande en mariage tant attendue.

Stand by me

William a le privilège d'être le premier à apprendre les intentions de son frère d'épouser Meghan. Harry s'attendait à une cascade de félicitations et de joie de la part de son grand frère. Rien de tout cela ne se serait produit. À l'inverse, le duc de Cambridge s'indigne : « Ça va trop vite.

Il est trop tôt. Tu n'es pas obligé de te presser. Prends le temps qu'il te faut pour bien connaître cette fille[1]. » William a attendu huit longues années avant de passer la bague de fiançailles de Diana au doigt de Kate. Huit années durant lesquelles le prince a mûri, s'est convaincu que Catherine bénéficiait d'épaules suffisamment solides pour supporter le poids des obligations d'une Altesse royale. Kate a pu se familiariser avec l'univers complexe et parfois impitoyable des Windsor. Harry n'a jamais eu l'intention d'attendre si longtemps pour plier le genou devant sa belle actrice. Le fils cadet du prince Charles n'a pas la même pression. Depuis la naissance de ses deux premiers neveux, celui qui aime se surnommer « le suppléant » n'a plus rien d'une vulgaire pièce de rechange pour la monarchie. Il occupe la cinquième position dans l'ordre de succession, passant après les enfants de son frère. Qu'on se le dise, Harry ne sera jamais roi. Il n'en reste pas moins un membre de la famille royale qui doit représenter la Couronne. La réputation des Windsor ne doit pas être entachée par un quelconque empressement. William a peur de voir se répéter les erreurs du passé. Charles et Diana se sont vus seulement treize fois avant leur union fastueuse en 1981. Ils ont finalement découvert qu'ils étaient opposés sur bien des points, ouvrant la porte à un inéluctable divorce. Charles et Diana ne peuvent pas être comparés à Harry et Meghan, mais aux yeux de William, leurs seize mois de fréquentation sont du même acabit. Il ne peut concevoir que son frère épouse cette quasi-inconnue, faisant abstraction de tous les principes royaux. Pourtant, les projets du prince amoureux restent inchangés. Les mots de William sont sûrement mal choisis mais ils illustrent son inquiétude. Quelques jours plus tôt, il aurait interrogé Harry sur la puissance de ses sentiments envers Meghan, la désignant comme « cette

1. Prince Harry, *Le Suppléant*, *op. cit.*

fille ». Ces mots sonnent telle une insulte méprisante aux oreilles de l'amoureux transi. Désespéré et désarmé face à l'obstination de son frère, William demande l'aide de son oncle maternel. L'intervention du comte Spencer se solde par un nouvel échec dans cette tentative de freiner les intentions du prince éperdu.

Comment justifier cette précipitation ? Est-elle le fruit d'un amour si puissant qu'il ne peut attendre, d'une exaspération du prince quant à ses anciennes petites amies qui ont fui à l'approche de la demande en mariage, ou d'une contrainte imposée par une femme à l'ambition démesurée ? Chacun y va de sa propre interprétation. Quoi qu'il en soit, comme le veulent les règles de succession au trône britannique, Harry doit demander l'autorisation de la reine pour s'unir à Meghan. Elizabeth II ne souhaite pas contrarier son petit-fils et se sent presque obligée d'accepter. Aussi contrainte qu'elle puisse l'être, la réponse est positive et suffit à rendre heureux le fils de Diana.

Comme le veut la tradition, les fiançailles sont annoncées lors d'un rendez-vous médiatique suivi d'une interview. Pour annoncer au monde leur futur mariage, Harry et Meghan donnent rendez-vous aux journalistes dans les jardins du palais de Kensington le 27 novembre 2017. Ils répondent ensuite aux questions de Mishal Husain pour la BBC, et Meghan avoue que « Catherine a été absolument merveilleuse », avant que Harry renchérisse : « Fabuleuse, tout comme William. Un soutien fantastique. » La fiancée arbore fièrement une bague dessinée par Harry, confectionnée à partir d'un bracelet ayant appartenu à Diana. Ce bijou maternel était la propriété des deux frères. Pour pouvoir l'utiliser à ses fins, Harry a dû demander l'autorisation de son frère au cours d'une soirée à Nottingham Cottage. « Je n'ai pas le souvenir qu'il ait hésité, pas même une seconde[1]. » Meghan reçoit son futur beau-frère et son épouse en respectant les codes de la décontraction américaine. Son jean déchiré, ses pieds nus et ses embrassades détonnent avec la robe parfaitement taillée, les escarpins et la droiture de Catherine. Deux mondes, deux cultures dans une même pièce.

Les préparatifs vont bon train. Aux dires du prince Harry, son frère lui aurait proposé d'organiser son mariage en l'église de St Mary the Virgin de Tetbury, un édifice gothique du XVIIIe siècle situé à seulement un kilomètre et demi de Highgrove. Pour le futur marié, l'idée d'organiser le plus beau jour de sa vie dans une église inconnue du grand public, ne pouvant pas accueillir plus de cinq cents personnes et manquant de majesté, est purement inimaginable. Il voit cette proposition comme un affront.

L'union est finalement célébrée en grande pompe le 19 mai 2018 en la chapelle Saint-George du château de Windsor, où, treize ans auparavant, Charles et Camilla ont reçu la bénédiction de l'archevêque de Canterbury. Devant un parterre d'aristocrates anglais et de stars américaines, les amoureux unissent ses destins au son de *Stand by Me* de Ben E. King, interprété par le groupe de gospel britannique *The Kingdom Choir*. Telle l'union de la Grande-Bretagne royale et de l'Amérique hollywoodienne, ce mariage est célébré sous le regard de près de deux milliards de téléspectateurs. Meghan porte une robe majestueuse de simplicité signée Givenchy. Quant à Harry, il a revêtu son uniforme noir des Blues and Royals. William a fait de même. En tant que témoin, il est à ses côtés, comme Harry pour son propre mariage. Le futur marié a hésité à désigner son frère comme témoin. Finalement, il s'est résigné à le choisir pour être soutenu dans cette étape cruciale de sa vie, mettant leurs

1. *Ibid.*

différends de côté. Pour marquer leur union, la reine offre aux jeunes mariés les titres de duc et duchesse de Sussex.

Un enthousiasme populaire envahit les rues de Londres. L'entrée de Meghan Markle, une actrice américaine divorcée et métisse, dans l'une des familles royales les plus importantes au monde est perçue comme une nouvelle étape dans la modernisation de l'institution. Kate a révolutionné la monarchie en son temps par sa position de roturière ; Meghan a poussé davantage la capacité de la reine à s'adapter aux attentes de son peuple pour faire coïncider l'image de son clan avec la représentation actuelle d'une famille. Pour la première fois de l'histoire des Windsor, une divorcée est officiellement acceptée dans ses rangs. Pour la première fois aussi, une Américaine apporte sa culture au sein de cette famille ancrée dans ses traditions immuables. Pour la première fois enfin, une femme aux origines afro-américaines fait une entrée triomphale au sein de la famille royale.

William apporte son soutien public à son frère au cours de cette journée exceptionnelle dans son existence. Les photographies officielles, prises par Alexi Lubomirski et publiées deux jours plus tard, illustrent parfaitement le rôle clé tenu par le duc dans cette cérémonie. Sur le portrait de famille, William n'occupe pas n'importe quelle position. Il se tient debout, derrière son épouse qui tient sur ses genoux la princesse Charlotte, à la gauche de Doria Ragland. Telle l'illustration de la bénédiction des membres de la famille royale, la photo incarne l'avenir de cette institution ô combien moderne.

Mais ce mariage ne pouvait se tenir sans son lot de scandales. Quelques jours avant l'événement royal de l'année, le père de la mariée a avoué avoir été payé par un journaliste pour poser en train de feuilleter un livre illustré sur la Grande-Bretagne dans un café. Il est même accusé par Meghan d'avoir collaboré avec la presse pour vendre quelques informations sur le mariage. Thomas Markle devient encombrant pour la future mariée. La question de sa venue est réglée quand le patriarche de la famille est victime d'une crise cardiaque qui l'oblige à être hospitalisé d'urgence le 16 mai. Pour le remplacer, le prince Charles accepte de conduire sa future belle-fille jusqu'à l'autel. La puissance de ce geste symbolique est acclamée par les Britanniques. En signe de bienvenue, le prince de Galles tend la main à la mariée.

La fausse paparazzade de Thomas n'empêche pas les préparatifs du mariage. Meghan commence par choisir la tiare qu'elle portera. Elle doit pour cela se tourner vers Angela Kelly, habilleuse de la reine mais aussi conservatrice des bijoux de Sa Majesté. Elle jette son dévolu sur un diadème confectionné pour la reine Mary à partir de pierres russes obtenues de façon mystérieuse. Les pierres des Romanov, la famille impériale martyre, à un mariage princier britannique… Il ne s'agit pas d'apporter le mauvais œil. Kelly décline la demande de Meghan, préférant le diadème bandeau en diamants de la reine Mary. Pour les essayages, la future mariée demande que lui soit envoyé le diadème, mais encore une fois, elle se confronte à l'opposition de la confidente de la reine qui lui explique l'impossibilité de sortir les bijoux de la Couronne en dehors des événements officiels. Meghan s'agace, Harry s'insurge contre ce qu'il interprète comme un manque de respect envers sa bien-aimée. Il s'emporte contre Kelly et lui lance : « Ce que Meghan veut, elle doit l'obtenir ! » Elizabeth II intervient personnellement et convoque son petit-fils au palais de Buckingham pour lui expliquer les règles du jeu. En aucune façon, lui et sa fiancée ne doivent se comporter comme des stars capricieuses. Ils doivent respecter les choix qui sont faits pour eux, le diadème étant un prêt généreux de Sa Majesté.

Les polémiques ne s'arrêtent pas là. Des écarts de conduite à l'encontre du personnel sont dévoilés par la presse. William et Kate ne comprennent pas les actes de Harry et Meghan. Néanmoins, la duchesse de Cambridge qui vient d'accoucher du prince Louis se rend aux essayages des filles d'honneur, étant donné que la princesse Charlotte en fait partie. Les deux femmes s'opposent quant au port de collants des jeunes filles. Épuisée par son accouchement récent et agacée par la manière de s'exprimer de Meghan envers ses collaborateurs, Kate fond en larmes. Elle quitte les lieux, avant de revenir quelques minutes plus tard, un bouquet de fleurs à la main en signe de paix. En réponse, Meghan refuse son présent. Elle contestera plus tard cette histoire de larmes, assurant que c'est elle qui s'est mise à pleurer ce jour-là et a tenté de se réconcilier avec sa future belle-sœur grâce à un bouquet de fleurs. Quelle que soit la vérité sur cette affaire, il est certain qu'elle marque un véritable basculement quant à la relation entre les deux couples.

La cohabitation

Les fiançailles de Meghan et Harry annoncent la création d'un nouveau groupe au service de la Couronne. William et Kate avaient incarné la jeunesse de la monarchie au moment de leur mariage. Avec Harry à leurs côtés, ils avaient consacré leur temps à soutenir des organismes caritatifs. Avec le nouveau couple star des Windsor, les Cambridge s'attendent à devoir adapter leur présence publique. Les plans de la reine ne prévoient aucune relation conflictuelle entre les deux frères et leurs conjointes. Au contraire, elle veut faire de ce quatuor le nouvel ambassadeur glamour, jeune et adulé de l'institution.

Les premières images du groupe fraternel soudé sont prises lors des fêtes de Noël 2017. Côte à côte, ils remontent l'allée qui mène à l'église Sainte-Marie-Madeleine de

Sandringham. Le 28 février 2018, ils unissent leurs forces pour donner le coup d'envoi du premier forum de la Royal Foundation. « Nous étions tous les quatre sur scène tandis qu'une femme nous posait des questions conciliantes devant un auditoire assez important, raconte le prince Harry. La fondation approchait de son dixième anniversaire, et on évoquait son passé tout en se projetant dans l'avenir avec nous quatre à sa tête. Le public était enthousiaste, nous passions tous les quatre un bon moment et l'ambiance générale était très positive[1]. » William se dit « ravi » de voir Meghan se joindre à eux pour défendre les projets caritatifs de la fondation. Harry exprime un réel enthousiasme face à ce projet familial : « Nous avons vraiment hâte de travailler en couples et en tant que quatuor. » Le frère aîné temporise néanmoins l'enthousiasme ambiant. Lorsqu'une journaliste leur demande si des désaccords ont lieu sur leur travail familial, William répond immédiatement, le sourire aux lèvres : « Oh que oui ! » Harry renchérit : « Travailler en famille est un challenge, bien sûr, mais nous allons passer le reste de notre vie ensemble. » Comme dans toute famille, il peut parfois être difficile de concilier travail et bonne entente. Ce jour-là, le *Fab Four* est né. Ce surnom choisi par des journalistes a d'abord été celui des Beatles. Les années 1960 ont eu leur groupe de rock populaire ; la décennie 2010 révèle une équipe princière liée par le devoir.

Kate et Meghan ont seulement cinq mois d'écart. Ces deux roturières ont en commun leur position délicate « d'outsiders dans une situation royale exceptionnelle[2] », comme le définit à merveille Robert Lacey. Elles sont aussi toutes deux habitées par un professionnalisme profond qui les pousse à donner le meilleur d'elles-mêmes dans chaque projet entrepris. Ce sont là les trois seuls points qu'elles ont

1. Prince Harry, *Le Suppléant*, *op. cit.*

2. Robert Lacey, *Guerre royale, mensonges et trahisons*, *op. cit.*

en commun. Si la duchesse de Cambridge est réservée, la duchesse de Sussex est extravertie. N'a-t-elle pas enrichi un blog, *The Tig*, pendant quatre ans, où elle dispensait des conseils de vie tout en défendant certaines causes ? N'a-t-elle pas entretenu ses propres réseaux sociaux en signant quelques contrats avec des marques de prêt-à-porter, au point de gagner le titre d'influenceuse ? Son mariage lui a imposé la fermeture de ses comptes, mais elle a gardé cette personnalité affirmée de femme de conviction, attachée à une fibre commerciale et aventureuse. Les deux femmes doivent partager une présence publique qui sonne vite comme une contrainte. En privé, ces voisines de quelques centaines de mètres s'évitent. Quand elles ne peuvent éviter la confrontation, le silence est roi. Leur manque de points communs est flagrant.

En public, pourtant, rien ne laisse deviner une telle division entre les deux femmes, y compris après le mariage de l'année 2018. Les Sussex attendent rapidement un heureux événement. Le 6 mai 2019, Meghan accouche dans le plus grand secret avec deux semaines de retard d'un petit garçon à l'hôpital londonien de Frimley Park, un centre hospitalier de luxe dans lequel Victoria Beckham, Liz Hurley et Kate Winslet ont donné vie à leurs enfants. La naissance est révélée au public une fois le trio Sussex de retour à Frogmore Cottage, une maison du XIXe siècle située dans le parc de Windsor où ils ont emménagé en janvier 2019 après des travaux de rénovation à grands frais. Le bébé est prénommé Archie Harrisson. *Arkhè* signifie en grec ancien « l'origine » ou « la source d'une action ». Harrisson correspond littéralement à « fils de Harry ». Les heureux parents refusent ensuite de se soumettre à la présentation médiatique de leur fils. Ils organisent une séance photo deux jours plus tard dans le Hall St George du château de

Windsor avec un unique photographe et quelques caméras de télévision, soigneusement sélectionnées au préalable.

William ne comprend pas les choix de son frère et de son épouse. Pour quelle raison ne veulent-ils pas s'inscrire dans la tradition monarchique ? Un nouveau-né royal est, par essence, un enfant public. Il naît dans cet univers de représentation permanente nécessaire pour assurer l'attachement du peuple au régime et garantir sa pérennité. Pour ses trois enfants, le duc de Cambridge n'a pas hésité à accomplir son devoir pour garantir au monde qu'un nouvel héritier du trône venait de voir le jour. L'entêtement des ducs de Sussex à cacher la naissance de leur fils pendant plusieurs heures, puis leur refus de se confronter à la foule n'obtiennent pas le soutien de William, ce prince conscient du rôle symbolique joué par la famille royale, attaché au devoir envers la Couronne et à l'importance des traditions dans une telle institution. Pour preuve, Kate et William attendent huit jours avant de se rendre, sans leurs enfants, à Frogmore Cottage pour faire la rencontre du bébé.

Le 6 juillet suivant, Archie est baptisé en privé au château de Windsor. Encore une fois, Harry et Meghan dérogent au protocole. Ils refusent de convier la presse à l'entrée de la chapelle et de rendre publique l'identité des parrains et marraines. Des obligations au palais de Holyroodhouse empêchent Elizabeth II et le prince Philip de se rendre à la cérémonie. Pour les portraits officiels, le couple choisit le photographe Chris Allerton. Sur la photo de famille prise dans le salon vert du château millénaire, William semble en retrait, esquissant un sourire crispé. Kate ne demeure pas moins gênée, assise sur sa chaise, toute de rose vêtue. Faisant bonne figure, les ducs de Cambridge et de Sussex cachent de plus en plus mal les tensions qui règnent sur leur relation depuis plusieurs mois.

Partie IV

PRINCE DE GALLES

25
Guerre des Windsor

En cette fin de décennie, William est confronté à de nouveaux défis qui l'obligent à utiliser tous ses sens de prince du Royaume-Uni. Plus que jamais, le parfum du scandale semble envahir à nouveau les couloirs de Buckingham, à l'image de la crise de l'abdication du roi Edward VIII quatre-vingts ans plus tôt.

Edward, prince de Galles populaire et aux mœurs légères, s'est amouraché en 1931 d'une énième femme divorcée, nommée Wallis Simpson. Épris de cette Américaine bientôt doublement divorcée et à l'ambition sans limite, il a très vite montré ses intentions de mener sa vie à ses côtés. Scandale à la cour Saint-James ! George V et la reine Mary désapprouvaient cette relation, au point de refuser toute rencontre avec celle qui faisait battre le cœur de leur fils héritier. Le statut de divorcée de Wallis ne plaisait pas non plus au jeune frère d'Edward. Le prince Albert, duc d'York, a désespérément tenté de ramener son frère à la raison. Il était le futur roi, et à ce titre, devait occuper la position prestigieuse de chef de l'Église d'Angleterre, une institution qui condamnait encore le divorce. Les disputes fraternelles s'enchaînaient à un rythme effréné, sans jamais avoir l'effet escompté. Edward était plus que jamais déterminé à épouser la femme qu'il aimait, quel que soit le sacrifice nécessaire, au point qu'il a fini par abdiquer en faveur de ses plans matrimoniaux.

L'horloge semble à nouveau sonner l'heure des divisions. La Grande-Bretagne vit dans une autre époque. De nouveaux membres de la famille royale représentent la Couronne. Deux nouveaux frères princiers incarnent l'avenir de la monarchie. La raison du cœur donne lieu à de nouvelles querelles, rythmant encore et toujours les relations qui lient la jeune génération des Windsor.

Divorce fraternel

La princesse Eugenie d'York épouse Jack Brooksbank le 12 octobre 2018 dans la chapelle qui a vu se tenir l'union entre Harry et Meghan. Pour cette journée automnale, rien ne doit ombrager le bonheur d'Eugenie, et pourtant… Faisant preuve d'une indélicatesse immodérée, les Sussex annoncent le soir même la première grossesse de la duchesse. Avant que ne soit publié le communiqué, ils profitent du cocktail de mariage pour annoncer la nouvelle à William et Kate. « On lui a annoncé la nouvelle en chuchotant, raconte le prince Harry, n'oubliant aucun détail. Willy a souri et nous a répondu qu'il fallait le dire à Kate, laquelle discutait avec Pippa de l'autre côté de la pièce. J'ai suggéré qu'on pourrait le faire plus tard, mais il a insisté. Alors on est allés la trouver, et elle aussi nous a gratifiés d'un grand sourire et nous a chaleureusement félicités. Ils avaient tous deux réagi exactement comme je l'espérais – comme je le souhaitais[1]. » Les Cambridge sont heureux pour les futurs parents, mais ce moment de bonheur semble bien le dernier avant que l'orage fraternel n'éclate.

Harry et Meghan sont confrontés à une nouvelle épreuve. Une vague de démissions est constatée dans leur entourage. La duchesse est accusée de faire peser une insupportable

---

1. Prince Harry, *Le Suppléant*, *op. cit.*

pression sur les épaules des membres de son personnel. L'un d'entre eux témoigne après avoir quitté son poste. « Meghan gouvernait par la peur. Beaucoup de gens le disaient. Rien n'était jamais assez bien pour elle. Elle humiliait ses collaborateurs en réunion, leur hurlait dessus, les retirait des boucles de mails et leur demandait ensuite pourquoi ils n'avaient rien fait[1]. » Un autre employé de Kensington y va de ses propres accusations. « Meghan se définissait comme la victime, se souvient-il. Mais c'était elle le tyran. Les gens se sentaient écrasés par elle. Ils ne savaient pas comment la gérer. Ils la trouvaient totalement narcissique et sociopathe. Déséquilibrée, en gros. Ce qui explique d'ailleurs que Harry et elle aient été attirés l'un par l'autre. Deux êtres abîmés[2]. » Jason Knauf, bras droit de la duchesse, se fait le porte-parole de ses collègues malmenés. Il va jusqu'à porter plainte contre son employeur en l'accusant de harcèlement ayant poussé deux de ses collègues à la démission, et un troisième à la perte de l'estime de soi. Knauf ne se contente pas de traîner les ducs de Sussex devant les tribunaux. Il parle de la situation avec Simon Case, le secrétaire particulier du prince William. Ce dernier s'empresse de transmettre la révoltante information à son supérieur.

Le duc de Cambridge ne comprend pas les agissements de sa belle-sœur. À ses yeux, ils ne sont que le vulgaire reflet des caprices d'une star hollywoodienne. Meghan agit en Américaine. Elle oublie le respect mutuel qui anime les relations entre les Windsor et les personnes travaillant à leur service. Elizabeth II a enseigné à sa descendance un comportement irréprochable envers elles. Toujours être à l'écoute de leurs besoins, faire preuve de compréhension face à leurs problèmes, ainsi se dessine la leçon de bonne conduite aristocratique transmise par la reine. William est

1. Robert Lacey, *Guerre royale, mensonges et trahisons*, *op. cit.*

2. *Ibid.*

furieux. Dans un excès de rage, il se rend à Nottingham Cottage où le couple vit encore, et prend son frère à partie en lui criant tout le mal qu'il pense du comportement outrancier de sa femme. Knauf devient le pire ennemi de la duchesse. Sans aucune forme de procès, elle n'hésite pas à le renvoyer. William est parfaitement conscient des talents de communiquant du trentenaire et l'embauche pour son propre compte. Harry et Meghan voient cette récupération de personnel comme un affront.

En février 2019, le *Mail on Sunday* publie la lettre envoyée par Meghan à son père suite à son mariage. Les Sussex poursuivent le journal pour violation de la vie privée et diffamation. La reine et le prince Charles s'opposent à cette plainte. William se range à leur avis. Il voit davantage cette action en justice comme une nouvelle tentative du couple de faire parler de lui, plutôt que comme une réelle action destinée à laver leur honneur. Pour le duc de Cambridge, ce dernier affront au Palais est de trop. Il veut en finir avec ces tensions qui gâchent leur quotidien. Il se rend une nouvelle fois à Nottingham Cottage et trouve son frère seul. Il commence à juger Meghan « difficile » et « impolie ». La tension monte rapidement d'un cran. Dans ses mémoires, Harry raconte sa propre version des faits. Il accuse son frère d'avoir fait preuve d'une violence inouïe à son égard, étant incapable de contrôler sa colère. « William m'a attrapé par le col, déchirant mon collier, et m'a fait tomber par terre. J'ai atterri sur la gamelle du chien, qui s'est brisée sous mon dos, les morceaux m'entaillant[1]. » William serait ensuite parti de la maison, avant de revenir s'excuser quelques minutes plus tard, demandant à son frère de ne pas parler de l'événement à Meghan. Existe-t-il une quelconque once de vérité dans ces propos ? La tension entre les deux frères à ce moment précis est incontestable. Enfant, William était

1. Prince Harry, *Le Suppléant*, *op. cit.*

considéré comme le casse-cou de la famille royale, mais le prince a grandi. S'il fait preuve d'un autoritarisme inné et d'un tempérament colérique, peut-il réellement en venir aux coups contre son propre frère ? S'agit-il d'un simple moyen pour Harry d'illustrer la mésentente qui règne entre William et lui ? Le doute est permis. Quoi qu'il en soit, la violence de cette dispute est telle qu'elle signe un point de non-retour dans leurs relations.

À la lumière de ces querelles à répétition, nous n'avons plus aucun mal à justifier le choix de déménager des ducs de Sussex. Dès novembre 2018, ils informent la reine qu'ils souhaitent quitter Nottingham Cottage. Officiellement, ils sont sur le point de fonder une famille et ont besoin d'un plus vaste espace. La réelle raison de cette décision ne reposerait-elle pas plutôt sur la situation de la maison, bien trop proche au goût des Sussex de la résidence des ducs de Cambridge ? Ils aménagent donc à Frogmore Cottage, à Windsor, en 2019. Au départ, il a été envisagé qu'ils choisissent l'appartement du palais de Kensington, voisin de celui du prince William et de Catherine. Quarante kilomètres séparent désormais les domaines des deux frères. Quarante kilomètres suffisants pour continuer à faire publiquement bonne figure.

Le 20 juin 2019, le Palais informe les Britanniques que dorénavant les ducs de Cambridge et de Sussex profiteront des services de deux bureaux séparés. Le divorce est cette fois-ci visible. Les sujets de Sa Majesté, comme la presse, s'inquiètent de la situation. Le nouveau cabinet de Harry et Meghan aménage au palais de Buckingham, quand celui de William et Kate demeure au palais de Kensington. En plus de réseaux sociaux séparés, ils profitent désormais de leurs propres parrainages. Le duc et la duchesse de Cambridge deviennent les seuls patrons de la Royal Foundation, alors que le duc et la duchesse de Sussex créent leur propre fondation, nommée Sussex Royal. C'en est fini du *Fab Four* inséparable dévoué à ses devoirs envers la Couronne.

La séparation consommée, Harry trouve une autre origine à ce fiasco fraternel. En octobre 2018, les Sussex se sont envolés pour une tournée dans le Pacifique, destinée notamment à profiter de leur incroyable popularité pour galvaniser la population australienne. Accueillis tel un véritable couple royal, Harry et Meghan sortent auréolés du succès incontestable de leur voyage. Rien n'est trop beau pour sa jeune épouse. Harry est fier de se montrer au bras de cette dernière. Il voit en elle la force de persuasion, l'engagement, la beauté et la popularité dont bénéficiait sa regrettée maman. Il ne peut s'empêcher de s'adonner à des comparaisons un brin macabres. La réussite de cette tournée prouve à ses yeux la valeur de sa femme. « Ça a vraiment changé après la tournée australienne, se confie Harry à Oprah Winfrey quelques années plus tard. C'était la première fois que la famille avait l'occasion de voir à quel point Meghan était incroyable dans son nouveau rôle. Et ça a fait remonter des souvenirs. » Le duc de Sussex décrit un sentiment de jalousie ressenti par Kate et William. Depuis leur mariage, le duc et la duchesse de Cambridge ont toujours été au centre des attentions. Ils doivent désormais partager la scène monarchique avec un autre couple aux nombreuses qualités publiques. Harry oublie pourtant un détail qui n'est pas anodin. Par sa position dans l'ordre de succession au trône britannique, il ne gagnera jamais l'aura de son frère aîné.

Quelle que soit la raison première qui justifie le divorce entre Cambridge et Sussex, l'avenir de la Couronne ne repose plus uniquement sur un quatuor uni par le devoir. « J'ai passé ma vie à le prendre sous mon aile. Je ne peux pas continuer. » De son propre aveu, William se libère de la responsabilité des actes de son frère cadet. Pour le duc de Cambridge, la Couronne, sa responsabilité de futur monarque, chef de famille et d'une Église priment. Pour le duc de Sussex, l'amour qu'il porte à sa charismatique épouse dicte toutes ses pensées et ses actes. À n'en pas douter, les deux princes empruntent bien des « chemins différents ».

Le mal-être Sussex

William et Kate partent le 18 octobre 2019 pour un voyage diplomatique crucial au Pakistan. La duchesse brille de mille feux dans des robes parfaitement pensées pour mettre en valeur sa féminité et son charme. Pourtant, l'attention des Britanniques est ailleurs pendant cette visite officielle. Vingt-trois millions d'entre eux se passionnent pour un documentaire diffusé le 20 octobre sur ITV. *Harry & Meghan: An African Journey* revient sur le voyage de dix jours en Afrique centrale du couple princier le plus populaire du moment, un mois plus tôt.

La stupeur est à la hauteur de l'événement lorsque les téléspectateurs découvrent que le couple a accordé une interview confession au journaliste Tom Bradby. Les propos choquent l'opinion publique. « Nous sommes frères, nous serons toujours frères, admet Harry lorsqu'il aborde la question de sa relation avec William. Nous sommes certainement sur des chemins différents en ce moment, mais je serai toujours là pour lui, comme je sais qu'il sera toujours là pour moi. [...] En tant que frères, vous avez de bons jours et de mauvais jours[1]. » Le duc de Sussex admet publiquement que rien ne va plus avec le duc de Cambridge. Le monde comprend que la séparation publique du mois de juin est bien plus profonde qu'il n'y paraît. La tristesse envahit les cœurs. Elle est bien loin, l'image des deux jeunes frères complices et rieurs qui mettaient leurs atouts en commun pour représenter leur grand-mère. Il est flou, le souvenir des

1. Pierrick Geais, *Prince William*, *op. cit.*

orphelins meurtris se soutenant mutuellement dans le deuil d'une mère adorée.

Meghan se lance dans ses propres confessions. Au bord des larmes, elle reconnaît son incapacité à gérer ses émotions quant à son nouveau statut de duchesse, représentante régulière de la Couronne. Le journaliste commence par lui demander comment elle se sent. « Je vous remercie d'avoir posé la question, car peu de gens m'ont demandé si j'allais bien. Mais c'est une chose très réelle que l'on vit dans son quotidien. Il ne suffit pas de survivre à quelque chose, n'est-ce pas ? Ce n'est pas le but de la vie. Il faut s'épanouir, confie-t-elle difficilement. » Elle continue en se lançant dans de touchants aveux : « C'est difficile. Je ne pense pas que quiconque puisse comprendre cela. En toute franchise, je n'avais aucune idée de ce que cela impliquait… » Un tel sentimentalisme n'est pas coutumier chez les Windsor. La réserve fait loi. Surtout, la duchesse de Sussex ose l'attaque frontale contre les membres de sa belle-famille. Elle sous-entend un manque de compassion, d'écoute et de compréhension de la part d'Elizabeth II et de son clan. Se comparant ouvertement à cette belle-mère incomprise qu'elle n'a jamais connue, elle tire des larmes aux sujets de Sa Majesté. Ses propos sont surtout dirigés contre William et Catherine, ce couple qui, à ses yeux, aurait dû être le soutien de chaque instant, dérogeant à ses obligations familiales.

L'interview illustre le mal-être qui ronge la santé mentale du couple. Depuis ses premières années, Meghan rêve de faire la couverture des magazines internationaux. Devenue actrice au succès modéré, puis duchesse admirée, elle a réalisé son rêve, mais au prix d'une dépression certaine. En faisant son entrée dans la famille royale, elle savait qu'elle gagnerait cette célébrité qui faisait défaut à son parcours. Néanmoins, elle ne s'attendait pas à devoir répondre à tant d'obligations officielles associées à une pression publique constante. La royauté ne peut vivre sans critique. En son absence, le manque d'intérêt populaire se fait sentir et fragilise l'avenir de l'institution. Prise au piège d'une cage dorée, elle exprime ce ressenti partagé par son époux. Depuis la mort de la princesse de Galles, Harry a toujours montré ses incapacités à s'adapter à l'exigence de la monarchie. William a suivi une thérapie pour tenter de se reconstruire. Il a conseillé à son frère de faire de même. Harry a consulté longtemps des psychiatres renommés de la capitale anglaise, mais rien de tout cela n'a réussi à le sortir de cette souffrance intérieure. Le désespoir commun du couple princier ne demande qu'à exploser au grand jour. Le compte à rebours de la désolation Sussex est lancé.

Un oncle trop encombrant

L'année 2014 s'achève lorsqu'une certaine Virginia Roberts dépose une plainte auprès du tribunal de Floride contre le prince Andrew. L'Américaine accuse le deuxième fils de la reine d'agression sexuelle. Elle aurait été livrée, telle une esclave sexuelle, au duc d'York par Jeffrey Epstein en 2001, alors qu'elle n'avait que dix-sept ans. Par trois fois, elle l'aurait vu dans les différentes propriétés de l'homme d'affaires milliardaire accusé d'exploitation sexuelle de jeunes filles mineures. Une photo la montrant en compagnie du prince dans l'appartement de Ghislaine Maxwell, la compagne et complice d'Epstein, ne laisse aucune place au doute. Pour autant, Andrew nie tout lien avec Virginia Roberts. Jeffrey Epstein était un vieil ami du prince, dont il fréquentait souvent les soirées mondaines. Des clichés le montrant en sa compagnie dans les allées de Central Park à New York confirment sa proximité avec ce grossier personnage. La réputation du prince est définitivement entachée, au point qu'il tente de se justifier en accordant une interview à la journaliste Emily Maitlis en novembre 2019. Sans demander l'accord de sa mère ou de son frère aîné, Andrew se livre à une défense catastrophique qui vient appuyer sa position de coupable aux yeux du monde. Se sentant désarmé, il décide de se retirer de ses engagements publics.

Charles et William, qui vouent leur existence à la Couronne, marchant sur les pas de la souveraine, ne peuvent accepter sa présence plus longtemps. Le jour de ses vingt et un ans, le futur duc de Cambridge a d'ailleurs affirmé : « La monarchie est une chose dont on a besoin. C'est une forme de stabilité, et j'espère être en mesure de la perpétuer. » La Couronne avant toute chose, ainsi résonnent les mots du second héritier du trône. William et son père se liguent contre ce duc bien encombrant dont il faut se débarrasser pour sauvegarder l'avenir de la monarchie. Les Windsor sont habitués aux scandales, mais la gravité de ce dernier dépasse tout entendement. La reine consent à retirer les deux cents parrainages de son fils présumé criminel et les partage entre les princes Charles et William. Considérant Andrew comme un véritable danger pour la Couronne, père et fils sont déterminés à en faire un paria de la monarchie. Le duc d'York, réputé être le fils préféré de la reine, conserve néanmoins la protection de la souveraine qui lui laisse, pour le moment, ses titres militaires et son prédicat d'Altesse royale.

Le duc d'York refuse de collaborer avec la justice américaine. Pour se protéger, il erre entre Windsor et Balmoral, tandis qu'Elizabeth II fait appel à Andrew Brettler, avocat au barreau californien, pour défendre ses intérêts. Le 12 janvier 2020, la plainte de Virginia Roberts est validée par un juge new-yorkais. Andrew n'a plus le choix, il devra témoigner de ses actes devant un tribunal. Le 13 janvier 2022, il perd finalement son prédicat d'Altesse royale. La reine sauve *in extremis* son fils chéri en trouvant un accord financier avec les avocats de son accusatrice le mois suivant. Deux millions de livres sterling auraient ainsi été versés à l'organisme de bienfaisance de la plaignante, Victims Refuse Silence.

Le prince Andrew échappe de peu à l'humiliation suprême d'une condamnation, mais William n'est pas prêt à oublier cet épisode honteux. À jamais présumé coupable, le prince Andrew a fait naître dans le cœur des Britanniques un profond sentiment d'injustice quant à l'issue de cette affaire. Qu'elle ait été à l'encontre du prince ou non, elle fut profondément préjudiciable pour la réputation de la maison Windsor. William ne pardonne pas le tort commis par cet oncle qui semble incapable de choisir ses fréquentations et commettre les pires agissements. Qu'il soit coupable ou non, William le considère définitivement comme *persona non grata*. Il use de toute son influence en coulisse pour lui infliger pires punitions que celles qui lui ont déjà été imposées. Avec son père, le duc de Cambridge devient le personnage fort de la firme royale à mesure que le temps passe. Son avis compte et détermine la position de chaque membre de la famille régnante d'Angleterre.

26

Rêve américain, cauchemar britannique

L'équipe de communication des ducs de Sussex publie le 20 décembre 2019 un nouveau communiqué indiquant qu'ils passeront les fêtes de fin d'année au Canada : « La décision de se rendre au Canada reflète l'importance de ce pays membre du Commonwealth pour le couple. » L'endroit exact choisi par le couple pour le premier Noël d'Archie reste secret, jusqu'à ce que l'information fuite dans la presse canadienne. Harry, Meghan et leur fils ont célébré Noël en compagnie de la mère de la duchesse sur l'île de Vancouver. Alors qu'ils profitent de la quiétude des lieux, l'Angleterre s'indigne. Comment peuvent-ils priver la reine de son arrière-petit-fils quand nous connaissons l'importance qu'elle accorde à cette fête familiale ?

Pour beaucoup, ce voyage américain présage des jours bien sombres pour les Windsor. Au sixième jour de l'année 2020, le duc et la duchesse de Sussex rentrent à Londres, en laissant leur fils auprès de Doria, à Vancouver. Habités par une détermination sans faille, ils s'apprêtent à faire naître une crise monarchique d'une ampleur inédite.

God bless America

8 janvier 2020, 18 heures (heure britannique). « Après de longs mois de réflexion et de discussions en interne,

nous avons choisi de faire une transition cette année en commençant à nous tailler un nouveau rôle progressif au sein de cette institution. Nous avons l'intention de renoncer à notre rôle de membres "seniors" de la famille royale – les six personnes les plus proches du trône et leur famille – et de devenir financièrement indépendants, tout en continuant à soutenir pleinement Sa Majesté la reine. »

Coup de théâtre sur la scène des Windsor ! Le prince Harry et son épouse ont décidé de quitter partiellement le navire pour diviser leur temps entre le Royaume-Uni et l'Amérique du Nord. Ainsi commence une affaire qui prend bien vite le nom de Megxit. Aux yeux des Britanniques, cette brutale décision ne peut venir que de Meghan et de ses envies d'indépendance. Pourtant, le duc de Sussex a lui aussi sa part de responsabilité dans cette vague de scandales qui s'abat sur la mer royale. Surtout, le couple annonce vouloir devenir « financièrement indépendant ». Comment un prince de sang voulant se débarrasser d'une partie de ses devoirs publics peut-il gagner sa vie sans l'argent fourni par le gouvernement et la Couronne ? Cette question n'est pas la seule à être sans réponse à ce moment précis.

Harry et Meghan ont profité de leur escapade hivernale au Canada pour peaufiner leurs plans. Dès leur retour, le prince contacte son père pour l'informer de son évasion prochaine. Charles lui répond qu'il doit formuler ses vœux par écrit afin qu'ils soient transmis à Downing Street. Harry appelle ensuite sa grand-mère et organise un *tea time* à Sandringham. Sur le chemin du retour de Vancouver, il reçoit un message de la part d'un membre de l'équipe de la reine, lui indiquant qu'elle ne sera pas disponible, la souveraine ayant oublié une obligation publique à ce moment précis. Pour le duc, le système monarchique est contre lui, faisant tout son possible pour le freiner dans ses envies d'ailleurs. Ne prenant pas la peine de prévenir son frère, il le met fièrement devant le fait accompli. Le 8 janvier, il convoque deux collaborateurs au palais de Buckingham pour rédiger le communiqué. En seulement deux heures, il est terminé. À 18 heures, il est envoyé par mail aux équipes de la reine, du prince de Galles et du duc de Cambridge. Dans le même temps, il est transmis au reste de leur équipe de communication. Quelques secondes plus tard, le communiqué tant décrié est publié, telle une bombe dans le paysage royal d'Angleterre. Aux dires du prince, seul son père a donc été prévenu en amont de cette publication, provocant la consternation, la panique des Windsor et de leurs sujets.

Cette fuite n'était pourtant pas une surprise. Les signes avant-coureurs ont été nombreux. Les disputes fraternelles incessantes, la dépression du couple Sussex, les critiques à leur encontre… Leurs esprits sont bien trop fragiles pour supporter une telle pression publique et médiatique. Quelques minutes après l'annonce, le Palais de Buckingham publie son propre communiqué. « Les discussions avec le duc et la duchesse de Sussex n'en sont qu'à leurs débuts. Nous comprenons leur désir d'embrasser une approche différente, mais ce sont des questions compliquées qu'il faudra prendre le temps d'examiner[1]. » Harry et Meghan ne sont pourtant pas réputés pour leur patience. Quand ils apprennent la nouvelle, la reine et le prince Philip sont dévastés. Elizabeth II veut agir, et le plus rapidement sera le mieux. Dès le lendemain, elle téléphone à son petit-fils rebelle, à son fils Charles et au prince William. Elle leur propose de discuter de cette histoire le lundi suivant à Sandringham.

13 janvier 2020. Un sommet familial s'apprête à se tenir dans la résidence d'hiver de la reine. Le duc de Sussex s'y rend seul. Meghan étant partie rejoindre son fils au Canada, elle ne pouvait se rendre à cette réunion qui conditionne l'avenir de sa famille. Une visioconférence a bien été envisagée mais les membres des équipes de la reine et du prince de Galles

1. Robert Lacey, *Guerre royale, mensonges et trahisons*, *op. cit.*

craignaient que la duchesse n'enregistre la conversation. En plus du quatuor royal, quatre secrétaires privés sont assis autour d'une table : Edward Young – secrétaire privé de la reine –, Clive Alderton – secrétaire privé du prince Charles –, Simon Case – conseiller du prince William – et Fiona Mcilwham – secrétaire privée du couple Sussex. Harry se positionne tout de suite en victime des médias, des ragots et du système qui régit l'institution. Cinq options lui auraient alors été présentées. « Option 1, le *statu quo*, Meg et moi ne partons pas et tout le monde essaie de revenir à la normale. Option 5, on coupe tous les ponts, aucun rôle dans la famille royale, aucune mission pour grand-mère et une perte totale de protection. L'option 3 était quelque part entre les deux. Un compromis. C'était la plus proche de notre proposition originale[1]. » Finalement, cette présentation n'est qu'une formalité. Edward Young explique au duc qu'il ne peut pas avoir un pied dans de l'institution et l'autre en dehors. S'il veut continuer à servir sa grand-mère tout en gardant sa rémunération de prince du Royaume-Uni, il doit revenir à la raison sans partager son temps entre deux continents. S'il veut partir vivre en Amérique, il devra abandonner l'intégralité de ses parrainages et de ses obligations envers la monarchie. Elizabeth II a déjà accepté de leur octroyer une « période d'essai » qui leur laisserait le temps de s'organiser. Passé cette période, ils devront quitter définitivement leur poste de membre senior de la famille royale. Avant d'être une grand-mère, Elizabeth est un monarque qui se doit de protéger la Couronne. Ce jour-là, la souveraine fait preuve d'un autoritarisme sans retenue pour régler la question complexe des Sussex.

Le sommet de Sandringham ne dure pas plus de deux heures. Deux heures durant lesquelles Harry ne reçoit aucune aide de son frère. William ne supporte plus le comportement de son cadet, assimilé à celui d'un enfant roi capricieux, ne tolérant

1. Prince Harry, *Le Suppléant*, *op. cit.*

aucune opposition. Il sent que son frère est obstiné dans sa quête d'indépendance. Profondément exaspéré par la situation, il le juge irrécupérable. Pour autant, il a évité soigneusement les critiques en gardant ses distances. Le silence pèse parfois plus lourd sur la conscience des hommes qu'une envolée de plaidoirie. C'est ce plan de bataille que William a adopté pendant cette réunion aux retombées cruciales pour l'avenir des Windsor. Loin d'être accusé de tyrannie envers un petit frère qui se victimise, le duc de Cambridge est le grand gagnant de la bataille de Sandringham. Harry en sort déchu, bien qu'il bénéficie encore du soutien d'une grande partie de la population mondiale.

Le 18 janvier 2020, Buckingham dévoile le résultat de l'entrevue. « Le Palais a annoncé que le duc et la duchesse de Sussex avaient accepté de "se mettre en retrait", que désormais ils ne représentaient plus "formellement" la reine, que leurs titres d'Altesses royales seraient "mis en suspens" pendant cette année de transition – et que nous avions proposé de rembourser l'allocation royale qui nous avait été accordée pour rénover Frogmore Cottage[1]. » Toutefois, la reine se dit prête à les accueillir à nouveau si leur avis vient à changer. Le dernier jour du mois de mars marque le départ officiel des Sussex vers l'Amérique. Les détails de la sanction sont désormais connus. Avant de traverser l'Atlantique, Harry et Meghan prennent part à un dernier engagement officiel : le Commonwealth Day.

Chaque année, une cérémonie religieuse se tient en l'abbaye de Westminster pour célébrer le Commonwealth, l'occasion pour la majorité des membres de la famille royale de se rassembler. Pour la dernière fois de l'année, les Britanniques voient leur monarque entouré de son héritier et de ses deux petits-fils. Un casse-tête protocolaire voit le jour. En tant que futurs ex-membres de la famille régnante, les ducs de Sussex

1. Prince Harry, *Le Suppléant*, *op. cit.*

ne peuvent plus remonter la nef de l'abbaye au côté de la reine, du prince Charles et Camilla, et de William et Kate. Aussi, ils doivent intégrer le cortège des membres junior représentés par les princesses d'York, Zara Tindall, ou encore Peter Phillips. Harry et Meghan n'ont pas l'intention de se plier à une telle humiliation. Deux jours suffisent à trouver une solution. Le duc et la duchesse de Cambridge acceptent de prendre la tête du cortège des membres juniors de la famille royale, marchant devant le couple Sussex. Ce geste d'apaisement est bienvenu. Pourtant, l'ambiance est glaciale. Le visage de William est fermé. Harry est anxieux. Kate fuit royalement le regard de son beau-frère et de son épouse. Meghan tente de sauver les apparences par son sourire hollywoodien. La cérémonie arrivant à son terme, elle marque la consommation concrète du divorce, tant fraternel que familial.

Aussitôt le Commonwealth Day terminé, le couple s'envole pour Vancouver où il s'installe quelques mois, tentant de trouver des solutions à ses problèmes de logement et de sécurité. Le producteur américain Tyler Perry vient au secours de ces fugitifs royaux en leur prêtant sa propriété de Los Angeles, dotée de systèmes de sécurité dernier cri. Après quelques mois de recherches, ils achètent à l'été 2020 une immense villa située au cœur d'une propriété de mille trois cent cinquante mètres carrés, d'une valeur de 14,65 millions de dollars. La Californie est depuis longtemps considérée comme l'eldorado des plus grandes stars planétaires. Cet État où Hollywood est roi devient le paradis du rêve américain des Sussex.

Ducs d'Amérique

Leur immense maison du quartier de Montecito à Santa Barbara a bien des atouts pour apaiser leurs cœurs en détresse. Entre ses murs ultra-sécurisés, ils peuvent profiter de neuf chambres, seize salles de bains, un cinéma, une piscine chauffée, un sauna, un garage pour cinq voitures, une maison d'hôtes pour accueillir leurs invités et même d'un court de tennis. Un terrain de jeux et un cottage pour enfants permettent aussi à Archie de façonner ses propres souvenirs californiens. Tout semble enfin sourire à ce couple décrié. La lumière du bonheur s'assombrit pourtant bien vite. Dans une interview au *New York Times*, la duchesse avoue avoir été victime d'une fausse couche durant l'été 2020. Pour Harry, il n'y a aucun doute possible. Le stress post-Megxit est responsable de la perte de son second enfant.

Aux États-Unis, ils sont venus chercher cette liberté qui faisait défaut à leur existence d'Altesses royales. Désormais hors de la royauté, ces affranchis pensent bénéficier de toutes les cartes nécessaires pour agir à leur guise. Avec son mariage, Meghan a réussi à décupler son influence sur le monde. Elle ne tarde pas à user du droit à la parole qu'elle s'est auto-octroyé. La reine a interdit aux Sussex d'user de leur marque *Sussex Royal*. Qu'à cela ne tienne, ils fondent en octobre 2020 la fondation Archewell. Grâce à elle, ils peuvent soutenir financièrement les associations de leur choix. En pleine période d'élections présidentielles américaines, Meghan n'hésite pas non plus à appeler les Américains à « rejeter les discours de haine, la désinformation et la négativité en ligne ». À raison, Donald Trump interprète ces mots telle une attaque contre sa personne et son électorat. Plaidant pour la mise en place de congés payés spécifiques aux parents, elle publie en octobre 2021 une lettre ouverte à l'intention du chef de la majorité du Sénat américain, Chuck Schummer, et de la présidente de la Chambre, Nancy Pelosi. Elle soutient également Moms Demand Action, une organisation qui plaide pour le durcissement des lois encadrant l'utilisation des armes à feu aux États-Unis. Bref, la duchesse politique est née.

Un sentiment d'immense fierté envahit le cœur du prince quant aux actions de son épouse. Il soutient son engagement sans limite. Ensemble, ils embrassent ce nouveau visage de personnalités publiques à l'influence internationale. Ils oublient néanmoins que, quoi qu'il advienne de leur position publique, ils restent à tout jamais liés à la première famille anglaise. La neutralité règne sur les actes des membres des Windsor. Quelles que soient ses opinions politiques, Elizabeth II se doit de représenter l'ensemble de ses sujets. Il y va de la pérennité de la monarchie. Ce symbole d'une nation unie, envers et contre toute crise politique, ne peut échapper à une neutralité totale. La reine s'y astreint, mais également le reste de son clan. Petit-fils de monarque, Harry se doit de ne jamais exprimer son avis politique publiquement, tout comme Meghan. La diplomatie gouverne le monde. Le couple peine à se rendre compte des conséquences politiques de ses engagements. L'entente entre le Royaume-Uni et les États-Unis est fragilisée par les agissements de ducs doués d'une parole impactante, mais dénués de toute intelligence diplomatique. Dans la tempête des polémiques à répétition signées Sussex, le vent souffle encore en direction de Londres, laissant espérer une tentative de réconciliation.

Diana, le dernier lien

Vingt-trois années se sont écoulées depuis la dramatique nuit où une princesse adulée a inscrit son nom au Panthéon des martyrs médiatiques. Toutes ces années ont permis à William et Harry de grandir, de former leurs propres personnalités avant de se découvrir bien trop de différences. Prenant son rôle de mère dévouée très à cœur, Diana avait œuvré pour créer une réelle complicité entre ses deux fils désormais séparés par une querelle fraternelle aux allures de divorce consommé. Mais feu la princesse de Galles rassemble une première fois les irréconciliables frères.

Le 1er juillet 2021, Lady Di aurait dû fêter son soixantième anniversaire. Cette journée ensoleillée aurait dû célébrer cette iconique princesse adulée pour sa beauté et son charisme. Au lieu de cela, ce jour si important dans le cœur de bien des Britanniques commémore la fin tragique d'une princesse regrettée. Divisés par une succession de désaccords, William et Harry ne pouvaient pourtant manquer cet anniversaire si spécial.

Des dizaines de journalistes accrédités flashent l'arrivée d'une délégation dans le jardin d'eau du palais de Kensington. En tête du cortège composé principalement des membres de la famille Spencer, les deux ducs avancent côte à côte. Les photographes savent que leurs clichés sont destinés à faire le tour du monde. Le temps d'une petite heure, William et son frère mettent leur mésentente de côté pour rendre le plus beau des hommages à leur mère. D'un geste commun, ils dévoilent une statue à son effigie, réalisée par l'artiste Ian Rank-Broadley. Diana est représentée entourée d'enfants, en hommage à son amour des petites têtes blondes et à sa bonté de cœur. Dans un communiqué commun, les deux frères ennemis commémorent l'héritage de leur mère. « Tous les jours, nous souhaiterions qu'elle soit encore avec nous, et nous espérons que cette statue sera vue à jamais comme un symbole de sa vie et de son héritage. » La cérémonie familiale est pourtant marquée par une ambiance glaciale. Harry n'échange aucun mot avec son frère. Pire encore, le fils aîné de Diana n'apporte aucune attention à son cadet. Les sourires camouflent une gêne réciproque visible. Aucun Windsor n'a fait le déplacement ce jour-là, évitant toute critique populaire inadéquate. William lui-même aurait été réticent à participer à cette inauguration, désirant avant tout éviter de croiser le regard de ce frère au mode de vie si américain. Le carillon des réconciliations est loin d'avoir retenti.

Accusations et argent

La question de la sécurité des ducs de Sussex est réglée par l'achat de la villa et la présence de gardes du corps dévoués.

Vient alors celle du financement de leur somptueux train de vie. Harry est à la tête d'une importante fortune personnelle. De sa mère et de son arrière-grand-mère, il a hérité de vingt-sept millions de livres sterling qui lui permettent de financer la totalité de leurs projets américains. Meghan, quant à elle, jouit d'un million de dollars gagnés à la sueur de son front d'actrice. Les Sussex sont millionnaires, mais ils ne peuvent vivre sur leurs économies éternellement. Ils doivent trouver, de toute urgence, un moyen durable de gagner leur vie. Leur indépendance financière n'est pas un mythe. Charles a accepté de continuer à financer une partie du train de vie de son fils, comme il le fait pour William. Mais l'argent paternel ne suffit pas à financer l'existence coûteuse du couple.

Dès septembre 2020, ils signent un contrat avec Netflix « pour développer des séries, des films, des documentaires et des programmes pour enfants scénarisés et non scénarisés ». Trois mois plus tard, ils acceptent un accord commercial avec Spotify qui accepte de produire et héberger des podcasts engagés. En somme, ils auraient récolté pas moins de cent trente millions de dollars grâce à leur collaboration avec les deux plateformes. À la lumière de ces contrats commerciaux, nous n'avons pas de mal à comprendre les louanges adressées par le prince à la série qui revient sur le règne d'Elizabeth II, *The Crown*, pourtant si détestée par les membres de la famille royale. « Je suis beaucoup plus à l'aise avec *The Crown* que je ne le suis en voyant les histoires écrites sur ma famille, ma femme ou moi-même », confie-t-il à James Carden lors d'une truculente interview dans les rues de Los Angeles à bord d'un bus à impériale[1].

La voix des ducs de Sussex compte. Leur potentiel médiatique décuple après leur fuite californienne. De plus en plus demandés, ils cumulent les interviews pour des organes de

1. Tom Bower, *La Revanche*, *op. cit.*

presse ou des plateformes spécialisées. Ils ont trouvé là un moyen de s'enrichir facilement. Chacun de leur entretien est facturé à coups de millions de dollars. Le groupe ViacomCBS, propriétaire de la chaîne américaine CBS, aurait ainsi déboursé entre sept et neuf millions pour obtenir une longue interview confession menée par la papesse du genre, Oprah Winfrey.

Dimanche 7 mars 2021. CBS diffuse l'interview qui fait trembler les murs de Buckingham. Pour s'assurer une bonne audience, la chaîne n'a pas hésité à teaser l'entretien à coups d'extraits chocs. ITV se charge de la diffusion britannique le lendemain. Pendant quatre-vingt-cinq minutes, Oprah Winfrey use de ses talents d'intervieweuse pour dévoiler au monde les secrets inavouables de ces célébrités contestées. Dans une robe sombre, Meghan attend la naissance d'une petite fille. Sous un épais trait d'eye-liner, son regard est digne des plus belles panthères. Elle met en scène sa détermination à en découdre avec cette famille. Enregistrée le 16 février dans les jardins de la résidence d'Oprah Winfrey, l'interview doit permettre aux Sussex de raconter leur propre version des faits.

Chacun s'adonne à ses propres confessions. Leur mariage, le rôle des tabloïds britanniques dans leur décision, la question de leur protection, le racisme… Tout est abordé, ou presque. Les questions fâcheuses, telle que la relation entre Meghan et son père, sont soigneusement évitées. La duchesse se dit avoir été en proie à des tentatives de suicide, se sentant désespérément désarmée face à leur situation publique instable. Plaintes, larmes et confidences rythment l'entretien. Par tous les moyens, le couple tente de s'attirer la compassion du monde.

Harry n'oublie pas d'évoquer la rupture avec son frère. « J'aime William de tout mon cœur. C'est mon frère. On a connu l'enfer ensemble. Je veux dire, on a un passé commun.

Mais […] nous sommes sur des chemins différents. » Il continue en abordant les réactions de son père face à son mal-être. « Je me sens vraiment trahi. Parce qu'il a vécu des choses similaires. » Ce ne sont pas là les propos les plus marquants du couple victimisé. Ils accusent l'un des membres de la famille royale de racisme, s'étant inquiété de la couleur de peau qu'aurait Archie au moment de sa naissance. Ils prennent soin de taire l'identité de la personne visée, mais le mal est fait. Les Windsor n'acceptent pas cette attaque sans fondement.

Ces accusations marquent l'opinion publique. Suite à l'interview, la popularité du couple est au plus bas. 48 % des Britanniques auraient une opinion négative des Sussex. Les Windsor n'en sortent pas indemnes. D'ordinaire, les membres de la famille royale refusent tout commentaire public. Bien que blessé, Charles respecte cette règle de vie victorienne. La colère de William est trop profonde et le fait bien vite sortir de son silence habituel. Touché en plein cœur par les propos d'un frère aigri qu'il ne reconnaît plus, il prend la défense de sa famille. Le lendemain de la diffusion britannique, le duc de Cambridge visite une école de l'est de Londres. « Nous ne sommes pas une famille raciste », répond-il à une journaliste lui demandant son avis sur la question. Harry et Meghan oublient-ils que la duchesse a été accueillie à bras ouverts ? Se souviennent-ils que le prince Charles lui-même l'a conduite jusqu'à l'autel ? La reine et les membres de sa famille sont les illustres représentants d'une organisation multiethnique : le Commonwealth. Amie de Nelson Mandela, elle a influencé la fin de l'Apartheid en Afrique du Sud. Elle a toujours montré un grand intérêt au Commonwealth, faisant de cette structure politico-diplomatique le grand héritage de son règne. « Tout le monde est notre voisin, quelle que soit sa race, sa croyance ou sa couleur », a-t-elle déclaré à l'occasion de son message télévisé de Noël 2004[1].

1. Robert Lacey, *Guerre royale, mensonges et trahisons*, *op. cit.*

William est le seul membre de la famille régnante à avoir réagi publiquement à cette interview. En privé, il aurait téléphoné à son frère pour tenter d'obtenir quelques explications. La reine se contente de publier deux jours plus tard un court communiqué destiné à apaiser la rancœur du couple d'Amérique. « Toute la famille est attristée d'apprendre à quel point ces dernières années ont été difficiles pour Harry et Meghan. Les questions soulevées, en particulier celle de racisme, sont préoccupantes. Bien que certains souvenirs puissent varier, ils sont pris très au sérieux et seront traités par la famille en privé. Harry, Meghan et Archie seront toujours des membres très aimés de la famille. »

Dans ce contexte de tension familiale extrême, la duchesse de Sussex donne naissance le 4 juin 2021 à sa fille, prénommée Lilibet Diana. Les hommages rendus à la reine et à la princesse de Galles sont facilement décelables. Le couple royal et son héritier publient son propre message de félicitations sur les réseaux sociaux, mais la réaction la plus attendue est sans aucun doute celle du duc et de la duchesse de Cambridge. Accompagnant un portrait des Sussex en noir et blanc, pieds nus dans le jardin de leur résidence californienne, leur message ne se perd pas dans le lyrisme. « Nous sommes ravis d'apprendre l'arrivée de la petite Lili. Félicitations à Harry, Meghan et Archie. » Le manque de chaleur de ce message aussi simple qu'efficace illustre la complexité de leurs relations avec les ducs d'Amérique.

Aux larmes existentielles

Il est 9 h 01 ce 8 décembre 2022 quand la plateforme suivie par deux cent vingt-trois millions d'abonnés Netflix met en ligne les trois premiers épisodes d'une série documentaire sobrement intitulée *Harry & Meghan*. Elle promettait, dès la parution de la bande-annonce de deux minutes, d'être explosive. Une semaine plus tard, les trois derniers épisodes sont dévoilés. Elle devient la deuxième série documentaire la plus visionnée de la plateforme. Pourtant, elle est loin de tenir toutes ses promesses. Destinée à rétablir la vérité Sussex sur l'affaire qui fait trembler la monarchie britannique depuis deux ans, elle va très vite être confrontée aux critiques. Eux qui ont fui leurs obligations pour protéger leur vie privée sont désormais obligés de l'exposer au grand jour pour encaisser quelque cent millions de dollars. Les photographies et vidéos personnelles de leur vie de couple et de leur quotidien familial forment un reportage impudique qui choque plus d'un Britannique.

Les ducs de Sussex souhaitaient retrouver l'amour du public en profitant de la popularité de Netflix, ils vont s'attirer les foudres d'une population attachée au respect de la monarchie d'outre-Atlantique, à la réserve des sentiments et à une discrétion de bon aloi. Selon un sondage du *Times*, 44 % des Britanniques estiment que le couple doit être déchu de ses titres. Toute tentative de reconquête de Harry et Meghan est vouée à l'échec.

William et Kate sortent finalement grandis de la publication de cette série. Ce même sondage américain dévoile que 44 % des sondés ont un avis positif du duc et de la duchesse de Cambridge, contre 17 % favorables au duc et à la duchesse de Sussex. Le sérieux, le glamour et le devoir l'emportent sur la vie bien trop publique d'un couple à la stabilité intellectuelle contestée. L'image de Harry et Meghan est profondément dégradée. Six longues heures leur permettent d'aborder les sujets les plus sensibles : leurs brouilles fraternelles, le poids psychologique de la perte de Diana, la pression médiatique et le racisme. Quatre grands thèmes développés un mois plus tard par le prince dans ses scandaleuses mémoires.

Harry prend exemple sur sa regrettée maman. Diana est un modèle pour lui. À trente-huit ans, et après avoir quitté définitivement sa condition princière, il dévoile ses propres confessions. La princesse de Galles avait scandalisé le monde par ses propos bouleversants, mêlant sincérité et attaques à l'encontre de l'institution monarchique, par sa collaboration à l'écriture de la biographie d'Andrew Morton en 1992 et son interview donnée à l'émission *Panorama* trois ans plus tard. Harry entend faire de même en dévoilant son propre avis sur ses problèmes familiaux. Pour arriver à ses fins, il publie le 10 janvier 2023 ses propres mémoires. Diana elle-même n'avait pas osé aller si loin dans son combat pour la reconnaissance. Harry l'a fait.

Le titre est évocateur : *Le Suppléant – Spare* en anglais. Harry se place en victime apeurée d'un système dévalorisant. Sept cents pages permettent au prince de raconter son histoire à sa façon. Avec une écriture grossière, il revient sur les événements les plus déchirants de son existence, comme sur les moments les plus critiques. Il n'oublie aucun membre de sa famille dans sa bataille pour la réhabilitation de son image. Charles est dépeint comme un père distant, plus attaché à son amour pour Camilla qu'à la protection de ses fils. Camilla devient sous la plume du prince en colère une arriviste à l'ambition royale démesurée. Catherine est une jeune femme ennuyeuse et jalouse. Elizabeth II n'est pas épargnée puisqu'il décrit le Commonwealth comme une organisation essentiellement raciste, héritée de l'empire colonial britannique. William ne fait pas exception. Le duc de Sussex revient longuement sur sa relation avec son frère aîné. Harry dévoile qu'après la mort de leur mère, leur proximité fraternelle ne fut qu'un mythe. Il revient vivement sur le tempérament sanguin de William qui peut le pousser à une extrême violence. Charles, Camilla et William forment finalement le trio noir du mal-être des ducs de Sussex.

En réponse à ces attaques d'une dureté incroyable, Charles expulse Harry et Meghan de leur propriété anglaise de Frogmore Cottage à Windsor en mars 2023. William préfère taire ses commentaires. Le duc de Cambridge ne peut que contester les prises de parole sans filtre de ce frère irrespnsable. Parfaitement conscient de sa position princière, lui met le devoir avant toute chose. Contrairement à son frère, il voue sa vie à la protection et à la promotion d'une institution sur laquelle il sera appelé à régner. Contre la surenchère, la réserve est de mise. Les problèmes familiaux doivent être réglés dans la sphère privée. Les sujets de Sa Majesté n'en attendent pas moins des héritiers directs de la Couronne. Pour préserver la réputation des Windsor, le duc de Cambridge évite l'insolence en choisissant le silence.

Pour la promotion de son livre, Harry se lance dans de nombreuses interviews télévisées qui reprennent ses propos couchés sur papier. Très attendues, ses mémoires s'écoulent à près d'un million et demi d'exemplaires pour leur version anglaise au cours de leur première journée d'exploitation. En France, les éditions Fayard qui se chargent de leur publication annoncent rapidement un nouveau tirage de cent trente mille exemplaires, après en avoir produit deux cent dix mille.

À l'image de la série Netflix, *Le Suppléant* plombe la popularité du prince au Royaume-Uni. Vu comme un enfant pleurnichard souhaitant profiter des avantages de sa condition, il n'obtient plus que 26 % d'opinions favorables dans un sondage publié par YouGov. Les révélations Sussex attirent au détriment de la perception du public d'un couple de plus en plus impopulaire. William et Kate s'imposent en grands vainqueurs de cette guerre de l'image. Face aux jérémiades, les Cambridge choisissent les sourires silencieux. Leur famille s'impose telle l'incarnation parfaite de l'avenir de la monarchie. Portés par la mignonnerie de leurs enfants, Kate et William mettent tous leurs atouts au service du trône britannique. Quel que soit le défi, la reine sait qu'elle peut compter sur le couple formé par son second héritier et sa parfaite épouse.

27

Windsor vs Covid-19

Les journaux télévisés du monde entier tournent leurs caméras vers la Chine en ce mois de janvier 2020. Un virus inconnu a fait son apparition dans la ville de Wuhan, conduisant à l'hospitalisation d'une dizaine de malades mourants. Le mois suivant, plus de mille cinq cents malades sont recensés en dehors du territoire chinois. Ils sont atteints d'une forte fièvre, de difficultés respiratoires et d'une perte brutale de l'odorat. Face au nombre croissant de contaminés à travers le monde, les gouvernements commencent à réagir. La Chine déclare l'état d'urgence dès janvier. La pandémie de Covid-19 secoue notre univers, au point que s'imposent des mesures drastiques pour le moins inédites. Le Royaume-Uni dirigé par Boris Johnson ne fait pas exception. Un confinement de la population est décrété le 23 mars 2020. La famille royale se doit d'aménager son travail public pour soutenir le moral des Britanniques effrayés.

Confinés pour affronter

Harry et Meghan ont tout juste le temps de traverser l'Atlantique avant que les frontières des États-Unis ne soient fermées. Deux semaines avant que la Grande-Bretagne ne se confine, le Commonwealth Day sonne la fin d'une ère où quatre jeunes princes représentent l'avenir de la monarchie. Ce jour-là marque aussi un tournant décisif quant aux obligations publiques physiques de la famille régnante. Comme dans tout foyer britannique, le confinement s'impose chez les Windsor. Pour éviter la propagation du virus mortel, Elizabeth II et les siens doivent rester dans leurs résidences respectives. Pour la sécurité sanitaire de tous, l'enfermement domestique est inévitable. Le monde s'unit dans cette guerre contre un ennemi commun quasiment inconnu. La peur s'abat sur les îles britanniques tandis que le nombre de décès liés aux contaminations à la Covid-19 ne cesse d'augmenter.

William et sa famille choisissent de s'enfermer à Anmer Hall, leur résidence secondaire du Norfolk, pendant le premier confinement. Caché au beau milieu d'un parc de huit mille hectares parfaitement aménagé pour préserver leur vie privée, Anmer Hall devient ce refuge sécurisant en cette période qui promet bien des difficultés. Comme tous les bambins britanniques, les petits princes Cambridge ne peuvent se rendre à l'école. Les établissements scolaires ferment leurs portes pour une durée indéterminée. Leur scolarité ne doit pas être arrêtée pour autant. Kate et William sont, comme tout parent qui se respecte, confrontés à un challenge inédit dans leur vie : ils se transforment en professeurs des écoles éphémères. William, comme Catherine, se charge de cet enseignement à domicile dans une pièce de la maison dévolue à leurs cours respectifs. Le joyeux trio fraternel trouve de quoi s'occuper dans cette immense propriété. George et Charlotte se découvrent une passion pour la gymnastique. Des heures durant, William et Kate observent avec fierté les tentatives de poiriers, roues et autres figures de leurs aînés. Mais comme chez tous petits Britanniques, l'ennui s'impose parfois dans le quotidien de Charlotte et ses frères. La duchesse n'hésite pas à passer derrière les fourneaux pour préparer quelques petits plats avec ses enfants. La cuisine devient le lieu parfait où les rires égayent ces tristes journées. « En tant que parents, nous avons un rôle à tenir jour après jour, mais pendant ce confinement nous avons dû endosser de nouveaux rôles habituellement tenus par des personnes de notre communauté ou de notre entourage et qui nous auraient aidés, raconte l'épouse du prince William lors d'un appel vidéo avec plusieurs parents. » Kate et William montrent plus que jamais qu'ils sont particulièrement investis pour leurs trois enfants, à l'image de tous les parents du royaume. « Je suis devenue coiffeuse pendant le confinement, ajoute-t-elle. Au plus grand désarroi de mes enfants. [...] Je sais à quel point c'est difficile de jongler entre son travail, sa maison, l'école et tout ce que vous autres, en tant que parents, faites, donc vraiment bravo. »

Envers et contre tout, la famille royale continue à exercer son métier de représentation. Les Windsor sont connectés. Elizabeth II n'a-t-elle pas publié son premier post Instagram en mars 2019 ? La force de cette institution repose sur sa capacité à s'adapter aux évolutions sociales et technologiques de son temps. Pour perdurer, la monarchie doit s'adapter. Elizabeth II, plus que n'importe quel monarque britannique d'antan, a su faire évoluer sa maison pour lui permettre de répondre à toutes les attentes d'un peuple exigeant. La reine et sa descendance ne peuvent plus répondre physiquement à leurs obligations ? Qu'à cela ne tienne, ils mettent la technologie au service de la Couronne. En pleine monarchie 2.0, les Windsor n'ont pas l'intention de mettre un terme à leurs devoirs de représenter et soutenir le peuple de Grande-Bretagne. Les Britanniques sont appelés à télétravailler ; les membres de la famille royale montrent l'exemple. William et son épouse ne font pas exception dans cette réquisition à distance d'une famille royale populaire.

La crise dévoile la carrure d'un futur roi du Royaume-Uni. Il met toute son énergie dans la représentation à distance de Sa Majesté. Sachant le moral des Britanniques fragilisé, il met ses capacités à contribution pour soutenir un peuple luttant courageusement dans cette guerre d'un nouveau genre. Il est le premier membre de la famille royale à s'exprimer publiquement en soutien des Britanniques dans cette crise sanitaire meurtrière. Dès le 19 mars 2020, il prononce un discours devant sa caméra à l'attention du personnel soignant, dernier régiment capable de lutter contre la pandémie. « Chaque fois que l'adversité frappe, le peuple britannique a la capacité unique de se ressaisir, commente-t-il dans son message fort perçu comme le discours d'un futur roi. La manière dont les communautés locales soutiennent ceux qui souffrent montre le meilleur de nos valeurs et de la nature humaine. » Le prince William se mobilise pour rassurer des Britanniques en manque de repères dans cette nouvelle vie confinée. La santé mentale, ce sujet qui lui tient particulièrement à cœur depuis près de dix ans, devient le faire-valoir de son engagement public contre la Covid-19. Avec son épouse, le duc de Cambridge cumule les visioconférences avec des acteurs de la vie quotidienne en temps de pandémie, des vidéos systématiquement publiées dans leur intégralité sur leurs réseaux sociaux. Sur deux cent quarante-neuf engagements au cours de l'année 2020, quatre-vingt-dix ont été effectués virtuellement par William et Kate.

Elizabeth II prend exemple sur son petit-fils. À quatre-vingt-quatorze ans, elle force le respect de son peuple en proposant ses propres visioconférences depuis son château de Windsor. La souveraine a choisi cette bâtisse millénaire chère à son cœur pour se protéger du mal sanitaire. Les Windsor font corps pour soutenir le moral des Britanniques et s'assurer que la lutte contre la pandémie ne faiblit pas. Figure immuable, la reine symbolise la force de l'être humain dans sa capacité à lutter contre le danger qui le menace.

Il est 20 heures (heure britannique) lorsque Sa Majesté s'adresse à ses peuples du Commonwealth dans une allocution enregistrée dans le salon blanc du château de Windsor.

Par le passé, la reine ne s'est pliée qu'à quatre reprises à cet exercice. La rareté de sa parole lui offre un impact international. L'heure est grave, et le caractère exceptionnel de ce discours télévisé est compris bien au-delà des frontières du Commonwealth. La France, l'Allemagne, l'Espagne ou encore l'Italie diffusent eux aussi le discours tant attendu de la grand-mère de l'humanité. Le poids de l'histoire repose sur ses épaules. Plus de vingt-cinq millions de Britanniques – un record ! – écoutent religieusement ses quelques mots prononcés pendant un peu plus de quatre minutes. Toute de vert vêtue – couleur de l'espoir –, elle termine son allocution ainsi : « Même s'il nous reste encore beaucoup à endurer, des jours meilleurs reviendront : nous serons à nouveau avec nos amis, nous serons à nouveau avec nos familles, nous nous retrouverons. Nous nous reverrons – *We'll meet again.* » Elizabeth II fait référence à une chanson de Vera Lynn aussi connue en Grande-Bretagne que le *Chant des partisans* l'est en France. Tout symbole a son importance dans cette allocution historique. La reine rassure le monde et signe là l'un des discours les plus marquants de son règne. Dans les moments de liesse collective comme dans les tragédies nationales, elle reste ce pilier sur lequel tout Britannique peut s'appuyer.

William est impressionné par la stature de sa grand-mère dont il ne cesse de tirer les leçons. Comme elle, il met tout ce qui est en son pouvoir pour rassurer, soutenir et accompagner une population meurtrie par une situation exceptionnelle. En Europe, le Royaume-Uni se distingue par un triste record. Il devient le pays le plus endeuillé par la pandémie avec plus de quarante-six mille décès à la fin de l'année 2020. En plus des visioconférences et des podcasts, William met sa famille à contribution. Le couple ducal et ses trois enfants se filment en mars 2020 en train d'applaudir le courage du personnel soignant devant la porte d'entrée d'Anmer Hall. Tous les membres de la famille régnante suivent leur exemple, participant ainsi à un phénomène mondial. Deux mois plus tard, les Cambridge participent à la livraison de colis alimentaires fabriqués sur le domaine de Sandringham pour des retraités isolés. Le bénévolat est l'autre arme choisie par William et sa famille pour apporter leur pierre à la forteresse britannique érigée contre la Covid-19. Avec le départ du duc et de la duchesse de Sussex, les Cambridge deviennent les seuls représentants de la jeune génération des Windsor à soutenir les Britanniques dans cette période si difficile et incertaine.

Le souffle coupé

Confinés, les Windsor n'ont pas mis un terme à leur devoir de représentation pour autant. William, comme son père ou ses oncles, a tenu à effectuer aussi quelques rares obligations physiques. Aussi exceptionnelles qu'elles soient au cours de cette année 2020 si spéciale, elles suffirent pour contaminer le prince. William prend pourtant ses précautions à chacune de ses apparitions publiques. Il remplace la poignée de main par un moderne coude-à-coude. Charles préfère quant à lui le solennel salut indien. William est testé positif à la Covid-19 en avril 2020. Ses médecins sont inquiets, le duc de Cambridge présente des problèmes respiratoires pendant six jours. La santé du prince populaire est en danger. Il s'isole du reste de sa famille au cours des deux semaines nécessaires pour se remettre sur pied. Son isolement est aussi virtuel. Du 9 au 16 avril, il coupe les accès à ses mails et à son téléphone, gardant ainsi le plus grand secret sur son état de santé.

Fidèle à sa nation, William ordonne que sa contamination ne soit pas divulguée. Un mois plus tôt, son père a été le premier Windsor à être testé positif au virus. À soixante-douze ans, sa santé est plus fragile qu'auparavant mais il présentait des symptômes légers. Les Britanniques ont exprimé une vive inquiétude à son égard, avant qu'il ne soit déclaré guéri à la fin du mois de mars, d'autant que le Premier ministre avait lui aussi contracté la Covid-19. Trois des quatre plus importantes personnalités politiques du royaume mises en danger par un virus mortel… Le duc de Cambridge ne souhaite pas inquiéter outre mesure les Britanniques. Il reste, le temps de sa convalescence, caché derrière les murs d'Anmer Hall. « Il se passait des choses importantes, et je ne voulais inquiéter personne[1] », se justifie-t-il en novembre 2020. Il reprend son travail public en inaugurant à distance, comme si rien ne s'était passé, un hôpital spécialisé dans le traitement de la Covid-19. Ce silence vaut au prince des critiques publiques. Certains médias ne comprennent pas qu'un futur roi ose mentir à son peuple. Pire encore, d'autres l'accusent de trahison. William n'a que faire des critiques. Il connaît la raison de ses agissements et n'a pas l'intention de présenter de quelconques excuses.

Parfaitement conscient des dangers de ce virus sur la santé d'autrui, William va rapidement se faire vacciner. Le 20 mai 2021, une photo le présente en train de lever sa manche droite pour recevoir la première dose du vaccin. « Mardi, j'ai reçu ma première dose du vaccin Covid-19. À tous ceux qui travaillent sur le déploiement du vaccin, merci pour tout ce que vous avez fait et continuez de faire », commente-t-il en légende. Il suit l'exemple montré par ses grands-parents et son père. Le couple royal est vacciné en février 2021. En apprenant la nouvelle, le duc de Cambridge a félicité la reine et son époux, alors que la méfiance à l'égard de ce vaccin régnait encore sur le royaume. « C'est parce que nous avons un système de santé unique au monde, c'est parce que nous avons les bonnes personnes, la recherche qu'il faut et le développement qu'il faut ici, confie le prince reconnaissant. […] Mes grands-parents ont reçu le vaccin

1. Robert Lacey, *Guerre royale, mensonges et trahisons, op. cit.*

et je suis très fier qu'ils aient fait ça. […] Il est très important que tout le monde reçoive son vaccin. » En ces temps troublés, William se doit de montrer l'exemple à tous. George VI et Elizabeth Bowes-Lyon ont reçu la reconnaissance d'une nation pour leur courage face à la barbarie nazie ; Elizabeth II et sa descendance renouent avec cette admiration populaire à l'occasion d'une nouvelle guerre qui fragilise le Royaume-Uni.

La gratitude d'une famille régnante

Pour lutter contre cette pandémie meurtrière, les Britanniques ont fait preuve d'un incroyable courage. Elizabeth II est fière de régner sur un peuple qui a su résister à l'Allemagne nazie et qui, aujourd'hui, est toujours habité par une force combative. La fin de l'année 2021 est marquée par un allégement des restrictions sanitaires. La duchesse de Cambridge devient la digne représentante d'une famille royale redevable.

Vendredi 24 décembre 2021. ITV diffuse un concert de Noël organisé en l'abbaye de Westminster quelques jours plus tôt pour remercier les personnes et les organisations mobilisées pendant la crise de la Covid-19. Intitulé *Royal Carols: Together at Christmas – Chants royaux : Ensemble à Noël* –, l'événement est donné à l'initiative de l'épouse du prince William. « Nous avons vu comment les communautés se sont rassemblées pour soutenir ceux qui en avaient le plus besoin, écrit-elle dans une lettre figurant dans l'ordre de service du concert. Ces deux dernières années, nous avons été réellement inspirés par de très nombreuses personnes qui ont réuni leurs communautés à travers de simples actes d'amour et de gentillesse. »

Devant mille deux cents invités, les artistes se succèdent. Puis vient le tour du chanteur britannique Tom Walker, interprétant *For Those Who Can't Be Here – Pour ceux qui ne peuvent pas être là*. Les téléspectateurs découvrent en arrière-plan une élégante silhouette rouge entourée d'une centaine de bougies. Kate jouant du piano à merveille pour accompagner le chanteur… La surprise est de taille. La fibre musicale de la duchesse était jusqu'ici inconnue. Ses parents lui ont en fait financé des cours de piano pendant sa jeunesse. Douée d'un talent certain pour ce délicat instrument, Kate a toujours apprécié la danse de ses doigts sur ces quatre-vingt-huit touches noires et blanches. Pendant le confinement, le piano lui a été d'un grand réconfort, lui permettant d'apaiser son esprit en cette période faite de brutalités. La performance de la duchesse impressionne, y compris dans les rangs des membres de la famille royale présents. Une sincère fierté a certainement envahi le cœur du prince William. Le regard tendre qu'il adresse à sa belle épouse traduit la puissance de ses sentiments. Après dix années de mariage, l'intensité de leur amour n'a jamais faibli. Elizabeth II peut compter sur le roc indestructible qu'est le prince Philip, William a cette âme sœur délicate incarnée en Kate.

Le concert est un véritable succès populaire, au point qu'il est renouvelé à Noël 2022. William et Catherine confirment leur statut de princes adorés dévoués à leur patrie et à la représentation de la couronne qu'ils sont appelés à porter. La crise de la Covid-19 a révélé la prestance et l'assurance d'un prince à l'étoffe de futur monarque. Au côté de son épouse, le duc de Cambridge personnifie une monarchie adulée et admirable par son engagement envers son peuple.

28

« Mon grand-père va me manquer… »

Alors que le monde vit au rythme des confinements, Elizabeth II et Philip doivent eux aussi se plier à ces mesures de sécurité sanitaire drastiques. Les Britanniques sont inquiets. Le duc d'Édimbourg est dans sa quatre-vingt-dix-neuvième année, quand la reine vient de fêter ses quatre-vingt-quatorze ans. Leurs grands âges les placent parmi les personnes vulnérables du royaume.

Le Palais se veut rassurant. Le 9 juin 2020, un portrait de la reine et de son époux est publié. Réalisé dans les jardins du château de Windsor, il dévoile un couple fatigué par le poids des années, mais soudé face à l'adversité. Le 20 novembre suivant, le photographe Chris Jackson réalise dans un salon du château un portrait particulièrement émouvant de ce couple mythique d'Angleterre. Ce jour-là, Elizabeth et Philip fêtent leur soixante-treizième année de mariage.

Une longévité stupéfiante pour un couple définitivement inscrit dans l'histoire du Royaume-Uni. Le sourire aux lèvres, ils découvrent une carte d'anniversaire confectionnée par George, Charlotte et Louis. Personne ne le sait encore, mais il s'agit là de la dernière photographie officielle du prince Philip.

Crépuscule d'une longue vie

Mai 2017. Après trois quarts de siècle au service de Sa Majesté, le duc d'Édimbourg met fin à ses activités publiques. Les chiffres de sa vie publique illustrent le sens du devoir de cet ancien officier de marine : vingt-deux mille engagements officiels en solo, deux millions de kilomètres parcourus au travers d'innombrables visites d'État sur tous les continents, plus de huit cents parrainages... À quatre-vingt-seize ans, il estime avoir amplement rempli sa part du contrat. Avec le sentiment du devoir accompli, il est temps pour lui de s'effacer pour laisser sa place à la jeune génération.

Philip choisit le manoir de Wood Farm, situé sur le domaine de Sandringham, pour vivre une retraite paisible, loin des fracas de la vie officielle. Seulement entouré d'un page, une gouvernante, un chef cuisinier et un valet, il passe ses journées à lire, méditer et peindre des paysages à l'aquarelle. En l'absence de son époux, Elizabeth a l'intention de continuer à respecter le serment qu'elle a prêté le jour de ses vingt et un ans, servir jusqu'à son dernier souffle les peuples placés sous son autorité. Philip est un homme affaibli mais debout, qui tente de prouver sa vigueur. En janvier 2019, il est à l'origine d'un accident de la route impliquant un autre véhicule où se trouvaient deux femmes et un nourrisson de neuf mois. Fort heureusement, aucun blessé n'est à déplorer. Néanmoins, l'accident est suffisant pour convaincre le prince de renoncer à la conduite. Il renonce aussi à sa passion des courses d'attelage. Cet homme énergique, un brin hyperactif, s'enferme dans un ennui de plus en plus profond, mais il tient à sa quiétude. Il refuse de retourner vivre au palais de Buckingham ou au château de Windsor auprès de son épouse prise par ses nombreuses obligations. Elizabeth II comprend les choix de Philip et vient régulièrement le visiter. Quand s'annonce la crise de la Covid-19, il est obligé de retourner vivre à Windsor. Le couple s'accorde bien une parenthèse à Sandringham en novembre 2020, mais il retourne ensuite très vite entre les murs de cette vieille forteresse, entouré d'un nombre réduit de membres du personnel.

Au début du mois de février 2021, le duc d'Édimbourg commence à ressentir une réelle fatigue. Les médecins de la reine décèlent une infection. Ils sont catégoriques : Son Altesse royale doit être hospitalisée pour retrouver sa pleine santé. Sa solide constitution lui a permis de profiter d'une santé de fer jusqu'à présent. Hormis quelques courtes hospitalisations, il a toujours profité d'une mirifique force physique pour son âge. Il est admis au King Edward VII's Hospital de Londres le 16 février pour quelques jours de « repos et d'observation, par mesure de précaution », selon les termes employés dans le communiqué du Palais. Les Britanniques retiennent leur souffle. Chaque membre de la famille royale continue malgré tout à répondre à ses obligations. Le prince William se veut rassurant : « Il va bien. Il est sous surveillance », lance-t-il à une journaliste qui lui demande des nouvelles du duc. Deux semaines après son admission, il est transféré au St Bartholomew's Hospital où il subit une opération cardiaque le 3 mars. Il se remet de cette intervention chirurgicale quand est diffusée l'interview du duc et de la duchesse de Sussex à Oprah Winfrey. Avec ce franc-parler qui le caractérise, il se dit inquiet par « l'obsession du couple pour ses propres problèmes[1] ». S'il ne peut échapper au raz-de-marée médiatique de cette interview choc sans même l'avoir regardée, lui est épargné le reste des péripéties de la question californienne. Le 16 mars, il est enfin autorisé à retrouver son épouse. Le patriarche ne se remet pourtant pas de ce séjour hospitalier. Une profonde fatigue continue à l'envahir. Au matin

1. Robert Lacey, *Guerre royale, mensonges et trahisons*, *op. cit.*

du vendredi 9 avril 2021, il rend son dernier souffle dans sa chambre du château de Windsor, deux mois seulement avant son centenaire.

Trois jours après le décès du prince Philip, William tient à rendre un vibrant hommage à ce grand-père tant aimé. Il fait publier un portrait inédit réalisé par la duchesse de Cambridge. Philip pose au côté du prince George, assis dans sa célèbre calèche. Le duc de Cambridge doit prononcer un dernier au revoir à cet homme qui a toujours su l'épauler dans les difficultés de sa vie. Son communiqué est d'une rare sincérité quant à l'immense peine ressentie dans ces journées endeuillées :

« Le siècle de vie de mon grand-père a été défini par le service à son pays et au Commonwealth, à sa femme et sa reine, et à notre famille.

Je me sens chanceux de n'avoir pas seulement eu son exemple pour me guider, mais sa présence durable dans ma vie d'adulte, à la fois dans les bons moments comme dans les jours les plus difficiles. Je serai toujours reconnaissant que ma femme ait eu tant d'années pour connaître mon grand-père et pour la gentillesse qu'il lui a témoignée. Je ne prendrai jamais pour acquis les souvenirs spéciaux que mes enfants auront toujours de leur arrière-grand-père venu les chercher dans sa voiture et voyant par eux-mêmes son sens de l'aventure contagieux ainsi que son humour espiègle !

Mon grand-père était un homme extraordinaire, faisant partie d'une génération extraordinaire. Catherine et moi continuerons de faire ce qu'il aurait voulu en soutenant la reine dans les années à venir. Mon grand-père va me manquer, mais je sais qu'il voudrait que nous continuions notre travail. »

Depuis sa tendre enfance, William a tissé des liens étroits avec son charismatique grand-père. Leur complicité s'est renforcée avec le temps, notamment au moment de la mort de Diana. Face à cette immense tragédie, Philip l'a accompagné au cours de cette marche funéraire des plus déchirantes. Il l'a soutenu, conseillé et écouté. Comme William, le duc d'Édimbourg était un passionné de chasse. Il l'a souvent emmené tirer quelques balles dans les vastes domaines forestiers de Sandringham et de Balmoral où il en a profité pour parfaire son éducation d'héritier. Le mari de la reine a grandement participé à l'éveil de la conscience écologique du duc de Cambridge. Leurs longues promenades au grand air étaient souvent l'occasion pour Philip de lui expliquer ses actions destinées à protéger l'environnement. L'admiration entre les deux hommes était réciproque. Philip voyait en William toutes les qualités d'un futur roi. Ce petit-fils si parfait n'hésitait d'ailleurs pas à faire des louanges publiques de son aïeul : « Il est très drôle. Il me dit parfois des choses que je n'ai pas très envie d'entendre. Il sait que je n'ai pas besoin qu'on me dise ce que j'ai envie d'entendre[1]. » L'amour qui liait depuis tant d'années ses grands-parents rendait aussi William particulièrement admiratif : « Il la fait rire, parce que certaines des choses qu'il dit et fait, et la façon dont il regarde la vie sont évidemment légèrement différentes des siennes ! Et donc, ensemble, ils forment un couple formidable[2]. » En ce funeste jour d'avril 2021, le duc de Cambridge perd un pilier de sa vie d'homme qui manquera cruellement à ses prochaines années.

Au revoir

En pleine période de pandémie de la Covid-19, les jours qui suivent le décès du prince Philip sont adaptés à la situation sanitaire. Aucun hommage populaire n'est prévu. *A contrario*, un livre de condoléances en ligne est ouvert

1. Sally Bedell Smith, *Elizabeth II*, *op. cit.*

2. Philippe Delorme, *Philippe d'Édimbourg*, *op. cit.*

pour éviter les rassemblements. Salves de canon, portrait géant sur Piccadilly Circus, dépôt de bouquets de fleurs devant les grilles du palais de Buckingham, le Royaume-Uni pleure son prince consort. Il est temps d'organiser des funérailles dignes de sa remarquable existence et de son dévouement. Mais les dernières règles sanitaires imposées par le gouvernement autorisent un maximum de trente personnes, portant un masque, à assister aux funérailles qui se tiendront en la chapelle Saint-George du château de Windsor. L'organisation de cette cérémonie est supervisée par la reine, cela est très important pour elle. Elizabeth II tient aussi à respecter les dernières volontés de son défunt époux quant aux détails de la cérémonie. Philip fut, toute sa vie, habité par une réelle modestie. Il avait donc exigé qu'aucun discours, hommage ou éloge funèbre ne soit prononcé.

Sous un splendide soleil printanier, les obsèques du prince Philip commencent ce samedi 17 avril 2021 au son de la *Marche funèbre* de Beethoven. Dans un Land Rover dessiné par ses soins, est transporté le cercueil du défunt duc, couvert de son étendard personnel. Sa casquette et son sabre d'officier de la Royal Navy côtoient une couronne de fleurs et une lettre personnelle de la reine. Derrière le cortège funèbre suivent les enfants du prince, ses petits-fils, son gendre et le fils de la princesse Margaret. Tout est pensé pour marquer les différents pans de l'éminente personnalité et de la vie complexe du duc d'Édimbourg. Dans une chapelle quasiment vide, la cérémonie rythmée par un chœur de quatre choristes est particulièrement émouvante. Pour protéger la souveraine de la Covid-19, Elizabeth II est isolée à la droite du cercueil. L'image d'une souveraine, physiquement abattue et en proie à une profonde solitude, marque particulièrement les esprits. La reine s'efface, la veuve s'éveille. À la gauche de la dépouille, se tiennent les membres masqués de la famille royale. William est auprès de Catherine. Son regard semble perdu, laissant deviner une profonde tristesse. La duchesse de Cambridge ne peut résister à verser quelques larmes.

La mort de cet être cher permet, le temps d'une journée, de rassembler à nouveau un clan désuni. Une année s'est écoulée depuis le début du Megxit. Une année au cours de laquelle William n'a pu revoir son frère. Harry n'aurait pas manqué les funérailles de ce grand-père si admiré. Pour le plus grand soulagement de la reine, Meghan opte pour la retenue en restant avec Archie en Californie. En apprenant la nouvelle, elle se serait exclamée : « Dieu merci, Meghan ne vient pas[1] ! » La venue du duc de Sussex a donné naissance à quelques problématiques protocolaires. Ses titres militaires ayant été retirés, il ne peut porter l'un des uniformes des régiments pour lesquels il a servi. Le duc d'York est condamné à la même disgrâce en raison de l'affaire Epstein. Ce jour n'est pas propice aux polémiques familiales. Elizabeth II règle la question en ordonnant qu'aucun uniforme militaire ne soit porté par les membres de sa famille, préférant les tenues civiles. Les Windsor semblent présenter une image unie.

William ne pardonne pas les actes de Harry. Il refuse catégoriquement de marcher à ses côtés derrière le Land Rover. C'en est fini des images des frères soudés face à la disparition de l'un de leurs proches. Pour éviter toute polémique, Peter Phillips se tient entre les frères ennemis dans le cortège funèbre. Comme par le passé, ce si cher cousin est présent à chaque moment difficile de leur vie. À l'explication discordante s'oppose celle plus protocolaire qui veut que Peter Phillips occupe cette place par sa position de petit-fils aîné du prince Philip. Quelle qu'en soit la raison, la position des deux princes n'est pas anodine. Au cours de toute la cérémonie, William se montre particulièrement tendu. Pressé que les

1. Tom Bower, *La Revanche*, *op. cit.*

funérailles se terminent, Harry a plutôt l'air de vouloir fuir une seconde fois sa famille. Les caméras de la BBC essayent à plusieurs reprises de filmer une tentative de rapprochement, jusqu'à ce qu'intervienne Catherine. Avant le départ du duc de Sussex, l'épouse de William s'est toujours montrée complice avec son beau-frère. La cérémonie terminée, elle joue les entremetteuses dans une discussion fraternelle à venir. Harry s'approche alors de son frère. Kate s'écarte pour les laisser tranquillement discuter. « C'était vraiment bien, hein ? » demande William à Harry. « C'était exactement ce qu'il voulait », lui répond-il. L'aîné renchérit : « Une magnifique cérémonie. Et la musique ! » Ce bref échange reste le seul filmé par les caméras. Pour en savoir plus sur leurs conversations privées, nous pouvons compter sur le prince Harry qui revient abondamment dans ses mémoires sur cette tentative de réconciliation échouée.

Le duc d'Amérique raconte l'organisation, par ses soins, d'un rendez-vous secret avec son père et son frère dans les jardins de Frogmore. Quelques heures après la fin des funérailles, Charles et William sont allés à la rencontre de Harry, prêt à en découdre avec les siens. La conversation est d'abord « insignifiante au possible » avant que le duc de Sussex tente d'expliquer son point de vue. « Chaque fois que j'avançais une nouvelle explication, déroulais une nouvelle série d'arguments, l'un ou l'autre – ou les deux – me coupait la parole, raconte le prince, désenchanté. Willy, en particulier, ne voulait rien entendre. Après plusieurs rebuffades de sa part, nous avons commencé à nous répondre coup pour coup, à nous jeter à la figure certains reproches autour desquels nous tournions en boucle depuis des mois – des années. La conversation s'est envenimée au point que papa a fini par y mettre le holà en levant les mains. Il s'est interposé entre nous, nous fixant tour à tour – nos visages cramoisis de colère. S'il vous plaît, les garçons, ne faites pas de mes dernières années un calvaire[1]. » Harry n'avait finalement aucune intention de se réconcilier avec sa famille. Ce rendez-vous était un énième moment pour lui d'argumenter sa victimisation face à l'incompréhension des Windsor. Cette nouvelle dispute confirme le sentiment qu'une fracture sépare les deux frères. William sait à présent que Harry s'est égaré dans son entêtement. « On s'était vraiment perdus, conclut le fils cadet du prince Charles. On était si loin l'un de l'autre. Combien de dégâts avait subi notre amour, notre lien[2] ! »

Le soleil se couchant sur cette journée marquée par le chagrin, Harry repart directement à Los Angeles retrouver sa femme enceinte et son fils. William, quant à lui, rentre au palais de Kensington avec Catherine pour retrouver leurs enfants. Elizabeth II reste au château de Windsor, veillant sur la dépouille de son défunt époux. Philip repose provisoirement dans le Royal Vault, le caveau royal situé sous la chapelle Saint-George, en attendant l'heure inéluctable du dernier souffle d'Elizabeth. Quant au prince Charles, il part se ressourcer avec Camilla dans sa résidence galloise de Llandovery. Dans la peine, la vie des Windsor reprend difficilement son court.

L'hommage d'un clan

Philip aurait dû fêter ses cent ans le 10 juin 2021. Pour préparer cet événement, la famille royale s'est rassemblée pour participer à un documentaire. Sa mort entraîne quelques modifications au film. Diffusé le 22 septembre par la BBC, il célèbre finalement la mémoire de ce prince consort capable de mettre ses ambitions de côté pour soutenir sa royale épouse.

Dans *Prince Philip: The Royal Family Remembers*, la descendance de l'homme indissociable de la gloire du

1. Prince Harry, *Le Suppléant*, *op. cit.*
2. *Ibid.*

règne élisabéthain partage souvenirs et anecdotes. Charles, Anne, Eugenie, Zara Phillips… Ils participent tous à ce film particulièrement émouvant, y compris les princes déchus Harry et Andrew. William offre bien entendu son propre témoignage. Filmé à Sandringham quelque temps avant la mort du duc, le petit-fils de Philip revient sur son humour légendaire. « Il adorait quand les choses ne se passaient pas comme prévu, se souvient-il. Mes deux grands-parents adorent cela. Vous comprenez, ils vivent dans un monde où tout doit bien se passer et tout le temps. Quand elles tournent mal, ils rigolent énormément. Les gens sont alors très embarrassés. » William appréciait passer du temps avec son grand-père. Le prince réservé en public aimait pouvoir lâcher prise le temps d'une partie de chasse ou d'une balade avec le duc d'Édimbourg. Roi du politiquement incorrect, Philip a toujours eu le don de faire disparaître le sérieux de William grâce à l'une de ses blagues parfois gênantes. À ses côtés, le duc de Cambridge ne ressentait aucune retenue. Bien au contraire, il savait qu'il pouvait aborder tous les sujets sans jugement, se confier sans crainte, demander de précieux conseils en toute situation.

Les restrictions sanitaires ont empêché le monde de se rassembler aux funérailles du prince pour lui rendre un dernier hommage. Aucun membre des familles royales étrangères, aucun chef d'État, aucun membre élargi de la famille royale britannique et aucun ami du duc n'ont pu se rendre à ces obsèques poignantes. Au début de l'année 2022, les restrictions s'allègent, permettant ainsi la tenue d'une cérémonie digne de l'amour et de l'admiration ressentis par beaucoup.

Un dernier adieu se tient le 29 mars 2022 en l'abbaye de Westminster. Une dizaine de représentants des membres de familles royales étrangères ont fait le déplacement. Les Windsor sont quasiment au grand complet. Faisant abstraction des tensions familiales, ils viennent se souvenir de l'incroyable vie du prince Philip. Elizabeth II s'est personnellement investie dans les préparatifs de ce service d'action de grâce, choisissant notamment des orchidées pour décorer l'abbaye, rappelant ainsi la composition de son bouquet de mariée. William arrive à l'abbaye avec Catherine et leurs deux aînés. Il est présent pour soutenir sa grand-mère affaiblie depuis la disparition de son « roc », qui fut sa « force » et son « soutien » pendant soixante-treize années. Elizabeth a été l'essence du devoir de Philip. Le duc d'Édimbourg a fait preuve d'un irréprochable acte patriotique en abandonnant toutes ses ambitions personnelles pour l'aimer, la protéger et l'aider dans sa charge. Pour rendre hommage à cet homme fidèle, la reine se présente sous les voûtes de l'abbaye, particulièrement affaiblie. Incapable de remonter à pied la longue nef de l'édifice, elle arrive par l'entrée sud au bras de son fils Andrew. Si Harry brille par son absence, le duc d'York a tenu à escorter sa mère du château de Windsor à l'abbaye. William et son père ont accepté à contrecœur la présence de l'homme à la réputation entachée par une affaire d'agression sexuelle. La réputation de la monarchie l'emporte sur tout lien familial. Sa présence sur la scène monarchique vient pourtant confirmer l'attachement de la souveraine à son fils, quelles que soient ses fautes passées.

Avec ce magnifique service commémoratif, ponctué par les chants appréciés du duc d'Édimbourg, les Windsor font honneur à la mémoire de l'un de leurs membres les plus remarquables. Philip a marqué durablement l'existence du duc de Cambridge. Le futur roi hérite de son grand-père sa carrure imposante, son amour de la nature, son sens du devoir et sa passion pour la chasse. En William repose une part de la personnalité extraordinaire d'un duc charismatique à qui le Royaume-Uni doit beaucoup.

29

The Queen, chère grand-mère

La mort du prince Philip marque un tournant considérable dans la poursuite du règne d'Elizabeth II. Désormais, elle doit avancer seule sur le chemin de sa destinée royale. Comment peut-elle vivre sans la présence rassurante de cet homme dévoué qui a fait du service à son épouse sa raison d'être ? La reine se pose cette question douloureuse, sans jamais trouver de réponses. Elle peut néanmoins compter sur le soutien de ses proches, plus que jamais présents pour l'aider à affronter cette terrible période.

L'inquiétude a régné ce jour de mars 2022 alors que la souveraine rendait un dernier hommage à son défunt époux en l'abbaye de Westminster. L'image d'une vieille dame amaigrie et voûtée, avançant péniblement à l'aide d'une canne ayant appartenu au prince Philip, a marqué bien des esprits. Elizabeth semble écrasée par le poids des années. Elle le sait, avec la disparition du duc d'Édimbourg, plus rien ne sera comme avant. Portée par une profonde conscience de ses devoirs envers ses peuples du Commonwealth, Elizabeth fait preuve d'un immense courage. Le cœur des Britanniques se déchire à chacune de ses apparitions publiques. Pourtant, elle continue à résister, portant toujours aussi dignement cette couronne posée sur sa tête soixante-dix ans auparavant.

Reine de platine

Elizabeth n'a jamais souhaité marquer l'anniversaire de son avènement sur le trône britannique célébré chaque 6 février. Cette date est davantage une sombre journée où son cher père, le roi George VI, a quitté ce bas monde. Elle aime se recueillir à Sandringham ce jour-là, ce domaine du Norfolk où s'est éteint le roi. Rien ne semble réjouissant en cette soixante-dixième journée de février de son règne. Elle marque pourtant un anniversaire exceptionnel dans l'histoire britannique. La reine inscrit une fois encore son nom sur le marbre des records royaux en célébrant son jubilé de Platine. Aucun de ses prédécesseurs n'a pu régner si longtemps, pas même la légendaire reine Victoria. Aucune festivité n'est prévue en ce 6 février 2022. Elizabeth se contente de publier un communiqué au contenu qui va en surprendre plus d'un.

La reine commence par remercier ses peuples pour toute l'attention qui lui a été accordée ce jour, tout en montrant sa profonde reconnaissance pour le soutien qui lui a été apporté au cours de ces soixante-dix années passées sur le trône britannique. Elle termine son message par cette phrase : « Quand mon fils Charles deviendra roi, je sais que vous leur apporterez, à lui et à son épouse Camilla, le même soutien que celui que vous m'avez apporté ; et mon vœu le plus sincère est que lorsque le temps sera venu, Camilla soit reine[1]. » Elizabeth prépare l'avenir de la monarchie, sachant le crépuscule de son règne arriver. Elle met fin à une interrogation qui a perduré plus de quinze ans. Quel sera le titre de Camilla au moment de l'avènement de Charles ? Certains adorateurs de Diana pensaient qu'elle choisirait le titre de « princesse consort », par respect pour l'ancienne princesse de Galles. Les mots de la reine sont d'une importance considérable. Après des décennies de lutte pour

1. Bertrand Meyer-Stabley, *Charles III. Le mal-aimé*, Bernay, City, 2023.

s'émanciper de la figure pesante de Diana tout en montrant son dévouement envers la Couronne, Camilla obtient le respect et la reconnaissance de sa belle-mère. Elle a fini par gagner les faveurs des Britanniques. Sans jamais faire de vague, elle se retrouve officiellement adoubée comme future reine consort par Elizabeth II. La souveraine n'en est pas à son premier geste de gratitude et de reconnaissance envers sa bru. Pour son septième anniversaire de mariage avec le prince Charles, Camilla a été nommée dans l'ordre royal de Victoria. En 2016, elle fait son entrée au Conseil privé de Sa Majesté, pouvant ainsi faire entendre sa voix sur les décisions concernant la monarchie. Le 1er janvier 2022, elle a finalement été faite dame royale de l'ordre de la Jarretière. Progressivement, Elizabeth II a montré son attachement à la seconde épouse de son héritier. Elle sait qu'elle peut compter sur elle pour représenter cette monarchie quasi millénaire et pour soutenir son fils dans ses devoirs de futur monarque.

Les festivités marquant le jubilé de Platine ne pouvaient être manquées. À l'image du jubilé de Diamant dix ans plus tôt, celui de Platine est ponctué de rassemblements en l'honneur du monarque le plus populaire de l'histoire d'outre-Manche. Avec le temps, Elizabeth II est devenue une figure immuable, inscrite dans la culture de la Grande-Bretagne. Sa silhouette de petite dame colorée, portant d'innombrables chapeaux et sacs à main, entourée de ses corgis, fascine le monde. Au cours des quatre jours de festivités marquants le jubilé, les membres de la famille royale se rassemblent pour représenter la reine. William en fait partie.

Les Trooping the Colour, ce défilé militaire marquant l'anniversaire officiel du monarque, lancent les célébrations du jubilé. Voilà deux ans qu'ils n'ont pas eu lieu à Londres. La Covid-19 a empêché la monarchie de déployer sa pompe ordinaire. Ce 2 juin 2022, date anniversaire du couronnement de Sa Majesté, les régiments britanniques célèbrent la cheffe des armées. À cheval, le duc de Cambridge intègre les rangs du défilé. Sous son bonnet à poils, il est presque méconnaissable. Sanglé dans son uniforme rouge écarlate de colonel en chef des Irish Guards, il remonte fièrement le Mall aux côtés de son père et de sa tante. Ils sont plusieurs milliers de sujets de Sa Majesté à s'être rassemblés sur le parcours du cortège royal pour célébrer la matriarche. Mais Elizabeth II est la grande absente de ce défilé. Souffrant de problèmes de mobilité, elle a dû renoncer à se rendre jusqu'à Whitehall où se tiennent traditionnellement les Trooping the Colour. La journée se termine par une apparition au balcon du palais de Buckingham. Les portes-fenêtres du palais s'ouvrent. Surprise ! La reine apparaît devant une foule compacte criant son admiration pour elle. Elle a suivi la parade depuis le palais, avant de retrouver les membres de sa famille. Son cousin, le duc de Kent, se tient à ses côtés pour la soutenir. Au total, dix-sept membres de sa famille se présentent aussi au balcon. Les Cambridge sont au complet, pour le plus grand plaisir des Londoniens. Louis en particulier y va de ses facéties, volant la vedette à son arrière-grand-mère. Elizabeth montre son attachement à ce petit garçon très expressif et lui glisse quelques mots pour le préparer au bruit du défilé aérien qui s'apprête à survoler le Mall.

Le soir même, William retourne devant l'emblématique façade du palais où ont été installés une scène et un arbre artificiel géant. Il représente sa grand-mère pour une étape extrêmement symbolique du jubilé. Elizabeth II apparaît quant à elle dans la cour d'honneur du château de Windsor. Elle se dirige vers un présentoir surmonté par le Globe du Commonwealth, conçu pour l'occasion. La reine pose les mains sur la sphère et déclenche l'allumage de milliers de lumières qui se poursuivent symboliquement jusqu'au palais de Buckingham, sous le regard ému du duc de Cambridge. Aidée par William, ce petit-fils qui lui ressemble tant, Elizabeth II éclaire de sa lumière royale un ensemble de pays formant l'arbre du Commonwealth. L'hommage à cet héritage élisabéthain durable est particulièrement poignant.

Le lendemain, les Windsor se rassemblent pour assister à la messe donnée en la cathédrale St Paul. Cette fois-ci, l'absence de la reine pèse sur l'événement. En raison de sa santé chancelante, elle a dû annuler sa venue au dernier moment. Kate et William sont les véritables stars de la cérémonie. L'élégance de la duchesse n'a rien à envier à celle de Meghan, présente ce jour-là. Harry, son épouse et leurs enfants ont traversé l'Atlantique pour célébrer la reine. Elizabeth II est aux anges. Pour la première fois depuis deux ans, elle peut enfin profiter de l'intégralité de son clan. Comme Charles, elle peut faire la connaissance de Lilibet. Les ducs de Sussex connaissent néanmoins l'animosité des Britanniques à leur égard. Ils évitent de se montrer aux Trooping the Colour, mais font une apparition marquée par des huées sur les marches de la cathédrale. Entre les murs de l'imposant édifice, William et Catherine évitent royalement le regard de leurs homologues américains. L'heure des réconciliations n'a pas encore sonné.

Le 4 juin, George et Charlotte effectuent leur première obligation publique avec leurs parents lors d'une visite de Cardiff, au pays de Galles. Chaque couple de premier plan des Windsor est déployé aux quatre coins du royaume ce jour-là pour participer physiquement aux célébrations locales du jubilé. Ces quatre journées exceptionnelles s'achèvent par un gigantesque défilé festif auquel prennent part plus de dix mille personnes. Les jeunes générations des Windsor scrutent chacun des chars depuis la loge royale qui fait face au Victoria Memorial. William et Kate sont venus avec leurs trois enfants qui finissent par trouver le temps long après quatre heures de défilé continu. Louis en particulier exprime son impatience. Il brille par sa joie de vivre, au détriment de la patience de ses parents. Le garçonnet se lève, danse, hilare, salue les danseurs, s'émerveille et grimace. William le prend un temps auprès de lui mais n'arrive pas à le calmer. Finalement, seul Charles réussit à apaiser la fougue de son petit-fils. Le duc et la duchesse de Cambridge ne peuvent s'empêcher de remercier tous les participants sur leur compte Instagram, en faisant référence aux pitreries de leur cadet : « Nous avons tous passé un moment incroyable, surtout Louis… » La journée s'achève par une apparition surprise au balcon de la reine, entourée de ses cinq héritiers directs. Toute de vert vêtue, elle se présente péniblement à la foule qui lui adresse un dernier hourra de reconnaissance. Le sourire de la vieille dame fait oublier son état de grande fatigue. Dans la tourmente des scandales Sussex et York, Elizabeth II montre l'image d'une famille royale resserrée. Les premières mesures du *God Save the Queen* retentissent. Tous, y compris les petits Cambridge, reprennent en chœur les paroles de cet hymne écrites en l'honneur de Sa Majesté. Trois minutes d'apparition au balcon sont suffisantes pour marquer durablement l'esprit des Britanniques.

Un concert événement vient clore ces journées placées sous le signe de la couronne élisabéthaine. Une succession de stars se produit sur la scène construite pour l'occasion. Des drones dessinent même dans le ciel londonien des figures en hommage à la reine. Pour cette soirée historique, la reine rock'n'roll, inscrite dans le XXIe siècle, est célébrée. Chacun a encore en mémoire le court-métrage réalisé par Sa Majesté avec Daniel Craig dans le rôle de James Bond pour ouvrir les Jeux olympiques de Londres en 2012. Les Britanniques savent leur reine capable de bien des excentricités. Quelle surprise les attend pour ce concert grandiose ? Vingt-deux mille personnes découvrent avec étonnement la diffusion d'un film destiné à lancer le concert. L'ours Paddington s'invite chez Sa Majesté pour le thé. Elizabeth II enfile son costume d'actrice pour incarner son propre rôle. Elle dévoile un sandwich à la marmelade caché dans son sac avant de battre la mesure au son de *We Will Rock You*. La stupéfaction envahit la tribune royale, à l'image d'une princesse Charlotte bouche bée en découvrant son arrière-grand-mère en compagnie de son ours préféré.

Le concert se poursuit sur le thème de l'écologie. C'est le moment choisi par le prince William pour faire une apparition sur scène. Il commence par rendre hommage aux engagements des princes Charles et Philip. « Je suis tellement fier que mon grand-père et mon père aient participé à ces efforts. Et je suis aussi très admiratif devant certains comme le grand Sir David Attenborough, qui regardent la beauté et la puissance de notre Terre, puis travaillent pour la célébrer et la préserver. » Il se dit ensuite optimiste quant au sauvetage de la planète. « Aujourd'hui, en 2022 – alors que la reine célèbre son jubilé de Platine – le besoin de protéger et de restaurer notre planète n'a jamais été aussi urgent. Mais comme elle, je suis optimiste. Des décennies passées à plaider en faveur d'une meilleure prise en charge de notre monde signifient que les questions environnementales figurent désormais en tête de l'agenda mondial. » Après le discours engagé du duc de Cambridge, entre les mains de Charles repose la responsabilité de l'hommage familial et national à la reine. Commençant son discours par le traditionnel « Votre Majesté, Maman... », il mêle humour et émotion. Il conclut en appelant le public à scander sa ferveur pour qu'elle atteigne la reine, restée au château de Windsor. « Je sais ce qui donne envie à ma mère de se lever le matin, c'est vous tous. » L'absence répétée d'Elizabeth à la majorité des célébrations de son jubilé laisse présager un avenir sombre pour la monarchie. Mais la reine n'en était pas à ses premières annulations de dernières minutes.

Régence sans nom

La retraite publique du prince Philip en 2017 a entraîné une nouvelle organisation de la représentation de la Couronne. Plus que jamais, la jeune génération devient la nouvelle ambassade de la monarchie britannique. Avec son père, William partage un grand nombre d'obligations, d'ordinaire attachées à la figure du duc d'Édimbourg. Charles soutient de plus en plus sa mère en l'accompagnant pour les visites officielles de chefs d'État étrangers, les ouvertures du Parlement, et de nombreuses apparitions publiques. William fait de même. Il seconde sa grand-mère, comme lorsqu'il l'accompagne fin juin 2021 lors de sa semaine écossaise à Édimbourg. Ensemble, dévoilant leur complicité, ils forment un duo efficace qui rassemble les foules. William et Kate n'hésitent pas non plus à augmenter le nombre de leurs voyages officiels. Progressivement, Elizabeth II s'efface et laisse toute la lumière à son fils aîné et son petit-fils. En déléguant certaines de ses obligations à ses héritiers, la reine prépare sa succession et habitue les Britanniques à voir le prince de Galles et le duc de Cambridge au-devant de la scène publique. William doit désormais seconder son père. Il l'accompagne notamment lors des Dimanches du Souvenir dont Charles doit présider la cérémonie en tant que représentant de Sa Majesté. Le duo princier prend une place croissante, préparant ainsi l'avenir de la monarchie.

La mort du prince Philip en avril 2021 a considérablement fragilisé la santé de la souveraine. Par le passé, elle bénéficiait d'une santé de fer, limitant le nombre de ses hospitalisations à une dizaine au cours de sa longue vie. Le 21 octobre suivant, le Palais annonce que la reine a été hospitalisée une nuit pour des « examens préliminaires » au King Edward VII's Hospital de Londres. Le dernier séjour de ce type remonte à 2013, lorsqu'elle avait passé vingt-quatre heures à l'hôpital pour une gastro-entérite, et le précédent, à dix ans. Aucun détail n'est donné quant à cette dernière hospitalisation. La santé de la souveraine étant considérée comme une affaire privée, aucune transparence n'est imposée à ce sujet. Les Britanniques ne sont pas dupes. Elizabeth II se montre de plus en plus affaiblie, annulant un grand nombre de ses obligations. En février 2022, elle est même testée positive à la Covid-19. Si ses symptômes sont légers, ils la fatiguent grandement et la fragilisent davantage.

La COP 26 de Glasgow, qui se tient le 13 novembre 2021, est l'un de ces événements publics dont la souveraine a dû se passer. Cette conférence internationale sur le climat aurait dû être honorée par sa présence, mais Elizabeth II a préféré envoyer ses deux premiers héritiers. Avec leurs épouses respectives, ils se rendent en Écosse pour représenter la reine à cette conférence à l'influence mondiale, portant sur une question qui leur tient à cœur. Le quatuor regarde avec attention, et non sans une certaine émotion, la diffusion d'un discours d'Elizabeth, enregistré depuis Windsor. Elle appelle les dirigeants du monde à « faire preuve d'un véritable sens politique ». Ses paroles porteuses d'espoir sont fortes et impactantes. Elle rend aussi volontiers hommage aux rôles pionniers de son époux, de son fils et de son petit-fils dans la défense de l'environnement. « Je suis très fière que le rôle de premier plan joué par mon époux pour encourager les gens à protéger notre fragile planète se perpétue grâce au travail de notre fils aîné Charles et de son fils aîné William. Je ne pourrais pas être plus fière d'eux », s'exclame-t-elle avec une émotion rare. Le duc de Cambridge obtient ce jour-là la reconnaissance de son travail accompli par l'une des femmes les plus importantes de sa vie. Jamais il n'aurait espéré un si beau compliment public de la part de sa si chère grand-mère.

Quatre mois plus tard, l'absence d'Elizabeth II est une nouvelle fois remarquée. À l'occasion du Commonwealth Day, William et Kate sont auprès du prince de Galles et de la duchesse de Cornouailles pour la traditionnelle cérémonie en l'abbaye de Westminster. Officiellement, l'absence royale est justifiée par des raisons de « confort ». Officieusement, elle se préserve pour la cérémonie en hommage au prince Philip qui se tient deux semaines plus tard.

Vient alors le moment le plus politique de l'agenda annuel de la souveraine. Une nouvelle session parlementaire doit être ouverte en grande pompe par ses soins en la Chambre des Lords du Parlement britannique. Comme le veut la tradition, elle doit prononcer un discours rédigé par son Premier ministre, qui annonce les priorités du gouvernement pour l'année à venir. La cérémonie rythmée par des rites ancestraux est programmée pour le 10 mai 2022. Coup de tonnerre à Westminster ! Elizabeth II se fait remplacer par son héritier pour prononcer ce fameux discours sur un trône doré. Le communiqué explique l'absence de la reine par des « problèmes de mobilité ». Commence alors un cérémonial où le symbolisme a son importance. En uniforme d'amiral, Charles se présente à la Chambre des Lords, accompagné de son fils aîné et de son épouse. La présence de la reine est symbolisée par la couronne d'État impériale, posée sur une table, en lieu et place de son trône. Elizabeth II est physiquement absente, mais elle garde les rênes du pouvoir. Le prince de Galles s'installe là où se tenait son père pour prononcer les mots écrits par le gouvernement de Boris Johnson. À sa gauche, Camilla se tient en retrait. À sa droite, William fait de même. L'air grave, il cache mal son anxiété face à la situation, synonyme de difficulté pour sa grand-mère. Elizabeth II se retire publiquement, et laisse place à une nouvelle image de la monarchie. Les médias sont nombreux à commenter cette journée historique perçue comme une préparation en douceur de l'après-Elizabeth.

Jamais aucun monarque n'a été remplacé par son héritier au moment de son acte le plus politique de l'année en dehors d'une période de régence. Charles et William montrent au monde qu'ils sont deux futurs monarques parfaitement prêts à assumer leur rôle le cas échéant.

London Bridge is down

Les célébrations de son jubilé de Platine terminées, la reine part se ressourcer dans son cher domaine de Balmoral. Niché au cœur des Highlands sauvages, le domaine aux allures de château mi-écossais mi-allemand a été acheté puis agrandi au XIXe siècle par la reine Victoria et le prince Albert. Dans ce décor immuable où les plaines verdoyantes sont encadrées par de majestueuses collines, Elizabeth aime passer une partie de ses étés. La reine en a fait son havre de paix où elle respire le grand air, et peut s'adonner aux plaisirs simples de la campagne qu'elle chérit tant. Elle aime rassembler les membres de son clan entre les murs de cette vieille bâtisse. Nous sommes le 21 août lorsque le prince William et sa famille sont conviés à Balmoral. Ils passent quelques jours avec elle avant de rentrer à Londres. William ne se doute pas qu'il vient de voir pour la dernière fois sa grand-mère.

Le 5 septembre, Liz Truss est désignée pour succéder à Boris Johnson à la tête du parti conservateur. Elle ne peut être officiellement nommée Première ministre sans l'approbation de Sa Majesté. Les problèmes de santé de la reine l'empêchent de rentrer au palais de Buckingham pour la recevoir. Elle l'invite donc à la retrouver à Balmoral le lendemain. Pour la première fois en soixante-dix ans, le prochain dirigeant de Downing Street traverse la Grande-Bretagne pour recevoir l'autorisation de la souveraine de former un nouveau gouvernement. Elizabeth se tient debout, appuyée sur sa canne, devant la cheminée du salon de dessins du château. Portant le tartan attaché à son domaine, elle tend doucement la main droite à Liz Truss qui s'avance après une très respectueuse révérence. Un photographe est présent pour immortaliser l'instant. Sa main bleutée laisse penser qu'elle a subi des interventions médicales. La reine de quatre-vingt-seize ans adresse son célèbre et tendre sourire à celle qu'elle vient d'adouber comme nouveau chef de son gouvernement. Elizabeth II est diminuée mais fidèle à sa bonne humeur.

William est inquiet. Si Balmoral n'est qu'une parenthèse dans l'année d'Elizabeth, Windsor est destiné à devenir sa résidence permanente. Le duc a bien l'intention de profiter autant qu'il le peut de sa grand-mère. Il emménage avec sa famille à Adelaide Cottage, une immense demeure en stuc blanc au beau milieu d'un parc de vingt et un hectares, située à un kilomètre et demi du château. Leur appartement du palais de Kensington n'est pas déserté pour autant. George, Charlotte et Louis préparent leur rentrée scolaire dans un nouvel établissement. Le 7 septembre, William et Kate les emmènent visiter la Lambrook School, une école privée aux frais trimestriels s'élevant à près de sept mille livres sterling. Vingt minutes de voiture séparent la nouvelle demeure des Cambridge de l'école des enfants. La visite de l'établissement terminée, toute la famille se dirige vers Adelaide Cottage pour préparer la rentrée prévue le lendemain. Cette nouvelle maison semble propice à un avenir prometteur pour la vie de famille des Cambridge.

En cette fin de matinée du 8 septembre 2022, l'état de santé de la reine se dégrade. Charles et Camilla, qui séjournent dans leur propriété de Birkhall, traversent en toute hâte les onze kilomètres qui les séparent de Balmoral. Anne est déjà présente lorsque le couple arrive vers 10 h 30 (heure britannique). Le trio se rassemble dans la chambre d'Elizabeth, qui demeure alitée. Liz Truss et le reste des membres de la famille royale sont informés de l'état de santé de la souveraine. Deux heures plus tard, un communiqué est publié : « Après une nouvelle évaluation ce matin, les médecins de la reine sont préoccupés par l'état de santé de Sa Majesté et ont recommandé qu'elle reste sous surveillance médicale. La reine est toujours à l'aise et se trouve à Balmoral. » Commence alors une course contre la montre des plus délicates. Les dernières heures de Sa Majesté sonnent à mesure que les aiguilles de Big Ben tournent. Chacun tente de se rendre en Écosse au plus vite. Charles et Anne ne quittent pas le chevet de leur mère. 15 h 10, les yeux gris bleu d'Elizabeth se ferment une dernière fois sur le monde. Sa Majesté Elizabeth II, par la grâce de Dieu, reine du Royaume-Uni de Grande-Bretagne et d'Irlande du Nord et de ses autres royaumes et territoires, chef du Commonwealth, défenseur de la foi, n'est plus.

Le temps a manqué au prince William qui n'a pu lui adresser un dernier au revoir. Il est plus de 17 heures lorsqu'atterrit à l'aéroport d'Aberdeen le jet privé de la Royal Air Force où il a pris place avec les princes Andrew et Edward, ainsi que sa tante Sophie. Le regard perdu, il conduit personnellement la voiture qui les emmène jusqu'au château écossais. Le prince a très peu de temps pour faire ses adieux à la reine avant que ne soit rendue publique sa disparition.

« Ici BBC News depuis Londres, prévient le présentateur Huw Edwards. Le Palais de Buckingham a annoncé le décès de Sa Majesté la reine Elizabeth II. Dans une déclaration, le Palais a annoncé que la reine est morte paisiblement à Balmoral, cet après-midi. » Il est 18 h 30 précises, lorsque la BBC bouscule ses programmes pour annoncer la tragique nouvelle. Dans la soirée, Charles se réfugie avec Camilla à Birkhall pour passer sa première nuit de souverain. La mort d'Elizabeth II constatée, le roi Charles III est né. Les souverains se succèdent, mais la monarchie demeure. La maxime latine *Rex nunquam moritur* – le roi ne meurt jamais – s'applique au Royaume-Uni. « Si le corps terrestre du monarque est mortel, il incarne aussi le corps politique et souverain de l'institution[1]. » William retrouve son père et la reine consort dans leur manoir écossais pour dîner tardivement avec eux. Alors que l'émotion populaire commence à engloutir le monde, le trio rassemble ses forces pour affronter leur nouveau destin.

Parti de l'aéroport de Luton – comme nous l'indique le très informé journaliste Bertrand Meyer-Stabley dans sa biographie consacrée au roi Charles –, Harry arrive à Balmoral vers 21 heures. Avec Meghan, il a traversé l'Atlantique trois jours plus tôt pour défendre des associations caritatives. Il est le dernier à poser les pieds dans la propriété chérie par la défunte reine. Kate a décidé de rester à Londres pour s'occuper de ses enfants et laisser son époux prendre en main ses nouvelles fonctions et vivre son deuil en famille. Meghan fait de même, « par prudence[2] ».

La monarchie britannique perdure par ses traditions. C'est par une liste de rituels qui ont traversé les siècles et de textes fondamentaux tels que la *Magna Carta* de 1215 ou encore la *Déclaration des droits* de 1689 que se dessine cette institution. La reine est morte, vive le roi ! Le lendemain de cette date désormais inscrite dans l'histoire, William s'envole avec son père et Camilla pour Londres. Le trio s'apprête à prendre son avenir en main. En fin de matinée, se tient au palais Saint-James une cérémonie quatre fois centenaire destinée à proclamer Charles III nouveau monarque de Grande-Bretagne. En droit anglais, une proclamation est une annonce formelle du souverain faite à ses sujets devant le Conseil, composé des plus hauts représentants de l'État, qu'il a réuni. D'ordinaire, cette cérémonie qui officialise l'identité du nouveau souverain se déroule à huis clos, mais la monarchie doit s'adapter aux

1. Kévin Guillot, *Secrets d'histoire*, hors-série n° 16, janvier 2023.

2. Bertrand Meyer-Stabley, *Charles III*, *op. cit.*

avancées sociales et technologiques de son temps. Pour la première fois de son histoire, elle est entièrement retransmise à la télévision. William et Camilla sont les personnages centraux de la première partie de ces rituels se déroulant en trois étapes. De sa main gauche, il signe le texte de la proclamation présenté au greffier. L'assemblée se dirige ensuite vers la salle du trône où Charles III fait son entrée. Dans un discours empreint d'émotion, il rend hommage à sa mère avant de prêter serment : il servira ses peuples et préservera l'Église d'Écosse, cette Église indépendante de celle d'Angleterre qui a imposé cette prestation de serment au XVIIe siècle pour s'assurer son existence. William se tient en retrait mais ne quitte jamais du regard ce père qu'il admire pour son courage et son aplomb. Le nouvel héritier de la Couronne appose ensuite sa signature auprès de celle de son père sur un nouveau document officiel. Au balcon du palais, les hérauts d'Angleterre proclament publiquement l'avènement de Charles III avant que ne sonnent les premières notes du désormais *God Save the King.* Le Royaume-Uni tourne définitivement la page de l'ère exceptionnelle d'Elizabeth II pour ouvrir un nouveau chapitre de son histoire, celui du règne de Charles III accompagné de son épouse Camilla et de son héritier William.

Le soir même, la première allocution du roi Charles est diffusée par la BBC. Sanglé dans son costume de deuil, il est assis à un bureau où trône un magnifique portrait de la défunte reine. « Je vous parle aujourd'hui avec un profond chagrin, commence-t-il. Tout au long de sa vie, Sa Majesté la reine ma mère bien-aimée fut une inspiration et un exemple pour moi et toute ma famille. » D'une voix marquée par la peine, Charles rend un hommage bouleversant à celle qui a marqué de son emprunte l'histoire du monde. Il poursuit en renouvelant la promesse de service à sa nation jusqu'à son dernier souffle, comme l'a fait Elizabeth le jour de son vingt et unième anniversaire. Vient alors pour lui le moment d'aborder l'avenir de son fils aîné. « En tant qu'héritier, William assume désormais les titres écossais qui ont tant compté pour moi. Il me succède en tant que duc de Cornouailles et assume les responsabilités du duché comme je le fais depuis plus de cinq décennies. Aujourd'hui, avec Catherine à ses côtés, je suis fier de le créer prince de Galles, ce pays dont j'ai eu le privilège de porter le titre pendant une si grande partie de ma vie et de mon devoir. Nos nouveaux prince et princesse de Galles continueront, je le sais, à inspirer et à diriger nos liens nationaux. » Ce 9 septembre 2022, William entame une nouvelle partie de sa vie en portant le plus important titre de noblesse du Royaume-Uni. Un nouveau prince de Galles fait son entrée sur la scène monarchique.

William est particulièrement touché par la disparition d'Elizabeth. Il lui rend hommage dans un communiqué publié le 10 septembre. Les mots choisis par le nouveau prince de Galles sont marqués par l'émotion. « Jeudi, le monde a perdu une dirigeante extraordinaire, dont l'engagement envers le pays, les royaumes et le Commonwealth était absolu. Tant de choses seront dites dans les jours à venir sur le sens de son règne historique. Cependant, j'ai perdu une grand-mère. Et même si je vais pleurer sa perte, je me sens aussi incroyablement reconnaissant. J'ai bénéficié de la sagesse et du réconfort de la reine dans ma quatrième décennie. » C'est d'abord en petit-fils aimant et reconnaissant que William s'exprime. Il continue en faisant référence à la bonté de la reine envers cette famille qu'il a créée. « Ma femme a reçu ses conseils et son soutien pendant vingt ans. Mes trois enfants ont passé de nombreuses vacances avec elle et créé des souvenirs qui dureront toute leur vie. » La douleur du prince tant aimé de la reine est si grande que nous avons peu de mal à imaginer les larmes qui ont dû glisser sur ses joues en privé. « Elle était à mes côtés dans mes moments les plus heureux. Et elle a été à mes côtés pendant les jours les plus tristes de ma vie. Je savais que ce jour viendrait, mais il faudra un certain temps avant que la réalité de la vie sans grand-mère ne s'impose. » Vient alors le moment pour lui d'exprimer sa profonde gratitude pour le parcours de celle que le monde nommait *The Queen*. « Je la remercie pour la gentillesse dont elle a fait preuve envers ma famille et moi-même. Et je la remercie au nom de ma génération d'avoir fourni un exemple de service et de dignité dans la vie publique qui était d'un autre âge, mais qui nous était toujours dévoué. Ma grand-mère disait que le chagrin était le prix à payer pour l'amour. Toute la tristesse que nous ressentirons dans les semaines à venir témoignera de l'amour que nous avons eu pour notre extraordinaire reine. » Il conclut en assurant à son père son infini dévouement envers sa personne. « J'honorerai sa mémoire en soutenant mon père, le roi, de toutes les manières possibles. »

La tristesse du deuil guide sa plume avant qu'il doive faire face à la population bouleversée. Charles veut une famille unie. Il supporte mal la brouille qui anime les relations entre ses deux fils. Dans la peine, le clan Windsor doit se montrer soudé. Il ordonne à ses fils d'enterrer la hache de guerre le temps du deuil national. William et Harry respectent les vœux de leur père et apparaissent ensemble devant le château de Windsor, épaulés par leurs épouses respectives. Pour la première fois depuis la fin de l'année 2019, l'ancien *Fab Four* populaire se reforme. Ensemble, ils vont à la rencontre des Britanniques pleurant leur reine et se recueillent devant les centaines de bouquets de fleurs déposés devant les grilles du château bâti par Guillaume le Conquérant. Parfaitement orchestrée, la sortie princière offre de belles images à la presse. La rancœur n'est pas effacée pour autant, mais pour l'amour d'une grand-mère admirée, les fils de Charles III font exceptionnellement front commun.

La figure d'Elizabeth II était devenue au cours du temps une sorte d'effigie intemporelle et éternelle, dont la disparition n'avait en quelque sorte jamais été envisagée. Aussi inconcevable qu'elle puisse être, la mort de la reine était pourtant prévisible. Le Palais mettait tous les moyens en sa possession pour camoufler la gravité de l'état de santé de la souveraine au grand public. Hubert de Lisle, un ancien officier des Grenadier Guards vivant une retraite paisible en France auprès de sa charmante épouse, est l'un des rares hommes à avoir été très tôt informé de la réalité de la situation. « J'ai été extrêmement triste mais aucunement surpris d'apprendre son décès. Nous, les officiers des Grenadier Guards, avions vu annulée une rencontre avec Elizabeth II au mois de mai 2022 parce qu'elle n'était pas assez en forme pour honorer cet engagement. Nous étions donc déjà avertis qu'elle n'allait pas bien. Elle s'est certainement préservée pour pouvoir apparaître au balcon du palais de Buckingham au moment du *Queen's Birthday* de juin. Je ne vais pas dire que l'on était préparés mais on savait que c'était les derniers moments de Sa Majesté. » Hubert de Lisle connaissait bien la reine. Au cours de sa carrière, elle lui a accordé plusieurs audiences, l'invitant même au dîner d'État organisé pour le président russe Vladimir Poutine en 2003. Il raconte, non sans une certaine émotion, son meilleur souvenir d'Elizabeth II. « J'étais commandant en second d'un régiment en Irlande du Nord en 1986. Elle m'a invité pour un café au palais de Buckingham parce qu'elle voulait savoir ce que vivaient les militaires dans ce qui n'était plus une guerre à ce moment-là, mais dans cette situation qui restait encore très difficile. J'avais un régiment dont la majorité était des protestants. Elle voulait savoir ce qu'en tant que catholique, je pensais de la situation. Elle m'a reçu pendant une heure. Elle était très informée sur moi, ma carrière et ma famille. Ça a été un très grand moment, elle était charmante, me mettait à l'aise. Ce n'était pas du tout formel et nous avons beaucoup échangé. » La sympathie de ce monarque, faisant preuve d'un réel intérêt pour autrui, restera dans les mémoires.

Le dernier voyage d'Elizabeth II commence au matin du 11 septembre 2022. Dans un très respectueux silence, le cortège la conduit jusqu'à Édimbourg où son cercueil est exposé pendant deux jours. William ne participe pas aux étapes écossaises de l'acheminement de la dépouille jusqu'à Londres. Il préfère être auprès du peuple britannique qui ne cesse de se rassembler pour exprimer son immense chagrin. Pour leur premier engagement en solo, le prince et la princesse de Galles choisissent Sandringham pour observer les hommages rendus à la reine. En 1997, William a dû mettre sa douleur d'avoir perdu sa mère de côté pour consoler des Britanniques meurtris, vingt-cinq ans plus tard, l'histoire se répète. Sa sympathie réchauffe les cœurs des sujets de Sa Majesté. Il échange quelques poignées de main et quelques mots réconfortants avant d'entrer dans la demeure hivernale de sa grand-mère. Kate et William sont attendus par le personnel qui a servi Elizabeth II. Le nouvel héritier de la Couronne se montre présent pour les remercier de leur fidélité. Un autre moment, dans ces journées noires de son existence de prince, marqué par une profonde tristesse.

Pendant six jours, 23 heures sur 24, le cercueil de la souveraine, drapé de son étendard personnel et surmonté de la couronne d'État impériale, de l'orbe et du sceptre, est exposé à Westminster Hall. Plus de deux cent cinquante mille Britanniques viennent se recueillir un court instant. La file d'attente de plus de sept kilomètres est à la hauteur de l'admiration des Londoniens pour leur reine. Ils doivent tuer l'ennui pendant les vingt-quatre heures nécessaires pour arriver devant le catafalque. Charles III et William connaissent l'étendue de cette file qui ne semble plus finir. Ils veulent montrer leur gratitude envers ces inconnus capables de patienter plusieurs heures pour rendre hommage à la regrettée souveraine. La surprise est de taille quand le duo se lance dans une visite inopinée. Dans une profonde ferveur, père et fils rencontrent une centaine de personnes au niveau de l'Albert Embankment, près de Lambeth Bridge. William serre des mains, sourit et discute avec la foule pendant plus de trente minutes avant de quitter les lieux. Il doit se préparer à l'un des moments les plus marquants de sa vie.

En fin d'après-midi, le 17 septembre, les huit petits-enfants d'Elizabeth II se rassemblent devant l'entrée de l'imposant Westminster Hall. Portant son uniforme des Blues and Royals, William prend la tête du cortège de ses cousins, précédés par son frère. Le claquement de leurs talons sur le sol de pierres brise le silence pesant qui règne en ces lieux. Le prince de Galles a du mal à cacher son émotion. Il fait face au cercueil de sa grand-mère, monte les marches du catafalque, pivote sur ses talons, tournant alors le dos à la dépouille. Doucement, il incline la tête en guise de respect à sa souveraine. Son frère et ses cousins se lancent simultanément dans cette même chorégraphie un brin militaire. Pendant quinze minutes, les Britanniques continuent leur défilé d'hommages avec un regard bouleversé pour cette jeune génération perdue dans ses souvenirs. La comtesse de Wessex, belle-fille de la défunte, est présente pour soutenir ses enfants et ses neveux dans cette épreuve, ne pouvant retenir ses larmes. La veille, les enfants d'Elizabeth avaient emprunté le même chemin pour la traditionnelle « veillée des princes ».

Les funérailles grandioses de la reine du siècle se tiennent en l'abbaye de Westminster le 19 septembre. Telle l'apothéose de onze jours d'un deuil national difficile, le moment vient mettre un point final à cette période de recueillement. Suspendues dans les airs de Westminster, ces obsèques sont les premières à se tenir entre les murs de l'abbaye depuis 1760. Depuis cette date, aucun monarque n'a vu organiser ses funérailles dans la magnificence de cet édifice gothique. La chapelle Saint-George du château de Windsor lui était préférée. Tous les grands moments du règne d'Elizabeth II se sont déroulés devant des caméras attentives. Celui qui met définitivement fin à ses soixante-dix années de service ne fait pas exception. Ils sont plus de quatre milliards à travers le monde à suivre religieusement toutes les étapes de la cérémonie aussi émouvante que théâtrale. Sur deux mille invités, cinq cents chefs d'État étrangers ont fait le déplacement.

Il est 10 h 44 lorsque le cercueil est posé sur un affût de canon tiré par cent quarante-deux marins. Le cortège part de Westminster Hall pour parcourir la centaine de mètres qui le sépare de l'entrée de l'abbaye. Charles, Anne, Andrew et Edward forment le premier rang du cortège qui suit au pas le cercueil toujours drapé de son étendard royal, surmonté de la couronne d'État impériale, du sceptre, de l'orbe et d'une couronne de fleurs colorée surmontée d'une lettre personnelle du nouveau roi. « En souvenir affectueux et dévoué. Charles R », peut-on lire sur cette carte précédée par les armoiries royales endeuillées. Le roi est physiquement atteint par le chagrin, combattant difficilement la montée de ses larmes. William se tient derrière son père, à la droite du duc de Sussex. Si Peter Phillips avait séparé physiquement les deux frères ennemis pendant les funérailles du prince Philip, ils ont finalement accepté de mettre leurs soucis de côté pour marcher côte à côte en l'honneur de leur grand-mère. Vingt-cinq ans plus tôt, ils ont escorté de la même manière la dépouille de leur mère jusqu'à l'abbaye de Westminster, ce temple des grandes heures de la monarchie. Ce jour-là, ils suivent un nouveau cercueil enfermant un autre être cher à leur cœur. La messe d'une heure et demie est dirigée par le doyen de Westminster, David Hoyle. L'archevêque de Canterbury, Justin Welby, est chargé de prononcer l'éloge funèbre qui revient abondamment sur le sens du devoir de ce monarque d'exception. Après un émouvant *God Save the King*, marquant mélodieusement un tournant dans l'histoire britannique, une nouvelle procession se forme. William, portant son uniforme de la Royal Air Force, reprend sa place pour remonter le parcours qui mène à l'Arche de Wellington, voisin du palais de Buckingham. Les membres de la famille royale s'alignent, y compris les petits George et Charlotte accompagnant leur maman, tandis que la dépouille est transférée dans un corbillard vitré. Elizabeth II est sur le point de se diriger vers sa dernière demeure.

Les fleurs pleuvent au passage de la voiture. Dans un silence glaçant, brisé parfois par quelques discrets applaudissements reconnaissants, plus d'un million de Britanniques encadrent le dernier cortège jusqu'au château de Windsor. Une dernière cérémonie dirigée par le doyen de Windsor en présence de huit cents invités se tient en la chapelle Saint-George. Un an plus tôt, Elizabeth II laissait transparaître en ces lieux une profonde solitude quand est venu le moment de dire au revoir à son cher et dévoué époux. Le monde découvre cette cérémonie qui, d'ordinaire, restait dans le secret familial. William tient la première place du premier rang situé à la gauche du cercueil. Faisant face à son père, son regard se perd dans la tristesse en fixant le cercueil de sa défunte grand-mère. Les yeux embués, il voit la dépouille de la reine disparaître doucement vers le Royal Vault, situé un étage en dessous. Le cercueil du duc d'Édimbourg n'a pas patienté très longtemps avant d'être inhumé auprès d'Elizabeth.

Il est 19 h 30 lorsque les membres de la famille royale se rassemblent dans cette partie inférieure du monument gothique. C'est ici que se trouve la chapelle du roi

George VI où le couple a exprimé le souhait de reposer pour l'éternité. Les parents d'Elizabeth y ont été enterrés, auprès du monument renfermant l'urne de la princesse Margaret. Entouré des siens, le couple royal défunt est inhumé au cours d'une cérémonie digne et familiale, dans le plus grand respect de ses dernières volontés. Toute sa vie, Elizabeth II a mis sa famille au centre de ses préoccupations. Tout ce qu'elle a entrepris avait pour but de préserver l'unité familiale et le rôle de premier plan de son clan. La Couronne, la famille et le Commonwealth forment ces devoirs qui ont dicté son existence, suivant l'exemple de son père. George VI s'illustrait tout particulièrement dans son rôle paternel. Le noyau familial « nous quatre », tant chéri par le souverain, se reforme à jamais. Entourée des quatre personnes qui lui ont permis de forger sa personnalité si admirée, Elizabeth II repose en paix sous cette simple dalle de marbre noir où sont ajoutés son nom et celui du prince Philip.

Gan-Gan

Trois jours après le faste de ces funérailles à la hauteur de l'incroyable vie d'Elizabeth II, William et Kate visitent l'hôtel de ville de Windsor pour rencontrer des bénévoles et membres du personnel qui ont joué un rôle de premier plan au cours de la cérémonie. « Ce sont les choses auxquelles vous ne vous attendez pas qui vous émeuvent, admet le prince, bouleversé. C'est toujours très réconfortant de voir que tant de personnes sont touchées. Cela fait énormément de bien. » Faisant preuve d'un rare témoignage de ses sentiments, William reconnaît aussi avoir été « très retourné » en voyant les milliers de peluches Paddington déposées parmi les bouquets de fleurs en hommage à sa grand-mère. Le nouveau prince de Galles vit une période troublée par des souvenirs déchirants.

Toute sa vie, William a entretenu une proximité particulière avec sa grand-mère, qu'il surnommait affectueusement « Gan-Gan » depuis qu'il avait éprouvé des difficultés à dire *Granny* durant ses premières années. Il se souvient de sa tendre enfance à Balmoral où Elizabeth l'emmenait à dos de poney se promener dans la lande écossaise. Il se souvient de ses nombreux week-ends passés à Windsor, pendant ses années à Eton, où les leçons et les déjeuners rythmaient le temps. « Je peux lui poser toutes les questions, lui parler de tout, il n'est aucun sujet qu'elle ignore ou sur lequel elle n'ait déjà un avis bien plus sûr, bien meilleur que le mien[1] », s'était-il confié à la fin de la décennie 1990. Il se souvient de son aide précieuse pour affronter la disparition brutale de sa mère. Il se souvient de sa présence et de son aide à chaque étape cruciale de sa vie : ses remises de diplômes à St Andrews et à Sandhurst, son mariage avec Catherine, les baptêmes de ses enfants… Elizabeth II a forgé un héritier à la Couronne à son image. Le devoir dicte ses pas et ses actions, comme il a guidé sa grand-mère.

En lui, sont nés un respect et une admiration sans faille pour cette dame chapeautée aux principes et aux vertus uniques en notre temps. Plusieurs fois au cours de sa vie, William a rendu hommage à sa grand-mère. En 2016, il a participé au documentaire tourné par la BBC pour marquer les quatre-vingt-dix ans de la reine et s'est lancé dans un véritable éloge : « Son engagement envers les autres est incroyable. Je pense que tout cela m'a permis de comprendre ce que peut être un bon monarque. Ça a été extrêmement formateur pour moi de voir son leadership en grandissant. » Quatre ans auparavant, il n'hésitait pas à la qualifier de modèle à suivre, montrant au monde qu'il avait l'intention de s'inscrire dans son héritage : « J'ai grandi… et j'ai essayé de mieux comprendre son rôle et mon propre rôle…

1. Robert Hardman, *Our Queen*, Londres, Hutchinson, 2011.

C'est un modèle incroyable. J'aimerais m'inspirer de toutes ses expériences, de tout son savoir, et le mettre dans une petite boîte pour pouvoir m'y référer en permanence[1]. »

William était particulièrement fier ce 18 décembre 2019 lorsqu'il a pu participer à l'un des rares événements le réunissant avec sa grand-mère, son père et son fils aîné. Les quatre générations se rassemblaient pour préparer un *Christmas pudding*, ce dessert aussi riche que calorique qu'affectionnent les Anglais le jour de Noël. Peu rassurée par les gestes brusques de son arrière-petit-fils, la reine s'était reculée de quelques pas quand George remuait la préparation à l'aide d'une cuillère en bois. Le moment était aussi drôle que touchant. Ensemble, ils ont profité de cet instant pour poser devant l'objectif de Ranald Mackechine dans la salle du trône du palais de Buckingham. William se tient derrière sa grand-mère, alors que George est à ses côtés avec son grand-père qui pose une main protectrice sur son épaule. En ce mois de septembre 2022, le quatuor royal n'est plus, mais il restera imprimé sur papier glacé. William a toujours exprimé une véritable adoration pour cette royale grand-maman au charisme exceptionnel. Au moment de l'apparition au balcon du jubilé de Diamant, la reine s'était exclamée : « Mon Dieu, c'est extraordinaire ! » William s'était empressé de lui rétorquer : « C'est vous qu'ils applaudissent. » Le prince de Galles et le peuple britannique ne cesseront jamais d'applaudir la vie de cette souveraine unique en bien des points.

---

1. Sally Bedell Smith, *Elizabeth II*, *op. cit.*

30

L'héritier

S'il est désigné prince de Galles par son père au lendemain du décès de la reine, son nouveau titre n'est réellement officialisé que le 24 février 2023. Ce jour-là, est publiée la lettre patente signée de la main du roi, ce certificat royal indispensable pour officialiser les décisions prises par le souverain. William est désormais connu comme étant « Son Altesse royale le prince William, Arthur, Philip, Louis, prince de Galles, duc de Cornouailles, de Rothesay et de Cambridge, comte de Carrick, de Strathearn et de Chester, baron de Renfrew et de Carrickfergus, KG[1], KT[2], seigneur des Îles, prince et grand Steward d'Écosse. »

S'il préserve ses titres de duc de Cambridge, de comte de Strathearn et de baron Carrickfergus octroyés par Elizabeth II au moment de son mariage en 2011, William devient le détenteur de huit nouveaux titres. Chaque nation du Royaume-Uni dispose de ses propres pairs. Dans la pairie d'Angleterre, le titre de duc de Cornouailles est celui accordé automatiquement à l'héritier du trône. Encore attaché à des droits féodaux, le titulaire dispose de revenus importants rattachés au duché. Son équivalent écossais est le titre de duc de Rothesay, auquel sont également associés les titres subsidiaires de comte de Carrick, baron de Renfrew, seigneur des Îles, prince et grand Steward

1. Abréviation pour signifier qu'il est chevalier de l'ordre de la Jarretière en Angleterre.

2. Abréviation pour signifier qu'il est chevalier de l'ordre du Chardon en Écosse.

d'Écosse. Surtout, William est dorénavant désigné comme le nouveau prince de Galles.

Edward de Carnarvon, fils du roi Edward Ier, a été le premier à porter ce titre en 1301. Pour s'assurer la soumission du pays de Galles à la Couronne anglaise, le roi a fait naître son héritier entre les murs de la forteresse de Carnarvon avant de lui octroyer ce titre. La tradition de l'offrir à l'héritier mâle du roi est née. William devient ainsi l'aristocrate britannique le plus titré du royaume. Premier personnage du Royaume-Uni après son père, il fait de sa nouvelle devise en langue allemande « *Ich Dien* » (« Je sers ») la règle qui dictera sa conduite pour les prochaines années de sa vie.

L'avenir de la monarchie entre ses mains

Le dimanche 13 novembre 2022 marque le premier engagement public de la famille royale depuis l'accession au trône de Charles III. Le roi préside les cérémonies du Remembrance Sunday – Dimanche du Souvenir – qui honorent la mémoire des soldats du Commonwealth tombés sur le front. Il dépose une couronne de coquelicots au pied du Cénotaphe de Londres. Lui qui l'a fait à quatre reprises au nom de sa mère accomplit désormais ce geste symbolique en son nom propre. Quelques pas derrière lui, le prince William patiente avec sa propre couronne de fleurs artificielles. Sous le regard de Catherine, scrutant la cérémonie auprès de la reine consort Camilla depuis le balcon de Whitehall, il dépose à son tour sa couronne auprès de celle de son père. La cérémonie a des notes d'une profonde tristesse ce jour-là. Les deux minutes de silence observées semblent aussi attachées à la mémoire de la défunte reine. Elizabeth II mettait un point d'honneur à se souvenir chaque année des vies sacrifiées pour la liberté et la souveraineté du Royaume-Uni. Plus qu'une reine, elle fut une cheffe des armées. Désormais, c'est au tour du roi Charles III d'occuper cette position hautement symbolique. William, ce prince officier particulièrement attaché aux armées, se positionne dès lors comme un véritable soutien à son royal papa.

Dès les premiers jours de son règne, Charles a compris qu'il pouvait compter sur le soutien du prince et de la princesse de Galles. La période de deuil national terminée, William et Kate ont effectué leur première visite officielle. Le couple ne choisit pas sa destination au hasard. En tant que nouveaux princes de Galles, ils se font un devoir d'honorer de leur présence cette nation qui leur a attribué leurs nouveaux titres. Arrivés à Anglesey, ils ne sont pas en terre inconnue. Ils ont vécu dans une maison blanche de ce petit village gallois les premières années de leur mariage, appréciant la douceur de la vie à la campagne. L'accueil est particulièrement enthousiaste pour ce couple affable qui fait preuve d'une simplicité parfois désarmante. Chacun s'adonne aux selfies, aux poignées de main, aux étreintes et aux discussions complaisantes. Dans une monarchie en perte de vitesse, désormais incarnée par un homme de soixante-quatorze ans, le capital sympathie de l'institution repose uniquement sur les épaules de William et de son épouse.

Elizabeth II a incarné toute sa vie cette monarchie lointaine, intouchable et parfois d'une froideur désarmante. La vieille dame éduquée dans les années 1930 avait hérité des mœurs victoriennes représentées par sa grand-mère, la sévère reine Mary. Si elle avait appris des leçons données par la charismatique Diana, elle était demeurée fidèle à elle-même. Pour Elizabeth II, l'étalage des sentiments était inenvisageable. Les bains de foule sont restés dans la limite de sa réserve naturelle. En un sens, elle incarnait parfaitement la sacralité de la fonction royale. Dès les premières heures de son règne, Charles III met un terme à cette période de monarchie distante. À son arrivée au palais de Buckingham avec son épouse, au lendemain de la mort de la reine, il s'adonne à un bain de foule en se laissant embrasser et enlacer par son peuple endeuillé. Pour la première fois aussi, le monarque traverse la cour d'honneur du palais à pied pour faire son entrée entre ses murs. L'apparat de son entrée est oublié pour un minimalisme de bon aloi. Le roi signe là un tournant considérable quant aux manières aristocratiques de la famille royale.

William et Kate s'imposent comme les dignes représentants de cette nouvelle chaleur royale. Les selfies, d'ordinaire interdits, sont désormais légion. Du haut de leurs quarante ans, ils incarnent une nouvelle génération de *royals*, capables de démocratiser leurs manières pour correspondre davantage aux attentes de la population. William ne résiste jamais à aller au contact de la foule. Depuis son plus jeune âge, il a appris à l'apprivoiser et à la séduire pour s'en faire apprécier et admirer. L'influence de Diana est une certitude. Son séduisant sourire, sa prestance princière et sa carrure imposante forment l'image du parfait prince charmant, faisant oublier sa calvitie précoce souvent moquée. Avec son épouse, il occupe le terrain pour incarner cette nouvelle monarchie qui se met progressivement en marche. La popularité du système repose uniquement sur ses épaules. Le prince tant aimé des Britanniques fait ses preuves en galvanisant un peuple sur lequel il sera appelé à régner. Ses enfants sont bien souvent son véritable atout. Qui ne craque pas devant la mignonnerie de ces petites têtes blondes appelées à un destin d'exception ? Les Galles incarnent la nouvelle famille royale idéale. L'amour l'emporte sur toute chose dorénavant. William est proche de ses enfants et complice avec sa femme. Ensemble, ils forment un front commun pour représenter la Couronne en répondant aux attentes de leur époque. Le prince de Galles est un homme complaisant qui sait tendre une oreille attentive aux problèmes d'autrui, avant de trouver les mots justes pour rassurer. William est ce prince du peuple qu'espéraient les Britanniques.

Chaque sortie publique est associée à un élan populaire qui prouve la popularité du fils du roi Charles. Le sondage Ipsos de mars 2023 montre que William caracole en tête du classement des membres de la famille royale les plus populaires. Avec 59 % d'avis favorables, il dépasse de loin son père avec ses 49 %, et les 33 % de sa belle-mère. Plus que jamais, la monarchie a besoin des atouts du couple formé par William et Catherine. Bien qu'impressionnants, ces chiffres restent bien éloignés des 85 % d'avis positifs attribués à Elizabeth II en 2021.

Un récent sondage YouGov commandé par la BBC indique que seuls 32 % des jeunes Britanniques entre dix-huit et vingt-quatre ans restent favorables à la monarchie. Le grand défi du prince de Galles reste sa capacité à remporter l'adhésion auprès de cette génération en mal d'attachement au régime. Pire encore, 38 % de ces jeunes sondés se disent favorables à la mise en place d'un chef d'État élu. Le républicanisme a-t-il de beaux jours devant lui, dans ce pays traumatisé par seulement dix années de république dictatoriale dans sa longue histoire ? William semble être le candidat idéal pour faire taire toute prétention de renversement de la monarchie. Pour faire perdurer la Couronne britannique, il doit encore montrer son utilité. Les associations caritatives qu'il a décidé de parrainer avec son épouse ont été choisies dans ce but précis. Il reçoit aussi en Grande-Bretagne les couples héritiers des monarchies étrangères tels que le prince Haakon et son épouse Mette-Marit de Norvège en mars 2023. Au moment de la visite officielle du président Sud-africain Cyril Ramaphosa en novembre 2022, il a été désigné par Charles III pour l'accueillir à Londres. Il devient également le plus digne représentant du roi à l'étranger. Quelques jours plus tard,

Kate et William se sont rendus à Boston pour la cérémonie de remise du prix Earthshot. Pour l'héritier de la Couronne, l'occasion est trop belle pour manquer une rencontre avec le président Joe Biden. Entre ses mains, repose dorénavant le fameux *soft power* dont peut jouir la monarchie britannique. William et sa famille avancent finalement ensemble d'un pas assuré vers cette destinée royale qui n'a jamais été aussi proche.

Parfaitement en phase avec son époque, William est un prince connecté, conscient des attentes et des préoccupations de sa génération. À lui seul, il incarne cette fraîcheur qui fait défaut à son père. Jeune roi, Charles III n'est pas un fringant jeune homme capable de rassembler une foule de Britanniques de moins de vingt-cinq ans. La modernité de William s'exprime aussi dans un look de gentleman princier parfaitement étudié. Pourtant, cette image adaptée aux attentes de son temps n'était en rien une certitude. Linda Maache, auteure française à la plume pertinente et inspirante, créatrice du blog *Le Boudoir de Kate Middleton*, et styliste de talent, nous aide à analyser finement le style du fils aîné du roi Charles.

William, comme Harry, a toujours été très admiratif du style de son grand-père. À ses yeux, il incarne le *play-boy* de son époque, l'élégance aristocratique britannique. Son père Charles est beaucoup plus classique. Ses costumes sur mesure campent un chic conservateur. Autrement dit, le fils aîné de Diana a de solides références familiales en termes de prêt-à-porter. Sa façon de se vêtir incarne le minimalisme masculin, empreint de sobriété et de classe à l'anglaise. Son parcours montre une véritable évolution parallèle à cette maturité gagnée au cours des années. Il a commencé par une période de grand adolescent, avant de se glisser dans l'habit de fonction sans faire de vagues. Dans ses jeunes années, il privilégie le look BCBG caractérisé par un blazer, des costumes *oversize*, et un pantalon chino. À St Andrews, il consacre le style étudiant – *preppy* – composé d'un pull ou d'un sweat, d'une chemise et d'un denim, sans oublier la casquette de base-ball.

Avant son mariage, William faisait les frais d'un grand nombre de critiques. Un éditorial britannique ose même comparer son apparence à celle d'un agent immobilier. Trop, c'est trop ! Il faut sauver le vestiaire du futur roi. Son épouse vole à son secours. Elle l'encourage à suivre les recommandations de son habilleuse Natasha Archer. Celle-ci signe le *new look* du prince. La conseillère conserve un cap traditionnel, tout en effectuant quelques retouches nécessaires, afin de gagner en modernité. Les costumes aux lignes droites et aux pantalons tubulaires sont préférés aux ensembles plus amples. Le prince porte désormais des complets cintrés et structurés. La marque Gieves & Hawkes sur Savile Row, un must en matière de *tailoring*, a le privilège de les couper à sa taille. Nouveau look, nouveau corps. L'intéressé a sculpté son corps en pratiquant l'haltérophilie dans un club de Chelsea. Il a la silhouette idéale pour porter des modèles plus ajustés. Parfois, il privilégie le costume recomposé – moins formel que l'original – de type blazer tweed deux boutons, le pull-over en shetland ou la version plus luxe en cachemire et un pantalon d'une autre tonalité. Ses ourlets ne cassent pas ses souliers. Ils sont plus courts et découvrent des chaussures à lacets, bottines ou mocassins en daim couleur chocolat. Un détail très italien, qui contraste avec les austères Richelieu noirs. L'été, les étoffes se font légères. Le lin, les polos de coton et les bermudas ont sa préférence. À Wimbledon, le prince de Galles sublime sa mise avec ses lunettes, de marque Ray-Ban, qui lui donnent des airs de star hollywoodienne.

La chemise manches retroussées est sa marque de fabrique, une façon de dérider le protocole et l'allure raide qui colle à la peau des Windsor. Le prince et la princesse de Galles aspirent à une certaine « normalité ». Leurs *dress code* respectifs vont dans ce sens. Kate et William se montrent accessibles, connectés à leurs futurs sujets. Certaines de leurs tenues mettent l'accent sur la décontraction. En témoigne, la couverture du magazine gay *Attitude* où il ose poser sans cravate. Sa tenue esprit casual conjugue plusieurs nuances de bleus. Sur la carte de Noël 2022, il porte un total look jean. Le prince William aime également jouer les héros à moto. En visite à l'usine Triumph, il enfourche une grosse cylindrée à la manière d'une autre légende du style : Steve McQueen dans le film *La Grande Évasion.*

Bien que le bleu soit sa couleur fétiche, il aime assortir sa cravate aux toilettes de sa femme, suivant en cela l'exemple de son père et de Camilla. Les membres de la famille royale doivent respecter un devoir de neutralité mais ils savent aussi envoyer des messages engagés *via* leurs vêtements. L'héritage de la reine arc-en-ciel aux tenues déchiffrables à l'infini n'est jamais loin. La complicité du code couleur entre William et Kate a souvent été perçue comme un haut niveau d'entente et d'harmonie au sein de leur couple.

En écologiste convaincu, il recycle souvent ses tenues, suivant la tendance lancée par Elizabeth II. Ce prince, qui aime la nature, affectionne aussi la simplicité et le confort pour ses balades au grand air. Il revêt alors la panoplie du parfait *gentleman-farmer* : iconique veste huilée Barbour et casquette en tweed. Ses looks se démocratisent avec le temps. William vise la simplicité, la fameuse allure *effortless*. Ses sujets peuvent ainsi mieux se réapproprier ses basiques.

17 octobre 2021. Sur le tapis vert du prix Earthshot, le duc de Cambridge bouscule les codes. Ce soir-là, il arbore un superbe veston en velours vert émeraude – déjà connu du public depuis le gala de charité de la Roundhouse de Camden en 2019 – griffé Reiss, auquel il associe un col

roulé noir. La blogosphère applaudit. William vient de négocier un virage mode avec brio. Coup d'éclat assuré ! Au gala des Bafta 2023, il donne un écho noir et blanc à la robe évanescente et aux gants d'opéra de sa bien-aimée : il étrenne une autre version de la célèbre veste que portaient les Britanniques de la haute société pour fumer le cigare. Son smoking est en velours noir, à double boutonnage et souligné de satin noir.

À ce vestiaire bien parti pour devenir culte, s'ajoutent les costumes des grandes occasions. Aux *garden-parties* royales, aux mariages de la noblesse et aux courses d'Ascot, la veste queue-de-pie, le gilet coordonné, le pantalon à fines rayures et le chapeau haut de forme entrent en scène. Les uniformes militaires sont de rigueur lors des mariages princiers. N'oublions pas l'opulent costume à la Rembrandt qu'il porte au cours de la cérémonie annuelle de l'ordre de la Jarretière. William est bien parti pour devenir le nouveau roi du style.

Digne héritier de the Queen

Du haut de son mètre quatre-vingt-dix, William est le plus grand des Windsor. Il a hérité des Spencer cette taille imposante qui lui permet de toujours scruter le dessus de la mêlée royale. Diana a joué un grand rôle dans son évolution de l'enfant capricieux au jeune homme calme et charismatique. Le prince va à la rencontre de ses futurs sujets comme sa mère avant lui. À n'en pas douter, il est doué d'un puissant relationnel. Il apporte son soutien à de nombreuses causes caritatives. En lui, repose cette légèreté qui apporte une touche de modernité de bon aloi pour l'avenir de la monarchie. Le désormais prince de Galles n'est pas seulement le produit d'une mère Spencer un brin rebelle qui a su, à sa manière, révolutionner les pratiques des *royals*. William est surtout le digne petit-fils d'une reine respectée et admirée.

Elizabeth II lui a inculqué ses valeurs qui lui ont permis de sauvegarder l'attachement de ses sujets. Avant même son avènement au trône, elle a montré à la Grande-Bretagne ses capacités à servir le mieux possible la Couronne. Le devoir a dicté toute sa vie sa conduite. Pour le bien de la monarchie, elle a consenti à bien des sacrifices, mettant son rôle familial au second plan. Elizabeth a d'abord été une reine, puis une mère et enfin une grand-mère. « Auprès d'elle, vous êtes avec *le* boss », raconte le prince Harry. Quel que soit le lieu où elle se trouvait, le protocole s'appliquait à cette petite femme d'un mètre cinquante. Monarque de droit divin, la cheffe de l'Église d'Angleterre vivait son règne tel un sacerdoce. Il est impossible de comprendre sa longue vie sans avoir conscience de l'importance qu'elle a accordée à sa fonction. Dieu l'a faite reine, et c'est en souveraine qu'elle a quitté ce monde.

Ce sens du devoir envers sa nation habite profondément le cœur de William. Il a compris qu'il est appelé à incarner à son tour une nation. Avant toute chose, il sera ce roi du Royaume-Uni personnifiant la gloire passée d'une nation fière, les intérêts d'un pays qui tente de faire sa place dans un monde tourmenté, la culture unique des îles britanniques. Comme sa grand-mère, il sera le ciment solide d'un royaume souvent en proie à l'instabilité. Aussi fragile soit-elle, l'unité qui lie l'Angleterre au pays de Galles, à l'Écosse et à l'Irlande du Nord sera incarnée par cet homme intègre, charismatique et dévoué. Il n'attend pas son avènement sur le trône pour commencer ce métier si particulier. À défaut d'être un roi muselé par son devoir de neutralité, William est un prince de Galles pensant jouir de certains privilèges. L'héritier de la Couronne joue de son influence pour soutenir des causes humanitaires, de sa popularité pour promouvoir le régime, de sa sympathie pour gagner l'attachement populaire. En somme, il consacre son existence à la monarchie d'outre-Manche. En cela, il reprend l'exemple de sa grand-mère et de son père. Charles n'a-t-il pas incarné avec brio ce rôle de prince de Galles influent pendant plus de cinq décennies, oubliant cette position qui lui imposait uniquement la patience ? De ce père, il a aussi hérité son engagement pour la nature, son style *so british*, et son sens des convictions. Les îles britanniques représentent toute la vie de ce prince appelé depuis sa naissance à les représenter.

William consacre sa vie au Royaume-Uni, et cette nation unique en Europe le lui rend bien. Le 21 juin 2022, il célèbre son quarantième anniversaire. La Monnaie royale crée pour l'occasion une pièce commémorative d'une valeur de cinq livres sterling où son profil figure seul sur l'une des faces. Pour la première fois de sa vie, William figure sur une pièce de monnaie officielle, un privilège d'ordinaire réservé au souverain. L'importance du prince pour l'avenir de la monarchie est ainsi soulignée. Cette pièce « rend hommage à la maturité et à la grâce du prince qui est devenu un membre de premier plan de la famille royale, un mari dévoué et un père aimant de trois enfants », explique Tatler Clare Maclennan, directeur des pièces commémoratives à la Monnaie royale.

Les traditions demeurent l'essence de cette monarchie neuf fois centenaire. Sans ce faste si admiré de par le monde, sans ces rites ancestraux, sans cette aristocratie et cette structure rigide de la société, elle perd sa raison d'être. William a parfaitement conscience de cette partie du contrat qu'il signera en temps voulu. Conservateur en un sens, il est attaché à toutes ces spécificités qui font de la monarchie britannique une exception dans notre monde. Il met aussi son rôle militaire au premier plan. Le 22 décembre 2022, Charles III l'a d'ailleurs fait colonel des Welsh Guards, marquant davantage son attachement à ce pays lié à son nouveau titre.

Il sait aussi que sans une certaine évolution, le régime ne pourra perdurer. « Parler de modernisation à propos de la monarchie, c'est employer un bien grand mot, vu qu'il s'agit d'une institution vieille de plusieurs siècles, explique-t-il lors d'une interview marquant ses vingt et un ans. D'un autre côté, il me semble important de donner aux gens le sentiment que la monarchie reste à la page, qu'elle garde un rôle à jouer dans leur vie. Nous ne sommes que des êtres humains, après tout ; il est inévitable que nous commettions des erreurs. Notre famille a quand même un grand sens du dévouement et de la loyauté, qui a déteint sur moi. Depuis que je suis tout petit, c'est quelque chose qu'on m'a fait rentrer dans le crâne, à juste titre, d'ailleurs[1]. » Pur produit Windsor, William a les épaules parfaites pour sauvegarder ce qui fait la monarchie britannique, tout en lui ouvrant la porte de la modernité. En son temps, Elizabeth II a entrepris cette politique qui a servi sa popularité. Comme elle, le prince est d'ailleurs habité par une véritable piété. Cependant, il est beaucoup moins attaché à ce droit divin auquel elle tenait tant. Dans une monarchie du XXIe siècle, régnant sur une société cosmopolite aux croyances diverses, le monarque ne peut détenir son pouvoir que par la volonté du peuple. Il n'en demeure pas moins le futur « pape des Anglais ». Ainsi, une fois les funérailles de son grand-père terminées, William et Kate sont les seuls de leur génération à s'incliner devant l'autel avant de quitter la chapelle. Le couple connaît parfaitement son importance religieuse.

La modernisation de l'institution selon William repose surtout sur les valeurs familiales qu'il entend appliquer, la communication autour de son clan, et l'allégement du protocole. En rangs restreints, la famille royale est

1. Katie Nicholl, *William in Love*, *op. cit.*

appelée à se concentrer sur un noyau solide qui diffère de la très nombreuse génération qui a servi Elizabeth II. Une monarchie 2.0 est sur le point de se développer, mettant davantage l'accent sur sa connexion aux réseaux sociaux de notre temps.

Au moment de leur tournée dans les Caraïbes en mars 2022, marquant le jubilé de Platine de la reine, William et Kate ont essuyé bien des critiques. Aux yeux des populations locales, ils incarnaient le passé esclavagiste de l'ancien empire britannique. Le prince a été parfaitement conscient de ces reproches. Dès son retour en Grande-Bretagne, il a publié une lettre ouverte exceptionnelle. « Je sais que cette tournée a mis encore plus en lumière les questions sur le passé et l'avenir », écrit-il. Il continue en insistant sur le fait que « c'est au peuple de décider de cet avenir ». S'il réaffirme sa volonté de servir les habitants du Commonwealth, il remet aussi en cause sa future position à la tête de cette organisation. « Pour Catherine et moi-même, il ne s'agit pas de dire aux gens ce qu'ils doivent faire. Il s'agit de les servir et de les soutenir de la manière qui leur semble la meilleure, en utilisant la tribune que nous avons la chance d'avoir. » Il sous-entend que les pays membres du Commonwealth ont la liberté de quitter l'organisation s'ils le souhaitent. Par cette lettre, il montre que le temps du plus grand respect de la maxime victorienne « *Never explain, never complain* – Ne jamais se plaindre, ne jamais s'expliquer » est révolu. Les membres de la famille royale doivent garder une totale neutralité quant à la politique. Pour William, le monde a changé. Si les Windsor n'ont pas à s'exprimer sur tout, ils doivent pouvoir le faire lorsqu'ils pensent leur intervention nécessaire. Comme sa grand-mère, William montre sa capacité à écouter les populations, quel que soit le prix à payer. L'héritage d'Elizabeth II a pour lui une importance considérable.

Le souvenir de cette grand-mère adorée habite son esprit. Il est temps pour lui de rendre un dernier hommage rempli de gratitude pour sa participation à son éducation. William a depuis longtemps compris que sans la présence unique d'Elizabeth à chaque moment de sa vie, il n'aurait pu devenir l'homme qu'il est devenu. Un mois après son décès, il se rend sur le domaine de Balmoral. La demeure écossaise ne sera plus jamais comme avant. Désormais, elle sera éternellement perçue comme la résidence royale où Sa Très Gracieuse Majesté a rendu son dernier souffle.

Dans le plus grand secret, il pose ses valises à Craigowan Lodge, la maison favorite de la reine sur le domaine écossais. Le temps d'un week-end, William est seul avec ses souvenirs. Cette solitude est nécessaire à la poursuite de son deuil. Particulièrement bouleversé par la disparition de la reine, il a besoin de faire une pause, loin de ses obligations de prince, d'époux et de père. Sans son épouse et ses enfants, il explore chacune des pièces de la maison, se lance à corps perdu dans de longues balades déchirantes dans la lande. Il se souvient de ces moments merveilleux passés auprès de ses grands-parents dans cette campagne écossaise si belle et si riche. Les barbecues auxquels excellait le prince Philip, les pique-niques personnellement organisés par la reine, les parties de chasse, les balades à dos de poney puis de cheval, les parties de pêche aux abords de la rivière Dee… Chaque recoin de cette propriété lui rappelle des souvenirs embués par une profonde mélancolie. Craigowan Lodge a été un refuge pour Elizabeth II, il le devient aussi pour son petit-fils abattu par le chagrin. Entre ses murs, nul besoin de jouer un rôle, d'étouffer ses sentiments par un sourire de façade. Il peut laisser libre cours à sa tristesse sans jugement avant de prendre part aux premiers mois du règne de son père.

« Moi, William, prince de Galles, deviens votre homme lige »

Samedi 6 mai 2023. Vingt-neuf mille policiers encadrent plus d'un million de Britanniques massés dans les rues de Londres sous un ciel mitigé. Tous attendent avec ferveur le passage du cortège royal. Il est 10 h 20 lorsque le Diamond Jubilee State Coach tiré par huit chevaux blancs quitte le palais de Buckingham. À son bord, le couple royal salue la foule jusqu'à son arrivée devant l'abbaye de Westminster. L'émotion se lit sur le visage du roi. Comment ne pas penser à sa regrettée mère en passant l'imposante entrée de l'abbatiale ? Huit mois plus tôt, se sont tenues entre les murs de cet édifice gothique les funérailles d'État de la reine Elizabeth. Charles le sensible a toujours montré de grandes difficultés à intérioriser ses émotions. Pour cette journée, certainement l'une des plus importantes de sa vie, il est particulièrement nerveux.

Charles a toujours montré un réel attachement aux traditions monarchiques. Aussi réformateur qu'il veuille se montrer quant à la constitution de la famille royale, aussi attaché à sa liberté de parole, aussi engagé qu'il soit, le nouveau roi est également le digne représentant d'une institution qui répond à des rituels symboliques. Officiellement reconnu comme le nouveau souverain au moment du conseil d'Accession organisé au palais Saint-James en septembre 2022, Charles III doit désormais recevoir tous les symboles de ses pouvoirs et cette dimension sacrée attachée à sa fonction. Tel un mariage religieux, le couronnement doit marquer physiquement l'entrée du roi au service de son peuple, par la volonté de Dieu. Par cette cérémonie héritée du Moyen Âge, il doit officiellement être reconnu comme le nouveau chef de l'Église d'Angleterre, indépendante depuis le XVIe siècle. C'est toute la force de la monarchie britannique qui est symbolisée en une seule cérémonie.

Dernier souverain sacré d'Europe, dernier monarque du Vieux Continent à porter aussi la couronne, le fils d'Elizabeth II entend s'inscrire dans cet héritage en imposant sa propre marque. Charles souhaite une cérémonie à l'image de son règne à venir. Moins long que celui de sa mère, moins fastueux, plus moderne et enclin à représenter tous les cultes et toutes les ethnies qui forment le Royaume-Uni actuel, le couronnement du nouveau roi est ponctué de grandes premières dans l'histoire britannique.

La tête nue, mais portant chacun un manteau d'État en velours cramoisi brodé de dentelle dorée, Charles et Camilla remontent doucement la nef de l'abbaye, précédés des *regalia*, symboles du pouvoir royal. Derrière le roi, William marche auprès de son épouse. Ensemble, et accompagnés de leurs deux cadets, ils suivent dignement le cortège au son de *I Was Glad*. George fait quant à lui partie des quatre pages d'honneur du roi, portant sa longue traîne de plus de trois mètres jusqu'au chœur de l'abbatiale.

Le prince de Galles est paré de son uniforme des Irish Guards, couvert de son manteau de l'ordre de la Jarretière, affichant un panache digne d'un héritier de la Couronne. L'image est représentative de l'avenir de la monarchie. Ce couronnement est celui de Charles et Camilla, mais pas seulement. William, Kate et leurs enfants obtiennent physiquement la place qui sera la leur pour les années à venir. Véritable stratégie de communication ou soudain imprévu ? Le magazine *Harper's Bazaar* penche plutôt pour la seconde option, accusant le couple de retard qui aurait occasionné un coup de sang du roi avant le début de la procession. La maison Windsor n'est pas une habituée des accrocs au programme minuté de ses cérémonies. Charles III souhaite mettre en avant son fils pour son sacre. En cela, nous sommes en droit de contester réellement ces dires de mauvais goût.

Le couple héritier s'installe au premier des rangs attribués aux membres de la famille royale. William adresse régulièrement un regard rempli d'admiration et d'amour à sa sublime épouse. Kate porte pour cette journée d'exception une robe griffée Alexander McQueen en crêpe de soie ivoire ornée de broderies aux motifs de roses, chardons, jonquilles et trèfles. Par-dessus sa robe, elle a revêtu son manteau de l'ordre royal de Victoria, une distinction qu'elle a obtenue des mains de la reine en 2019, à l'occasion du huitième anniversaire de son mariage avec William. Sur sa tête, elle arbore une nouvelle coiffe signée Jess Collett et Alexander McQueen composée de feuilles d'argent et sertie de cristaux. Symbole de la continuité d'un récit royal et du lien entre les générations, ce nouveau bijou d'orfèvrerie rend hommage à l'amour de la nature du roi et au règne achevé d'Elizabeth II, étant dessiné sur le modèle du bandeau porté par ses huit demoiselles d'honneur au moment de son mariage en 1947.

Vient alors le moment le plus important de la cérémonie. Charles III revêt une simple tunique blanche – la *Colobium Sindonis* – avant de prendre place sur le trône du roi Edward, ce fameux siège de bois commandé en 1308 pour renfermer en sa base la pierre de Scone, celle utilisée depuis le IXe siècle pour les couronnements des rois d'Écosse. Caché derrière des tentures colorées représentant un arbre du Commonwealth, le roi reçoit l'onction par l'archevêque de Canterbury. De son index et de son majeur, le primat d'Angleterre dépose sur son front, sa poitrine et ses mains quelques gouttes du saint Chrême. Charles devient officiellement le nouveau chef de l'Église d'Angleterre, premier représentant de Dieu en terre anglaise. La dimension religieuse est au cœur de cette cérémonie au faste exceptionnel.

L'onction terminée, le roi revêt de nouveaux vêtements symboliques. William a la charge de déposer sur les épaules de son père l'étole dorée composée des symboles végétaux des nations britanniques qui fait référence à son rôle pastoral envers le peuple anglais. Deux évêques recouvrent ensuite Charles du manteau impérial brodé d'or avant que le prince de Galles ne ferme sa précieuse attache. William prend part physiquement à la préparation de son père avant qu'il ne soit couronné. Le monarque s'assied à nouveau sur le trône du roi Edward. L'archevêque lui présente les sceptres avant qu'il ne place au-dessus de sa tête la couronne qui fait les rois d'Angleterre. Lentement, il pose la couronne de Saint Edward, faite d'or pur. Soudain, la foule tout entière fait résonner un saisissant « *God Save the King* ». Sa Majesté Charles III devient le quarante-cinquième monarque des îles britanniques depuis Guillaume le Conquérant.

Avant que la reine Camilla ne soit couronnée, Charles III s'apprête à recevoir les hommages des deux principaux hommes de cette assistance. Si Elizabeth II avait reçu les hommages de tous les pairs de son royaume lors de son couronnement, Charles innove en recevant uniquement ceux de l'archevêque de Canterbury et de son héritier. En tant que représentant de l'Église d'Angleterre, Justin Welby jure fidélité à son souverain. Vient le tour du prince William qui représente tous les pairs du Royaume-Uni. Posant son genou droit à terre, il tend ses mains jointes vers son père qui les tient entre les siennes pour prononcer ses vœux d'allégeance : « Moi, William, prince de Galles, je vous promets ma loyauté, et je vous apporterai la foi et la vérité, en tant que votre homme lige pour la vie et votre intégrité physique. Que Dieu me vienne en aide. » Se redressant devant son père ému, il pose sa main droite sur la couronne de Saint Edward en signe de respect pour ce symbole immuable de la monarchie, avant de déposer un baiser sur la joue gauche du roi. Charles en profite pour lui glisser un délicat « Merci William ». Soixante-dix ans plus tôt, le prince Philip s'est plié à la même chorégraphie pour jurer allégeance à sa reine. L'histoire se répète, mais les époques ne se ressemblent pas. Après avoir prêté un serment commun, les deux mille trois cents invités s'exclament d'une seule voix : « Dieu protège le roi Charles ! Vive le roi Charles ! Que le roi vive éternellement ! » Charles III est définitivement prêt à entreprendre son propre règne.

Un nouveau cortège se forme pour ramener le couple royal et sa famille au palais de Buckingham. Si le roi et la reine prennent place dans le sublime Gold State Coach, William et sa famille s'installent dans un carrosse ayant servi pour le sacre de la reine Victoria. La foule prend ensuite possession du Mall avant que la famille royale n'apparaisse au célèbre balcon. Au centre, Charles III et Camilla saluent leurs sujets en portant leurs couronnes respectives. À leur gauche, les cousins de la reine Elizabeth rendent hommage à son règne. À leur droite, les Galles sont accompagnés de la princesse Anne et son époux, ainsi que le prince Edward et sa femme. Ensemble, le petit groupe représente la nouvelle image de la famille régnante la plus célèbre du monde. Charles sait qu'il peut compter sur le soutien indéfectible de son fils aîné, de sa sœur et de son frère. L'éclat de la monarchie s'exprime de mille feux sur ce balcon. Ces mêmes *royals* prennent place pour la photographie de groupe officielle. Harry et Andrew sont les grands absents de ce portrait de famille. Le duc de Sussex a bien pris soin de s'éclipser une fois la cérémonie terminée pour retrouver son épouse et ses enfants demeurés aux États-Unis. Quant au duc d'York, il reste ce prince déchu royalement évité.

Les festivités du couronnement se poursuivent jusqu'au 8 mai. Au lendemain de la cérémonie, Kate et William vont à la rencontre des Britanniques, participant au grand pique-nique en plein air organisé à Windsor. Le couple s'offre un bain de foule pour remercier les Anglais d'avoir été présents la veille pour acclamer le roi, malgré la forte pluie qui s'est abattue sur la capitale. William serre des mains, sourit et discute avec ces anonymes. Une femme vient lui demander comment se porte son père. « Il a eu un peu mal au cou hier soir. La couronne pèse très lourd », lui répond-il brièvement. Le poids de la fonction n'est pas uniquement symbolique…

Le soir même, un grand concert est organisé sur le jardin terrasse du château de Windsor. Les membres de la famille royale s'adonnent à leurs plus beaux déhanchés en écoutant Lionel Richie, Katy Perry ou encore Andrea Bocelli. Le concert du couronnement n'a rien à envier à celui qui a été donné face au palais de Buckingham pour marquer le jubilé de Platine de la reine. William est présent, entre la reine Camilla et son fils George. Les spectateurs ne peuvent cependant profiter des facéties du prince Louis. Étant jugé trop petit, il est resté à Adelaide Cottage avec *nanny* Maria. À chaque concert en l'honneur de sa mère, Charles a tenu à rendre hommage à son parcours inspirant. Désormais, William reprend le flambeau des discours émouvants.

Les relations entre père et fils n'ont pas toujours été très tendres. Longtemps, William en a voulu à son père d'avoir fait pleurer sa mère. Longtemps, il a éprouvé des difficultés à se confier à lui. Les deux hommes ont des personnalités affirmées, et des tempéraments colériques qui peuvent parfois les pousser à s'affronter. Mais l'amour l'emporte sur toute chose. Il a compris les besoins de son père et sa vision particulière de la monarchie et de sa famille. William et Charles savent qu'ils doivent s'épauler pour affronter les tempêtes qui s'apprêtent à s'abattre sur eux. Le fils aîné de Charles a même confié en 2018 : « Je pense que maintenant qu'il a soixante-dix ans, c'est le moment idéal pour consolider nos relations, […] avoir plus de temps avec lui à la maison serait bien […]. C'est super quand il est là, nous avons besoin de lui autant que possible. » Charles et William ont su resserrer leurs liens malgré bien des épreuves affrontées au sein de cette famille pour afficher une complicité plus étroite que jamais. C'est ce père qui, à sa manière, s'est toujours montré présent pour lui, que William a l'intention d'honorer.

Le prince de Galles affiche un large sourire lorsqu'il monte sur scène. Il commence par rendre un hommage particulièrement poignant à la reine défunte. « Comme disait ma grand-mère quand elle a été couronnée : "Les couronnements sont une déclaration de nos espoirs pour l'avenir." Et je sais qu'elle est là-haut, gardant affectueusement un œil sur nous. Et elle serait une mère très fière. » La foule s'émeut et l'acclame. Il continue en rendant hommage aux années de service de son père en tant que prince de Galles : « Depuis plus de cinquante ans dans tous les coins du Royaume-Uni, à travers le Commonwealth et dans le monde, il s'est consacré à servir les autres, les générations actuelles et futures et ceux dont le désespoir ne doit pas être oublié. Prenez la nature. Il nous a avertis des risques pour la santé de notre planète bien avant que cela ne devienne un problème quotidien. Mon père a toujours compris que les personnes de toutes confessions, de toutes origines et de toutes communautés méritent d'être célébrées et soutenues. » William résume à merveille les qualités de son père. Il conclut son message de gratitude envers le sens du devoir du roi par un message très personnel : « Papa, nous sommes si fiers de vous. » Le prince reconnaissant termine son discours en remerciant les Britanniques pour leur travail en faveur du bien commun. « Je veux aussi exprimer ma fierté et ma gratitude envers les millions de personnes qui servent dans les forces armées, les salles de classe, les hôpitaux. J'aimerais pouvoir tous vous mentionner. Votre engagement nous inspire et ce soir nous vous célébrons aussi. » William s'impose en futur monarque, rempli de bons sentiments envers son peuple. Il conclut en renouvelant ses vœux d'allégeance à son père : « Je m'engage à vous servir tous, le roi, le pays et le Commonwealth. *God save the King !* »

Le dernier jour du week-end du couronnement est marqué par une journée dévolue au bénévolat. Chaque Britannique est appelé à apporter son aide à l'association caritative de son choix. William, Kate et leurs bambins ne font pas exception. Ils décident de se rendre dans un camp de scouts situé près de Windsor. La princesse de Galles étant coprésidente du scoutisme britannique, leur choix n'a rien de surprenant. Ensemble, ils participent à la rénovation d'une cabane, sous les flashs des photographes. L'occasion est aussi idéale pour mettre en ligne sur leurs réseaux sociaux une vidéo revenant sur leur journée de dur labeur. Durant tout ce week-end exceptionnel, de magnifiques courtes vidéos parfaitement réalisées par Will Warr sont publiées sur leurs comptes Instagram, YouTube et Twitter. Le tout est rassemblé dans une plus longue vidéo de quatre minutes et trente secondes publiée le 13 mai, dévoilant des images inédites de moments privés. La communication des princes de Galles se modernise toujours davantage pour attiser l'engouement populaire.

2023 inaugure le nouveau règne de Charles III. Le couronnement terminé, l'autre grand rendez-vous royal a lieu le 17 juin. La tradition veut que chaque deuxième samedi du mois de juin se tiennent les Trooping the Colour. Cette année-là ne fait pas exception. Ce défilé militaire marque l'anniversaire officiel du souverain. En sa qualité de colonel des Welsh Guards, William passe en revue les régiments le 10 juin pour les répétitions grandeur nature. Sous son bonnet à poils d'ours, le prince de Galles est presque méconnaissable. La droiture de ce quarantenaire impressionne les spectateurs venus apprécier ce grandiose défilé qui se tient une semaine plus tard. Pour la première fois depuis le sacre, la famille royale brille pour son union de façade et ses uniformes d'apparat. Le roi met son héritier au-devant de la scène. Suivi des carrosses transportant la princesse de Galles et ses trois enfants, la reine Camilla et les frères du roi, l'héritier de la Couronne est auprès de son père pour remonter le Mall jusqu'à Whitehall. Ensemble, ils participent à cette journée considérée comme la fête nationale officieuse du royaume. Charles III et William… le duo solide devient le digne représentant d'une monarchie ancrée dans ses traditions. Les Britanniques le savent. Ils doivent s'accoutumer à la présence constante du prince William au côté du roi pour incarner physiquement la Couronne.

Commence pour le nouveau prince de Galles une existence nouvelle, marquée par une vie publique intensifiée. La semaine suivant les Trooping the Colour, il accorde une audience à Keir Starmer, chef de l'opposition en la Chambre des Communes, faisant ainsi ses premiers pas en politique en tant que prince de Galles. Il s'intéresse au point de vue de cet homme pressenti comme le troisième Premier ministre du règne de Charles III. William marche ainsi dans les pas de son père avant son accession au trône, profitant d'une certaine liberté d'action avant que ne sonne l'heure de ceindre la couronne de St Edward.

Le 5 juillet, une cérémonie à la gloire du roi se tient en Écosse alors qu'il effectue sa *Royal Week*. Le pays du chardon a toujours revendiqué une forme d'indépendance. Le sacre londonien a conféré à Charles III ses pouvoirs de monarque sur toutes les nations qui composent le Royaume-Uni. Mais les Écossais revendiquent leur propre cérémonie pour reconnaître officiellement leur souverain. Elizabeth II s'était elle aussi pliée à cet exercice. En la cathédrale Saint-Gilles d'Édimbourg, Charles III reçoit les Honneurs de l'Écosse, les joyaux de la Couronne écossaise hérités pour la plupart des Stuarts. William et Kate prennent part aux événements en accompagnant le couple royal. Tel un autre couronnement, la cérémonie met à l'honneur les ducs de Rothesay – les titres écossais de William et Kate –, les imposant comme les nouveaux héritiers de la couronne de James V d'Écosse. Plus que jamais, le couple princier incarne cet avenir royal anglais et écossais, de surcroît.

Nous sommes le 15 mai 2023 lorsque le Palais publie un nouveau portrait officiel du jour le plus important du règne de Charles III. Devant l'objectif du photographe Hugo Burnand, le roi est assis sur un trône créé en 1902 pour les futurs monarques George V et Mary au moment du couronnement d'Edward VII. Il porte son manteau bordé d'hermines. La flamboyante couronne d'État impériale siège majestueusement sur sa tête. Dans sa main droite, il tient fermement le sceptre à la croix, symbole de son autorité royale. Dans son autre main, se trouve l'orbe représentant son pouvoir spirituel. En somme, un roi en majesté pose dans la salle du trône du palais officiel de la monarchie d'outre-Manche. À la gauche du souverain, se tient son petit-fils de neuf ans en tenue de page, posant une main protectrice sur le trône. À sa droite, le prince William brille de sa magnifique prestance de chevalier de l'ordre de la Jarretière. Sur cet unique portrait figurent le présent et l'avenir de la Couronne. Chacun scrute l'objectif d'un regard enjoué et déterminé. Le roi peut être rassuré. Le futur de sa maison et de son institution est dignement assuré par un héritier qui correspond en tout point à ses attentes, et par son adorable petit-fils au sérieux reconnu. Le glorieux règne de Charles III commence, présageant celui, tout aussi éclatant, du futur William V, gage d'une nouvelle ère pour la monarchie britannique.

Conclusion

Fermez les yeux quelques secondes, et imaginez. Songez au Royaume-Uni, ce pays voisin et ami de notre belle France. L'Union Jack brille de ses trois couleurs sur les symboles de ce pays constitué de quatre nations aux cultures affirmées. Le kilt et la cornemuse écossais côtoient la jonquille et le poireau gallois, la musique et la danse irlandaises, la rose et le lion anglais. Britannia est fière des icônes incontournables de ses îles. Thé, *jelly* et *fish and chips* forment cette gastronomie tant opposée à la nôtre mais si originale. Chapeau melon, parapluie et smoking donnent vie au parfait gentleman illustré par le personnage de John Steed. L'agent secret britannique de la série *Chapeau melon et bottes de cuir* n'est pas le seul à avoir marqué de son empreinte la culture d'outre-Manche. Shakespeare et Oscar Wilde sont à l'Angleterre ce que Molière et Victor Hugo sont à la France. Mais comment penser le Royaume-Uni sans sa monarchie ? Londres est physiquement marquée par sa Couronne. Le palais de Buckingham, les boîtes aux lettres et téléphones rouges frappés du monogramme du souverain, la tour de Londres, l'abbaye de Westminster, la garde royale… Chaque coin de rue rappelle la présence de ce régime unique. Que serait la Grande-Bretagne sans sa couronne, son sceptre et son orbe ?

Les touristes sont nombreux à venir découvrir l'antre de cette monarchie admirée. L'institution fait vendre. On ne compte plus les mugs, tee-shirts, drapeaux et boîtes à thé à l'effigie des membres de la famille royale. Elizabeth II s'est éteinte, mais elle reste la grande favorite des boutiques de souvenirs. En soixante-dix ans de règne, la reine s'est imposée comme l'un des symboles nationaux de Grande-Bretagne. Sa silhouette et son profil ont été déclinés à maintes reprises pour permettre à tout un chacun de rapporter chez soi un petit bout de la monarchie britannique. Elizabeth couronnée, Elizabeth chapeautée, Elizabeth et ses corgis… Une reine arc-en-ciel a pris possession de la capitale anglaise.

L'importance de l'institution n'est pas qu'économique. En elle reposent la stabilité et l'union d'un royaume en proie aux désaccords sociétaux et politiques. Le monarque incarne cette stabilité nécessaire pour s'assurer le soutien des peuples de ces quatre nations si différentes. Par ses traditions et ses rites ancestraux, la monarchie galvanise les Britanniques pour s'assurer un avenir prospère. En cela, la neutralité du souverain est efficace. Au-dessus de la mêlée politique, il s'impose comme le dénominateur commun d'un pays parfois si brutalement secoué. La Grande-Bretagne ne serait rien sans sa monarchie. Prenant exemple sur la position fédératrice de sa mère, Charles III a bien conscience de son rôle institutionnel. Mais il sait aussi que l'avenir de sa couronne repose sur sa popularité. Le prince William devient alors le meilleur atout de son jeune règne.

L'héritier de la Couronne assume une stature d'homme d'État, digne représentant d'un père âgé de soixante-quatorze ans. Moderne, jeune et sympathique, William se veut d'abord un homme de son temps qui correspond aux attentes de son futur peuple. Il est loin, le temps de la famille royale distante, forte de sa différence affirmée. Le prince de Galles s'affiche tel un Britannique comme les autres avec ses inquiétudes de père, son affection d'époux comblé et son soutien de fils admiratif. Avec la princesse de Galles, il forme un couple éminent, porteur d'un avenir radieux. Kate fait la fierté de son époux qui ne résiste pas à le montrer. « Catherine et moi… » les premiers mots de ses discours sont pesés et indiquent son souhait de régner prochainement avec le secours de la femme qu'il aime.

Le fils de Charles III pèse de son influence sur la destinée de la monarchie d'outre-Manche. Avec son père, il forme un duo imparable qui partage un sens du devoir exacerbé. Servir, voilà le credo d'un prince qui rappelle souvent le serment d'allégeance fait par sa grand-mère à son peuple un jour d'avril 1947. Pur produit Windsor, digne petit-fils d'une reine d'exception, William cache bien des qualités sous son haut-de-forme.

En grandissant, il s'est forgé une personnalité complexe marquée par bien des paradoxes. Prince moderne, décontracté et accessible, il est aussi attaché au protocole et à sa position d'héritier. Calme et serein en public, il peut parfois faire preuve d'un effrayant tempérament colérique dont son frère a si souvent fait les frais. Attaché à la cause écologique, il n'hésite pas non plus à user de son jet privé à certaines occasions. En somme, William est un homme engagé, attaché aux traditions et habité par une puissante conscience de ses devoirs. Une monarchie figée est vouée à périr. William devient le père de quelques évolutions considérables.

Tenter de comprendre la dévotion de cet homme charismatique pour l'institution qui régit la Grande-Bretagne depuis près de mille ans, c'est s'adonner à quelques chiffres particulièrement révélateurs. Chaque année, celui qui dispose désormais de onze titres aristocratiques effectue plus de deux cents engagements, un chiffre voué à augmenter étant donné sa place prépondérante au sein de la famille royale. Au cours de sa vie, William a entrepris cinquante-cinq voyages officiels qui l'ont amené à visiter quarante-trois pays différents. Au total, il a parcouru plus de trois cent mille kilomètres, l'équivalent de sept tours du monde. Depuis l'accession au trône de Charles III, il est à la tête d'une fortune personnelle considérable estimée à plus d'un milliard de livres sterling, constituée de ses héritages, du duché de Cornouailles et de nombreuses actions. Une somme confortable pour éduquer ses trois enfants, entretenir ses quatre résidences et rémunérer ses cent trente employés. Quarante années – au moment de l'écriture de ce livre – de vie déjà bien remplie, entièrement consacrées à son « métier de prince ».

L'âge avancé de Charles III ne lui permet pas d'envisager une longévité aussi importante que celle dont a bénéficié sa mère. Les mathématiques ne mentent pas. Sans nous lancer dans de macabres prédictions, une question demeure pour celui qui se tient désormais sur la dernière marche menant au trône. Vers quels défis le futur roi avance-t-il ? La réponse présume la teneur de son propre règne.

Avec Catherine à ses côtés, William doit profiter du règne de son père pour régler certaines questions. Comme son père avant lui, en tant que prince de Galles, il bénéficie d'une véritable autorité et d'une certaine liberté de ton dont il a bien l'intention d'user. Les conflits familiaux polluent l'existence des Windsor. York et Sussex ne doivent plus être assimilés à l'embarras pour s'assurer une unité familiale indispensable à la poursuite de l'œuvre d'Elizabeth II. Les scandales n'arrangent pas la popularité d'une institution en crise. Les mouvements indépendantistes se succèdent au sein de la majorité des quatorze pays indépendants où règne encore le souverain britannique. Le Brexit met à mal l'avenir européen du royaume, alors que la guerre en Ukraine présage un vaste nuage noir sur le monde. Surtout, l'attachement des Britanniques à leur monarchie est en berne. La jeunesse, plus que toute autre génération, ne se retrouve pas en ce couple royal vieillissant. William et Kate ont la responsabilité de l'avenir de l'institution, un chapeau qui ne peut être porté sans une modernisation plus affirmée. Sans retirer ce qui forme son essence, le prince de Galles est résolu à apporter sa propre pierre à l'édifice monarchique.

William, ce roi en devenir, travaille activement au service du règne de son père, tout en préparant le sien. La gloire de ce chapitre de l'histoire porté par Charles III conditionne le triomphe du règne à venir de William V le bien-aimé.

Annexes

Annexe 1 – Généalogie simplifiée des Windsor

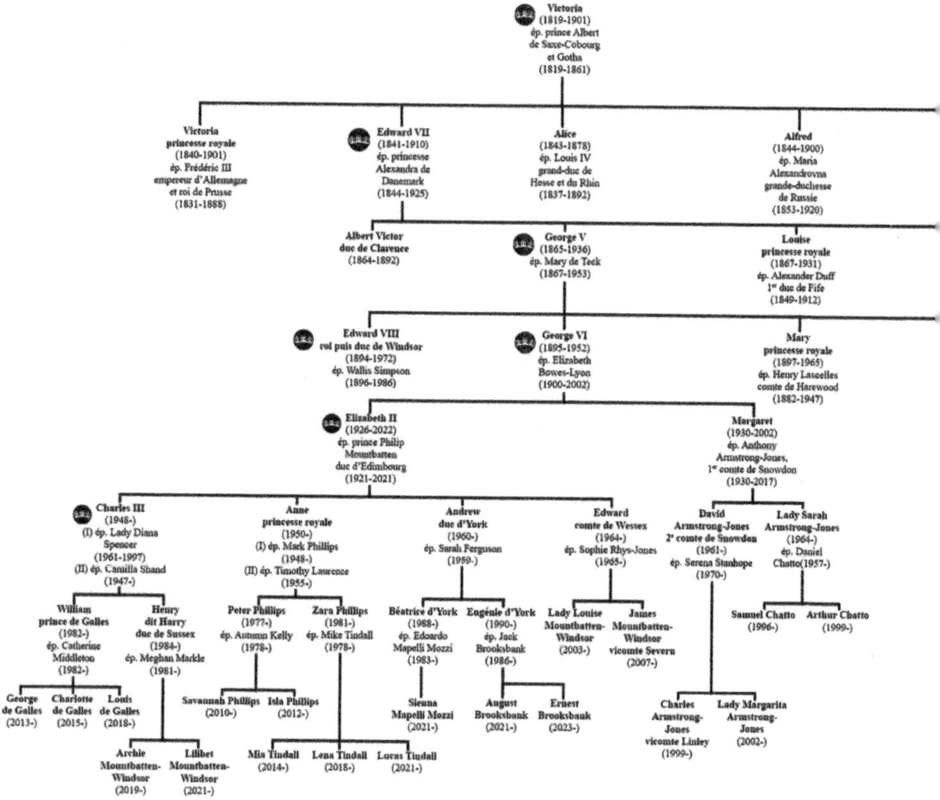

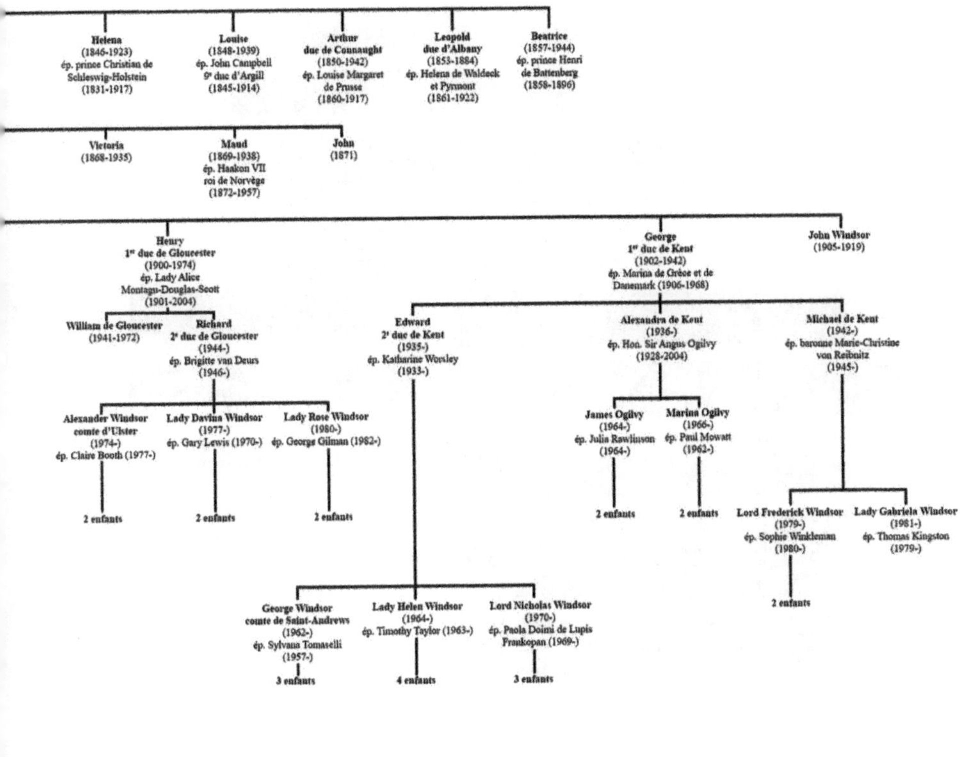

Helena
(1846-1923)
ép. prince Christian de Schleswig-Holstein
(1831-1917)
Louise
(1848-1939)
ép. John Campbell
9e duc d'Argill
(1845-1914)
Arthur
duc de Connaught
(1850-1942)
ép. Louise Margaret de Prusse
(1860-1917)
Leopold
duc d'Albany
(1853-1884)
ép. Helena de Waldeck et Pyrmont
(1861-1922)
Beatrice
(1857-1944)
ép. prince Henri de Battenberg
(1858-1896)
Victoria
(1868-1935)
Maud
(1869-1938)
ép. Haakon VII
roi de Norvège
(1872-1957)
John
(1871)
Henry
1er duc de Gloucester
(1900-1974)
ép. Lady Alice Montagu-Douglas-Scott
(1901-2004)
George
1er duc de Kent
(1902-1942)
ép. Marina de Grèce et de Danemark (1906-1968)
John Windsor
(1905-1919)
William de Gloucester
(1941-1972)
Richard
2e duc de Gloucester
(1944-)
ép. Brigitte van Deurs
(1946-)
Edward
2e duc de Kent
(1935-)
ép. Katharine Worsley
(1933-)
Alexandra de Kent
(1936-)
ép. Hon. Sir Angus Ogilvy
(1928-2004)
Michael de Kent
(1942-)
ép. baronne Marie-Christine von Reibnitz
(1945-)
Alexander Windsor
comte d'Ulster
(1974-)
ép. Claire Booth (1977-)
2 enfants
Lady Davina Windsor
(1977-)
ép. Gary Lewis (1970-)
2 enfants
Lady Rose Windsor
(1980-)
ép. George Gilman (1982-)
2 enfants
James Ogilvy
(1964-)
ép. Julia Rawlinson
(1964-)
2 enfants
Marina Ogilvy
(1966-)
ép. Paul Mowatt
(1962-)
2 enfants
Lord Frederick Windsor
(1979-)
ép. Sophie Winkleman
(1980-)
2 enfants
Lady Gabriela Windsor
(1981-)
ép. Thomas Kingston
(1979-)
George Windsor
comte de Saint-Andrews
(1962-)
ép. Sylvana Tomaselli
(1957-)
3 enfants
Lady Helen Windsor
(1964-)
ép. Timothy Taylor (1963-)
4 enfants
Lord Nicholas Windsor
(1970-)
ép. Paola Doimi de Lupis Frankopan (1969-)
3 enfants

Annexe 2 – Généalogie simplifiée des Spencer

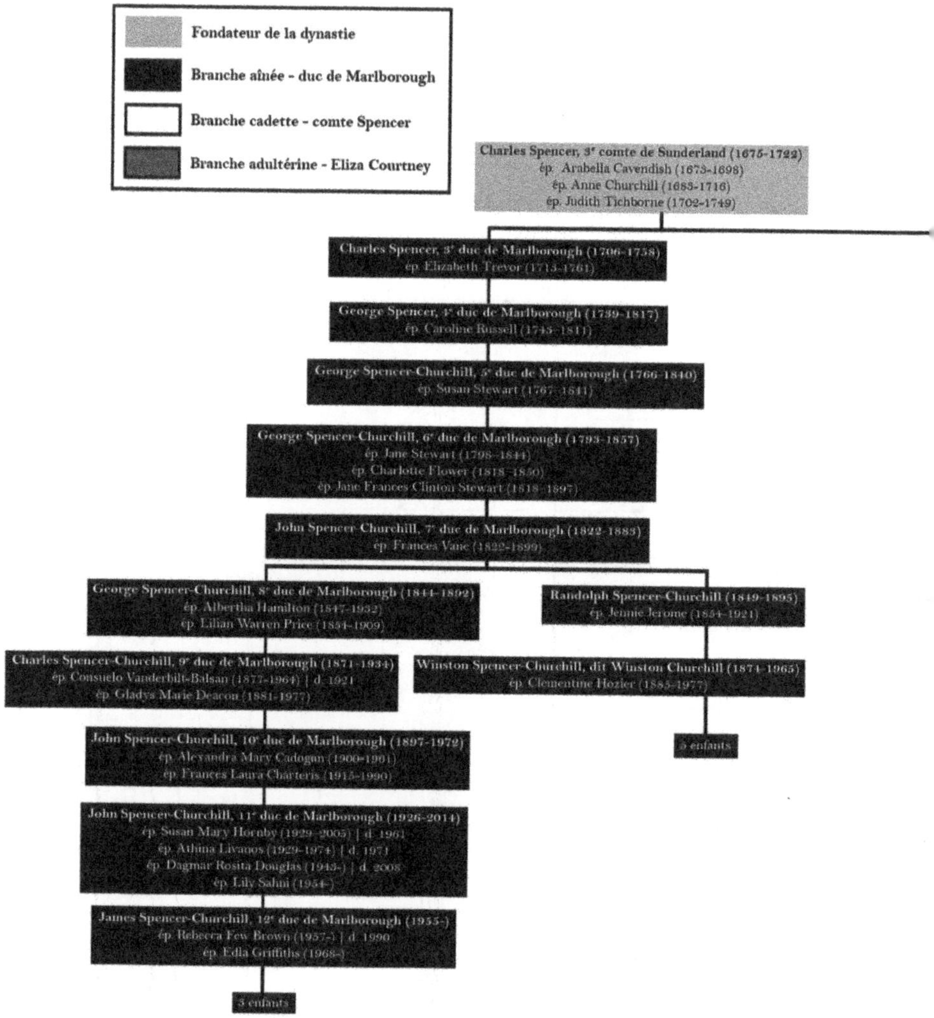

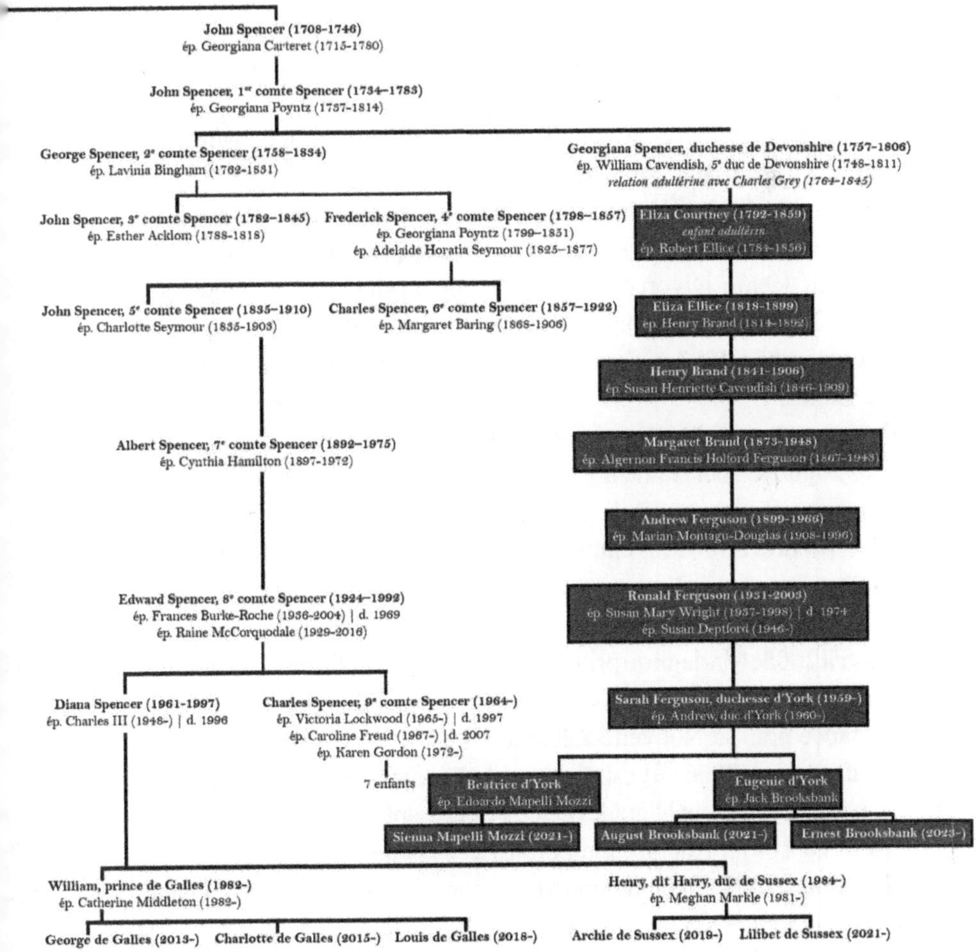
John Spencer (1708-1746)
ép. Georgiana Carteret (1715-1780)
John Spencer, 1er comte Spencer (1734–1783)
ép. Georgiana Poyntz (1757-1814)
George Spencer, 2e comte Spencer (1758–1834)
ép. Lavinia Bingham (1762-1831)
Georgiana Spencer, duchesse de Devonshire (1757-1806)
ép. William Cavendish, 5e duc de Devonshire (1748-1811)
relation adultérine avec Charles Grey (1764-1845)
John Spencer, 3e comte Spencer (1782–1845)
ép. Esther Acklom (1788-1818)
Frederick Spencer, 4e comte Spencer (1798–1857)
ép. Georgiana Poyntz (1799–1851)
ép. Adelaide Horatia Seymour (1825–1877)
Eliza Courtney (1792-1859)
enfant adultérin
ép. Robert Ellice (1784-1856)
John Spencer, 5e comte Spencer (1835–1910)
ép. Charlotte Seymour (1835-1903)
Charles Spencer, 6e comte Spencer (1857–1922)
ép. Margaret Baring (1868-1906)
Eliza Ellice (1818-1899)
ép. Henry Brand (1814-1892)
Henry Brand (1841-1906)
ép. Susan Henriette Cavendish (1846-1909)
Albert Spencer, 7e comte Spencer (1892–1975)
ép. Cynthia Hamilton (1897-1972)
Margaret Brand (1873-1948)
ép. Algernon Francis Holford Ferguson (1867-1948)
Andrew Ferguson (1899-1966)
ép. Marian Montagu-Douglas (1908-1996)
Edward Spencer, 8e comte Spencer (1924–1992)
ép. Frances Burke-Roche (1936-2004) | d. 1969
ép. Raine McCorquodale (1929-2016)
Ronald Ferguson (1931-2003)
ép. Susan Mary Wright (1937-1998) | d. 1974
ép. Susan Deptford (1946-)
Diana Spencer (1961-1997)
ép. Charles III (1948-) | d. 1996
Charles Spencer, 9e comte Spencer (1964–)
ép. Victoria Lockwood (1965-) | d. 1997
ép. Caroline Freud (1967-) |d. 2007
ép. Karen Gordon (1972-)
7 enfants
Sarah Ferguson, duchesse d'York (1959-)
ép. Andrew, duc d'York (1960-)
Beatrice d'York
ép. Edoardo Mapelli Mozzi
Eugenie d'York
ép. Jack Brooksbank
Sienna Mapelli Mozzi (2021-)
August Brooksbank (2021-)
Ernest Brooksbank (2023-)
William, prince de Galles (1982-)
ép. Catherine Middleton (1982-)
Henry, dit Harry, duc de Sussex (1984–)
ép. Meghan Markle (1981-)
George de Galles (2013-)
Charlotte de Galles (2015-)
Louis de Galles (2018-)
Archie de Sussex (2019-)
Lilibet de Sussex (2021-)

Annexe 3 – Chronologie

21 juin 1982 : Naissance du prince William Arthur Philip Louis à St Mary's Hospital de Londres.

4 août 1982 : Baptême dans la salle de musique du palais de Buckingham.

24 mars-15 avril 1983 : Premier voyage officiel en Australie et en Nouvelle-Zélande.

15 septembre 1984 : Naissance du prince Henry Charles Albert David, dit Harry.

15 janvier 1987 : Première rentrée à la Wetherby School de Londres.

10 septembre 1990 : Début de sa scolarité à la Ludgrove School à Wokingham.

1er mars 1991 : Premier engagement public lors d'une visite officielle à Cardiff aux côtés de ses parents.

9 décembre 1992 : Séparation du prince Charles et de la princesse Diana.

6 septembre 1995 : William entre à Eton, près de Windsor.

28 août 1996 : Divorce du prince et de la princesse de Galles.

31 août 1997 : Mort tragique de la princesse Diana.

6 septembre 1997 : Funérailles très médiatisées de la princesse de Galles.

2 septembre 1998 : Harry rejoint son frère à Eton.

Été 2000 : Début d'une année sabbatique du prince William qui le conduit à Belize, au Chili, en Patagonie, au Kenya et à Highgrove.

22 septembre 2001 : Il entre à l'université de St Andrews en Écosse.

2002 : Début de sa relation amoureuse avec Catherine Middleton, dite Kate.

9 avril 2005 : Mariage du prince Charles et de Camilla Parker-Bowles.

Juillet 2005 : Début de ses voyages officiels à l'étranger en solo en partance pour la Nouvelle-Zélande.

15 décembre 2006 : Il est diplôme de l'école d'officiers britannique Sandhurst et obtient le grade de sous-lieutenant des Blues and Royals.

14 avril 2007 : Rupture temporaire avec Kate Middleton.

1er juillet 2007 : Grand concert en mémoire de la princesse Diana au stade londonien de Wembley.

23 avril 2008 : Il est fait chevalier de l'ordre de la Jarretière par la reine.

2009 : Il est promu capitaine à la Royal Air Force après avoir obtenu son brevet de pilotage.

Automne 2010 : Il devient copilote d'un hélicoptère de recherche et de sauvetage en mer.
16 novembre 2010 : Fiançailles du prince William et de Kate Middleton.
29 avril 2011 : Mariage de William et Kate en l'abbaye de Westminster. Ils sont faits ducs de Cambridge.
30 mai 2012 : Il est fait chevalier de l'ordre du Chardon.
Été 2012 : Jubilé de Diamant d'Elizabeth II et Jeux olympiques de Londres.
22 juillet 2013 : Naissance du prince George.
13 juillet 2015 : Il devient pilote d'hélicoptère à l'East Anglian Air Ambulance à l'aéroport de Cambridge.
2 mai 2015 : Naissance de la princesse Charlotte.
Juillet 2017 : Il quitte son poste de pilote ambulancier à l'East Anglian Air Ambulance à l'aéroport de Cambridge pour assumer pleinement ses fonctions royales.
23 avril 2018 : Naissance du prince Louis.
19 mai 2018 : Mariage du prince Harry et de Meghan Markle qui deviennent ducs de Sussex.
Janvier 2020 : Elizabeth II le nomme Lord Haut-commissaire de l'assemblée générale de l'Église d'Écosse.
8 janvier 2020 : Annonce des ducs de Sussex exprimant leur souhait de quitter leur rôle de premier plan au sein de la famille royale.
Mars 2020 : Harry et Meghan s'installent aux États-Unis.
Avril 2020 : Contamination à la Covid-19 du prince William.
8 octobre 2020 : Création du Prix Earthshot.
9 avril 2021 : Décès du prince Philip.
Juin 2022 : Jubilé de Platine de la reine.
8 septembre 2022 : Décès de la reine Elizabeth II. Il devient prince de Galles.
19 septembre 2022 : Funérailles d'État de la défunte souveraine.
10 janvier 2023 : Publication des mémoires du prince Harry.
6 mai 2023 : Couronnement du roi Charles III et de la reine Camilla.
17 juin 2023 : Première cérémonie des Trooping the Colour du règne de Charles III.
5 juillet 2023 : Cérémonie de présentation des Honneurs d'Écosse au roi Charles III.

Bibliographie

Ouvrages en anglais

ANDERSON Christopher, *Brothers and Wives: Inside the Private Lives of William, Kate, Harry and Meghan*, Londres, Gallery Books, 2021.

BRADFORD Sarah, *Diana*, Londres, Penguin-Vikings, 2006.

BRADFORD Sarah, *Elizabeth: A Biography of Her Majesty the Queen*, Londres, Penguin, 2006.

BURRELL Paul, *A Royal Duty*, Londres, Michael Joseph Ltd., 2013.

CAROOL Leslie, *American Princess: The Love Story of Meghan Markle and Prince Harry*, Londres, William Morrow Paperbacks, 2018.

DAMPIER Phil et WALTON Ashley, *What's in the Queen's Handbag? And Other Royal Secrets*, Londres, Book Guild Publishing Ltd., 2007.

DIMBLEBY Jonathan, *The Prince of Wales: A Biography*, Londres, William Morrow & Cie, 1994.

HARVEY Glenn et SAUNDERS Mark, *Dicing with Di: The Amazing Adventures of Britain's Royal Chasers*, Londres, Blake, 1997.

HILL Susan et SIMMONS Simone, *Diana: The Secret Years*, Londres, Michael O'Mara Books, 1998.

HODGSON Howward, *The Man Who Will Be King*, Londres, John Blake Publishing Ltd., 2007.

JOBSON Robert, *William of the Century*, Londres, John Blake Publishing Ltd., 2010.

JUNOR Penny, *Prince William: Born to be King*, Londres, Hodder & Stoughton, 2012.

LACEY Robert, *Monarch: The Life and Reign of Elizabeth II*, Londres, Free Press, 2013.
LACEY Robert, *Battle of Brothers: William, Harry and the Inside Story of a Family in Tumult*, Londres, William Collins, 2020.
LARCOMBE Duncan, *Prince Harry: The Inside Story*, Londres, Harper-Collins Publishers, 2017.
MORTON Andrew, *Meghan: A Hollywood Princess*, Londres, Grand Central Publishing, 2018.
NICHOLL Katie, *William and Harry, Behind the Palace Walls*, Londres, Hachette Books, 2010.
SEWARD Ingrid, *The Queen and Di*, Londres, HarperCollins Publishers, 2000
SEWARD Ingrid, *William and Harry*, Londres, Arcade Publishing, 2004.
SEWARD Ingrid, *William and Harry: The People's Princes*, Londres, Carlton Books, 2008.

Ouvrages en français

ANDERSON Christopher, *Diana et ses fils*, Paris, Lattès, 2001.
BEDELL SMITH Sally, *Elizabeth II. La Vie d'un monarque moderne*, Paris, Équateurs, 2018.
BOWER Tom, *La Revanche. Meghan, Harry et la guerre chez les Windsor, l'autre version de l'histoire*, Paris, Hachette, 2023.
BRADFORD Sarah, *C'était Elizabeth II (1926-2022)*, Paris, Archipoche, 2022.
CAMPBELL Colin, *Lady Diana. L'intrigante*, Paris, Éditions n° 1, 1993.
CHASSAIGNE Philippe, *La Reine Victoria*, Paris, Gallimard, 2017.
COTTRET Bernard, *Histoire de l'Angleterre*, Paris, Tallandier, 2015.
DAVID Mark, *William et Kate. Un amour royal*, Paris, L'Archipel, 2011.
DELORME Philippe, *Philippe d'Édimbourg. Une vie au service de Sa Majesté*, Paris, Tallandier, 2017.
DES CARS Jean, *Le Sceptre et le Sang*, Paris, Perrin, 2014.
DES CARS Jean, *Elizabeth II, la Reine*, Paris, Perrin, 2018.
DES CARS Jean, *La Saga des Windsor*, Paris, Perrin, 2021.

DURAND Carolyn et SCOBIE Omid, *Harry et Meghan. Libres*, Paris, Seuil, 2020.
FAURE Michel, *Charles, roi d'Angleterre*, Paris, L'Archipel, 2021.
GAUTHIER Guy, *Victoria. L'apogée de l'Angleterre*, Paris, Grand West, 2014.
GEAIS Pierrick, *Prince William. La vraie vie d'un futur roi*, Monaco, Rocher, 2022.
GUILLORY Franck, *William, fils de Diana. La vie d'un prince*, Paris, Jacob-Duvernet, 2011.
HARDMAN Robert, *Elizabeth II. La reine d'un siècle*, vol. 1 et 2, Paris, Alisio, 2022.
JOBSON Robert, *William & Kate. Un mariage d'amour*, Bernay, City, 2011.
JOSEPH Claudia, *Kate Middleton et le prince William. La nouvelle princesse d'Angleterre*, Paris, Original Books, 2011.
KYLE Philip, *Charles III*, Paris, Perrin, 2022.
LACEY Robert, *Guerre royale. Mensonges et trahisons*, Paris, Albin Michel, 2021.
MEYER-STABLEY Bertrand, *La Vie quotidienne à Buckingham Palace. De Victoria à Elizabeth II*, Paris, Hachette, 1991.
MEYER-STABLEY Bertrand, *Kate Middleton. La vie de Catherine, duchesse de Cambridge*, Paris, La Boîte de Pandore, 2016.
MEYER-STABLEY Bertrand, *Majesté. Le règne d'Elizabeth II*, Paris, Pygmalion, 2022.
MEYER-STABLEY Bertrand, *Charles III. Le mal-aimé*, Bernay, City, 2023.
MORTON Andrew, *Diana. À la poursuite de l'amour*, Paris, L'Archipel, 2004.
MORTON Andrew, *Diana racontée par elle-même*, Paris, L'Archipel, 2017.
MOULIN Joanny, *Elizabeth II. Une reine dans l'histoire*, Paris, Flammarion, 2012.
MOUTET Anne-Élisabeth, *William et Harry. Dernière chance pour la Couronne*, Paris, Télémaque, 2017.
NICHOLL Katie, *William in Love*, Paris, Lattès, 2011.
OURY Clément, *Le Duc de Marlborough, John Churchill. Le plus redoutable ennemi de Louis XIV*, Paris, Perrin, 2022.

Petit Elodie, *Kate Middleton. Du rêve au règne*, Paris, Fayard, 2015.
Prince Harry, *Le Suppléant*, Paris, Fayard, 2023.
Rivere Isabelle, *William d'Angleterre. Les défis d'un héritier*, Paris, L'Archipel, 2001.
Rivere Isabelle, *Elizabeth II. Dans l'intimité du règne*, Paris, Fayard, 2012.
Rivere Isabelle, *Charles & Camilla, Une histoire anglaise*, éd. Fayard, 2017.
Roche Marc, *Elizabeth II. Une vie, un règne*, Paris, Tallandier, 2016.
Roche Marc, *Elle ne voulait pas être reine !*, Paris, Albin Michel, 2020.
Showcross William, *Elizabeth. La reine mère*, Paris, Philippe Rey, 2011.
Whitaker James, *Diana contre Charles. La fin d'un conte de fées*, Paris, Oliver Orban, 1993.
Revue *Secrets d'histoire*, janvier 2023, hors-série n° 16, articles Kévin Guillot.
Revue *Secrets d'histoire*, septembre 2022, hors-série n° 1, article Virginie Girod.

Documentaires

Huertas Daniel, Dornan Clare, Andreson Amy, Jonathan Clay, Heath David, *Prix Earthshot. Réparer notre planète*, 2021.
Williams Martin, *Prince William. Une planète pour tous*, 2020.

Remerciements

Mes premiers remerciements vont à mes parents, mes grands-parents, ma sœur et mes amis qui ont su m'encourager depuis ma tendre enfance à laisser s'épanouir cette passion singulière pour la monarchie britannique. Sans eux, ce chemin accompli depuis toutes ces années n'aurait pu voir le jour.

Outre ma famille et mes amis, je tiens à remercier mon compagnon, Quentin Didier, qui a su faire preuve de patience, de bienveillance et de courage pour me soutenir dans la réalisation de ce fastidieux et passionnant projet.

Mes remerciements tout particuliers vont à Christiane Didier et Jean-Claude Seurot pour leur immense investissement, et pour avoir fait preuve d'indulgence et d'une profonde intelligence quant à la relecture méticuleuse de ces écrits.

J'adresse ma profonde reconnaissance à Bertrand Meyer-Stabley qui a su croire en la réalisation de ce dessein, m'a conseillé, m'a ouvert sa porte et m'a donné accès à ses précieuses archives.

Je suis profondément honoré d'avoir bénéficié des conseils avisés de l'historien renommé Edmond Dziembowski qui a déjà eu la gentillesse de diriger mon mémoire de master en histoire moderne intitulé *Oliver Cromwell vu par les hommes de Lettres français*.

Mon immense gratitude va également au talentueux historien Philippe Séguy qui a accepté d'accorder son précieux temps à l'écriture de la préface de cette biographie. Ses nombreux compliments m'ont particulièrement touché.

J'adresse mes plus chaleureux remerciements à Linda

Maache pour son aide apportée et à Hubert de Lisle pour avoir bien voulu répondre à mes questions. Plusieurs centaines de personnes se sont prêtées au jeu du sondage afin de me permettre de rafraîchir le point de vue français sur le prince William. Je tiens à leur exprimer mes remerciements les plus sincères.

Je transmets également mon immense gratitude à Frédéric de Natal qui m'apporte son soutien indéfectible depuis de nombreuses années, quel que soit le projet que j'entreprends.

Je remercie Frédéric Thibaud et l'équipe de la maison City Éditions pour m'avoir accordé une confiance totale qui remplit mon cœur de fierté quant à la publication de ce livre.

Enfin, j'adresse ma profonde reconnaissance à tous les talentueux historiens, journalistes et écrivains qui m'ont précédé quant au récit de la vie des Windsor, en particulier celle du prince William. Leurs écrits de qualité m'ont permis de retracer avec la plus grande justesse possible les différentes étapes de l'existence du petit-fils d'Elizabeth II.

Je tiens à rendre hommage à la figure de la reine Elizabeth II qui fut un phare dans ma vie de passionné, un modèle dans ma vie d'homme, un symbole immuable et sacro-saint dans ma vie d'historien et journaliste.

Aux prémices de son règne, je tiens à assurer à Sa Majesté le roi Charles III mon plus grand respect et mon plus profond soutien.

J'honore le sens du devoir, l'engagement indéfectible et le dévouement dont fait preuve Son Altesse royale le prince de Galles. J'espère, à travers ces quelques pages, avoir su rendre hommage à sa vie déjà bien remplie, promise à une destinée royale pleine d'espérance.

Retrouvez-nous sur les réseaux sociaux :

City éditions

www.city-editions.com
@cityeditions
www.facebook.com/cityeditions/
@CityEditions
@cityeditions

Achevé d'imprimer en septembre 2023
sur les presses de la Nouvelle Imprimerie Laballery
58500 Clamecy
Numéro d'impression : 308431

Imprimé en France

La Nouvelle Imprimerie Laballery est titulaire de la marque Imprim'Vert®